U0132115

Technologies of Freedom

自由的技术

Ithiel de Sola Pool

伊锡尔·德·索拉·普尔——著

胡　泳　刘纯懿——译

贵州出版集团
贵州人民出版社

图书在版编目（CIP）数据

自由的技术 / （英）伊锡尔·德·索拉·普尔著；
胡泳，刘纯懿译. — 贵阳：贵州人民出版社，2024.1
ISBN 978-7-221-17891-6

Ⅰ.①自… Ⅱ.①伊… ②胡… ③刘… Ⅲ.①通信技
术－影响－社会发展－研究 Ⅳ.①B031

中国国家版本馆CIP数据核字（2023）第167681号

著作权合同登记号：22-2023-102
TECHNOLOGIES OF FREEDOM by Ithiel de Sola Pool
Copyright © 1983 by the President and Fellows of Harvard College
Published by arrangement with Harvard University Press
through Bardon-Chinese Media Agency
Simplified Chinese translation copyright © (2024)
by Beijing Han Tang Zhi Dao Book Distribution Co., Ltd.
ALL RIGHTS RESERVED

Zi You De Ji Shu

自由的技术

（英）伊锡尔·德·索拉·普尔　著

出 版 人　朱文迅
策划编辑　汉唐阳光
责任编辑　陈　章
装帧设计　陆红强
责任印制　李　带
出版发行　贵州出版集团　贵州人民出版社
地　　址　贵阳市观山湖区中天会展城会展东路SOHO公寓A座
印　　刷　固安兰星球彩色印刷有限公司
版　　次　2024年3月第1版
印　　次　2024年3月第1次印刷
开　　本　880mm×1230mm　1/32
印　　张　16.25
字　　数　320千字
书　　号　ISBN 978-7-221-17891-6
定　　价　78.00元

译者序
互联网是一项"自由的技术"

胡　泳

　　毫无疑问，十九世纪占主导地位的通信技术是印刷机、电报和电话，二十世纪是广播、电视和计算机通信。我们所有人都被这些技术以及我们对它们的使用所塑造。用伊锡尔·德·索拉·普尔的话（Ithiel de Sola Pool）来说，它们是"自由的技术"。作为一个信息技术理论家和政治学者，普尔并非从单个的技术着眼，而是放眼人类的技术与通信史来推演。在1984年他说："我们可以认为计算机通信是通信技术史上最根本性的四项变革之一。当然任何这样的名单总是带有主观判断的色彩，但不可否认，5000年前的书写、500年前的印刷、150年前的电报以及现在的计算机通信是四次真正具有革命性的变革，通信技术中其他成千上万的变革大多只是对这四次变革的完善。"①

　　在1984年去世之前，普尔是研究现代技术的文化意义和影

————————

① de la Sola Pool, Ithiel (1984). *Communications flows: A census in the United States and Japan*. Amsterdam: University of Tokyo Press, 33.

响方面最受尊敬的作者之一。《自由的技术》(*Technologies of Freedom*，1983)重点关注的是通信的法律层面，在一种对历史、法律和技术的精湛综合中，普尔分析了新的通信技术的监管与美国宪法第一修正案之间的对抗，核心的问题是：在电子时代，我们如何保存言论自由？

这就要从何为"自由的技术"谈起。在普尔那里，"自由的技术"即通信技术的代名词，尤其是新的电子通信技术。

"自由的技术"发展史

印刷术、报刊与大众媒介的兴起

普尔从活字印刷术于十一世纪在中国发明开始，追溯了通信技术的发展。先是中国，后是朝鲜，发明了木、陶土和金属活字印刷，但在这两个国家，活字印刷术都没有像欧洲以及后来的美国那样，在1450年左右古腾堡(Johannes Gutenberg)技术革新之后发展成为一种普遍的公共传播手段，因而也没有从印刷技术中形成一种自由传统。

普尔指出，在印刷术和书籍广泛传播的时代之前，没有复杂的审查和控制制度，因为不需要这种制度来保护既有的权力。然而，随着"异端邪说"开始从印刷厂流出，天主教会和欧洲各国政府开始试图控制书籍的印刷和流通。美国殖民者拒绝了这些企图，最终产生了第一修正案和美国的印刷言论自由传统。但直到十九世纪三十年代，在第一修正案的推动下，今日人们所熟知的大众媒介才得以出现。

普尔认为，大众媒介革命是工业革命的一部分。在工业革命中企业家们发现，他们可以通过使用工厂体系、动力机械和流水线来大幅削减生产成本。同样的逻辑也被应用到大众媒介的生产中，印刷机被引入现代印刷工厂的动力驱动装配线，就像其他所有工厂一样。此前，一名印刷工匠一次只印刷一页纸，一天10小时可印刷约2000份。[①] 当对报纸的需求超过最受欢迎的报纸每周所需的几千份时，就需要进行发明创造。1814年伦敦《泰晤士报》（The Times）开始采用蒸汽动力印刷机，每小时可印刷5000份。到该世纪中叶，《泰晤士报》的发行量从5000份上升到50000份，这与较高的产能是分不开的。[②]

1800年后印刷业的大多数重大创新都是为了满足报纸对印刷速度的要求。1835年，蒸汽动力轮转印刷机使本杰明·戴（Benjamin Day）能够制作他的《纽约太阳报》（New York Sun），这家两年前创刊的美国第一份便士报（penny newspaper）达到2.7万份的发行量，而它的直接继承者、老詹姆斯·戈登·贝内特（James Gordon Bennett, Sr.）在这一年创办了《纽约先驱报》

---

① 参见本书第二章，"印刷与出版自由的演进"，第33页。

② https://www.britannica.com/topic/publishing/The-first-newspapers.

（*New York Herald*）第二年发行量就达到4万份。[①] 随着各处发明家对轮转印刷机多方改进，每小时印刷的份数不断提高，到1860年，伦敦的《每日电讯报》（*The Daily Telegraph*）每天发行130000份。[②]

印刷业随后又取得了其他进展：使用连续纸卷进行的自动印刷；能够同时两面印刷的四缸印刷机；从手工排版转为键盘操作的高速平版印刷（lithography）。1884年开始使用的电力也促进了印刷业的发展，这些机器不仅可以用于印刷，还可以切割、折叠和装订任何尺寸的报纸。

报纸生产的进步与数十万报纸读者生活节奏的加快相匹配。铁路将报纸从一个城镇快速运送到另一个城镇，打破了农村的孤立状态，而轮船和电报则使各国更加紧密地联系在一起。具有广泛吸引力的大量生产的报纸开始为新识字或半识字的产业工人提供读物。在英国和法国，快速而广泛的发行使总部设在首都的大型报纸获得了全国性的地位。在美国，主打人情味的"便士报"和后来更轰动的"黄色新闻"（Yellow Press）扩大了新闻报道范围，增加了发行量和广告。1892年，约瑟夫·普利策（Joseph Pulitzer）的《纽约世界报》（*New York World*）日发行量达到37.4万份。到1900年，伦敦的《每日邮报》

---

① 参见本书第二章，"印刷与出版自由的演进"，第34页。

② Bruckner, D. J. R. (Nov 20, 1995). "How the Earlier Media Achieved Critical Mass: Printing Press; Yelling 'Stop the Presses!' Didn't Happen Overnight." *The New York Times*, https://www.nytimes.com/1995/11/20/business/earlier-media-achieved-critical-mass-printing-press-yelling-stop-presses-didn-t.html.

（*The Daily Mail*）日销量达到100万份。^①

报纸的繁荣也带动了杂志的激增，催生了品牌推广的方式。到十九世纪末，报刊出版和广告经营已成为有利可图且具影响力的商业。欧美进入了以印刷为主要载体的大众媒介时代，印刷出版和大众传播一度成为同义词。

报纸推动了现代新闻业的建立。由于广告业已成熟并成为报纸所有者的主要收入来源，这导致了一场争夺最大发行量的竞赛，其结果是淡化党派之争，以便各种不同立场的人都会购买报纸。对利润感兴趣的企业家越来越多地取代了对塑造政党立场感兴趣的政客，他们开启的一项重大的文化创新是新闻采集的专业化，即报道由专业记者负责。通过他们的定价方法、广告、新闻概念、报道速度和呈现风格，旗下的报纸吸引了新的公众。

走向大众化和政治独立的媒体运动是在美国起步的，那里的许多潜在读者都是欧洲政治和宗教迫害的难民。纽约市大量的移民人口成为早期报纸的温床，这些报纸塑造了现代新闻业的特征。像本杰明·戴和詹姆斯·戈登·贝内特这样的报纸创始人刻意将自己的报纸与早先的党派报纸区别开来。例如，当《纽约先驱报》创立时，贝内特宣布，《先驱报》将努力记录新

---

① Bruckner, D. J. R. (Nov 20, 1995). "How the Earlier Media Achieved Critical Mass: Printing Press; Yelling 'Stop the Presses!' Didn't Happen Overnight." *The New York Times*, https://www.nytimes.com/1995/11/20/business/earlier-media-achieved-critical-mass-printing-press-yelling-stop-presses-didn-t.html.

闻，"发表适当、公正、独立、无畏和温和的评论"，同时不支持任何政党。[①]

编辑独立性使得社会揭露丑闻和反对政治腐败成为可能。调查报道和卧底报道都出现了。其中最著名的是由《哈珀周刊》（Harper's Weekly）和《纽约时报》（New York Times）发起的针对坦慕尼协会（Tammany Hall）和"老板"威廉·M·特威德（William M. Tweed）操控纽约市和纽约州政府的非法行为的追踪。据称，坦慕尼协会企图用500万美元收买《纽约时报》而被后者拒绝，这充分表明了媒体力量的日益增强。[②]

为了在市场上生存，并提高一个新的和更民主的新闻界的地位，美国记者以及出版商开始将效率转化为一种专业能力的标准，这一标准在几十年后被称为客观性。阿道夫·奥克斯（Adolph Ochs）1896年接任《纽约时报》出版人后发表的声明，可谓一种据称是中立、无偏见、公正的视角的典范：

我的热切目标是，《纽约时报》以简洁而引人入胜的形式、用良好社会中议会式的语言提供所有的新闻，并且尽可能早地提供，甚至比通过任何其他可靠媒介获知的时间更早；公正地发布新闻，不带恐惧或偏袒，不考虑所涉及的党派、教派或利益；使《纽约时报》的专栏成为考虑所有重要公共问题的论

---

① https://www.britannica.com/topic/publishing/Era-of-the-Industrial-Revolution.

② Kleinfield, N. R. (Nov 14, 2001). "150th Anniversary: 1851—2001; Investigative Reporting Was Young Then." *The New York Times*, https://www.nytimes.com/2001/11/14/news/150th-anniversary-1851-2001-investigative-reporting-was-young-then.html.

坛，并为此邀请各种意见的明智讨论。①

在欧洲，只有英国在十九世纪上半叶就拥有独立的新闻界。《泰晤士报》展示了新闻客观性的价值，以及如果要维护来之不易的权利，就需要批评政府。《泰晤士报》成为英国最严肃报纸的典范。1819年，它对政府军在曼彻斯特政治集会上进行的彼得卢大屠杀（Peterloo Massacre）的报道毫不妥协；它发起议会改革并揭露克里米亚战争（Crimean War）的恐怖。②批评政府与新闻自由息息相关，而新闻应该自由的观念只有在新闻本身变得司空见惯之后才会出现。

十五世纪机械化印刷的发明导致书籍、报纸和其他出版物激增，从而能够比以往更快、更远地传播思想。然而，由于这些思想有可能挑战官方权力结构，一些政治和宗教当局积极压制他们认为具有颠覆性的出版物。诗人约翰·弥尔顿（John Milton）在其1644年出版的小册子《论出版自由》中对出版自由进行了早期的捍卫，该小册子是为了回应英国议会通过的一项法律，要求印刷商在出版前从政府那里获得许可证。弥尔顿认为："真理和理解并不是可以通过提单、法令和标准来垄断和交易的商品。"这本小册子成为了言论自由的经典辩护书。③

---

① Quoted in Luo, Michael (July 11, 2020). "How Can the Press Best Serve a Democratic Society?", *The New Yorker*, https://www.newyorker.com/news/the-future-of-democracy/how-can-the-press-best-serve-democracy.

② https://www.britannica.com/topic/publishing/Era-of-the-Industrial-Revolution.

③ 约翰·弥尔顿：《论出版自由》，吴之椿译，商务印书馆，1958年。关于弥尔顿出版自由思想的复杂性，请参阅娄林主编：《弥尔顿与现代政治》，华夏出版社，2021年。

尽管弥尔顿强调的是书籍和小册子而不是报纸,《论出版自由》这本反对书籍许可制或书籍出版事前审查的伟大著作,对印刷法规产生了重大影响。在英国,报纸逐渐摆脱了政府的控制,人们开始了解新闻自由的力量。

　　同洛克(John Locke)一样,弥尔顿对美国政治有深远影响。他的言论自由观植根于英国政治制度之中,被北美殖民者所借鉴。[①] 从弥尔顿的思想出发,美国最高法院发展出"观念市场"(marketplace of ideas)的隐喻,塑造了学界乃至大众对于言论自由的理解。[②] 在美国,多样化的观点受到欢迎,人们希望最好的解释和理据能够在竞争中脱颖而出,这种希望是弥尔顿式的。

　　1791年,新生的美利坚合众国通过了宪法第一修正案,作为权利法案的一部分。该法案规定,国会不得制定有关下列事项的法律:确立国教或禁止信教自由;剥夺言论自由或出版自由;或剥夺人民和平集会和向政府请愿伸冤的权利。[③] 通过这些条款,美国法律正式保障了出版与新闻自由。

　　普尔追溯到,美国立法者和法院拒绝了出版业在英国遭受的三种审查方式,即颁发出版许可证、对出版征收特别税和以刑事诽谤罪起诉批评者。禁止刑事诽谤诉讼在1735年对彼

---

① 阿尔弗雷德·D.钱德勒、詹姆斯·W.科塔达编:《信息改变了美国:驱动国家转型的力量》,邱艳娟、万岩译,上海远东出版社,2008年,第45、54页。
② 胡泳:《互联网与"观念市场"》,《国际新闻界》2015年第3期。
③ 第一修正案原文参见美国国家档案馆网页(https://www.archives.gov/founding-docs/bill-of-rights-transcript)。

得·曾格（Peter Zenger）（被指控诽谤纽约总督）的审判之后就成为了美国传统。1825年美国法院判定了出版许可制度的违宪性，这一制度被美国法院称为"先前的"或"事先的限制"（"previous"or"prior restraint"）。1936年美国最高法院重申了禁止对出版征收特别税的传统。[①]

需要注意的是，这里所保障的自由不仅仅是我们称之为"新闻"的专业或行业的自由，而是被理解为保护所有人使用印刷机的自由。正是在这个意义上，印刷构成了一项"自由的技术"。

电报：通信形式，还是基础设施？

十九世纪中叶，随着电报的发展，电子通信开始兴起。在电报发明之前，印刷机是人类通信的重大创新。此后多年，印刷仍然构成大众信息的主要格式，但电报在人类历史上首次实现了远距离快速通信。对于狄更斯（Charles Dickens）来说，电报，无论是一国内的还是跨大西洋的，都是"我们所有现代奇迹中最美妙的"，当时的大多数人都同意他的观点。[②]与运河、铁路和海路一样，它连接了国内和国际市场，包括证券交易所和商品市场（例如棉花、玉米和鱼类）。它还加速了公共和私

---

① 参见本书第二章，"印刷与出版自由的演进"，第29页。
② Briggs, Asa & Burke, Peter (2009). *A social history of the media: From Gutenberg to the Internet*. Cambridge, UK: Polity, 134.

人、地方、区域、国家乃至帝国的信息传输，从长远来看，这是其最重要的成果。伴随着与家庭、商业、政府事务、天气、自然灾害和人为灾害有关的信息的传播（其中大部分以新闻的形式），距离被征服了。

电报在将印刷术转变为我们现在定义的大众媒介技术方面，发挥了同蒸汽机一样重大的作用。因为，仅凭速度和数量并不一定能使印刷品成为大众媒介，至少对新闻行业并非如此。电报使在全球范围内收集信息并将其发送到任何地方成为可能。报纸所有者起初将其视为竞争对手，但很快就与之合作。

在信息大范围流通的新形势下，对于规模较小的报纸来说，雇用一大批记者（其中一些人可能要离开办公室几个月）的费用是不划算的，这样就为新闻通讯社的出现铺平了道路。法国商人查尔斯·哈瓦斯（Charles Havas）于1835年启动了这一发展，他将一家翻译公司转变为一家通讯社，为法国媒体提供欧洲主要报纸的翻译内容。随后，他在伦敦、巴黎和布鲁塞尔之间提供信鸽服务，使该公司成为一家销售新闻报道并最终同时经营广告空间的国际企业。这家公司的前员工保罗·朱利叶斯·路透（Paul Julius Reuter）是最早在德国开发新电报电缆线路的人之一，但他真正的成功是在伦敦。他于1851年在伦敦开设了一家办公室，与伦敦证券交易所签下合约，作为其海外商业信息的供应商。扩张很快导致了路透社开始向新闻界提供外国电报服务，该组织随着大英帝国的扩张而发展壮大，覆盖了世界大部分地区。与此同时，在美国，一种截然不同的机构——报纸合作社——出现了。1848年，纽约的六家日报共同出资修建了一条通往波士顿的电报线路，以便从欧洲返回的船只上获取第一手消息，波士顿当时是美国西行跨大西洋船舶的第一个停靠港。1856年，这家报纸合作社自称为纽约联合通讯社，并开始销售电报服务，这促成了美联社（Associated Press）的成立。[1] 报纸之间的这种合作使得报道更加可靠，而且主题广度增加，报纸不仅吸引了上层读者，也吸引了中产阶级和工人阶级读者。到1870年，180,000英里的电线纵横美国。[2]

电报很快成为新闻编辑室运作的主要内容。电报通过将报道转化为一个传递信息脉冲的过程，从字面和象征意义上都将新闻予以了电气化，及时性成为卖点，激发了报纸读者的兴趣。电报允许对正在发生的故事进行后期更新，现在我们所熟悉的每日新闻周期——定期报道近期新闻，中间穿插更及时的突发新闻——起源于电报新闻。电报可以用来与遥远的地方进行快速联系，从而培育了全国性新闻的新概念，日报开始将自己定位为公众通往国内和国际新闻采集网络的门户。

从组织上来说，电报带来的及时性改变了新闻制作过程的每个阶段，从记者与消息来源的互动到向读者传递故事。通讯社确保了"现场新闻"的持续供应——即有关事件发生时的赤

---

① https://www.britannica.com/topic/publishing/Era-of-the-Industrial-Revolution.

② Bruckner, D. J. R. (Nov 20, 1995). "How the Earlier Media Achieved Critical Mass: Printing Press; Yelling 'Stop the Presses!' Didn't Happen Overnight." *The New York Times*, https://www.nytimes.com/1995/11/20/business/earlier-media-achieved-critical-mass-printing-press-yelling-stop-presses-didn-t.html.

裸裸的事实——并提高了客观新闻报道的标准。例如，美联社向具有不同政治倾向的报纸提供报道，因此主张坚持事实。

通讯社作为一种新型新闻机构，还推动了新闻写作风格的转变。假如没有电报的发明，新闻的"倒金字塔"写法可能就不会出现。电报虽然具有革命性——它在当年就像日后的互联网一样，改变了通信的时空——但难以逃脱一个缺点：使用起来极其昂贵。美国报纸花费了数十万美元的电报费来报道内战。这种经济压力比其他任何因素都影响了一种新的写作方式：十九世纪末，新闻业抛弃了之前以华丽的文字报道为特征的写作，开始接受一种被称为"现实主义"的传统，以简洁的方式呈现事实。新闻学者詹姆斯·凯瑞（James Carey）专门分析了电报在此中的作用：它"使散文变得精简而朴素，导致新闻业没有细节和分析的奢侈"。他的结论是，电报及其跨洋合作伙伴电缆，为二十世纪最有影响的文学风格之一提供了基础结构。[1]

对于读者来说，电报传达了一个联网的工业社会的时间节奏。受众重视及时的新闻，将其作为信息输入，以增加参与遥远事务或影响结果的机会，尽管对于经济情报而言，私人渠道几乎总是超过报纸公开传递的相同信息。但即使是主要以讲故事为价值的新闻，也以鼓励分散的受众构建意义的方式，做到

---

[1] Carey, James W. (2009). "Technology and Ideology: The Case of the Telegraph." In *Communication as Culture*, rev. ed. New York: Routledge, 155–177. Originally published in *Prospects* 8 (1983): 303–325.

了让许多人共同经历事件。在这种情况下，及时性往往意味着新闻传播得足够快，足以让全国各地的反应成为故事本身的一部分。

随着电报业务的扩展，许多国家不断提出有关私营企业和公营企业、国家和市场各自角色的关键问题。"电报通讯难道不是和邮件传递一样是政府的职能吗？"1854年，《评论季刊》（*Quarterly Review*）在伦敦提出这样的问题。在美国，当莫尔斯（Samuel Morse）1844年获得公共资金修建一条实验性的华盛顿至巴尔的摩架空线路时，政府首先参与其中；然而，此后其角色与在欧洲的角色非常不同。美国邮局虽然坚定地表示，"如此强大的善恶工具"不能安全地留在不受法律控制的私人手中，但负责管理该工具的政客们知道，他们永远不可能获得足够的投资来运行它。起初，私人投资也不足，但随后将电报交给企业的决定在美国通信史上至关重要。其结果是，一家大型企业西联公司（Western Union）被催生，几乎垄断了电报业务。①

1876年，西联公司成为美国最大的公司；同年，它拒绝以10万美元的价格购买贝尔（Alexander Graham Bell）的电话专利。而到了1910年，规模更大的电话公司反以3000万美元的价格收购了西联公司的控制权。②从一开始，贝尔系统（Bell System）

---

① Briggs, Asa & Burke, Peter (2009). *A social history of the media: From Gutenberg to the Internet*. Cambridge, UK: Polity, 136.
② 参见本书第三章，"电子君临天下"，第54页。

的开发人员就构思了一个既包括语音通信又包括文本通信的"宏大系统"（grand system）。但1913年，贝尔系统的后身美国电话电报公司（AT&T）被迫剥离西联公司。无论电报还是电话，都被美国法律定义为公共运营商（common carrier），其首要目的是为了确保普遍服务（universal service）和公众公平使用运营商设施。

公共运营商的地位旨在促进通信自由，而不是限制通信自由。例如，如果电报和电话系统是一种"自然垄断"，那么只有强制实施公共运营商地位才能使该系统以合理的成本为每一个用户提供服务。除了这一普遍服务的义务外，作为公共运营商还要满足许多其他要求。例如，一般需要获得运营许可证，其费率也常常受到监管。

虽然电报和电话通常被认为是一对一的通信设备，但两者在大众媒介中也占有重要地位。电报和通讯社对报纸的作用已如上述。随着无线电变得易于使用和普及，电报的使用逐渐消失，电话很快成为人与人之间通信的最快方式。在无线电时代的最初几十年里，电话系统将无线电信号四处传送，它对于在美国和欧洲建立集中式广播系统是不可或缺的。在这两种情况下，许多想要更加去中心化、反应灵敏和民主的信息系统的人，对通信网络发展的垄断方式感到失望。

普尔指出，在美国，电报的规制模式直接来自于铁路公共运营商概念的演变。人们倾向于将电报视为一种通信形式，可以在遥远城市的人们之间快速传输信息。但同样重要的是它作为基础设施的用途：电报的出现，第一次将通信与交通分开。丹尼尔·布尔斯汀（Daniel Boorstin）在他引人入胜但现已过时的《科技共和国》（*The Republic of Technology*，1978）一书中精辟地写道，"虽然通信曾经是交通的次等替代品，但现在往往是首选的替代方案"。[1]

在与电报有关的案件中，第一修正案几乎不被提及。普尔说，令人感到奇怪的是，"当一种新的通信技术出现时，法院并不会认为它是印刷文字的延伸，与法院决意捍卫其自由的媒介同样重要、同样脆弱、同样需要保护"。[2] 人们对电报的认识如此模糊，是因为早期电报所携带的字词很少，成本又高，往往被视为商业机器而非一种表达媒介。

认识到电报与报业彼此之间的意义，是在双方进行了长达数年的地位和控制权争夺之后。电报公司开辟新闻服务业务的企图被报纸击败，后者最终控制了自己的新闻服务，而电报公司则被赋予公共运营商的特殊性质。1893年，美国最高法院认定，电报公司虽然不是严格意义上的公共运营商，但具有与之类似的性质："由于其商业工具的属性，电报公司类似于铁路公司和其他公共运营商"，因此必须不加歧视地提供服务。[3]

也就是说，应用于电报的规则与铁路十分相似，规范电报的理由与第一修正案无关。电报公司是应该像今天的无线电广

---

① Boorstin, Daniel (1978). *The Republic of Technology*. New York: Harper & Row, 6.
② 参见本书第五章，"电信运营商与第一修正案"，第161页。
③ 参见本书第五章，"电信运营商与第一修正案"，第168页。

播网络那样成为信息分发者，还是应该像现代电话系统那样仅仅作为载体，被动地传递新闻机构提供给它们的信息？这样的问题在电报时代未获解决，其后在计算机通信迅猛袭来的时候，它将再次浮出水面。

三分通信体系：监管与自由的持久张力

随后，在二十世纪的前四分之一时期，非印刷类的大众媒介也开始投入使用，电影和广播的大幕相继拉开。

普尔对电影的着墨不多，但就第一修正案而言，电影的发展一度是一个异数。1915年，最高法院在互助电影公司诉俄亥俄州工业委员会一案（Mutual Film Corp. v. Industrial Commission of Ohio）的裁决中认为，电影作为一种媒介，不受言论和新闻自由的保护，因为它们仅仅是"娱乐"和"奇观"，具有"作恶的能力"。尽管在法庭上，互助电影公司主张电影是一种"出版物"，是"胶片化的书"，应当享受美国宪法第一修正案的言论自由权利的保护，但是，联邦最高法院驳回了互助电影公司的上诉，而且九位大法官全部认定互助电影公司的主张不合理。①

该案使一直存在到二十世纪五十年代的广泛的电影审查制度合法化。直到1952年，在约瑟夫·伯斯汀公司诉威尔逊案（*Joseph Burstyn, Inc v. Wilson*）中，最高法院才宣布电影与传统媒

---

① Mut. Film Corp. v. Indus. Comm'n of Ohio, 236 U.S. 230, 244–45 (1915).

体一样，是受第一修正案保护的思想交流的重要媒介。克拉克大法官（Justice Clark）宣布"电影的表达方式被纳入宪法第一修正案和第十四修正案所保护的言论自由和新闻自由范围之内"。[1]到下一个十年中期，美国的电影审查制度几乎完全废除。[2]

为什么最高法院将电影从不受保护的媒介转变为受宪法保护的"表达方式"的一部分？对这一转变的标准解释是，二十世纪三十和四十年代言论自由法学中公民自由主义的演进使得电影在第一修正案中地位的改变和电影审查制度的衰落不可避免。然而，值得指出的是，这种转变也是下文将要描述的"媒介融合"（media convergence）的动态结果。当与不同媒介相关的功能、实践和文化变得彼此趋近时，媒介融合就会发生。

到二十世纪五十年代，电影在公共生活和大众文化中所扮演的角色越来越类似于传统报刊。同时，印刷新闻的风格和功能也更像历史上与电影相关的风格和功能。经由三十年代和四十年代的发展，电影和印刷新闻都在快速变化。第二次世界大战结束时，部分由于政府在战争期间使用新闻片（newsreel）和纪录片，电影被广泛认为是与报纸同等重要的新闻和公共信息载体。[3]几乎同步的是，报纸和杂志也成为大众娱乐的主

---

[1]   Joseph Burstyn, Inc. v. Wilson, 343 U.S. 495, 501 (1952).

[2]   Wittern-Keller, Laura (2008). *Freedom of the Screen: Legal Challenges to State Film Censorship, 1915—1981*. Lexington, KY: University Press of Kentucky, 247–71.

[3]   Althaus, Scott L (2010). "The Forgotten Role of the Global Newsreel Industry in the Long Transition from Text to Television." *International Journal of Press/Politics* 15(2): 193–218.

要来源。它们像电影一样，变得高度视觉化和耸人听闻。媒介理论和传播研究的发展使人们对电影的受众是非理性和易说服的、而印刷品的受众是理性的和有判断力的这一观点产生了怀疑。这些变化不仅改变了大众传播的社会经验，也影响了言论自由法。随着电影和印刷品之间的区别变得模糊，支持最高法院早期判断的假设开始崩溃。

所以，我们在讨论"自由的技术"的时候，必须认识到，历史上所发生的不仅是第一修正案理论的改变，而且也有传播环境的根本性转变。以电影而言，审查制度的废除不仅反映了对言论自由的更广泛的理解，而且反映了通信的趋同。

趋同在广播一开始问世的时候就存在。报纸从电台诞生之初即开始探讨广播会对自身产生怎样的影响。如同普尔所说，它很快发现，广播和印刷品并不构成彼此替代的关系，而是为渴望新闻的人提供了更多途径和机会，他们会同时使用多种媒介来获取新闻。"只要关注新闻成为一种习惯，媒介之间就会相互支持和补充。"[1]

然后电视到来了。到二十世纪五十年代，电视台取代电台成为主要广播媒体，并接管了家庭娱乐。电台和电视台共同构成了广播时代，正如这个名字所暗示的那样，广播是向大量主流观众传播文化和观念的主要方式之一。这一时代标志着收音机和电视的真正发展以及有线和卫星的诞生。每一种新媒介都

---

[1] 参见本书第三章，"电子君临天下"，第71页。

建立在旧媒介之上；收音机最初只是经过最小的改变就被转移到了电视上。电视取代报纸成为最常用的信息来源，并战胜收音机成为首选大众媒介。

二十世纪的广播发展出维持24小时新闻不间断的媒体机构，对新闻的呈现方式产生了深远的影响。现在，故事可以实时展现在观众面前，而不是传统的全天新闻时段。对于新闻观众来说，这加剧了紧张：他们看到的是现场发生的事情，而不是被告知已经发生的事情。得益于通信卫星等技术，全球电视成为现实；1969年有超过5亿人观看了登月，1984年超过20亿人观看了洛杉矶奥运会。[①]技术发展刺激了新闻实践，增加了新闻的种类和力量，扩充了新闻采集的创新性、可供性和灵活性，并因此改变了新闻所产生的社会、经济和政治影响。

然而，尽管电视在某些领域击败了印刷媒介，同时它也为印刷媒介提供了支持。广播业有自己的行业期刊，报纸也会刊印广播节目时间表以此吸引大量读者。《电视指南》（TV Guide）周刊发行量居美国所有杂志之首，《广播时报》（Radio Times）和《电视时报》（TV Times）的周刊发行量也在英国登顶。[②]媒介之间的相互影响不仅体现在此消彼长上，也体现在媒介自身特征的改变上。在一个广播公司最快发布新闻的时代，报纸不

---

① Pelton, Joseph (1986). "The Technological Environment." In Anne Branscomb (ed.) *Toward a Law of Global Communications Networks*. New York: Longman, 1986, 37, 43.

② 参见本书第三章，"电子君临天下"，第73页。

得不向读者提供广播公司所缺乏的特写和深度分析。在电视冲击下的报纸和新闻周刊并不急于发布最新的新闻，也不再发布号外，而是更多地对新闻进行背景补充和深入研究。

总体来看，非印刷类媒介不仅超越了印刷媒介，而且首次显示出要部分取代印刷媒介的迹象。领先的无线电设备制造商和领先的广播公司之间的商业安排很快产生了垄断的威胁。作为回应，美国国会1927年通过《无线电法案》（Radio Act），设立了联邦无线电委员会（FRC，Federal Radio Commission）作为监管机构，负责向广播公司分配波长，到1934年发展为现在的联邦通信委员会（FCC，Federal Communications Commission）。对于广播的监管，这部法律采取了一种平衡做法：政府可以选择广播公司发放许可，但同时不得控制发布的内容或对广播公司进行审查。

美国拒绝了将广播活动归为政府垄断或公共运营商这两种提议，最终决定将其视为一种受管制的商业活动。它选择允许私人拥有和经营广播产业，但须服从公共利益的监管。国会和最高法院制定了高度管控的制度，与印刷业截然不同。由于无线电频谱中可能缺乏可用频率，政府便根据自己眼中的优点挑选广播公司，给每一家在频谱中各分配一个频段，并要求广播公司公平使用所分配的频段，按当局的规定提供社区福利。基于这一整套政治管理体系，公共电信和第一修正案的原则在应用于广播领域时便打了折扣。

这导致了普尔所称的"三分通信系统"，由出版、公共电信运营和广播构成。[1] 由此，普尔认为，二十世纪的电子通信方式，无论是公共电信还是广播，都已经失去了在十八和十九世纪美国宪法对媒介的大部分保护——即媒介不受事先限制，不需要许可证，没有特殊征税，没有法律法规的监管。

政府的监管范围在扩大，"自由的技术"之自由在缩小。连接计算机的公共网络必须获得许可，根据目前对1934年《通信法》（Communications Act）的解释，如果政府认为它不符合"公共便利、利益或必要性"（the public convenience, interest, or necessity），则可能被拒绝许可。

普尔说："令人不解的是，宪法的明确意图，在印刷领域得到了如此良好和严格的执行，却在电子革命中被如此忽视。"[2] 他认为，一部分原因出自于，从近代时期到当今世界，普遍关注点和历史环境都发生了变化；但另一部分同样关键的原因，则出于国会和法院对新技术特性的理解无能。法官和立法者试图将技术创新放置于传统法律概念之下并力求吻合，导致了监管与自由之间的一种张力关系。

正是在此处，普尔引入了计算机通信的话题。早在世界上大多数人听说"互联网"这一事物或使用"赛博空间"和"信息高速公路"等术语之前，普尔就已经描述了这种新兴媒介，严肃思考其后果，并阐明了如何管理的最佳政策。阅读《自由

---

① 参见本书第一章，"阴影笼罩"，第13页。
② 参见本书第一章，"阴影笼罩"，第7页。

的技术》的一个激动人心之处，在于体察40年前，普尔如何作出对未来通信和"电子出版"市场的预测愿景，以及如何治理这些市场的政策愿景。

"联网计算机将成为二十一世纪的印刷机"，普尔在关于电子出版未来的极具先见之明的一章中写道。他预测，"很快，大多数发布的信息将以电子方式传播"，[①]"为了服务公众，将会出现三层嵌套的网络"，"各种电子设备使每个人手上拥有远远超出印刷机所能提供的能力"。[②]普尔就像凝视着水晶球一样说：

就像现在一样，不同的国家将拥有不同的网络，但这些网络将相互连接。在国家内部，卫星运营商、微波运营商和本地运营商可能会（在美国几乎肯定会）掌握在不同组织手中，但它们之间也将再次相互连接。因此，即使是最基本的物理网络也将是一个网络的网络。在这些物理网络之上将是一个金字塔式的服务网络。人们可以通过该服务网向公众发布或传递各种各样的东西：电影、金钱、教育、新闻、会议、科学数据、手稿、请愿书和社论。

请记住，普尔是在二十世纪八十年代初写这本书的，当时录像机和索尼随身听仍被认为是尖端电子技术！他的预测在1983年听起来肯定像科幻小说，但如今已成为现实。很少有

---

① 参见本书第八章，"电子出版"，第358页。
② 参见本书第九章，"导向自由的政策"，第363、361页。

学者或未来学家对新兴的电子商务或在线通信世界的预测比之更加准确（或许此处只有科幻作者才能相比肩，比如威廉·吉布森）。单单只是为了一窥普尔对未来的看法有多少是正确的，《自由的技术》这本书就值得一读（顺便说一句，你可能还想看看普尔如何在他的遗作《无边界技术》①中几乎完美地预测了现代的版权政策战争）。

普尔在世的时候，并没有亲眼见到网络技术如何为互联网用户赋予了强大的表达能力。他们可以传播自己的博客，出版电子简讯，建立自己的个人主页，或是发布自拍的视频。美国知名网络法律人士迈克尔·戈德温（Michael Godwin）说，互联网"把'出版自由'的全部力量交到了每一个个人的手中"。②我们现在都是出版者了。然而，必须记住，传统出版商受到起诉的可能性在我们身上一样存在。随着我们在网络空间中扩散自己的想法的能力的扩大，我们要为增加了的责任而付出的代价也在加大。《自由的技术》甫一开篇，普尔就把一个严峻的局面摆在我们面前：

如今，公民自由在不断变化的技术环境中发挥作用。为争取言论和出版的无拘无束、无须执照、无须审查和不受控制的权利，人们斗争了五百年，并已经在少数国家中取得了胜

---

① de Sola Pool, Ithiel (1990). Technologies Without Boundaries: On Telecommunications in a Global Age. Ed. Eli. Noam. Cambridge, MA: Harvard University Press.
② Godwin, Michael (1998). *CyberRights*. New York: Random House, 16.

利。然而，新的电子通信技术却可能将像小册子、讲台和期刊这类已获自由的老式媒介挤至公共论坛的一角，权利相对受限的电子通信方式正走向舞台中央。新的通信技术并没有继承老式媒介已经争取到的全部法律豁免权。当电报、无线电、卫星和计算机成为话语的主要传播媒介时，监管似乎成了一种技术上的必需。因此，随着言论越来越多地通过电子媒介传播，已经成长了五个世纪的公民不受控制地发表言论的权利可能受到威胁。①

所以，普尔庄严地声言，我们有义务对下述选择作出决定：在二十一世纪的自由社会，电子通信是会在经过数百年奋斗而建立的印刷自由的条件下展开，还是这一伟大的成就可能在新技术的混乱中丧失殆尽？②

媒介持续融合，自由何处安放

几千年来，与地球上任何其他动物不同，人类会交谈。然后，在大约4,000年的时间里，人类发明了以书面形式体现言语的方法，这种书面形式可以长期保存并在空间中传输。然后，随着古腾堡的出现，第三个时代开始了，在过去的500年中，书面文本可以大规模分发。在这场大众传媒革命的最后阶段，

---

① 参见本书第一章，"阴影笼罩"，第3页。
② 参见本书第一章，"阴影笼罩"，第17页。

留声机、照相机、录音机和电影摄影机使复制和传播声音和图片成为可能。我们现在正在进入第四个时代，这场革命的历史意义可与印刷和大众传媒革命相媲美。我们发现了如何利用数字过程来体现和传达包括语音、文本、图片和移动影像在内的所有信息。正如书写使知识遗产随着时间的推移得以保存并在空间上传播，印刷术使知识的普及成为可能，数字化的新发展也必然对文明产生重大影响：它让我们对世界各地发生的事件敞开心扉，扩展了我们的交谈方式，并通过访问大量信息而建立了个人知识库。

人们不需要完全接受马歇尔·麦克卢汉（Marshall McLuhan）的格言"媒介即讯息"，就可以同意技术及其内容都会对人类产生影响。书籍、报刊、广播和电视节目、互联网网页以及移动APP各自不同，但都涉及将信息和知识从一个中心源传递给许多人。正是这些规模经济使得它们具有如此高的成本效益。一本书的版权可能要花费数百万美元，但可以以每本25美元的价格出售。一小时黄金时段电视节目的制作成本可能超过100万美元，但当成本分摊到数百万人身上时，每个人的成本微乎其微。为什么数字化媒介后来居上？一个原因是它复制的边际成本为零——无论谁需要，都可以免费提供。

最初，印刷机、电报、电话和广播媒介都有不同的目的。电话用于通信，印刷品用于传播文本，电影和电视用于戏剧性娱乐，收音机用于收听新闻和音乐，留声机用于记录音乐。通过书籍、报刊、广播或电视节目，我们单向地接收信息。尽管它们可能会刺激我们的思想、激起我们的情感或促使我们采取行动，但我们被普遍描述为"读者"、"听众"或"观众"。提供这些信息的机构也都安分固守，画地为牢，很少与其他媒介产生联系。然而数字技术的逻辑引领我们走向了新的方向。普尔在1983年看到了融合文化的第一缕曙光：

一种被称为"模式融合"（convergence of modes）的过程正在模糊媒介之间的界限，甚至是点对点传播（如邮件、电话、电报）和大众传播（如报刊、广播、电视）之间的界限。单一的物理手段——无论是电线、电缆还是无线电波——可能会承载过去以不同方式提供的服务。与之相对，过去由任何一种媒介所提供的服务——无论是广播、出版还是电话——现在都可以通过多种不同的物理方式提供。因此，过去存在于媒介及其用途之间的一一对应关系正在被侵蚀。[①]

普尔是日后大行其道的"媒介融合"一词的始作俑者。他预测了一个漫长的过渡时期，在此期间，各种媒介系统相互竞争和合作，寻求始终无法实现的稳定：

融合并不意味着一种最终的稳定或统一。它作为朝向统一的恒定力量运行着，但始终处于变化的动态紧张之中……不断发展的融合并不存在一成不变的规律，变化的过程比任何规律都复杂得多。[②]

---

① 参见本书第三章，"电子君临天下"，第43页。
② 参见本书第三章，"电子君临天下"，第93页。

我们仍在了解这一变革的过程到底有多复杂。比如，仅以影音媒介而论，尽管存种种差异，但毋庸置疑的现实是，电影、电视和网络视频都在不断发展，不断采用新的形式和技术，不断为观众提供新的观看方式——从二十世纪七十年代末出现的家庭录像带到最近的短视频。这些变化只会使曾经很容易界定的"电影"、"电视"和"视频"概念变得更加复杂，降低了电影放映和广播节目编排的重要性，侵蚀了我们对传统影视节目所划定的固有分类。现在，电影可能是通过DVD或网络视频点播（VoD）或流媒体平台在电视上观看的，而电视节目则可能是在首次播出后，通过笔记本电脑、平板电脑和智能手机在线观看。我们不仅不会被这些快速发展所淹没，反而可以借此机会从更激进的意义上思考电影、电视和视频，并朝着新的语境理解迈进。

在二十世纪前四分之三的时间里，主流的通信手段不管是在技术上还是在用途上都被巧妙地相互分割开来。但并没有自然法则规定一切理应如此。普尔正确地指出，模式的融合正在颠覆过去数百年发展起来的三分通信系统，那些看似在几个世纪之前就早已解决的问题正在被重新打开。他深切的担忧在于，这次打开可能并非秉持自由的态度。

尽管"出版自由"起源于印刷，但其解释已演变为保护向公众传递信息的权利，无论传播媒介如何。就第一修正案而言，印刷媒介、电影、广播、有线电视甚至邮件都被视为"出版"。正如最高法院所言，它"涵盖为信息和观点提供载体的各种出版物"。①此外，虽然有些人认为出版自由只是为了保护新闻和观点的传播，但第一修正案的保护范围业已扩展到保护科学、文学和艺术的表达。

普尔预见到，电子通信技术的出现既意味着一个新领域的诞生，也意味着所有领域汇聚成"一个宏大的系统"。②他唯恐第一修正案所规定的言论自由传统可能在未来的信息社会中被颠覆。这一传统在通信系统三分的情况下已受到不小的冲击，从历史进程中，我们可以明显地看到，第一修正案的权利并未平等或一致地应用于所有通信技术。

印刷媒介主要受第一修正案管辖：适用于出版业的法律制度最大限度地减少了公共管制，允许任何人建立表达设施；电报和电话受公共电信法管辖：适用于普通运营商的法律制度要求它们平等地为所有客户服务，以换取基本垄断地位；广播和电视受专门制定的广播法管辖，一种广播设施的许可和监管制度被采用，然而政府向广播公司颁发许可证的权力不止一次地被用来影响广播言论的内容，实际构成了对第一修正案的侵犯。

在新技术背景下第一修正案的适用性问题之所以出现，不仅是因为新技术的发展并不完全符合以上三个类别，还因为随着印刷、电信和广播技术的融合，这些类别本身并不总是适

---

① *Lovell v. Griffin*, 303 U.S. 444, 452 (1938).
② 参见本书第三章，"电子君临天下"，第52页。

用。考虑到新技术与旧技术类似的历史，这一发展提出了何种监管制度将占上风的问题。[①]普尔认为计算机通信与印刷机类似，成本最低且易于使用，但他也认识到相同的第一修正案保护不一定会得到扩展。他问道："当印刷媒介越来越多地使用受监管的电子传播手段时，公共利益监管（比如联邦通信委员会的实践）会开始延伸到印刷领域吗？或者，对新闻自由的传统概念的关注，是否会推动寻找方法，使广播媒介和运营商从它们目前所依据的法规以及与内容有关的要求中解放出来？"[②]

　　冲突的利益之间会产生尖锐的分歧，三种模式中，哪一种将主导有关新技术的公共政策，绝非不言自明。《自由的技术》以乐观的态度结束，普尔寄望于美国文化对多元主义和个人权利的承诺以及"电子技术的柔韧度和丰富性"[③]，但人们感觉到，这更多的是希冀而不是预测。在有利于自由的技术与寻求控制它们的政府之间的斗争中，普尔当然看到了监管机构占据上风的潜力。他的观点是毫不掩饰的自由至上主义，虽说他对最小互连/公共运营监管的拥护表明他对某种形式的监管持开放态度。尽管如此，法律在普尔范式中的作用受到严格限制，为的是确保新的电子网络的发展摆脱过去的监管负担。

---

① 在本书第一章"阴影笼罩"中，普尔写道："仲裁者经常将一种熟悉的类比方式运用到他们对新技术的理解之中，在此过程中，一种既旧又新的权利和义务结构就诞生了。比如，电报被比作铁路，电话被比作电报，有线电视被比作广播。"见第12–13页。
② 参见本书第九章，"导向自由的政策"，第395页。
③ 参见本书第九章，"导向自由的政策"，第396页。

许多人不会同意他的主张，即自由市场比政府监管更有利于自由的技术，特别是在一个放松管制导致媒介所有权（也可以说是内容所有权）空前集中的时代。然而，总的来说，这本书是一个有价值的早期贡献，无论是它清晰的历史视角，还是它坚持认为技术与自由之间的关系是由技术特征和制度背景决定的立场，都使它在哪怕今天有关新技术发展与通信政策的辩论中，仍然不失为一个有力的声音。

普尔担心政策制定者因缺乏对技术的掌握，以及他们倾向于通过习惯的官僚程序解决冲突、隐私、知识产权和垄断问题，而对新技术进行过度监管。他警告说，威胁自由的不是计算机，而是政策："二十一世纪的计算机化信息网络所需的自由并不比印刷机少，所有人都应该不受限制或无阻碍地使用。只有政治上的错误才会阻挠这一自由。"[1]

为了防止这些"政治错误"，普尔提出了十项"自由指南"，在本序言的结尾，值得将它们在此一一列举：

第一，第一修正案完全适用于所有媒介。

第二，任何人都可以按意愿出版。

第三，法律的执行必须是事后的，而不能是事先的限制。

第四，监管是最后的手段。

第五，需要公共运营商之间的互联。

---

[1] 参见本书第九章，"导向自由的政策"，第368页。

第六，公开特权接受者的信息。

第七，特权要设定时间限制。

第八，政府和公共运营商对线路的使用应该是盲目的。

第九，不应该利用瓶颈来扩大控制。

第十，版权的执行必须适应技术的发展。[①]

唯有遵循这些指南，普尔设想，电子通信技术才能够带来极大程度的多样性、更广泛的接入、更多的知识和更自由的言论。

余论：一位痴迷于通信问题的政治学者

伊锡尔·德·索拉·普尔是创立麻省理工学院政治学系的著名教授。他最早的兴趣是研究民主的修辞符号，其工作来源于对世界各地极权主义演讲者的分析。他的愿望是解读文字的力量和影响。然而，他总是会回到对技术和通信的迷恋。

普尔最终成为研究通信的社会和政治影响的权威。1973年，他主编了《传播学手册》（*Handbook of Communication*），在其中名为"舆论"的一章中定义了技术进步的社会和政治影响。[②]

---

① 参见本书第九章，"导向自由的政策"，第388–393页。

② de Sola Pool, Ithiel, et al. (ed.) (1973). *Handbook of Communication*. Chicago: Rand McNally College Publishing Company.

他是将计算机建模应用于政治理论的先驱。他创造了"融合"一词来描述各种通信技术创新的汇聚，相信在任何人都能看到的未来，媒介的趋势是持续融合。他认为，社会、经济和政治思想的经典作家未能充分认识到通信和技术变革的重要性。

普尔的信念是，对通信系统的研究可以像对经济系统的研究一样强大。[①] 他和其他几位先驱（如哈罗德·拉斯韦尔、内森·莱茨和卡尔·多伊奇[②]）都在朝这个方向努力。例如，在《美国商业与公共政策：外贸政治》（*American Business and Public Policy: The Politics of Foreign Trade*，1963）一书中，普尔和其他两位学者创建了一种科学研究模式，以人类学家敏锐的观察力和富有警觉的概括力来研究特定通信系统的细节。[③] 他也和其他合作者一起制定一套衡量体系来监测全球信息社会的发展趋势[④]，但这一愿景还需要更多的努力和完善，才能发展出与经济学和其他学科领域相当的分析能力。

举例来说，就像资金流动一样，通信也时时流动。但是，

[①] de Sola Pool, Ithiel (1968). "Political Communication." In David Sills (ed.) *International Encyclopedia of the Social Sciences* Vol. 3. New York: Macmillan–Free Press, pp. 90–96.

[②] Lasswell, Harold D., Leites, Nathan & Associates (1949). *Language of Politics: Studies in Quantitative Semantics*. New York: George W. Stewart, 1949; Deutsch, Karl W. (1953). *Nationalism and Social Communication*. Cambridge, MA: The MIT Press.

[③] Bauer, Raymond, de Sola Pool, Ithiel & Dexter, Lewis A. (1963). *American Business and Public Policy: The Politics of Foreign Trade*. New York: Atherton Press of Prentice–Hall.

[④] de Sola Pool, Ithiel, Inose, Hiroshi, Takasaki, Nozomu & Hurwitz, Roger (1984). *Communication Flows: A Census in the United States and Japan*. Tokyo: University of Tokyo Press.

我们也可以深研通信的生产力或是通信的支出，追寻是否有任何事情正在发生，以及我们是否正在经历每年3%—5%的增长，提升的是人们表达中的智慧；或者是探询反馈系统和政府学习系统①；以及大众媒介的传播流动所带来的公民学习或智慧，等等。

对传播学者来说，更重要的是对整个世界来说，普尔后来决定集中精力论述美妙的通信技术新世界与政府监管言论自由的旧世界的相遇，可谓一件幸事。在代表作《自由的技术》中，他综合了其研究生涯中的许多主题，为这一新兴领域描绘了一幅广阔的地图。《自由的技术》至今仍是通信与人类自由的权威研究著作，它既是一部有关古老通信系统的历史，也是对新兴数字技术如何改变社会和政治生活的富于远见的阐述，亦堪称迄今为止为现代电子网络提供广泛的第一修正案保护而提出的最艰苦、最有说服力的论证。尽管普尔在文中并没有对言论自由展开充分的学理表达，但他显然同意所有那些声称言论自由对民主至关重要的人的观点。②如果由于政府的过度管制，社会失去了这种自由，那么民主也必将随之消亡。

正如印刷机，然后是广播，最后是电视，在它们的时代是

---

① 例如，Etheredge, Lloyd S. (1984). *Can Governments Learn? American Foreign Policy and Central American Revolutions*. New York: Pergamon Press, 1984; Etheredge, Lloyd S. (1981). "Government Learning: An Overview." In Samuel Long (ed.) *Handbook of Political Behavior* Vol 2. New York: Plenum Press, 1981, 73–161.
② 例如，Chafee, Zechariah (1941). *Free Speech in the United States*. Cambridge, MA: Harvard University Press; Emerson, Thomas Irwin (1970). *The System of Freedom of Expression*. New York: Random House.

自由的技术一样,计算机通信和互联网也可以是自由的技术。正如那些早期的自由技术给自由带来了危险一样,互联网也势将如此。

译完此书后我想起,《自由的技术》出版于1983年,一年后——整整40年前——普尔在完成这部开创性著作后去世。但是,对他的记忆永存,如同政治评论家威廉·萨菲尔(William Safire)所言,"当技术监管扼住新闻界的咽喉时,普尔提供了事实和论据,帮助我们为自由而战"。[1]普尔提出的挑战依然存在,有待下一代人去应对,因为自其著作出版以来,他早期勾勒的"自由的技术"已发展成为一个商业化多媒体网络,连接几乎每个国家,包括许多对言论自由并不适用相同规范和法律保护的国家。学者们汲汲于分析政府与公民使用新通信技术互动关系的两个方面——国家监管对自由通信的影响,以及这种通信对政府和政治制度的影响。随着政府控制互联网的压力不断增大,普尔的教诲值得记取:

从传统政治角度思考社会变革的人根本无法想象未来的变化。传统的改革者从国家政策、法律和中央计划的角度来制定他们的计划。但归根结底,塑造未来的是新技术中蕴含的创造潜力……[2]

---

① https://www.hup.harvard.edu/books/9780674872332.
② de Sola Pool, Ithiel (1983). "Development of Communication in the Future Perspective." In Shuhei Aida (ed.) *The Humane Use of Human Ideas*. New York: Pergamon Press, 237–238.

目　录

第一章

阴影笼罩

如今，公民自由在不断变化的技术环境中发挥作用。为争
取言论和出版的无拘无束、无须执照、无须审查和不受控制
的权利，人们斗争了五百年，并已经在少数国家中取得了胜
利。然而，新的电子通信技术却可能将像小册子、讲台和期刊
这类已获自由的老式媒介挤至公共论坛的一角，权利相对受
限的电子通信方式正走向舞台中央。新的通信技术并没有继
承老式媒介已经争取到的全部法律豁免权。当电报、无线电、
卫星和计算机成为话语的主要传播媒介时，监管似乎成了一
种技术上的必需。因此，随着言论越来越多地通过电子媒介
传播，已经成长了五个世纪的公民不受控制地发表言论的权
利可能受到威胁。

尽管人们对这一趋势还不甚了解，但对它的警惕普遍存在。
1980年，美国联邦通信委员会（FCC，Federal Communications
Commission）主席提出了这样的问题：以电视文字广播（teletext）
形式发出的报纸是否为印刷品的延伸，因此也享有与印刷报
纸一样的自由；或者，这种报纸相当于广播，因此必须受到
政府控制？[1]这一问题不禁让报刊记者不寒而栗。在讨论计
算机信息服务时，一位记者问道："传统的第一修正案（First

Amendment）①所规定的新闻自由，适用于通过电话线或者电视电缆传出的信号吗？"[2]她的疑惑涉及一个对社会有深远影响的论题。哥伦比亚广播公司（CBS，Columbia Broadcasting System）董事长威廉·佩利（William S. Paley）对媒介提醒道："广播公司和印刷业一直忙于改善和界定自己的地盘，以至于有些人没有意识到我们在多大程度上被巨大的'电子化'革命联结在一起，这场革命正改变着当今媒介的面貌……新闻与信息的传播机制的融合再次引发了第一修正案的一些关键问题……一旦印刷媒介通过电视机或某种附加装置进入家庭，其影响和基本内容又与广播公司相类似，那么政府监管的课题对于印刷媒介来说，也变得至关重要。"[3]参议员鲍勃·帕克伍德（Bob Packwood）认为第一修正案并不涵盖电子媒介，因此提出了一项新的宪法修正案，意在使第一修正案中规定的权利扩展到电子媒介。

虽然美国有关通信的法律的首要原则是对第一修正案中的自由的保护，但事实上，这个国家的通信系统是由出版、公共电信运营商（common carriage）和广播所构成的一个三分体系。这三个领域的法律各自发展，每个领域同另外两个领域的关系都不大。

① 美国宪法第一修正案，简称为第一修正案，是美国新闻自由的法律根源。该修正案规定，国会不得制定有关下列事项的法律：确立国教或禁止信教自由；剥夺言论自由或出版自由；剥夺人民和平集会和向政府请愿申冤的权利。第一修正案原文参见美国国家档案馆网页（https://www.archives.gov/founding-docs/bill-of-rights-transcript）。——本书所有页下注均为译者注，余不一一。

在印刷业以及美国形成初期就已存在的其他通信手段中，比如说讲台、期刊和公众聚会，第一修正案真正发挥了支配作用。在一百多个涉及出版、游说、公共演说和结社的案例中，最高法院将第一修正案应用于那些18世纪就已经出现的媒介。

在公共电信运营商领域，包括电话、电报和邮政系统，以及目前的一些计算机网络，却采用了一套不同的政策，其首要目的是确保普遍服务（universal service）和公众公平使用运营商设施。这种使用权（right of access）明确了公共电信的定义：公共运营商有义务在平等基础上为所有人提供一视同仁的服务。

最后，在广播领域，国会和最高法院制定了高度管控的制度，与印刷业截然不同。由于无线电频谱中可能缺乏可用频率，政府便根据自己眼中的优点挑选广播公司，给每一家在频谱中各分配一个频段，并要求广播公司公平使用所分配的频段，按国家当局的规定提供社区福利。公共电信和第一修正案中的原则在应用于广播领域时打了折扣。对于广播，已经发明出一整套政治管理体系。

20世纪的电子通信方式，无论是公共电信还是广播，都已经失去了在18、19世纪时宪法对媒介的大部分保护——即媒介不受事先限制，不需要许可证，没有特殊征税，没有法律法规的那种监管。比方说，每个无线电频谱用户都必须获得许可。这种要求始于1912年，差不多是在广播出现前的十年，当时无线电主要用于海上通信。因为美国海军的通信受到干扰，为了补救，国会对发射机颁发许可证，从此打破了一个可以回溯到

3

约翰·弥尔顿（John Milton）①的传统，即反对在通信的时候要求许可。

作为对感知到的技术问题的回应，监管现在已经达到了这样的地步：封闭在电线或电缆中的传输，哪怕不会造成空中干扰，也需要被许可和监管。联邦通信委员会声称有权控制有线电视广播公司可以和必须运营哪些广播台。在被法院叫停之前，这些规定甚至禁止一个付费频道播放过去三年至十年间的电影。电话费要征税。连接计算机的公共网络必须获得许可，根据目前对1934年《通信法》（Communications Act）②的解释，如果政府认为它不符合"公共便利、利益或必要性"（the public convenience, interest, or necessity）③，则可能被拒绝许可。

公民自由权利支持者（civil libertarians）和自由派市场人士（free marketers）都对通信监管范围的扩大感到不安。例如，在计算机通过通信网络连接后，联邦通信委员会花了几年时间

---

① 约翰·弥尔顿（1608—1674年），英国诗人、政论家，英国文学史上最伟大的诗人之一，代表作品有长诗《失乐园》等。1644年，为争取言论自由和新闻自由，弥尔顿写了《论出版自由》。

② 1934年《通信法》是由富兰克林·罗斯福总统于1934年6月19日签署的美国联邦法案。《通信法》规定了管理美国通信的基本法律框架，将以前分开处理的公共运营商和无线电广播的管理结合起来。该法案以联邦通信委员会取代了联邦无线电委员会，还将州际电话服务的监管从州际商业委员会转移到联邦通信委员会。

1996年1月3日，美国第104届国会以1996年《电信法》（Telecommunications Act）修订或废除了1934年《通信法》的部分条款。这是近62年来美国电信政策的第一次大修。

③ 该标准还有其他的表述，如"公共利益、便利或需要"（public interest, convenience or necessity）；有时，"或"字还被写为"和"字。

来研究如何避免对计算机行业的监管。然而，这种值得称赞的自我约束，即所谓的去管制化（deregulation），背后的逻辑与言论自由毫无关系。去管制化或许不乏经济价值，但与第一修正案却相去甚远。《宪法》第1条第8款赋予联邦政府管理州际商业活动的权力，但在第一修正案中，它同样明确地将一种名为通信的商业活动排除在政府权力之外。然而，联邦通信委员会正试图弄清楚如何才能避免对计算机行业的商业活动的监管（国会本可以授予它这种权力，但从来没有这样做过），与此同时，在它认为有必要时继续监管通信。宪法已经被颠覆了。

　　令人不解的是，宪法的明确意图，在印刷领域得到了如此良好和严格的执行，却在电子革命中被如此忽视。部分原因在于，从美国建国时期到当今世界，普遍关注点和历史环境都发生了变化；但同样关键的原因，也出于国会和法院对新技术特性的理解无能上。法官和立法者试图将技术创新放置于传统法律概念之下并力求吻合。这些科学门外汉们在理解上的错误是巨大的，尽管不乏诚实。他们试图把他们并不甚解的技术引向好的目的。

　　亚历克西·德·托克维尔（Alexis de Tocqueville）[①]曾写道："如果专制在我们这个时代的民主国家中建立起来，它将会更

---

① 亚历克西·德·托克维尔（1805—1859年），法国思想家、政治学家、历史学家，以《论美国的民主》和《旧制度与大革命》等著作闻名于世。托克维尔致力于探讨西方社会中民主、平等与自由之间的关系，并检视平等观念的崛起在个人与社会之间产生的摩擦。在《论美国的民主》一书中，托克维尔以自己游历美国的经验，从古典自由主义的思想传统出发，探索美国的民主制度及其根源。

加广泛和温和；它会贬低人们而不是折磨他们。"这就是我们当下的通信体系所面临的——一种虽温和但有辱人格的对自由的侵蚀，而非独裁者或极权主义运动的兴起。正如托克维尔所预见的那样，美国面临的威胁来自善意的政策，这种善意政策的结果往往出人意料。而危险就在于"监管的权力"（tutelary power），它的目标是人民的幸福，但也试图成为"幸福的仲裁者"（arbiter of that happiness）[4]。

虽然如此，在托克维尔写作后的一个半世纪里，他所预见的美国政治舞台上的温和的专制主义并没有成为现实。尽管托克维尔了解美国的政治制度，但他还是忽略了一个重要的因素。一个强大的制度堤坝，根植于美国文化中的监管和自由的张力关系中，阻止了对自由的攻击，它就是宪法的前十项修正案。虽然这看起来很不寻常，但在托克维尔的两卷著作中，没有一处提到《权利法案》（the Bill of Rights）①！

随着政府努力应对新的通信媒介的问题，对传统自由的侵蚀不会让托克维尔感到惊讶，因为这是一个关于如何在追求公共利益的过程中不断增强控制结构的故事。但是这个故事的一

---

① 美国《权利法案》包括美国宪法的前十条修正案，是在1787—1788年关于批准宪法的激烈辩论之后提出的，是为了解决反联邦党人提出的反对意见而写的，它在宪法中增加了对个人自由和权利的具体保障，对政府在司法和其他程序中的权力的明确限制，以及宣布宪法没有明确授予联邦政府的所有权力都保留给各州或人民。这些修正案中编纂的法律概念建立在一些早期文件的基础上，特别是《弗吉尼亚权利宣言》（1776年），《西北条例》（1787年），英国《权利法案》（1689年）和《大宪章》（1215年）。权利法案原文参见美国国家档案馆网页：https://www.archives.gov/founding-docs/bill-of-rights-transcript。

部分会让他感到惊讶，因为它讲述了一个被他所忽视的法律制度，即第一修正案，迄今为止是如何维持自由和个人主义的，这两者都曾被托克维尔视为濒危。

从今后一百五十年来看，我们眼下对未来言论自由的担忧，可能会像托克维尔的警告那样有点危言耸听。不过我们有理由怀疑，我们的处境更加不妙。20世纪通信的变化在于它的技术基础。托克维尔在一个充斥着小型企业的多元化社会中完成他的写作和论断，当时的新兴大众媒介完全由印刷媒介组成，而印刷媒介受到第一修正案保护。自他所生活的时代以来，以电子媒介为主的新媒介激增，增长的主要形式是电信和广播领域巨大寡头垄断网络的形成。监管因此成为一种自然反应。幸运但奇怪的是，随着电子技术的进一步发展，另一种逆转正在发生，即走向日益去中心化和媒介受众的日益碎片化。尽管如此，媒介巨头的过渡时代可能会留下一套永久性的监管实践，而这个实践背后的技术体系却是具有自由特性的。

技术和文化之间的因果关系是社会科学家长期争论的问题。一些人可能会质疑，技术潮流在多大程度上塑造了通信赖以形成的政治自由或政治控制，正如丹尼尔·贝尔（Daniel Bell）所相信的那样，社会的每个子系统，如技术经济、政体和文化，都有自己的传统遗产和轴心原则，并各行其道。[5]其他人，像卡尔·马克思和鲁思·本尼迪克特（Ruth Benedict）等都认为，深层的共性将文化的各个方面联系在一起。一些人

5

认为，技术是中性的，被用以满足文化需求；另一些人则认为媒介技术控制着信息。

我认为，在过去的两个世纪里，不断变化的通信技术和言论自由实践之间的互动，符合一种有时被描述为"软技术决定论"（soft technological determinism）的模式。当通信手段如印刷机或微型计算机一样分散、去中心化且容易获得时，自由就获得了生长的土壤；当通信手段集中、垄断和稀缺时，中央控制更有可能发生，大型网络正是如此。但是，技术和制度之间的关系并不是简单的或单向的，其影响也不是立竿见影的。应某种技术环境而生的特定制度会持续存在，并会在之后以某种程度强加于已然发生改变的技术之上。就像第一修正案原本诞生于小型通信者的多元化世界中，但它却塑造了目前对大型国家网络的处理方式。后来，针对国家公共运营商和使用"稀缺"频谱进行广播而出现的监管体系，往往被强加于新近的几代电子技术之上，即使新兴技术不再需要这些体系。

技术决定论的简化版本，没有考虑到在技术生命周期的不同阶段事情发生方式的差异性。当一项新发明刚刚问世时，它的基本原理通常并不能被很好地理解，例如电话或收音机。该项发明的设计是为了适应已经存在的制度，但在其早期阶段，如果要想使用它，就必须以实验证明可行的任何形式来使用。因此，围绕该技术的制度是以一种"技术决定"的模式设计的。后来，当科学家掌握了基本原理后，早期的技术体现（technological embodiment）就仅仅成为一个特例。随后就可以设计出满足人类需求的替代性设备，技术不再需要被控制。比如，20世纪20年代的电影只能是黑白的、无声的、哑剧式的，并且只能在公众集会场所放映，没有其他选择。而20世纪80年代的视频可以有各种颜色、声音、三维和合成效果，且可以在任何场所观看。不过，与此同时，该行业已然建立起一套工作室、剧院、职业路径、工会、资金和广告活动等的配备机制，所有这些都是为电影技术服务。变革确实发生了，但现有制度却限制了变革的方向和速度。

今天，在一个先进的（且仍在发展中的）电子理论的时代，人们几乎可以建造任何一种想要的通信设备，尽管这需要付出一定代价。市场，而不是技术，成了最大的限制。例如，技术不再伴以强制许可和政府监管。这种模式是半个世纪前为电子媒介建立的，当时似乎别无选择，但是旧日采用的控制机制仍然存在。这就是为什么今天的警告可能会比托克维尔所发出的警告更具预兆性。

作为社会变化的根源，关键的技术变化在于，除了面对面的交谈之外，通信绝大部分都成了电子化的。这不仅体现在电子媒介比传统出版业发展得更快，更体现在分发方式的融合使得报纸、期刊和书籍也被吸纳进电子世界之中。种种变化提出的问题是：某些社会特征是否是新兴媒介的电子特征所固有的？电视是未来的模式吗？电磁脉冲仅仅是传递任何信息的一种替代性渠道，还是说电子技术的某些方面使得它们与印刷品不同？如果不同的话，是更集中还是更分散，是更平庸还是更深刻，是更私人化还是更依赖政府？

　　媒介的电子化并不是在真空中发生的，相反，这个过程有其特定的历史场景和法律背景。出版自由一直是美国最引以为豪的传统之一。但是，法院到底保护了什么，以及法院在出版业中发挥的作用与后来法院在电报、电话、电视和计算机行业中发生的作用有什么不同？政策制定者如何想象这些媒介的运作方式，他们的想象又在多大程度上有效？当事实发生变化时，这些想象又会发生什么样的变化？

　　在出版、公共运营商和广播这三个美国通信体系的组成部分中，法律都建立在对技术的感知上，这种感知有时是准确的，但往往是不准确的，而且，法律对技术的认识总是赶不上技术变化的脚步。每一次通信上的技术进步都对现状产生着冲击。新技术也经常遭遇统治地位受到威胁的传统既得利益者的抵制，但是，它一经证明有益，就会开始被使用。最初，由于它是新的，并且用户尚未完全掌握这些选项的科学知识，所以它以相当笨拙的形式投入使用。技术外行们（如法官）就以这种早期的、笨拙的形式感知着新技术，然后形成他们对这一技术的性质、可能性和用途的想象和判断。技术外行们的这一初期认知恰恰阻碍着对技术的进一步理解。

　　在企业家、利益集团和政治组织争夺新技术控制权时，总有冲突发生，而美国体系中的法院和监管机构（在其他地方为其他机构）则充当这些冲突的仲裁者角色。仲裁者经常将一种熟悉的类比方式运用到他们对新技术的理解之中，在此过程中，一种既旧又新的权利和义务结构就诞生了。比如，电报被比作铁路，电话被比作电报，有线电视被比作广播。在某些情况下，为某一项新技术而创造的法律体系可能是政治创造力的杰作，但更多时候，它或许一文不值。随着技术进步，当更加可行的技术形式出现时，这些体系就会被证明不合时宜。这是问题和困境涌现的时刻，而当下，就处于这个时刻。

从历史来看，现在汇聚在一起的各种媒介都有其各自的组织方式和不同的对应法律。令人担忧的一个后果是，未来的通信可能会受到一种不必要的管制，而这样的管制则是迄今应用于电子媒介的不自由的法律传统所带来的。在未来几十年，出 8 版、公共运营商和广播模式之间的冲突可能会成为一个激烈的通信政策问题。模式的融合正在颠覆过去两百年发展起来的三分通信系统，似乎几个世纪之前就早已解决的问题正在被重新打开。不幸的是，这次打开可能并非秉持自由的态度。

问题是世界性的。对美国适用的东西，在加以必要的调整和修改后，也适用于其他自由国家。因为它们拥有相同的三分通信系统。相同之处在于，它们都尊重私人出版，但需要政府控制公共运营商和广播公司，或持有其所有权。而这些惯例都延续到了电子通信时代。因此，这些国家也面临着同样的前景——要么解放他们的电子媒介，要么发现他们的主要通信手段又滑落到政治控制之下。

美国案例的独特之处在于第一修正案的具体特征以及法院

在维护第一修正案方面所发挥的作用。根据法院的解释，第一修正案为新闻自由提供了基础，从而强调了出版和电子通信技术之间的区别。由于美国法院的独特权力，这个问题在美国主要通过司法裁决展开。但是，其他发达国家的政策宣称和体制结构，也可以说明同样的困境和趋势。

如果出版、广播、有线电视和电话网络之间的界限会在未来几十年中被打破，那么所有发达国家的通信政策都必须解决这一问题，即三种通信模式中的哪一种将主导相关的公共政策。随着印刷媒介越来越多地融进电子媒介之中（这些电子媒介又无一不处在监管之下），公共利益监管将开始向印刷媒介蔓延。反过来，对新闻自由这一传统观念的关注也可能会引导人们找到使电子媒介摆脱管制的路径。自由国家所采取的政策拥有诸多共性，但也各有差异。不过，这些国家所面临的问题其实都一模一样。

"通信政策"一词在免于政府监管的自由的讨论中显得很奇怪。但是，自由也是一种政策。问题在于，如何在电子时代减少对通信的公共控制。自由政策的目标是表达的多元化，而不是对单一偏好思想的扩散。

不管是通信政策，还是其他任何政策，都可以围绕以下几个中心主题进行展开：

9　　　对政策运行范围的界定（Definition of the domain in which the policy operates）；

资源的可用性（Availability of resources）；

资源获取的组织方式（Organization of access to resources）；

规范与控制的建立和实施（Establishment and enforcement of norms and controls）；

体系边界的问题（Problems at the system boundaries）。

一项通信政策的运行范围界定需要思考人与人的交往在哪一点上变成不只是通信而已。在美国法律中，言论在某一点上变成了行动，因此不再受到第一修正案的保护。类似的问题也出现于，在法律意义上，色情作品是否属于言论，以及商业言论是否属于言论。

资源的可用性引发了另一组问题。通信的正常运行，需要工具、金钱、原材料和劳动力。比如，出版业需要新闻纸，广播业需要频谱。这些资源有多少可以供应，价格又是多少？

获取这些资源的组织方式可以是通过市场调节，也可以是通过国家配给。其中可能存在多样性的资源来源，也可能存在垄断。那些控制资源的人有多大的自由来选择谁能得到什么？资源是征税的，还是补贴的，或者两者都不是？知识产权是如何定义的，又是如何受到保护的？

在任何关于自由的论著中，对通信行使的监管和控制都是一个核心问题。政策制定者被允许行使多大的控制权？对他们有什么限制（类似第一修正案）？他们可以进行审查吗？他们可以给那些寻求通信的人颁发许可吗？什么样的规范规定着交往者之间可以说什么样的话？什么是文字诽谤（libel），什么是口头诽谤（slander），什么是侵犯隐私或安全？由谁来执行这些规则，以及如何执行？

体系边界的问题包括在跨界通信的法律冲突中所涉及的跨国界问题。审查制度的实施通常是出于对国家安全、文化保护和贸易优势的考虑。这些问题在过去的第一修正案的争议中并不是核心议题，但在电子时代却可能变得越来越重要。

从以上这个政策分析框架中我们或许可以提炼出社会科学家称之为"映射语句"（mapping sentence）[①]的东西，这是对本书中所要分析问题的一种简要陈述。它试图探究资源可供性对免于监管和控制的自由的作用，这种作用既受技术的影响，也受获取资源路径的影响。需要回答的具体问题是，未来的电子通信资源是否能像过去的平台和印刷媒介那样不受公共监管。自由国家没有一个时期、整个世界上没有一天不存在残酷的压迫，这些压迫使抗议者一次又一次越过纠察线示威游行。公共警觉因其持久存在而变成了例行公事，公民们也变得麻木不仁。

①映射语句是对研究领域的正式陈述，它既是层面理论（facet theory）研究设计和分析的主要工具，也是一系列的结构/空间假设。层面理论的本质特征在于处理多元变量，从而探讨人类态度与行为的多维结构。它将理论构建、研究设计、变量选择、数据分析及解释系统整合起来，具有许多其他研究所不具备的优势，提供了一种研究设计的框架和范式，其主要思想是指导研究者如何设计与分析某一个复杂范畴的结构。层面、元素和映射语句是层面理论的三个要素，层面由研究领域中的主要变量构成，每一个层面都包含了若干元素，映射语句揭示了层面之间和层面各元素之间的关系。层面理论的核心技术概念是"映射语句"，它将目标人群层面、内容层面及反应范围层面链接起来，对研究中的观察内容进行分类，并且代表了研究中各种观察变量之间关系的基础假设。

如何处理电子媒介的课题是这十年来最突出的言论自由问题，它和上一代人面临的问题一样重要，而下一代人也将同样面对类似的问题，甚至可能更甚。转向电子通信是一个重大的人类转折点，历史将会记住这一时刻。正如在17、18世纪的英国和美国，一系列的小册子和法案为我们今天赖以生存的印刷品开创了先例一样，我们今天的想法和行动也可能为未来相当长的一段时间内的信息系统提供框架。

在未来社会中，信息和通信的管理准则将比过去占据更加重要的位置。那些在17、18世纪阅读、写作和出版的人，以及那些塑造了具备持久重要性的艺术、文学、科学和历史遗产的人，只是少数群体中的一小部分，远远达不到社会总劳动力的十分之一。而在今天，信息活动占据着大多数人的生活。在发达社会中，大约一半的劳动力是信息工作者（information processors）[6]。因此，在这样一个信息社会中，如果我们今天制定的信息管制法律体系破坏了自由原则，后果将不堪设想。我们有责任对下述选择作出决定：在二十一世纪的自由社会，电子交流是在经过几个世纪的奋斗而建立的印刷自由的条件下展开，还是这一伟大的成就会在新技术的混乱中丧失殆尽。

第二章

印刷与出版自由的演进

当美国的《权利法案》被制定之时，言论自由似乎是一个
清晰且定义明确的概念，它源于前几个世纪的宗教争论，脱胎
于晚近的美国独立战争。同类会众享有相同的信仰，但这样的
信仰往往与他们的邻居和统治者不同。有了言论自由，他们可
以在讲坛上或者面对面地表达这些具有差异性的信念。

由此衍生的出版自由的概念并无大异。印刷厂就像讲坛一
样，给予个体发声的机会。通常情况下，印刷商也是出版商，
即使它可能只有一两名员工。出版自由，就像言论自由一样，
基本上意味着个人可以进行自我表达。获得所需的资源对有慧
心的人来说并不费力。政府所要做的就是不插手；倘真如此，
人们会感到莫大的鼓舞，从而乐于发表他们的观点。

出版自由与言论自由从一开始就有区别。实体印刷厂潜在
地受制于政府行动，所以印刷厂商对某些歧视性税收或其他骚
扰异常敏感。版权很重要，因为出版商依靠销售来支撑成本，
而这一成本在面对面的传道者（preacher）那里是不存在的。出
版商可以从邮政补贴（postal subsidies）或公共广告中得到很大
的帮助。所以，虽然浮现出来的印刷模式常常被等同于言论自
由，但其实也只是部分类似。其相似之处在于，这种印刷模式

第二章　印刷与出版自由的演进　［021］

排除了政府的任何监管行动；但不同的则是，它接受了一些最低限度的、最好保持一臂之隔（arm's length）的公共支持——通过版权和邮政。出版自由的支持者不愿让人们注意到政府的角色（哪怕这一角色是有限的），但它确实存在。

重要的是，印刷模式背后的最初设想已经不再反映当前现实。今天，出版几乎不再是一种个人表达，相反，它处在大型组织的控制之下。在美国，少数通讯社（wire services）为一城一报提供服务，在其他民主国家也是如此。尽管这一趋势还没有发展到不可挽回的地步，但竞争性报纸的数量正在下降。然而，在大多数发达国家，尽管大规模出版模式不断发展，出版自由仍然毫发无伤。

印刷技术

西方出版自由制度得以建立的技术基础来自于中国，当时纺织纸在公元2世纪初被发明，并向西方传播。西班牙和意大利分别在12、13世纪开始制造纸张。1300年左右，这种"新媒介"的价格仅为羊皮纸价格的六分之一。[1]

1041—1049年，毕昇发明了活字印刷术（movable type），但活字印刷术在帝制中国并没有起到多大作用，因为当时社会所需要的是对少数经典著作的频繁重印，所以以整页为单元印刷的方式是一个很好的解决办法。然而，在朝鲜，出于更广泛的用途，活字印刷术得到采纳与发展。1241年，金属活字（metal type）取代了陶瓷活字（earthenware characters）；1403年，一位朝鲜国王宣布："我们的意志和法律是，用铜版印刷来制作各种书籍，这样知识就可以更广泛地传播，以满足所有人的无数需求。"[2]然而，无论是在中国还是在朝鲜，都没有发生私人出版的爆炸性增长，也没有从印刷技术中形成一种自由传统，这是因为在当时印刷都是在君主官吏的指示下进行的。

直到后来，在现代西方的历史背景下，印刷才成为一种自由的技术。然而，有关个人权利的问题并不为现代西方所独有。相反，关于言论权利的某些概念是普遍存在的，同样，对言论权利的镇压也是相伴而行的。在每一种文化中，都有关于什么人可以说什么话的规则，这一点在民族志报告中得到了证明。例如，在传统的萨摩亚（Samoa）①，首领作出任何重大决定之前都会让他的下级"言官"（talking chief）悄悄征求民众的意见以寻获共识。普通人不能在公开场合讨论公共议题，甚至不允许某些涉及政治的词语出现在他们嘴边。暗指权力的话被萨摩亚人视为脏话，只有首领才有资格说。当下级言官们寻找到共识之后，他们就宣布于讲坛，然后首领听取并默许这一信息。[3]

这些规则存在于专制社会之中。在其他部落或村庄的委员会中，比如印度的村务委员会（Indian panchayats），存在

① 一个南太平洋岛国，位于夏威夷与新西兰的中间、美属萨摩亚的西方，为波利尼西亚群岛的中心。1962年独立。

一系列关于谁可以陈述观点的规则实践。大多数情况下，这些规则都是精英主义的、限制性的，但有时它们也是更自由、更有争议的。[4]特别是当宗教的启示使未经任命的人相信神或魔鬼通过他们的舌头说话时，各式各样的观点表达也都随之而来。[5]

然而，对于西方言论自由这一传统的起源，人们可以将目光转向地中海沿岸。犹太先知揭露邪恶，雅典智者（Sophists）训练学生进行辩论，二者都为西方两千年来的倡导者和持不同政见者提供了先例。尽管犹太人和希腊人是受过良好教育、拥有读写能力的，他们后来抄录的一些东西也成了我们的伟大著作，但是他们那个时代的辩论依然是口头的。先知们劝诫信徒，智者们教导的演说者在集市上发表演讲。然而，无论是先知的反叛性，还是演说家的好讼，都没有成为西方文明一以贯之的传统。构成西方历史更多的还是帝国、暴政、掠夺、封建主义和"信仰行为"（宗教审判）①。然而，当中国的发明于15世纪中叶终于降临西方时，在西方世界的接缝处出现了言说、辩论、科学、宗教教义、文学创作和哲学争论的光辉遗产。

无论是在技术上还是在实际使用中，西方印刷术的发展方式都与中国不同。朝鲜的扁平的方形字版，类似字谜拼图（an anagram piece）的形状，无法牢固地结合在一个框架中。古腾

---

① 15至19世纪由西班牙、葡萄牙或墨西哥宗教裁判所对被定罪的异教徒和叛教者进行的公共忏悔仪式，作为一种惩罚，由民政当局执行。其最极端的形式是火刑。

堡（Johannes Gutenberg）^①增加了半英寸的底座，这样就可以把一页字固定在一起，做成一个实体块，涂上墨水，然后再把纸压在上面。这个方法传播得很快。到15世纪90年代，主要国家都拥有一个或多个重要的出版中心。在1481年到1501年间，威尼斯的268家印刷商达到了200万册的印刷数量。[6]

正如许多创新一样，印刷术的全部影响不会骤然立显。保罗·拉扎斯菲尔德（Paul Lazarsfeld）曾开玩笑地说，如果一个基金会给研究人员拨款，让他们在印刷术发明十年或二十年后对其进行评估，他们就会得出结论：这种新设备被大大高估了。当抄写员在高效地生产重要书籍的时候，新的印刷厂印制的是相同的旧文本（比如《圣经》），这些文本很容易被极少数识字的、受过教育的人所用。[7]手抄在整个世纪中仍然具有竞争力。仅在巴黎和奥尔良地区就有大约1万名抄写员在工作。[8]他们甚至经常复制那些印刷出来的书籍，因为当一本早期书籍的几百册的典型版本散发完毕时，用手工抄写来满足剩余需求会更加经济实惠。

然而最终，印刷术还是对社会产生了深远的影响。印刷机平均每天能印一卷，而抄写工一年只能抄写两卷，这样的差距使得变化终将到来。[9]在印刷术的早期社会影响中，最主要的

14

---

① 约翰内斯·古腾堡（1400—1468年），德国发明家、印刷商、出版商，其所发明的活字印刷机标志着活字印刷术在欧洲的首次应用，并由此引发西方世界的媒介革命，为之后的文艺复兴、宗教改革、启蒙运动铺设了道路，同时，也为现代西方社会的知识生产和知识传播奠定了物质基础。

影响是加强了新教而削弱了罗马天主教会。当家庭《圣经》对普通人来说变得唾手可得之时，牧师便不再是它的独家解释者。小册子，布道词，以及各种各样的私人解读都被印刷出来。另外，印刷术也以不那么明显的方式促进了新教：抄写是修道院的经济支柱之一，而印刷则是由资产阶级工匠完成的。当工作从教会领域转移到行会领域，权力平衡就被改变了。[10]此外，商业印刷商为了获得更多的利润而出版更多的书。为此，印刷商就会与教会在出版许可上的垄断做斗争，他们就像今天的出版商一样，为了促进销量，向所有教派征集富有争议的书稿。[11]

审查与控制

由印刷技术通向自由主义的道路并不平坦。事实上，镇压最有可能出现之时，并非在解放性技术形成"星星之火"前，而是在其造成"燎原之势"后，也就是当权势阶层受到变革初起的挑战时。为了应对从印刷店流出的"异端邪说"，罗马天主教会加强了审查和控制。[12]在印刷技术出现之前，从未有过详细的、系统性的对抄写员的审查制度。其实也不必有。因为抄写员们分散在修道院里，单独处理着各自的手稿。而且，单篇稿件很少引起社会性的丑闻或争议，因此几乎不存在中央控制的动机，这种控制也是不切实际的。但是在印刷技术出现之后，教皇亚历山大六世（Pope Alexander VI）在1501年发布了一则诏书，反对未经许可印刷书籍。1559年，教廷"禁书目录"（*Index Expurgatorius*）首次发行。当时，印刷术的普及程度足以让当局感到担忧，而印刷业的集中度也足以成为中央控制的目标。

各国政府对印刷文字的"威胁"作出了反应。德国1529年引入审查制度。[13]英国王室为了压制煽动性和充满"异端邪说"的书籍，在1557年颁发了书商公会（Stationers' Company）①的特许证，并将印刷权仅限制在该公会成员内部。三十年后，为了制止"自满且不守秩序的人们宣扬印刷、贩卖书籍的艺术奥秘"的"极大的暴行和恶习"，星室法庭（Star Chamber）②将印刷权限制在两所大学和伦敦市现有的21家印刷店和53台印刷机上。[14]

严重限制印刷的国家将印刷业务拱手让给了对其放任自流的国家。1637年英国对铸造活字的限制使它不得不依赖荷兰的字版。法国在前一个世纪对印刷的镇压，特别是1546年对印刷商艾蒂安·多莱（Etienne Dolet）的火刑③，导致许多印

---

① 书商公会，全称为"虔诚的文具商和报纸制造商公会"（Worshipful Company of Stationers and Newspaper Makers），成立于1403年，是英国伦敦一个由图书印刷商、出版商、装订工等组成的同业者行会。

② 星室法庭因位于西敏宫一个屋顶有星形装饰的大厅而得名，是15至17世纪由英王亨利七世与亨利八世用以加强君主专制、钳制言论自由所创之法庭，与英国枢密院、英国高等法院等构成英国近代历史上的专制机器，特别是在惩治出版商中，星室法庭一直充当着关键角色。1641年7月清教徒革命前夕由长期议会通过法案予以取缔关闭。

③ 艾蒂安·多莱（1509—1546年），法国印刷商、翻译家、学者，因对宗教裁判所、市议会和其他当局的批评，以及在法国里昂发表神学出版物，而被判为异端，最终其书均被焚毁，其人被判处火刑。

刷商逃往荷兰。一个世纪后，黎塞留（Richelieu）不得不派人去荷兰购买印刷机来开设皇家印刷厂。类似这种与当局的关系使得很多印刷商具有了激进性和反叛性。在1789年拆除巴士底狱之前，已有超过八百名作家、印刷商和书商被监禁在那里。[15]

所以，印刷成为对权威的挑战，这样的挑战遍布整个欧洲。出版商和审查者之间的斗争导致了英国出版法律和出版制度的出台，这些法律和制度后来影响了美国的出版实践。除了试图将印刷权限制在书商公会的垄断之下，英国政府还尝试了其他三种类型的控制。一是要求印刷商获得出版许可证。许多授权法案得以通过，其中第一个法案在1644年被约翰·弥尔顿（John Milton）在一本小册子中提出抗议，这本小册子成为言论自由的经典辩护书，即《论出版自由》（Areopagitica）①。

1693年许可证制度结束后，压制出版的主要策略就从颁发许可证变成了征税。从1712年开始，在长达一个半世纪的时间里，英国政府通过征税提高成本，从而限制了它所不喜的媒介

①《论出版自由》是历史上对言论和表达自由权原则最有影响力、最慷慨激昂的哲学辩护之一。它所表达的许多原则构成了现代法理的基础。它于1644年11月23日在英国内战最激烈的时候出版。原标题 Areopagitica 部分来自 Areopagitikos（希腊语：Ἀρεοπαγιτικός），是公元前4世纪雅典演说家伊索克拉底（Isocrates）发表的一篇演讲（《最高法院演讲辞》，前355年）。Areopagus 是雅典的一座小山，是真实和传说中的法院所在地，也是伊索克拉底希望恢复其权力的议事会的名称。像伊索克拉底一样，弥尔顿的作品并非口头演讲，相反，它是通过小册子分发的，因而对他所反对的出版审查制度完全无视。

的发展。例如《旁观者》(*The Spectator*)①在1712年停止出版，因为新的税收制度使其发行量从4000份降至1600份。[16]税收施加在新闻纸、广告和报纸本身之上。1765年美国殖民地对印花税法（Stamp Act）的抗议就是针对这样一种要求在印刷物上粘贴印花税票的税收制度。

英国政府控制出版的另一个策略是以刑事诽谤罪起诉批评人士。这些诉讼不是由一个受到伤害的公民提起的，而是由国家本身提起的，起诉原因是对当局进行了有损声誉的诽谤。

美国立法者和法院拒绝了出版业在其起源国遭受的三种误用方式，即颁发出版许可证、对出版物征收特别税和以刑事诽谤罪起诉批评者。1825年美国法院就判定了出版许可制度的违宪性，这一制度被美国法院称为"先前的"或"事先的限制"（"previous" or "prior restraint"）。[17]1936年美国最高法院重申了禁止对出版征收特别税的传统，这种行为曾被以理查德·科布登（Richard Cobden）②为代表的英国抗议者们称为"对知识征税"。[18]而禁止刑事诽谤诉讼在1735年对彼得·曾格（Peter Zenger）（曾被指控诽谤纽约总督）的审判之后成为美国传统，殖民地陪审团无视法官关于既有法律的指示后宣判曾格无罪，

---

① 《旁观者》是由约瑟夫·艾迪生（Joseph Addison）和理查德·斯蒂尔（Richard Steele）在英国创办的一份日报，从1711年持续到1712年。哈贝马斯认为《旁观者》在18世纪英国公共领域的形成中起到了重要作用。
② 理查德·科布登（1804—1865年），英国政治家，被称为"自由贸易之使徒"（Apostle of Free Trade），是英国自由贸易政策的主要推动者。

从而更改了法律。[①] 自 1964 年以来，公职人员或公众人物对批评者提起的诽谤诉讼，哪怕是以他们个人的身份提起的而非以国家名义，也都受到了法院的极大限制。[19]

殖民地移民拒绝了英国此前将政府权力强加于出版业的种种尝试，这种拒绝被宪法第一修正案纳入了美国宪法之中。修正案创造了一个言论、宗教和出版领域，在这些领域中，公民个人的活动不应受政府管制。修正案有言："国会，不得制定法律……剥夺言论或出版自由。"[20]

但是，第一修正案只是宪法中专门处理通信问题的三则条款之一。还有一项是第 1 条第 8 款的版权条款："国会有权……在一定时间内保障作者和发明家对其著作和发明的专有权，以促进科学和实用艺术的进步。"在英国，版权的实践（尽管当时还没有版权这种说法），始于书商公会的成立，当时为了强制执行，该公会被赋予搜查和没收任何违反法规或公告的印刷制品的权力。八年后，在这一权力下，公会为其成员创建了一个版权体系。1709 年，议会通过了第一部针对作者的著作权法。[21]

以版权为代表的新的知识产权概念植根于印刷技术。某种意义上印刷机是一种"阻碍"，因为对印刷制品的审查和控制都是通过印刷机来完成的。一篇文章从作者手中传递到读者手

17

---

① 曾格案件是北美殖民地时期有关法律和出版自由的著名案例。彼得·曾格（1697—1746 年）是纽约市的一名德国印刷商和新闻工作者。1734 年，他被纽约皇家总督威廉·科斯比指控犯有诽谤罪，但陪审团宣布曾格无罪，他因此成为新闻自由的象征。曾格案件虽然没有确立法律例判，但确定了一项原则——对政府官员进行批评的权利是新闻自由的支柱之一。

中的过程里，印刷机是施加控制的最合乎逻辑的节点，无论控制的理由是为了审查亵渎和煽动的内容，还是为了保护作者的知识产权。

在其他复制模式下（缺乏容易遭受控制的印刷机），版权的概念是不适用的。不管是在私下还是公共场合，交谈、演说或者歌唱都没有版权的用武之地。因此，版权是适应特定技术而生的。普通法承认这一事实。一个在美国具有里程碑意义的案件就是拒绝对钢琴纸卷（piano rolls）给予版权保护，因为它们不是人类可读的、拥有可感知形式的"作品"。[22] 版权概念将许多新的通信技术排除在保护之外。但是电影产业，唱片业，以及更新近的广播产业都说服了国会给予其产业保护（法院之前不愿给予保护）。

宪法中关于通信的第三条规定赋予国会"建立邮局和邮路"的权力。[23] 这项规定将联邦政府纳入公共运营业务之中。当时只有一种今天为我们所熟悉的公共运营系统存在，那就是邮政。1656年，英国永久性地建立了邮局，1711年在殖民地也同样建立了。

在那之前，王室将拨款和专利都转让给私营企业，让他们负责政府通信。为了使这种专营权更具有吸引力，这些特许经营商也被允许为公众运送信件时收费，而其他人则被禁止在这方面与被选中的经营商开展竞争。这一为政府提供廉价通信的计划是邮政垄断的起源。当政府开始自己运营邮政通信时，垄断原则进一步加强。

美国独立后，邮局作为收入来源的财政传统被保留下来，同样被保留的是这种垄断的做法。在19世纪20年代，公共政策的平衡完成了这样一种转变：从邮政局隶属于财政部门作为收入来源之一，转变为将邮政局提升为一个独立发展的政府部门，最重要的是将发展的好处推广到国家的偏远地区。[24]另外，在19世纪同样重要且昂贵的社会目标是通过邮局系统进行知识的扩散。报纸，以及后来的书籍和杂志，都得到了大量的邮费补贴。[25]

18　　因此，就通信问题向联邦政府发出的宪法指令似乎有些矛盾性的存在，尽管事实上它们的目标是一致的。在其中一项条款中，政府被告知不要动用立法力量插手言论和出版，而在另外两项条款中，政府又被告知要通过版权和邮政服务来促进知识的传播。但无论是限制性禁令，还是政府的行动性指令，都指向促进个体自主通信的共同目标。

大众媒介革命

今天的大众媒介的种子是由古腾堡播下的，并受到宪法的滋养而得以生长，但在19世纪30年代之前，现代意义上的大众媒介并不存在。因为直到19世纪30年代，出版物的生产和分发才开始显著发展，这得益于一系列设备的发明创造，使得低成本大规模生产统一信息成为可能。这些发明是为大规模生产商品而生的一系列设备中的一个子集。大众媒介革命是工业革命的一部分，在工业革命中企业家们发现，他们可以通过使用工厂体系、动力机械和流水线来大幅削减生产成本。标准化商品从大棚屋里涌出，在那里，发动机驱动着机器，并将产品沿着流水线运送到训练有素的工人手中，而每位工人都只是在做特定部分的工作。手工艺和家庭手工业因此被取代。工厂体系向消费者提供廉价商品，尽管这些商品通常都是千篇一律的。

在工业革命时期，完全相同的逻辑也被应用到大众媒介的生产中。手工印刷匠一次印刷一页，如果总共要印两千张的话，一天需要工作十小时。这种印刷方式被取代了，首先是被1814年《伦敦时报》(*London Times*)①采用的动力印刷机(power press)取代，然后是被1869年该报采用的轮转印刷机(rotary press)取代，最后是被一系列类似的发明取代，这些发明被引入现代印刷工厂的动力驱动装配线，就像其他所有工厂一样。这些工厂使生产便士报(penny newspapers)②成为可能，例如

①《泰晤士报》(*The Times*)是一份总部设在伦敦的英国全国性日报。它开始于1785年，当时的名称是《环球日报》(*The Daily Universal Register*)，1788年1月1日采用了现名。《泰晤士报》及其姊妹报《星期日泰晤士报》(*The Sunday Times*，创办于1821年)由Times Newspapers出版，自1981年起成为英国新闻集团的子公司，而后者又完全为新闻集团(News Corp)所拥有。一般来说，《泰晤士报》的政治立场被认为是中右翼。
《泰晤士报》是音译，意译为《时报》，是第一份如此命名的报纸，后为世界各地众多报纸命名时所仿效，如《纽约时报》。也因此，该报通常被称为《伦敦时报》。
② 便士报是产生于19世纪30年代美国的廉价报纸。1830—1860年间，美国进入了"便士报"时代，因为购买报纸只需要1便士。价格低，销路增加，故称便士报。

1833 年的《纽约太阳报》（*New York Sun*）^①。在那之前，对于一份美国报纸来说，5000 份已经是一个很好的发行量了。而《太阳报》在两年内就达到了 2.7 万份的发行量，它的直接继承者《先驱报》（*The Herald*）^②在 1836 年达到了 4 万份。

19   在 20 世纪下半叶，随着主要报纸的发行量达到六位数，报纸成了一种商业性企业，而不是作为一种带有政治倾向的政治机构。报业巨头们开始推出更厚的报纸，其中包括小说、体育和特稿，这些报业巨头的目的是吸引更广泛的大众而不考虑读者群的意识形态，因为报纸严重依赖广告收入。一系列的附属性发明使资本密集型企业能够更快地收集、撰写和刊印新闻，从而出版更多的版面，并更快地在大都市中传播。例如，电话可以让记者在现场口述报道，而不必被限制在办公室。排字机（linotype）加快了排版速度。机动卡车能以极快的速度将报纸送到报童那里，从而使报童可以在黎明时分将报纸送达订户或者在街上兜售。

---

① 美国第一张成功的便士报是 1833 年的《纽约太阳报》，这个小报的创始人本杰明·戴（Benjamin Day）是印刷商出身，把它卖得非常便宜，当其他报纸的售价为 5、6 美分的时候，《太阳报》的售价仅为 1 便士。戴还改变了报纸的发行方式，由报童在街上兜售，而不是通过预付订阅费直接送入家庭。

② 即《纽约先驱报》（*New York Herald*），一家 1835 年至 1924 年存在于纽约市的报纸，1924 年被其较小的竞争对手《纽约论坛报》收购，组成了《纽约先驱论坛报》。

1835 年 5 月 6 日，老詹姆斯·戈登·贝内特（James Gordon Bennett, Sr.）出版了该报的第一期。《先驱报》在第一期发表的政策将自己与当时的党派报纸区别开来。"我们不支持任何党派，不做任何派别或小圈子的代理人，我们不关心任何选举，也不关心从总统到治安官的任何候选人。"到 1845 年，它是美国最受欢迎和最赚钱的日报。1861 年，它的发行量为 84000 份，并自称为"世界上发行量最大的日报"。贝内特说，报纸的功能"不是指导，而是惊吓和娱乐"。

和文艺复兴时期一样，纸张生产、销售的发展与印刷本身的发展同样重要。1804年，为了鼓励出版业的发展，国会取消了对棉破布（rags）征收的关税，而棉破布是当时造纸的主要原料。在19世纪的大部分时间里，收集破布的人在世界各地的城市街道上"扫荡"，以满足大规模出版蓬勃发展的需求。美国进口了大量破布，意大利成为最大的破布供应商。在英国，对纸张的需求由于出版物征税制度而降低了。税收高低与印刷物的体量或价值不成正比，因此，对于很厚的书来说，税收只是一个很小的负担，而对于比较薄的报纸或小册子来说，税收就成为千钧重负。因此，这种税收规则就满足了政府的目的，即鼓励冗长的出版物，同时阻止更受欢迎和具有煽动性的出版物。当印刷出版物的税收大幅降低，随后又直接被取消时，英国的大规模发行也开始繁荣。[27]结果是，世界各地对破布的需求及其价格开始飙升。19世纪60年代，伴随着报纸价格的上涨甚至翻倍，美国报业陷入了危机。

　　解决办法是用木浆代替破布来造纸。原则上，人们早就认识到，纸可以由许多种含纤维素的有机材料制成。1800年，马提亚·库普斯（Matthias Koops）出版了一份目录，这份目录列出了最早用于传递信息的物质，其中包括用稻草、荨麻和木材制成的纸。[28]但是，若想迅速完成迭代则需要技术发展，而技术发展只有在价格上涨提供激励时才会发生。利用这种新型木浆纸，出版业得到了空前的繁荣和发展。报纸价格下跌的同时规模却在扩大。[29]《纽约世界报》（*New York World*）在1866年

20

的售价是5美分，到1882年，售价降为2美分，尽管在那一年它的规模也同时翻了一番。[30]

19世纪的技术进步和市场拓展不仅滋养了报纸的发展，同时也带动了杂志的激增。月刊或季刊通过邮政系统在全国范围内分发，所以二等邮件的费率对它们来说就变得十分重要。大约在1870年之前，邮政补贴对报纸经济也是至关重要的，但是最终大众商业报纸还是建立了自己的城市分销网络，然而对于杂志而言，国家邮政仍然非常关键。1852年，国会通过了降低书籍邮费的规定。尽管图书出版商反对政府将优惠费率扩大到他们的竞争对手——杂志，他们认为，杂志的内容过于华而不实而不配得到联邦政府的援助，但是此后不久，降低费率的措施还是覆盖了杂志。

杂志的增长得益于另一个市场发展，即名牌产品的出现。[31]通过品牌宣传的方式来推销产品，这需要有一定的生产规模，这种生产规模最好能够服务于一个大规模市场，甚至是全国性市场。当然，它还对运输有要求，这样才能保证在如此庞大的市场中以较为经济的方式运送这些商品。万事俱备，就只需印有品牌logo的包装了。在纸张还未变得便宜的时候，店主会从桶里、箱里取出未贴标签的黄油、饼干或肥皂。当纸价变得低廉，辅以彩色打印，制造商可以将这些产品包装成合适的大小，并贴上独特的标签。为了推广这些包装好的产品，人们利用广告牌、报纸和杂志进行宣传。只有想在全国范围内销售它们，制造商才会在全国性杂志上做广告。

于是，欧美进入了以印刷为主要载体的大众媒介时代，印刷出版和大众传播一度成为同义词。随后，在20世纪的前四分之一时期，非印刷类的大众媒介也开始投入使用。1889年，托马斯·爱迪生（Thomas Edison）[①]成功地制造了第一台活动电影放映机（Kinetoscope），用来观看胶片上的活动影像；1895年法国的卢米埃尔兄弟（the Lumieres）[②]和美国的伍德维尔·莱瑟姆（Woodville Latham）[③]又将电影放映机与投影系统组合在一起。到1905年，第一家电影院在宾夕法尼亚州的匹兹堡开业。十五年后，随着同样位于匹兹堡的KDKA电台[④]的开通，广播大幕拉开了。截至1977年，广播已经发展到这样一个地步：根据一项通信流量的普查，美国人通过电子通信方式获取的文字平均起来是他们阅读印刷文字的四倍之多。[32]在媒介 21

[①] 托马斯·爱迪生（1847—1931年）是美国发明家和商人。他在发电、大众通信、录音和电影等领域开发了许多设备。这些发明包括留声机、电影摄影机和早期的电灯泡，对现代工业化世界产生了广泛的影响。他是第一批将有组织的科学研究和团队合作原则应用于发明过程的发明家之一，建立了第一个工业研究实验室。

[②] 卢米埃尔兄弟，奥古斯特·卢米埃尔（1862—1954年）和路易斯·让·卢米埃尔（1864—1948年）是法国的摄影设备制造商，他们最有名的是Cinématographe电影系统和在1895—1905年间制作的短片，这使他们成为最早的电影制片人。1895年3月22日，他们在巴黎为大约200名"国家工业发展协会"成员放映了一部电影，这可能是投影电影的首次展示。他们于1895年12月28日为约40名付费观众和受邀关系客户进行的首次商业性公开放映，历来被认为是电影的诞生。

[③] 伍德维尔·莱瑟姆（1837—1911年）是美国内战期间南方邦联的军械官，也是西弗吉尼亚大学的化学教授。他对早期电影技术的发展具有重要意义。他因在电影摄影机和放映机内发明了"莱瑟姆环"（Latham loop）而受到关注，它使电影可以连续拍摄和放映，时间比爱迪生的一分钟电影长得多。

[④] KDKA自称"世界广播电台先锋"。许多历史学家认为它是第一个获得商业许可的电台，其开始可以追溯到1920年11月2日晚对哈定-考克斯（Harding-Cox）总统选举结果的广播。

传递的全部信息流中，报纸、杂志和书籍承载的信息流从几乎构成一切，下降到只占人们所接触文字的18%。

不过，印刷品的出版并没有绝对下降。印刷品的数量一直在增长，尽管速度比非印刷类媒介要缓慢得多。从1960年到1977年，美国的日报发行量增长了5%，杂志的发行量增长了25%，图书的发行量增长了75%。到这个时间段的尾声，平均每户每天会接收8份报纸，每户每年接收172份杂志和21本书。这听起来像是个健康的产业状态。好像用印刷媒介来进行意见表达的方式并不会消失。

然而，这故事还有另外一面。阅读的增长不仅被音、视频媒介的增长所超越，而且自20世纪60年代末以来，阅读的增长已经明显放缓，甚至可能接近停滞。非印刷类媒介不仅超越了印刷媒介，而且首次显示出要部分地取代印刷媒介的迹象。到1970年，美国似乎达到了一个转折点，至少在提供给公众的文字方面（而不是公众实际阅读和听到的文字）。印刷文字供应的增长速度放缓，在一些地区甚至出现了下降。从1960年到1968年，由报纸发表的文字以每年0.7%的速度增长，但从1968年到1977年，每年就以0.3%的速度开始了负增长。从1960年到1970年，杂志出版商提供给受众的文字数量以每年3%的速度增长，但从1970年到1977年，却仅增长了1.1%。

对未来趋势的预测是有风险的，但在20世纪60年代末70年代初，一直以来稳定增长（即使增长幅度不大）的印刷品"骤停"，足以引起人们的注意。直到最近，一种认识似乎变得不再正确：新的电子媒介在向信息流中添加东西的同时，并未削弱传统印刷媒介。

美国的数据和调查结果与其他发达工业化国家可能并不完全一致，但主要模式存在很多共同点。不管在哪里，印刷出版仍然是一项庞大的甚至是不断增长的事业。然而，在这些地方，电子媒介的增长速度要快得多，并且正在成为占主导地位的信息来源。在大多数其他发达国家，我们刚刚在美国看到的印刷媒介增长的"骤停"现象还没有发生。但是它们提供给公众的印刷品数量本来就远远落后于美国的水平，新的电子媒介的增长也是如此。[33]20世纪70年代在美国发生的以电子文字取代印刷文字的情况，对其他发达国家来说可能指日可待。

印刷媒介主导地位的下降令人担忧，因为在美国和其他自由国家，印刷媒介意味着享有独立于政府的自主权。但是当人们越来越多地通过政府控制的媒介来获取新闻和想法时，就事关重大了。当受到第一修正案或国外与之类似的自由传统保护的媒介已经不再主宰信息市场时，麻烦就降临了。

然而，如果印刷媒介仍然保持完全自由的状态，不受周遭电子媒介的影响，可能也不需要担心什么，因为虽然印刷媒介在数量上有所减少，但它仍将是一个自由的领域。也许一个不受限制的辩论论坛的继续存在，就足够确保意见和想法的发酵。如果是这样的话，让传统媒介的言论自由继续不受新媒介法规的影响就足够了。然而，情况并非如此。新媒介不仅在与旧媒介争夺关注，而且还在改变着旧媒介的运作机制。

22

第三章

电子君临天下

曾几何时，报纸、杂志和书籍的出版公司都安分守己，很
少与其他媒介产生联系。尽管出版商们评论戏剧和电影，使用
电话和电报，报道电子产业，但在20世纪20年代之前，它们
与上述产业的商业往来都极其有限。而今，情况正在发生改变，
并且对自由产生了不利的影响。

一种被称为"模式融合"（convergence of modes）的过程
正在模糊媒介之间的界限，甚至是点对点传播（如邮件、电话、
电报）和大众传播（如报刊、广播、电视）之间的界限。单一
的物理手段——无论是电线、电缆还是无线电波——可能会承
载过去以不同方式提供的服务。与之相对，过去由任何一种媒
介所提供的服务——无论是广播、出版还是电话——现在都可
以通过多种不同的物理方式提供。因此，过去存在于媒介及其
用途之间的一一对应关系正在被侵蚀。此即为模式融合的含义。

曾经仅用于满足人与人通话的电话网络，现在也能够在计
算机之间传输数据，通过传真机（facsimile machine）① 传送印

———————

① 传真（facsimile，缩写为fax），有时也被称为电话复印（telecopying）或电话
传真（telefax），是对扫描的印刷材料（包括文本和图像）进行电话传输，通
常连接到打印机或其他输出设备的电话号码。原始文件用传真机（或［转下页］

刷资料，并以录音信息的形式播放体育新闻和天气预报。过去只能通过报刊文章传播的新闻，如今也可以在电视和广播上播出，并且被置于电信线路中以便电传打字机（teleprinter）^①打印或显示在阴极射线管（CRT，cathode ray tube）屏幕上，甚至被存入电子存储库中供日后检索。

交叉所有权的经济过程进一步强化了技术驱动下的模式融合。横跨多项业务的集团企业的兴起意味着越来越多的报社、杂志社和图书出版商拥有或者被并入在其他领域开展经营活动的公司。曾经，受到第一修正案保护的印刷出版公司和受到政府监管的公司之间存在着泾渭分明的分界线，而技术模式的融合和所有权结构的交叉正在模糊这一边界。今天，一家公司可

24

［接上页］电话复印机）扫描，传真机将内容（文本或图像）处理为单一的固定图形图像，将其转换为位图，然后通过电话系统以音频频率音的形式传输。接收传真的机器解释这些音调并重建图像，打印出纸质副本。

在20世纪80、90年代，传真机在办公环境中无处不在，但已经逐渐被基于互联网的技术（如电子邮件和万维网）所淘汰了。它们在医疗管理和执法部门仍然特别受欢迎。

① 电传打字机（亦称teletypewriter，teletype或TTY）是一种机电设备，可用于通过各种通信渠道发送和接收打字信息，有点对点和点对多点两种配置。最初，它们被用于电报，电报在19世纪30年代末和19世纪40年代发展起来，是电气工程的首次应用，尽管电传打字机最早在1887年才被用于电报。这些机器被改造为向早期的大型计算机和微型计算机提供用户界面，向计算机发送打字数据并打印响应。有些机型还可以用来制作打孔磁带，用于数据存储（无论是从打字输入还是从远程接收的数据），并回读这种磁带用于本地打印或传输。

电传打字机在很大程度上已被完全电子化的计算机终端所取代，后者通常有一个计算机显示器而不是打印机（尽管"TTY"一词有时仍被用来指代它们，如在Unix系统中）。电传打字机仍然广泛用于航空业，而被称为聋人电信设备（TDD，Telecommunications Devices for the Deaf）的变体则用于帮助听力障碍者通过普通电话线进行打字通信。

能会同时在这两个领域开展相关业务。过去阻碍政府对印刷媒介施加控制的堤坝由此被冲垮。

电子革命

模式融合背后的驱动力来自电子革命，而电子革命和印刷革命的影响同样深远。在数千年前，人类就具备了与其他动物不同的言语通信能力。在此后的大约四千年时间里，人类的独特之处已不仅仅体现在我们可以通过振动空气向周围的人表词达意，而且我们还可以使用书写文字进行表达，从而实现跨越时间的保存和跨越空间的传输。[1]第三个时代伴随着古腾堡而到来，在这个时代中，书面文本可以以多个副本的形式进行传播，而该时代末期出现的留声机和摄影术使得以多个副本传播声音、图片和文本也成为可能。现在，一项创新开启了第四个时代，这一创新的历史意义与印刷媒介及其他媒介的大众生产相比毫不逊色。电磁能量脉冲能够对之前借由声音、图像和文本发送的信息进行展示和传达。所有的媒介都正在转向电子化。

"电子"（electronic）一词的含义不仅指电气化。在词典中，电子学是研究电子在气体、真空或半导体中运动的科学。早在真空管发明之前，电报和电话信息就在电线上传输，但这种传输难以被控制。除去噪音和衰减之后，进入的电流就等于流出的电流。从1906年李·德·福雷斯特（Lee de Forest）①发明的真空管，到计算机，再到今天的芯片计算机，电子学的进步使得对电子信号进行存储、放大和转换等操作成为可能。在今天的电子通信中，电脉冲以开关阵列的形式存储在计算机存储器中，开关的状态被表示为0或1，称为"比特"。从发送者到接收者，信息就是在这样的数字代码中进行传输。当然，所有媒介都将转向电子化这一论断并不否认纸张、墨水或者胶片继续被使用甚至继续保留其物质形式。这一论断所想表达的含义其实是：在任何一个媒介中，无论是电子媒介，如电话和广播，还是历史上的非电子媒介，如印刷媒介，在计算机中操作符号和对这些符号进行电子传输都正在被应用于生产和分发的关键阶段。

每一项革命性的技术——书写、印刷和电气——在早期阶段都是笨拙且具有局限性的。楔形文字无法与纸张上的字母文字竞争，古腾堡的印刷机也无法与轮转印刷机相匹敌。电子革命的萌芽开始于18世纪末期，当时的科学家发现电流能够进行远距离传输。面对这种现象，科学家最初所想到的用途之一就是发送信号，由此，各种各样的电报相继问世。在1774年的日

---

① 李·德·福雷斯特（1873—1961年），美国发明家，也是无线电和电影录音的早期先驱。他最著名的发明是1906年的真空三极管，这是第一个实用的放大装置。尽管福雷斯特对它的工作原理只有有限的了解，但它是电子学领域的基础，使无线电广播、长途电话线和有声电影以及其他无数的应用成为可能。

内瓦，乔治-路易斯·勒·萨吉（George-Louis Le Sage）①在两个房间之间为语言中的每个字母架设了一个电路，其中一个电路开关的打开或闭合，可以搅动另一个房间里的一个标有字母的木髓球。通过观察球的搅动顺序，接收者可以阅读按字母先后排列的信息。在1807年到1808年，塞缪尔·冯·索默林（Samuel T. von Soemmering）②在慕尼黑建造了一个类似的装置，只不过是用水罐代替了木髓球。每当一个房间的电路闭合时，另一个房间的一个标有字母的罐子就会开始电解反应，进而导致气泡上升。[2]

塞缪尔·摩尔斯（Samuel Morse）③的功劳不是他产生了此后广为流传的关于电码的想法，而是他在1844年推出了一种真正流行起来的具有经济意义的电报。和勒·萨吉一样，他的竞争对手洛厄尔·豪斯（Royal E. House）④和大卫·休斯（David Hughes）⑤制造出了能够机械复制每个字母的字母系统，但在当时的技术条件下，这种设备在体积、耐用性上都

① 乔治-路易斯·勒·萨吉（1724—1803年）是日内瓦的一位物理学家，以其引力理论、电报的发明和对气体动力学理论的预见而闻名。
② 塞缪尔·冯·索默林（1755—1830年）是德国医生、解剖学家、人类学家和古生物学家。他对大脑和神经系统、感觉器官、胚胎及其畸形、肺结构等的研究使他成为德国最重要的解剖学家之一。此外，索默林是一个非常有创造力的发明家，他设计了用于天文观测的望远镜和电报机，并在1811年开发了巴伐利亚的第一个电报系统，今天被收藏在慕尼黑的德国科学博物馆中。
③ 塞缪尔·摩尔斯（1791—1872年），美国发明家，摩尔斯电码的创立者。
④ 洛厄尔·豪斯（1814—1895年）是第一台印刷电报机的发明者。该电报机现保存在史密森学会。
⑤ 大卫·休斯（1830—1900年），英裔美国发明家，因在印刷电报和麦克风方面的工作而闻名。

存在局限。摩尔斯则使用一个简单的按键来控制电路的连通，根据操作员的时间把控产生点和线的声音。虽然这种坚固耐用的设备需要训练有素的操作员，但在摩尔斯的时代恰巧拥有廉价的劳动力供应。在今天看来错误的解决方案却在当时成了一种"正解"。

即使有了摩尔斯发明的简易设备，早期的电报也很昂贵。传递一则信息必须经由悬挂在乡间电线杆上的数百英里长的电线。由于单位语词的成本很高，人们只在电报中以极为晦涩隐秘的方式传递最有价值的信息。代码被用来将常见短语缩写为单词。当时，报纸头版上常会设置一个短小的约一英寸长的电报栏。而更长的分析性新闻报道则通过成本更为经济的邮件形式进行发送。因此，早期电报的实际用途是极其有限的。

如果可以在同一条电线上以不同的音调同时发送几条信息，就可以降低电报的成本。这就是"多路电报"（multiple telegraph）。在风险投资家的资助下，亚历山大·格雷厄姆·贝尔（Alexander Graham Bell）[①]沿着这一思路发明了这样的设备。不仅如此，在这个过程中贝尔还发明了电话，他使用不同的信号来做更多的事情，而不仅仅是同时携带几个电报信号。

早期的电话也是一种简陋而有限的设备。为了降低成本，

---

① 亚历山大·格雷厄姆·贝尔（1847—1922年）是苏格兰出生的发明家、科学家和工程师，研究出一种使用多簧片装置在电报线上发送多个音调的方法，并申请了第一部实用电话的专利。他还于1885年共同创立了美国电话电报公司（AT&T）。

人们所接受的声音保真度水平远低于人们欣赏音乐或开展娱乐的水平。系统优化仅针对电话的市场化用途，也就是在通话这一功能上做文章。

仅仅半个世纪后，广播在经济层面上具备了可行性。通过使用免费的无线电波，而不是昂贵的电线和开关，质量合格的音乐和娱乐可以在负担得起的成本下被提供给大众。但这种开放的广播并不适用于人与人之间的私密通信，甚至对于早期的广播和电视来说，即使是面向小范围观众的传播也是不可行的。当时的系统只允许接入几个站点，而这些站点将会被分配给具有更高优先级的用途，比如海上船只和武装部队的点对点通信等。对于民主国家的普通公众来说，另一个优先事项则是面向大众的广播。

如今，电子通信的技术限制逐渐被突破。电话网络、有线系统和微波等传输系统均能够提供多种使用方式——可以选择低成本、低保真度的方案（在满足需要的前提下），也可以支付较高的成本以获得更高的保真度；可以用于点对点传输，也能够进行广播；可以为隐私进行加密，也可以明文传输。今天的通信系统设计已不需要像遵循"食谱"一样为特定目的单独服务，而是在数个多用途备选方案中进行优化，以适用于不同的市场。最优解很少是为了某一目的而创设一个完全独立的系统。更常见的情况是，不同的用途和用户群将共享许多相同的设施。

在20世纪前四分之三的时间里，主流通信手段不管是在技

27 术上还是在用途上都被巧妙地相互分割开来。电话用于通信，印刷品用于传播文本，电影和电视用于戏剧性娱乐，收音机用于收听新闻和音乐，留声机用于记录音乐。但并没有自然法则规定一切理应如此。当然，人们也提出并尝试了其他的可能性：从1893年开始的四分之一个世纪里，匈牙利布达佩斯就通过电话将音乐和新闻简报传送到家庭中；托马斯·爱迪生认为其所发明的留声机的主要用途是像邮寄信件一样邮寄唱片；鼓和号角不仅被用来演奏音乐，还被用来向远方的听者传递信息。但是，特定设备在特定用途上的成功是有充分理由的。成本、法律责任和更优替代品的存在都决定了设备的用途。

　　不同的技术被用于不同的用途，这一设定事实上保护了媒介企业，使其免受其他技术公司的竞争。报纸出版商不必为留声机唱片的强劲发展而担忧，双方都维持着自己的地盘。虽然各种模式从未彻底分离，但却创造了媒介之间极其重要的护城河。

　　如今的情况正在发生变化。不同媒介之间的清晰界限已经不复存在。IBM 和 AT&T① 曾经认为彼此是不同行业的巨头，但

---

① AT&T公司，原称 American Telephone and Telegraph Company，即美国电话电报公司，是一家美国跨国电信控股公司。按收入计算，它是世界上最大的电信公司，也是美国第三大移动电话服务提供商。截至2022年，AT&T 在财富500强美国最大企业排名中位列第13位，收入达1688亿美元。
　　在20世纪的大部分时间里，AT&T 在美国的电话服务方面处于垄断地位。它的前身是贝尔电话公司（Bell Telephone Company），由亚历山大·格雷厄姆·贝尔、托马斯·沃森（Thomas A. Watson，贝尔的研究助手）和加德纳·格林·哈伯德（Gardiner Greene Hubbard，贝尔的资助者和岳父）在1875年［转下页］

现在却展开了竞争。它们都为客户提供发送、存储、组织和处理文本或语音消息的整套服务。除分发广播节目外，有线电视系统还在商业办公室之间传输数据，并出售报警服务、电影、新闻和教育课程。过去认为自己独处于不同行业的公司现在却发现早已陷入纷繁交杂的竞争之中。

历史上存在区隔的通信模式在今天却逐渐融合，对这一现象的解释仍需从数字化电子技术的功用出发。通话、戏剧、新闻和文章都越来越多地以电子化的形式传递。事实证明，电子方法不仅在一些新奇用途方面具有优势，在通信方面也是如此，就像曾经墨水施加在纸张上的物理影响一样。声音和图像可以转化为数字脉冲进行采样和传输。通过在这样的数位组上使用计算机逻辑，可以由计算机来处理表征文本、语音或图片

［接上页］贝尔申请电话专利后成立。数年内，美国各大城市都建立了本地交换公司。贝尔系统（Bell System）名称的使用最初是指那些早期的电话专营权，最终包括AT&T公司拥有的所有电话公司，在内部被称为关联公司、区域控股公司或后来的贝尔运营公司（BOCs）。20世纪70年代针对AT&T的反垄断诉讼导致AT&T的本地运营子公司（"Ma Bell"）被剥离，这些子公司被归入七个区域贝尔运营公司（RBOCs），通常被称为"Baby Bells"，从而产生了七个独立的公司，包括西南贝尔公司（SBC）。后者于1995年更名为SBC通信公司。

2005年，SBC收购了其前母公司AT&T公司，并继承了其品牌，合并后的实体将自己命名为AT&T公司。AT&T于2006年收购了最后一家独立的贝尔公司BellSouth，使其以前的合资企业Cingular Wireless（2004年收购AT&T Wireless）成为全资子公司，并将其重新命名为AT&T Mobility。AT&T还在2016年收购了时代华纳，并在2018年将其改名为华纳传媒。2022年，公司分拆华纳传媒，将其与探索公司合并，成立了华纳兄弟探索公司。

目前的AT&T重组了前贝尔系统的大部分，包括七个"Baby Bells"中的四个，以及原来的AT&T公司。

的大型复杂模型，其灵活性远远超过纸张或者早期的模拟电子
信号。这样的数字记录可以保存在电子存储器当中，转换格式
后即时传输到远距离的目的地。因此，过去以独特和烦琐的非
电子方式处理的各种传播过程如今被仿真为数字代码，使得各
种传播形式都可以在同一个电子网络上进行。

根据情况不同，这一现象可能会导致运营商之间的竞争加
剧，也可能促成垄断。随着壁垒的拆除，曾经的盘踞一隅变为
了诸阀混战。是允许垄断扩张的出现，还是保持竞争的常态，
在一定程度上取决于政策，但也同样取决于技术特点。新兴技
术可能只会滋生几座垄断的小岛，因为每项服务都存在许多替
代方案。

将通信技术应用于各种目的的尝试并不罕见，这样做带来
的成本节约十分明显。同时，数字电子技术也在克服一些技术
性问题，进而对现有行业中存在的三大主要技术鸿沟进行弥
合，它们分别是电报和电话、电话和无线电广播以及印刷和数
字化传递。通过这些弥合，电子技术正在将所有的通信方式整
合到一个宏大的系统当中。

电报与电话的融合

1876年电话的发明对电报产生了即时的影响，随后这种影
响也波及了邮政系统。当时的电报公司正试图用电传打字机系

统代替操作员之间互相发送点和划的摩尔斯电码系统，电传打字机提供一个将书面信息从发送者所在处传输到接收者所在处的交换网络，就像今天的电传技术（telex）①那样。发明家们试图改进豪斯和休斯的印刷电报（printing telegraph）②，使其更具实用性，并试图克服发送电报必须亲自前往电报局请专业电报员对信息进行编码的局限。商业场所会配有蜂鸣器连接到附近的电报局，呼叫信差接收外发信息，但普通市民显然没有这样的便利。1848年，《笨拙》（Punch）杂志就指出"电报虽好却无法为公众所用"，应当设法将其引入"家庭生活"。十年后，《笨拙》再一次围绕电报进行了报道，此时电报的线缆已经延伸到了消费者家中，或者至少"在消费者住所周围一百码"的范围内。对此，该杂志总结道："出现在房屋里的电报使得永久

29

---

① 电传网络是一个类似于电话网络的站与站之间的交换式电传机网络，使用电报机的连接电路来发送双向的文本信息。随着传真机在20世纪80年代普及，它的使用逐渐减少。

术语"电传"指的是网络，有时也指电传打字机（作为"电传机"），尽管在20世纪30年代电传交换机建成之前，点对点的电传打印机系统就已经在使用。电传打字机从电报系统演变而来，和电报一样，使用二进制信号，标记和空间逻辑由一定程度的电流的存在或不存在来表示。这与模拟电话系统不同，后者使用不同的电压来表示声音。由于这个原因，电传交换机与电话系统完全分开，有自己的信号标准、交换机和电传号码系统（与电话号码相对应）。

② 印刷电报是由豪斯在1846年发明的。豪斯的设备每分钟可以传送大约40个即时可读的字，但很难大量制造。打印机每小时可以复制和打印出2000个字。休斯的电报设备也有钢琴式键盘，在法国非常流行。

印刷电报的好处是，它允许操作员使用钢琴式键盘直接输入信息文本。每个按键代表一个字母，通过一种特殊的机械安排，每个字母在收到时就被打印出来，接收者将在纸条上获得即时可读的信息文本。与使用摩尔斯电报相比的优点是，后者需要转换为可读文本。

早期的股票行情机也是印刷电报机的例子。

的私密沟通成为可能。"[3]

打造人与人之间的通话设备成为一种共识。19世纪70年代中期，企业开始将印刷电报引入商业办公室，比如英国ABC电报公司（ABC Telegraph Company）就是这样做的。在美国，西联电报公司（Western Union）①将黄金报价机和股票报价机的印刷电报服务引入了经纪公司及其办事处。但电话业务的出现终止了这样的发展路线。在电话的影响下，端到端的电报市场崩溃，美国交换式印刷电报系统的开发被推迟了半个世纪。19世纪笨拙的机械打字机终端在个人业务中无法与小小的黑色电话竞争。

从电话被发明以来，电报和电话的历史就是一部不断竞争和融合的历史。[4]1876年，作为当时美国最大的企业，西联电报公司拒绝以十万美元购买贝尔的电话专利。[5]而到了1910年，规模更大的电话公司扭亏为盈，以三千万美元获得了西联电报公司的控制权。从一开始，贝尔系统（Bell System）的开发人员就构思了一个既包括语音通信又包括文本通信的"宏大

---

① 西联公司是一家美国跨国金融服务公司，总部位于科罗拉多州丹佛市。1851年在纽约罗切斯特成立了纽约和密西西比河谷印刷电报公司，在与其他几家电报公司合并后，于1856年更名为西联电报公司（Western Union Telegraph Company）。从19世纪60年代到20世纪80年代，该公司主导了美国电报业，开创了电传等技术，并在传输和分发电报消息的核心业务之外，开发了一系列与电报相关的服务（包括电汇）。

在经历了财务困难之后，西联在20世纪80年代开始将其业务从通信业务转移，并越来越专注于汇款服务。该公司在2006年完全停止了通信业务，当时《纽约时报》将其描述为"世界上最大的汇款企业"。

系统"。[6]贝尔1876年申请的专利被描述为一种可以在一条电线上同时提供电话和多路电报服务的设备。制订于1885年的AT&T原始章程旨在将业务覆盖于各种通信系统，而非仅仅局限于电话系统。此外，该公司也选择在名称中加入电话和电报中的两个首字母"T"。

对电话和电报系统的整合存在技术上的考量。不管是电话还是电报都需要电线工厂。数万英里的电报线路已经铺设完成。事实证明，曾被使用过的铁线并不完全适配电话，但它可以服务于短距离的有限服务；而且可以使用电线杆。[7]铜质电话线则可以同时传输电码和语音。

1910年，完成合并之后，AT&T的总裁西奥多·维尔（Theodore Vail）①将公司的新规划描述为"一个拥有统一政策、统一目标和统一行动的系统：全面、普遍、相互依存、相互连通，就像国家的高速公路系统一样，从一扇门延伸到另一扇门，不管何时、何地、何人，都能在其间提供多种电子通信方式"。但是随着反垄断时代的到来，如此宏大的蓝图在联邦政府的反垄断诉讼下并未实现。1913年，AT&T被迫剥离了西联电报公司。

AT&T再一次对电话机文本传输进行了尝试，在1931年引入了一种名为TWX的交换式电传打字服务。具备相当可靠性的电

① 西奥多·维尔（1845—1920年）在1885年至1887年间担任AT&T公司总裁，并在1907年至1919年间再次担任该职务。此前，他是美国贝尔电话公司总经理，成功地捍卫了贝尔公司的专利，避免了来自西联公司和其他公司的挑战。他在电话和电报线路中引入了铜线的使用。其经营战略的基石是他对普遍服务的承诺。

传打字机早在20世纪20年代就已经被传媒、金融等领域的机构专门用在租用线路上。但当AT&T提供公共交换式电传打字服务时，美国司法部再次介入，迫使AT&T将TWX系统出售给西联电报公司，以便后者将TWX系统与其类似的电传服务进行整合。[8]

但是使用电话线路进行文本传输的设想并未就此消失，而是展现出了凤凰涅槃般的生命力。这一设想在目前主要体现为计算机通信。在美国，计算机可以相互连接，也可以从AT&T或西联电报公司等运营商处租用专用线连接到终端，或通过每个人都在使用的公共拨号交换电话网络进行连接。如今，计算机网络传输的文本已经远远超过了电传。1977年，美国拥有数百万台计算机终端和大约十万台电传终端，其通过计算机网络传输的单词数量是电传的一万倍。因此，在经历了一个世纪的否决和反对之后，电话系统实际上已经实现了当初创造者们的设想，成为一个电话和电报的混合系统，在同一条线路上同时传输人类的语音信息和书面信息。

电话与无线电的融合

空中传输和封闭传输可以朝二者其一的方向转移，也可以在这两个方向上进行融合。过去通过有线传输的信号（比如电话）可能会转移到微波无线电频道上，过去通过无线电波发送的信号（比如电视广播）也可能会通过电缆传输；又或者，两者混用也是可能的。如今，对于一个特定的通信路段，是使用无线微波传输还是封闭式载体更合适，现在只是一种经济意义上的工程选择。因为无论哪种方式，都可以做完全相同的事情。过去，有线电和无线电的技术从业者都试图将自己的媒介加诸对方媒介的适用场景中展开竞争，并为此进行了各种不成功的尝试，但现在这一切都不在话下。过去，技术的局限制约着使用场景；而现在，使用场景却控制着技术。

在一段时间里，就像电话挤压了电报一样，无线电也被视为电话的潜在威胁。通过无线电进行传输不仅能够克服距离的障碍，而且也省去了对电线的投资。因此，对AT&T来说，无线电既是一个机会，也是一个竞争威胁。如果无线电话被证明是可行的，且为竞争企业所控制，那么贝尔系统关于"普遍服务"的"宏伟蓝图"将沦为一个转瞬即逝的幻梦。

在1906年的平安夜，费森登（R. A. Fessenden）①成功使用无线电向海上船只发送声音。AT&T的维尔和他的首席工程师约翰·约瑟夫·卡蒂（John J. Carty）意识到了迫在眉睫的危险。似乎就像有线电报催生了有线电话一样，被称为无线电报的东西也可能催生无线电话。然而，他们同时也怀疑，无线电话是否真的能作为令人满意的有线系统的替代品。1907年，维尔向

---

① 雷金纳德·奥布里·费森登（1866—1932年）是一位出生在加拿大的发明家，他的大部分工作都是在美国完成的。最著名的是他在发展无线电技术方面的开创性工作，包括建立调幅（AM）无线电的基础。他的成就包括首次通过无线电传输语音（1900年），以及首次跨越大西洋的双向无线电通信（1906年）。

一位伦敦银行家确保："无线电话要面临着比无线电报多得多的困难和阻碍。"尽管如此，1909年，卡蒂向公司请求一笔资金用于对电话中继器的研究，他认为，该中继器"如果被证明是一个重要的因素，可能会让我们在无线电话方面处于控制地位"。最后，事实证明，空中无线电在当时确实无法支撑全国范围内的点对点传输网络，但对有线电话公司的领导层来说，一切已是千钧一发。

结果之一就是AT&T采取了一项侵略性的研发政策，旨在覆盖整个电子通信领域，或者更具体地说，是为了站在电话这项前沿技术的"肩膀"上。卡蒂成立了一个新的研究部门专注于无线技术。1910年，该公司雇佣了192名工程师从事开发工作，预算不到50万美元；到了1916年，工程师数量上升到959名，预算超过50万美元。1925年，贝尔电话实验室（Bell Telephone Laboratories）成立，专门在传统电话的边界地带进行通信方面的基础研究。贝尔实验室在雷达、晶体管以及有声电影和有声电视等非电话通信模式方面取得了很大进展。[9]

尽管电话系统在技术上处于领先地位，但它无法为大众提供娱乐。这并非没有过相应的尝试。前无线电时期有几十次朝向
32　阿萨·布里格斯（Asa Briggs）①所说的"快乐电话"的努力。[10]

---

① 阿萨·布里格斯（1921—2016年），英国历史学家。研究维多利亚时代的主要专家，也是英国最重要的广播史学家。关于"快乐电话"，见：Asa Briggs，"The Pleasure Telephone: A Chapter in the Prehistory of Media"，Ithiel de Sola Pool，ed.，*The Social Impact of the Telephone* (Cambridge: MIT Press, 1977)，40–65。

然而这些旨在以有线方式提供现代广播或助兴音乐之类的服务大多只停留在了创意阶段，部分付诸实施的项目也在短时间内以破产告终。

回头来看，很容易发现这些尝试的经济性症结。娱乐所需的音质保真度将大大增加普通电话服务的成本。更重要的是，在1896年，纽约市的基本电话服务费用约为每月20美元，而当时普通工人的收入每月仅有38.5美元。显然，市场上能够为订阅服务埋单的客户寥寥无几。但正如每个有线广播公司都知道的那样，要以经济的方式提供有线服务，关键在于要让处于一条信号线路上的家庭订阅你的服务。如果客户都位于同一条线路上，那么向五千或一万名客户提供有线系统或其他有线娱乐服务，则大概率是有利可图的，但如果这些客户分散在城市的各个角落中，而且每户都必须通过一条单独的线路才能传递信号，那么从中盈利基本是不可能的。

无线电广播的出现消除了这个问题。无线广播公司可以在没有前期巨额投入的情况下开始运营。少数早期无线电热衷者可能分散在城市的各个地方，但信号可以抵达所有人，只要支付一种固定且适中的发射机费用。在娱乐广播的早期，空中无线电传输显然成为首选。

然而，当信号线路的渗透率达到较高水平时，无线电波和有线之间的成本差距逐渐减小。例如，在20世纪20年代，苏联规划者发现安装有线扬声器比销售收音机更便宜。[11]在无线电收音机和有线扬声器两个系统中，它们共同的元件是扬声器。对于无线电系统中的扬声器来说，还需要增加调谐器、放大器和天线，对于有线系统的扬声器来说则需要一定长度的电线。显然，两个系统的成本高低取决于所需电线的数量。在苏联的计划经济下，每个扬声器所需的线路长度可能很小。如果当局决定在公寓楼为扬声器布置线路，或者将扬声器放置在某条特定的街道上，他们就能确保沿线有很高比例的订阅者。因此，四十年来有线扬声器一直是苏联广播娱乐的主导设备。直到1964年，苏联的收音机数量才超过有线扬声器。

数十年后，中国也走上了同样的发展道路。20世纪五六十年代的有线扬声器是中国的特色景观，但在20世纪70年代，晶体管收音机散播开来。晶体管的发明有力地扭转了无线与有线之间的天平，使其向无线广播的一端倾斜。类似的发展轨迹也出现在非共产主义国家。再分发系统（redistribution systems），又被称为有线系统，在欧洲的城市中相当常见。在晶体管出现之前，它们通常为广播扬声器所采用，现在则更多用在电视系统中。

有线电视的想法由来已久。早在1912年，科学社会学家吉尔菲兰（S. C. Gilfillan）就发表了一篇名为《未来的家庭影院》（*The Future Home Theater*）的文章，描述了电视进入家庭的两种可能方式：通过无线电或通过电话线路。[12]到20世纪30年代电视广播出现时，基于经济考量的选择就显而易见了。对于音频信号，廉价的普通电线足矣，而传输电视信号则需要更大的资本投入。单一电视频道确实可以通过普通的电线传输，也就是所谓的"双绞线"（twisted pairs），但如果观众想要选择频道，他们要么需要多个这样的双绞线提供服务，要么需要一个远程开关，通过操作开关来选择线路所传输的内容，再有就是选择其他运营商服务以获得比普通线路更佳的带宽，比如20世纪30年代发明的同轴电缆（coaxial cable）。[13]"带宽"一词描述了载波可以传输的频率范围，即一秒内所能传输的比特数。电报单音调的点和划可以用铁制电线处理。再现人类声音所需的更大频率范围对导线提出了更高的要求。而如果要有令人满意的图像清晰度，再现运动图像所需要的带宽更是语音的数百倍。一次传输多个视频频道有三种方式：一是在同轴电缆这种粗载体上传输，二是在微波这种比较短的无线电波上传输，三是在通过玻璃纤维引导的更短的光波上传输。

有线电视的吸引力并不在于它比无线电视更便宜（哪怕是在高渗透率的情况下），而是在于它对高等级的服务更便宜。它是向每个订阅用户提供更清晰画面或更多频道的最经济的方式。在真实的市场中，它所面临的问题在于公众对于高等级服务是否有足够强的付费意愿。在部分地区，答案显然是肯定的。在比利时和加拿大，有线电视的普及率很高，因为观众可以通过有线电视观看邻国的电视节目。在比利时，有线电视的吸引力在于为说法语的人提供法国节目。在加拿大，大多数电视节目都通过有线电视传播，人们订阅的动机在于有线电视可以让离边境线较远的人也能收看美国电视网的节目。在美国，目前约30%拥有电视的家庭通过有线电视获得

34

服务，这一数字仍以每年几个百分点或更快的速度增长。最初，订阅的主要目的是在信号接收效果不佳的地方改善画面，或是在无法广播的地方接收三大电视网。但后来，付费频道通过提供体育赛事、电影和其他节目增加了新的吸引力。如今，超过35项聚合服务通过卫星向美国有线电视系统提供，而且有一百多个频道的全新有线电视系统正在建设中，以适应日益多样化的节目。

因此，有线传输已成为一种可行的广播传输系统。在它存在的地方，它提供的带宽远远超过空中无线电可用的带宽。但并非所有的带宽都需要用在娱乐这件事上。在曼哈顿下城区等一些地区，有线系统已经开始基于它的线路为银行和企业提供数据传输服务。一旦有线系统的渗透率持续提升以至能够实现全覆盖之时，电缆就可以成为客户电话系统本地环路的替代方案，在不依赖于电话交换机的电路交换中，它都可以发挥它的用途。总之，直到中继器和同轴电缆变得足够便宜和足够优质并能够维持电缆上的信号质量，通过封闭介质传输视频才构成一个在经济上有吸引力的选择。而今天这一设想已经成为现实，部分传输方式开始从无线传送转向封闭媒介。

1907年，AT&T非常担忧从有线到无线的方向上的转变，这一转变在一战期间和战后不久，向前迈进了一大步。当时美国政府担心，英国作为世界海底电缆网络中心，可能会将自身的领导地位延续至无线电领域。[14]因此，在通用电气（GE，General Electric）和AT&T的帮助和专利授权下，美国政府支持成立了一家强大的无线电制造公司：美国无线电公司（RCA，Radio Corporation of America）。[1]但当无线电被证明可以用于大众娱乐广播时，AT&T开始为自己争取对这一新服务的控制权。

RCA和AT&T之间关于控制权的争斗达到了白热化。电话公司将无线电传输视为其通信业务的自然延伸，并寻求将自身的既有垄断地位扩大到该领域。按照公共运营商的传统，AT&T并无涉足节目制作领域的意向。相反，AT&T发布了一项计划，即在每个城市建立一个发射台和一些演播室，向任何想要广播的人提供这些发射机和演播室并收取一定费用。[15]但

---

① RCA公司是美国一家大型电子公司，1919年成立。它最初是一个由通用电气、西屋电气公司（Westinghouse Electric Corporation）、AT&T公司和联合水果公司（United Fruit Company）拥有的专利信托公司，1932年，成为一家独立公司，这是因为作为美国政府反托拉斯诉讼的一部分，合作伙伴被要求剥离其所有权。

作为一家创新和进步的公司，RCA在超过50年的时间里是美国占主导地位的电子和通信公司。在20世纪20年代初，RCA处于如雨后春笋般出现的无线电工业的最前沿，是无线电接收器的主要制造商。RCA还创建了美国第一个全国性的广播网络——全国广播公司（NBC）。该公司也是引进和发展电视的先驱。在这一时期，RCA的成功与大卫·萨尔诺夫的领导密切相关。

在20世纪70年代，RCA作为技术、创新和家庭娱乐的领导者，其看似坚不可摧的地位开始减弱，因为它试图从开发和销售消费电子和通信产品扩展到一个多元化的跨国企业集团。此外，该公司在美国开始面临来自索尼、飞利浦和三菱等国际电子公司日益激烈的竞争。RCA在大型计算机行业和其他失败的项目中遭受了巨大的财政损失。尽管该公司在20世纪80年代中期出现反弹，但RCA从未恢复其以前的辉煌，并在1986年被通用电气重新收购；在接下来的几年里，通用电气清算了该公司的大部分资产。今天，RCA只作为一个品牌名称存在；各种RCA商标目前由索尼音乐娱乐公司和Technicolor公司拥有，而这两家公司又将RCA品牌名称和商标授权给其他几家公司。

第三章 电子君临天下 ［063］

AT&T对愿意购买广播时间的潜在客户源缺乏考虑。作为一项试验，1921年电话公司在纽约建立了WEAF电台①。如果这项实验在商业上取得成功，该公司将随后在其他地方建立站点并形成网络。然而，事实证明，由于无线电接收器仍然稀少，几乎没有人购买服务并制作广播。在当时，广播公司必须承担自己推出节目的责任，而这正是RCA的计划——建立广播体系，也正因如此，RCA最终赢得了这场战斗。

联网的可能性是AT&T和RCA达成和解的关键。1926年，AT&T放弃了广播，只为换取RCA的承诺——RCA承诺在联网中使用AT&T而非西联的线路。双方达成了互换专利许可的约定，WEAF电台被出售给RCA，随后演变为WNBC——全国广播公司（NBC，National Broadcasting Company）的旗舰电台。

联网的重要性在1923年被戏剧性证实了。当时，在沃伦·哈定（Warren Harding）②总统去世时，卡尔文·柯立芝（Calvin

---

① WEAF电台于1922年3月2日首播，由AT&T的西部电气（Western Electric）部门拥有。它是纽约市第一个获得商业许可的电台。1922年，WEAF广播了它后来声称的第一个广播广告（实际上是一个大约10分钟的谈话，预示着今天的广播和电视信息广告）。

② 沃伦·哈定（1865—1923年）是美国第29任总统，从1921年开始任职到1923年去世。1920年，他承诺恢复第一次世界大战前的正常状态，以压倒性优势战胜了民主党人詹姆斯·考克斯（James M. Cox），成为第一位当选总统的现任参议员。

哈定任命了许多受人尊敬的人物进入他的内阁，包括财政部的安德鲁·梅隆、商务部的赫伯特·胡佛和国务院的查尔斯·埃文斯·休斯。1923年，哈定在西部考察时因心脏病发作在旧金山去世，由副总统卡尔文·柯立芝接任。哈定去世后被曝光的丑闻极大地损害了他在世时的声誉；他被普遍认为是美国历史上最糟糕的总统之一。

Coolidge）①的悼词通过长途电话线传送到全国各地的广播电台，进而抵达数百万观众。1925年，无线电广播网的全美覆盖，最终借由富兰克林·罗斯福（Franklin Roosevelt）②的炉边谈话，带来了总统权力的增长。广播的地方主义原则是1927年《无线电法》（Radio Act）③和1934年《通信法》所提出的许可证分配

---

① 卡尔文·柯立芝（1872—1933年）是1923年至1929年的美国第30任总统。1920年，柯立芝被选为第29任副总统，在1923年沃伦·哈定总统突然去世后接任总统职务。柯立芝于1924年以本人身份当选，是一个奉行小政府的保守派。在哈定政府的许多丑闻之后，他恢复了公众对白宫的信心，并管理了一个被称为"咆哮的二十年代"的快速和广泛的经济增长时期，但历史学家们对柯立芝的经济政策在多大程度上促成了大萧条的发生仍有很多争论。他签署了1927年的《无线电法》，建立了联邦无线电委员会（1927—1934年）。

② 富兰克林·罗斯福（1882—1945年），美国政治家和律师，从1933年起担任美国第32任总统，直到1945年去世。作为民主党的领导人，他赢得了创纪录的四次总统选举，并成为20世纪上半叶世界事件的核心人物。罗斯福在大萧条的大部分时间里指导联邦政府，实施他的新政国内议程以应对美国历史上最严重的经济危机。他建立了新政联盟，该联盟在20世纪中叶定义了美国的现代自由主义。他的第三和第四任期被二战所支配，他死后不久，二战就以胜利告终。
罗斯福是詹姆斯·考克斯在民主党1920年全国票选中的竞选伙伴，但考克斯被共和党人哈定击败。在1932年的总统选举中，罗斯福击败了共和党执政的赫伯特·胡佛，在大萧条中开始了他的总统任期。罗斯福呼吁建立旨在产生救济、恢复和改革的计划，通过一系列行政命令和联邦立法来实施这些政策，这些行政命令和立法统称为"新政"。许多新政计划为失业者提供救济，如国家复兴管理局。一些新政计划和联邦法律，如《农业调整法》，为农民提供救济。罗斯福还制定了与金融、通信和劳工有关的重大监管改革。
罗斯福经常利用广播直接向美国人民讲话，在他担任总统期间发表了30次被称为"炉边谈话"的广播讲话，并成为第一位接受电视转播的美国总统。在罗斯福的第一个任期内，经济迅速改善，他在1936年赢得了连任，这是美国历史上最一边倒的胜利之一。

③ 1927年2月23日，新的《无线电法》由美国总统卡尔文·柯立芝签署成为法律。它取代了1912年的《无线电法》，增加了联邦政府对无线电通信的监管权力，监督权归于一个新成立的机构——联邦无线电委员会。它也是第一部规定电台必须证明其"符合公共利益、便利或需要"才能获得许可证的立法。该法后来被1934年《通信法》所取代。

制度的基础，但这个基础随着由广播和电话公司共同参与建构的广播网的发展受到了削弱。

因此，从1926年到20世纪70年代通信卫星出现，在这期间，电话公司和无线电公司划分出了差异化但又相互补充的领域，无线电公司负责节目制作和向受众传输，而AT&T则通过电缆和微波提供全国联网线路。但这场分工可能不会持续太久。就像在经历了一个世纪的分离后，计算机通信最终迫使文本和语音相结合，同样，自1907年起的一个世纪，广播和电话也终将消弭边界。

有线电视的发展就是二者融合之路上的重要一步。目前，广播的分发网络与通话网络并不相同，但融合可能会以多种方式发生，比如允许通过电话系统进行广播，或是允许通过有线系统和无线电波进行通话。所有这些描述的情形在当下都是可能的，1907年还不存在的无线电技术允许数千个点对点语音或文本传输在空中同时进行，而不会受到干扰。

改变这一局面的新技术之一就是微波的使用。在20世纪30年代之前，AM频段上用于常规广播的中长波往往沿着地球表面进行传播，因此在长距离传输时会相互干扰。但超高频波（UHF）和波长更短的微波像光一样以直线传播，并不会超出地平线。在这种情况下，干扰仅仅在局部发生，因此相同的频率可以在地平线之外重复使用。[16]此外，无线电波可以集中在一个波束中，这样它们就不会向各个方向传播。产生这种波束所需的天线尺寸与波长呈现一个相关函数的关系。

用于传导短波的天线可能需要在四分之一英里范围内放置四个四百英尺高的塔楼。而引导波长更短的超高频波可能只需要一座高塔上六十英尺长的天线。发射更短微波的天线可能只需一个直径三到十二英尺的便携式天线。这使得在窄聚焦光束中发射微波变得非常便宜，同时指向不同方向的光束互相之间也不会产生干扰。[17]

如今，微波承载了大部分长途电话的通信量。它们在塔与塔之间、卫星与卫星之间相互传输。至少在需要大量带宽的地方，微波线路也可能从一个屋顶传输到另一个屋顶，进而承载本地电话服务。一种类似这样的系统配合以通信量集中的本地节点，被称为数字终端服务（DTS, digital termination service）。大型电信用户会使用此项服务作为他们长途通话的方式，所借助的手段就是在他们的办公地点或工厂与长途电话交换机之间建立微波链路。这种方式可以完全绕过当地的电话公司。[18]

在无线电使用中的另一个进步是使用非常低功率的发射机用于本地传输。微小的无线电话信号可以从用户发送到附近的集中器，该集中器在宽带电路上多路传输或同时传输许多信号。一个应用就是为移动车辆服务的无线电话新蜂窝系统。

汽车、出租车和卡车上的陆地移动无线电通信一直在迅速增长，甚至出现了大城市中信息堵塞严重的情况。解决这一问题的方案是：按照棋盘格划分单元，单个单元格的半径可以是几英里，也可以是几个街区，同时在每个单元格中放置低功率发射机，将其与中央交换机进行连接。当用户汽车从一个单元格行驶到另一个单元格时，它发出一个可识别的无线电信号进而被单元中的发射机节点接收，因此计算机总能知道汽车的位置。向汽车拨打的电话通过汽车当前所在单元格中的发射机进行传输。这些微型发射机使用的频率可以在互不干扰的情况下重复几个单元，从而允许多辆车同时进行无线电通信，而不会出现堵塞。到目前为止，蜂窝无线电唯一获得许可的用途是移动通信，但原则上，同样的想法可以与本地电话环路展开竞争，尽管这种方案所需的成本并不具有竞争力。

其他允许数千名无线电波用户同时进行点对点通信的技术是通过多路复用的复杂形式实现的。最早用于在一条电路上同时发送多个消息的方法是频分多路复用（FDM，frequency division multiplexing）①。格雷厄姆·贝尔曾让每组点和划发出不同的频率，进而在同一时间通过同一根电线发送信息。频率分割也是广播公司免干扰运营的手段，每家公司都有以不同频率为中心的频谱份额。如果广播公司在某个时间段内保持沉默，那它们的频率分段就被浪费了。因此，频分多路复用不是一种有效的系统，更复杂的系统应当允许许多用户共享一个频率。[19]

各式各样的时分多路复用（TDM，time division multiplexing）②

---

① 是一种将多路基带信号调制到不同频率载波上再进行叠加形成一个复合信号的多路复用技术。历史上，电话网络曾使用FDM技术在单个物理电路上传输若干条语音信道。在现代电话系统所使用的数字传输方式中，时分多路复用（TDM，time division multiplexing）代替了FDM技术。
② 时分多路复用技术是以信道传输时间作为分割对象，通过为多个信道分配互不重叠的时间片段的方法来实现多路复用。

允许多个用户共享相同的频率，但每个用户使用不同的时间段，其长度可能只有千分之一秒。时分多路复用对数字通信具有吸引力，因为计算机可以跟踪这种极其精确的定时。时分多路复用对于同轴电缆和光纤等有线通信所产生的作用并不逊于它对无线通信的改进，它使得这些封闭式传输系统能够在经济层面与无线电竞争。

扩频技术允许众多用户同时使用大范围频率来发送消息。在某些频率上可能会出现干扰，导致消息阻塞，而在其他频率上系统通畅，接收器能够识别发来的消息。直到最近，这种技术还只被军方用来在冲突中进行可靠和安全的通信，但也开始了在民用领域进行应用的尝试。

这三种技术——波束微波、低功率发射机和复杂的多路复用——都可以极大地增加同时在线的用户数量且互不干扰。它们使得无线电能够承担过去地面有线网络所具有的绝大部分用途，同时避免了有线网络的过高成本。与此同时，封闭的地面载波正在变得越来越高效，以至于它们可以用于实现例如广播等需要承载大量通信的场景，而这些场景在过去只有无线传输才是最为经济的选择。

线缆系统只是第一步。未来的电话系统还可能与线缆系统和广播系统展开竞争，为家庭和办公室提供宽带服务。通过使用光纤、同轴电缆、压缩技术（在更少的比特中编码相同多的信息），或者甚至仅仅通过增强铜线，本地环路都最终可能处理更高的带宽——比目前电话用户可用的带宽高得多。因此，娱乐节目、新闻和教育可以通过多路传输的封闭频道传送到家庭，并且广播可以从无线网络转移到有线网络上。无线频谱可以被保留，比如用于联系移动的车辆或卫星，因为这些车辆或卫星上没有拖曳的电线。

一些预测者提出，电信和广播的融合将采取综合性数字网络的形式，能够服务于所有目的。但大规模的通信活动总是会证明设置专门的设施并针对特定用途进行优化是合理的。飞机和空中交通管制员的沟通设备与将电影传输入家庭的设备截然不同。卫星将继续传送长途信息，而交换线路、同轴电缆或光纤将提供本地服务。宽带设施将用于多路传输干线、端到端的通信或视频，而那些只需要窄带信号的人可能会寻求更便宜的设施。但如果这些不同的设施都是电子化的，那它们之间都可以相互连接。在传输途中，窄带信号可能在某一段时间被多路传输到宽带干线上，也可能最终会在一条廉价的本地线路上到达目的地。就像道路系统一样，通信网络也将拥有高速公路、支线道路和私人车道，但它们都将构成一个相互关联的系统。无论如何，维尔在1907年看到的技术竞争正在慢慢逼近，就要到来。

印刷与电子的融合

在过去，印刷媒介和电子媒介井水不犯河水。尽管一定程度上这两种技术会在新闻、小说和图片等方面展开争夺，但这两种技术所采取的截然不同的做法足以对它们之间的竞争产生限定。电子媒介与印刷媒介的竞争和融合发端于电报，接着是广播，而如今则是最引人注目的数据或计算机网络。

报纸从电台诞生之初就已经开始探讨广播会对自身产生怎样的影响。由于洛厄尔·托马斯（Lowell Thomas）[①]和汉斯·冯·卡滕伯恩（H. V. Kaltenborn）[②]向数百万人宣读新闻，人们很容易认为这种全新且简单的信息获取方式可能会对报纸造成冲击，甚至扼杀报纸。而另一种观点则认为，简短的新闻广播会激发人们的兴趣，进而导致听众更多地阅读报纸以了解更多信息。研究表明，第二种想法更接近于事实。[20]个体之间对新闻的兴趣存在差异，有些人热衷于了解新闻，而有些人则对新闻报道兴趣寥寥，而大多数收听新闻广播的人，以及阅读报纸的人毫无疑问都属于前者。因此，广播和印刷品并不构成彼此替代的关系，而是为渴望新闻的人提供了更多途径和机会，他们会同时使用多种媒介来获取新闻。只要关注新闻成为一种习惯，媒介之间就会相互支持和补充。体育广播和观看比赛、欣赏唱片和参加音乐会、收听广播剧和借阅书籍之间也存

---

① 洛厄尔·托马斯（1892—1981年）是一位美国作家、演员、广播员和旅行家，因宣传 T.E.劳伦斯而闻名。1954年，他率领一群纽约市的投资者购买了哈德逊谷广播公司的大部控制权，该公司在1957年成为大都会电视公司（Capital Cities Television Corporation）。
② 汉斯·冯·卡滕伯恩（1878—1965年），美国广播评论员。从1928年开始，在哥伦比亚广播公司工作。他以高度精确的措辞、口若悬河的能力和对世界事务的深入了解而闻名。

在着同样的关系。事实上，对传播学研究者而言，不同媒介之间不会彼此取代反而会相互加强，已经是老生常谈的观点了。

然后电视到来了。在电视的冲击下电影产业虽然幸存了下来，但却发生了根本性的转变，上座率直线下降。在电视的冲击下，当一场足球比赛播出时，看台上往往空无一人。显然，媒介之间的关系总是比相互支持或相互取代要复杂得多。而如今的问题在于，随着计算机信息服务的兴起，报纸、杂志和书籍的未来道路将会向何处发展？它们与网络服务之间会像报纸和广播新闻那样构建一种强化的关系，还是像电影在遭遇电视时经历一种灾难性的重建？

决定媒介之间是相互支持还是相互代替的主要因素是，新媒介在多大程度上充分满足了其竞争媒介所满足的那些需求。与看一场比赛相比，听一场球赛的广播所带来的体验感更少，但在电视上观看比赛可能会和亲临现场一样令人兴奋，甚至兴奋感更深。媒介所起的作用不仅仅是表面上的，也是潜在的和无意识的。例如，英国的一项开创性研究发现，电视作为电影的替代品更多是针对幼儿而非青少年；因为对后者来说，看电影是一个离家约会的绝佳机会。[21]媒介之间的关系也不仅仅取决于受众有关互补或替代的反应态度。例如，在美国，电视和不断上涨的邮费扼杀了《生活》（*Life*）等通行杂志，不是因为人们不愿同时消费这两种媒介，而是因为这两种媒介都寻求来自广告商的支持，而广告蛋糕并没有大到可以同时养活它们二者。

在过去的一个世纪里，随着价格、技术和媒介特性的变化和相互作用，媒介之间出现此起彼伏的潮落潮涨。19世纪摄影术的发展极大地推动了杂志的爆发，报纸用图片传真（telephotograph）①和凹版印刷版块进行了反击。随后，这些改进被电影新闻片所扼杀。但同时，新闻纪录片也无法在电视的冲击下生存。报纸过去刊登连载小说，但在许多国家，由于杂志和电视在连续功能上的领先，报纸已经放弃了这种做法。

然而，尽管电视在某些领域击败了印刷媒介，同时它也为印刷媒介提供了支持。广播业有自己的行业期刊，报纸也会刊印广播时间表以此吸引大量读者。《电视指南》（*TV Guide*）周刊发行量居美国所有杂志之首，《广播时报》（*Radio Times*）和《电视时报》（*TV Times*）的周刊发行量也在英国登顶。在前电视时代，电影杂志是最成功的杂志之一。

媒介之间的相互影响不仅体现在此消彼长上，也体现在媒介自身特征的改变上。在一个广播公司最快发布新闻的时代，报纸不得不向读者提供广播公司所缺乏的特写和深度分析。[22] 如今的报纸并不急于发布最新的新闻，也不再发布号外，而是 41

---

① 图片传真是指通过电报、电话或无线电发送图片，称为wirephoto，telephoto-graphy或radiophoto。

19世纪末至20世纪20年代，受电气、电子和光学技术进步的影响，传真技术取得了革命性的进展。在发送端，采用了光电扫描的方式获取原稿信息；在接收端，使用照相法直接还原信号获得副本；传输的媒介不再局限于电报线路，而是扩展到了电话线路和无线传输。从这一时期开始，传真已经能够发送图片，从而开始了一定范围的应用，即图片传真。20世纪30年代之后，新闻行业出于业务竞争需要，开始建立新闻图片专用传真网络。

更多地在周刊中对新闻进行背景补充和深入研究。

虽然电子媒介和非电子媒介的融合和竞争已有一段时间了，但也涌现出一些新事物。数字电子网络似乎很可能在21世纪承载今天印刷品的大部分内容。虽然输出结果可能仍是纸上的文字，但是纸却是在一个终端中涌出，信息以电子的形式流向这个终端。旧有的完全分离的印刷出版系统，是通过墨水机械地压印在纸上进行硬拷贝（hard copy），并通过物理运输的方式进行分发，这一切正在受到电子技术的挑战。

和从前一样，今天的邮件大部分仍然是由车辆和人力进行运送的，印刷出版物亦是如此。但这种文本的物理传输正在迅速让位于电子传输。在公司里，很大一部分信息流来自计算机终端。传统印刷技术的几乎所有功能都与电子传输紧密联系，或者说，在很长一段时间内都将保持这种联系。在几乎每个阶段，电子出版和记录保存的成本都比硬拷贝的成本低。我们即将迎来那个时刻，即在纸上处理信息退居为一种基于品味或便利的另类选择，这个选择也意味着，与用计算机处理信息相比，在纸上处理信息将产生额外的成本。

在不久的将来，几乎没有印刷品不是用文字处理器打字或用计算机排版的。排版工人工会为保护整排铸造排字机（linotyping）进行长期艰苦斗争的时代已经结束。取而代之的是期刊和出版社在计算机终端上撰写文本并进行编辑。

印刷的电子化变革在报纸上表现得最富戏剧性。一个世纪以来，新闻服务机构一直以电子方式向编辑室发送文本，但在过去，当电传打字机吐出硬拷贝纸张时，电子信息也随之消失了。而现在的新闻服务不仅提供打印终端，还提供计算机内存，文本将被保存在内存中并进行编辑。许多报纸的记者不再把报道敲击在纸上，而是在CRT上打字，然后在屏幕上进行编辑，将文章保存在计算机中进行进一步处理。同样，编辑也在他的屏幕上审阅这些故事。排版、标题、位置和广告组合也是在专门为报业开发的计算机终端上完成的。具有讽刺意味的⁴²是，如果世界上曾有过第一个无纸化办公室，它可能就出现在报纸行业。

其结果之一是，整份报纸在印刷出来之前就以计算机可读的形式存在。计算机磁盘不需要也很可能不会被扔掉。它可以被用于多种用途：首先，报纸现在可以通过在磁盘上搜索关键字的程序进行索引。这在信息服务市场上大有用武之地，出版商可以将涉及某个特定主题的所有报道的汇编出售给研究人员。因此，报社可以开展信息检索业务。一个极具说服力的例子是《纽约时报》信息库（*New York Times* Information Bank）。

很快，所有打印出来的东西都将以计算机的形式存在，电子形式的归档将比手工归档更高效。在电子出版中，也有一些作品在古腾堡意义上从未被"印刷"过：在一个处理器上输入的文本可以在该处理器或另一个与之连接的处理器上被阅读，而无须经过打印。这些只是出版业电子化转型的第一步。

在即将到来的时代，印刷业和电信业将不再因为技术上的根本差异而彼此分隔。因此，电子媒介的经济和监管问题也将成为印刷媒介所必须考虑的问题。再也不能把电子通信看作是一个特别受限的、为垄断所困和受管制的通信媒介，它不会对自由构成威胁，因为在印刷媒介中仍然存在着很大的未被限制的自由表达领域。现在，与电信有关的问题正在成为所有通信的问题，因为它们全部都采取了电子处理和传输的形式。

交叉所有权

模式的技术融合是将出版业带入受管制的电子环境的主要动因。而其中一个促成因素是同时开展印刷和电子通信业务的集团企业不断发展。由于大多数民主国家的法律法规对不同通信模式之间交叉所有权的限制，这些业务在很大程度上互相独立。在大多数国家，电子媒介由政府垄断，但印刷媒介却往往是私营企业。邮政、电话和电报通常隶属于同一部门，但往往该部门中的邮政系统和电话电报系统之间也缺乏沟通。而广播通常处于单独的政府垄断之下，且在允许商业广播存在的地方，也时有可能限制出版业务和广播业务之间的交叉所有权行为。

在美国，对通信业的分隔措施比其他地方多得多。联邦通信委员会、司法部和法院已经开始了一项精心设计的计划，通过分隔通信业来鼓励多元化。他们试图保留六个主要区隔，以应对技术融合的趋势，但收效甚微。这些人为的阻碍并没有持续下去，一方面技术的进步使得分隔变得低效，另一方面企业家也在不断寻求扩大各自商业帝国的业务版图。

美国政府长期以来一直想要保持的一个区隔是对电报与电话、邮件等相互竞争的媒介之间的区隔。自1913年以来，联邦政府一直试图保护西联电报公司，防止贝尔系统进入电报业务。但随着电报的衰落和信使成本的上升，西联电报公司被迫依赖邮政服务和AT&T提供的分发系统。人们用电传打字机发送消息到目的地附近的邮局，然后通过邮政服务进行递送，到1977年邮递电报（mailgram）所传递的词数超过了电报传递词数的五倍。如今，普通电报大多是通过电话发出的。一名发送者想将电报从波士顿传输到纽约，他需要拨打波士顿的电话号码，并与新泽西州西联电报公司办公室的职员联系，办事员将文本转录，并通过电话发送给纽约的收件人。显然，这一制度是不合时宜的。

随着计算机数据传输的到来，利用电话网络进行计算机流量传输的优势凸显。使用计算机所带来的利益如此强大，以至于政府不再试图将电话公司排除在这一业务之外。传统的分隔措施被打破了。电话网络将在未来的文本传输中发挥越来越大的作用。今天，包括AT&T、卫星商业系统公司（Satellite Business Systems）、国际电话电报公司（ITT, International Telephone and

Telegraph)[1]和MCI通信公司（MCI Communications Corporation)[2]
等在内的许多企业都在提供语音和文本的长途传输服务上进行
竞争，而竞争者的数量仍在继续增长。

44　　政府长期以来一直试图维持的另一个分隔是对国内传输和
国际传输的区隔，然而这条界线如今也被攻破了。1960年，西
联电报公司被迫从西联国际电报公司（WUI）剥离，并被联邦
通信委员会赋予了国内电报业务的独家经营地位，而另一批以
西联国际电报公司、美国无线电公司、ITT和TRT为代表的国际
记录通信运营商（international record carrier)[3]则被联邦通信委
员会授予了运营国际电缆业务的资格。但随后，通信委员会和
国会均改变了对这一安排的态度，国会也对法律进行了修改。
1981年《记录通信运营商竞争法》（Record Carrier Competition
Act）允许西联电报公司和国际记录通信运营公司在国内外同时
展开竞争，由此形成的竞争局面也延续至今。

　　直到20世纪80年代，从事国内和国际语音通信业务的

---

① 国际电话电报公司成立于1920年，在20世纪六七十年代，该公司作为典型的
企业集团崛起，其增长来自于在多样化行业的数百次收购。ITT于1986年剥离
了其电信资产。

② MCI通信公司（原为微波通信公司）是一家总部设在华盛顿特区的电信公司，
曾一度是美国第二大长途电话供应商。MCI在导致贝尔系统解体并在电话行业
引入竞争的法律和监管变革中发挥了重要作用。该公司于1998年被世通公司
（后来称为MCI公司）收购。

③ 记录通信运营商（record carrier）指提供记录通信服务的承运人，这些服务
主要被设计用来传输以书面或图形形式起止的信息。记录通信服务的例子包
括电报和TWX（Teletypewriter Exchange Service，一个美国和加拿大的电传
系统）。

AT&T才被允许使用电话线进行国际数据传输业务。然而，声学耦合器技术使得用户能够将任何计算机终端连接到普通电话上，从而使这一规定名存实亡。因此，通信委员会也已经弃该规定不用，AT&T现在可以在国内和国际同时开展语音和数据通信业务。

卫星通信也采取了国内国际业务相分隔的策略。根据条约，美国承诺利用国际通信卫星组织（Intelsat）进行国际卫星数据传输。然而，对于国内卫星数据传输业务，联邦通信委员会采取了"开放天空"（open skies）的政策，美国无线电公司、西联电报公司、美国卫星公司（American Satellite Corporation）、卫星商业系统公司（Satellite Business Systems）、休斯公司（Hughes）和通信卫星公司（Comsat General）等一系列相互竞争的公司已获得卫星通信的许可。

从技术角度而言，国际和国内卫星传输之间的分隔更多是人为的。卫星波束的传输范围并不受国界限制，并且一个卫星波束足以覆盖三分之一的地球。禁止使用卫星在其覆盖范围内的地方进行通信，这更多是出于政治原因，而非技术因素。因此，国内卫星和国际卫星之间的分隔状态并没有得到长期的维持。例如，国际通信卫星组织现在至少为17个国家提供国内卫星服务。阿尔及利亚是第一个尝试使用此服务的国家。对于位于撒哈拉沙漠深处的城镇来说，它们没有地中海沿岸城市的电话服务。阿尔及利亚通过在每个城镇和首都附近建立一个地面站，并与国际通信卫星组织签订线路合约，迅速解决了这一问题，且免去了在沙漠中修建一条微波塔线路的成本。相反，加拿大的阿尼克一号（Anik 1）国内卫星也能够提供国际通信服务。加拿大先于美国一年拥有国内通信卫星，在此期间，一些美国客户使用阿尼克卫星服务在美国的各个地点之间进行通信。每在美国国内卫星转发器短缺的时期，他们就会使用加拿大的卫星通信服务。

此外，目前所提出的各种提案也将进一步模糊国内卫星和国际卫星之间的区隔。一家拥有自己卫星的美国专业卫星通信企业——卫星商业系统公司，正与加拿大展开谈判，希望在该国境内提供服务。菲律宾、马来西亚和泰国也在使用印度尼西亚的帕拉帕卫星（Palapa）。中东、安第斯联盟（the Andean bloc）、东亚及其他国家组织也正在考虑建立区域性卫星系统。按照目前的卫星频率分配，在地球静止轨道上工作的卫星数量是有限的，且发射卫星所需的高昂成本也使共享卫星对中小国家更具经济上的吸引力。在美国，去管制理念使得通信委员会更愿意看到国内和国际通信公司走向相互竞争。

监管机构还曾试图坚守通信和计算之间的区隔，但这同样没有如愿。20世纪60年代分时技术的发展让这种分隔成为不可能，当时分散在不同地点的不同用户能够同时使用同一台计算机。这种计算系统也是电信系统。几乎每个分时系统都设置有一个邮箱程序以便系统上的人相互发送消息。根据1934年的《通信法》，美国电信运营商必须获得联邦通信委员会的许可，但联邦通信委员会既没有权力也没有欲求将计算机行业转变为受监管的行业，同时也并没有承担起监管它的任务。因此，委员会必须找到一种方法来区隔分时系统和通信网络。在1971年发布的"第一次计算机质询"（Computer Inquiry I）[①]中，委员会尝试提出将计算与通信区分开来的官方定义，但这种区分并没能成功。每个存储和转发消息的数字通信系统所做的事情完全合于计算的定义，反过来，每个带有邮箱和远程访问的分时系统所做的事情也都完全符合对于通信的定义。

因此，1976年联邦通信委员会进行了第二次尝试。在"第二次计算机质询"（Computer Inquiry II）[②]中，当局摒弃了计算和通信之间的二分法，而是试图在"基础型"和"增强型"通信服务之间进行区分，但这种区分并不清晰和明确。不过，试

46

[①] 联邦通信委员会计算机质询是三个相互关联的联邦通信委员会调查，重点是受管制的电话与不受管制的计算服务的融合所带来的问题。这些计算机质询制定了规则和要求，旨在防止贝尔运营公司（BOCs）等公司进入增强型服务市场的交叉补贴、歧视和反竞争行为。

20世纪60年代，联邦通信委员会面临着一个问题，那就是现有的受管制的通信网络，如提供基本通信服务的AT&T等公司已经找到了一种方法，通过在网络上的分层协议来实现数据处理，从而在现有网络的末端增加计算机。这些改进如果不受管制，就会威胁到数据服务的发展。联邦通信委员会在"第一次计算机质询"中首次研究了通信和计算机处理之间的关系。

1970年，联邦通信委员会首次尝试把计算机世界一分为二：运行通信网络的计算机和处于人们互动的电话线末端的计算机。前者是"纯数据处理"，而后者是"纯通信"。

[②] "第二次计算机质询"是美国联邦通信委员会计算机质询三部曲中的第二项程序，该程序创立了一个政策，对电信运营商的网络开放和提供增强服务（又称计算机网络）的方式予以规范。

图进一步划清界限的新一轮调查已经开始。①

与此同时，从事通信和计算业务的公司都对对方的地盘虎视眈眈。IBM 公司是卫星商业系统公司的合作伙伴。像控制数据公司（Control Data Corporation）这样的计算机制造商则已经建立了数据网络来服务它们的客户。电信公司，特别是那些引入新的数字交换机的公司，也可能会基于自身设施为客户提供计算服务，这就是所谓的"增强型"服务，也是 AT&T 将会在未来越来越多地提供的服务，因为1982年的同意令②和"第二次

---

① 作者在此提及的应当是"第三次计算机质询"（Computer Ⅲ）。1985年，联邦通信委员会在向消费者部署互联网之前，启动了最后一次计算机质询。第二次质询确立了基础服务和增强服务的二分法，第三次质询在改变这些服务的实施方式的同时保持了政策目标的不变。

② 贝尔系统在1982年1月8日解体。根据一项商定的同意令，AT&T 公司将按照 AT&T 最初的提议，放弃对在美国提供本地电话服务的贝尔运营公司的控制权。这实际上是将贝尔系统的垄断地位拆分成完全独立的公司，继续提供电话服务。AT&T 将继续提供长途服务，而现在独立的区域贝尔运营公司（RBOCs），绰号"小贝尔"，将提供本地服务，并不再直接使用 AT&T 子公司西部电气的设备。

美国司法部于1974年对 AT&T 提起反垄断诉讼，从而启动了这项资产剥离工作。美国的大多数电话设备是由西部电气公司生产的。这种纵向一体化使 AT&T 几乎完全控制了美国的通信技术，这导致了对 AT&T 的起诉。原告要求法院命令 AT&T 剥离对西部电气的所有权。AT&T 感觉到自己即将输掉这场诉讼，于是提出了一个替代方案：分拆。它建议保留对西部电气、黄页、贝尔商标、贝尔实验室和 AT&T 长途电话的控制。它还提议摆脱1956年的反托拉斯同意令，该同意令禁止它参与计算机的一般销售。作为回报，它提议放弃对本地运营公司的所有权。它认为，这最后一项让步将实现政府的目标，即在向运营公司提供电话设备和用品方面创造竞争。该解决方案于1982年1月8日最终完成，其中包括裁决法庭命令的一些变化：区域控股公司得到了贝尔商标、黄页和贝尔实验室的大约一半。

从1984年1月1日起，贝尔系统的许多成员公司被不同程度地合并为七个独立的"区域控股公司"。这一剥离使 AT&T 的账面价值减少了约70%。

计算机质询"使其摆脱了1958年的禁令，即禁止公司从事除普通运营商通信以外的任何业务。根据新的同意令，被剥离的本地运营公司仍将被禁止将其数字交换机的强大计算能力用于其他计算机服务，但是这种情况会持续多久？

出版和广播的交叉所有权

在政府对交叉所有权进行监管的所有努力中，那些经过最积极推动和讨论的就是广播电台和有线系统。自20世纪20年代以来，发放广播许可证时的一个考虑因素就是申请者所从事的其他业务，尤其会严加考虑对向报纸从业者发放广播许可证。

限制广播电台和出版整合的一个目的是保持意见的多样性。这一做法的宗旨在于培养不同意识形态和观点的表达机构。但如果不对内容进行深入评估，就很难根据观点在表达机构之间建立分隔。因此，对于不希望成为内容仲裁者的监管机构而言，依据机构所采取的技术进行区分似乎是更为便捷的做法。然而，这让人想起了一则关于醉汉的故事：一个醉汉在路灯下寻找一把丢失的钥匙。路人问："是你把它丢在这里的吗？"醉汉回答道："不，我把它掉在别处了，但在路灯下的光线更好。"技术上的区隔比意识形态上的区隔更容易执行，但它们能否有助于观点多元化目标的实现却值得怀疑。

47

在所有发达国家，报纸的数量一直在下降。到 1981 年，在美国拥有真正竞争力的报纸的城市数量减少到三十个。为数不多的城市有两家连锁报纸，但在大多数城市，仅仅只有一家报纸。在 1923 年，39% 的城市都有两家及以上的报纸；十年后，这一数字下降到 17%；到 1943 年、1953 年、1964 年和 1973 年，这一数字分别下降到 10%、6%、4% 和 2%。在 1910 年，美国只有 62 家报纸属于连锁报纸，其余的都是独立拥有的。到了 1980 年，1745 家日报中有 1139 家都是属于连锁经营的报纸。[23]

　　不过不要草率下结论。在出版业中仍有激烈的竞争，特别是在书籍和杂志中，甚至是在报纸领域；在许多方面，这种竞争并没有减少太多，甚至在某些方面还有所增加。1910 年一家连锁集团平均拥有 4.7 份报纸；到了 1980 年，一家连锁集团拥有的平均报纸数增加到 7.4 份。[24] 因此仍有大量的独立出版商，不过其中大多数的规模都相当小。在 1923 年，1% 的巨头报业公司拥有 22.6% 的发行量。到了 1978 年，这些 1% 的报纸出版公司只有 19.8% 的发行量。[25] 来自附近城镇的报纸在边界地盘上竞争，大都市和郊区的报纸在郊区中竞争。[26] 尽管如此，大多数美国人生活在城市，而在这些城市中仅仅会有一家报纸独占巨大的发行份额。

　　对于报纸来说，真正重要的竞争是与其他新闻媒体的竞争：新闻周刊，为数不多的严肃性全国报纸，如《华尔街日报》(Wall Street Journal) 和《基督教科学箴言报》(Christian Science Monitor)，还有广播和电视。面对这些日益强大的竞争对手，报纸正寻求保护自己。其主要的策略就是加入竞争——如果你不能打败他们，那就加入他们吧。甘尼特（Gannet）报业集团作为地方性报纸连锁集团已经推出了全国性报纸，《纽约时报》在全国各地印刷。各大报业集团都开始购买杂志和广播电台。《华尔街日报》的出版商道琼斯（Dow Jones）和《纽约时报》也都进入了计算机数据库业务领域。奈特·里德（Knight-Ridder）报业集团已经在佛罗里达州科勒尔盖布尔斯（Coral Gables）[①]测试了可视图文（videotex）[②]——通过电话线在电视屏幕上展示信息。

这种策略并不新鲜。20世纪20年代，当报纸开始担心羽 翼未丰的新闻电台时，出版商就转向了争取广播许可证的战略，以便两全其美。他们可以提出一个强有力的理由：没有人比他们更有能力提供良好的新闻服务以及报道社区活动。事实上，许多优质电台都是报纸出版商所拥有的。1923年，全国576家电台中有12%为出版商所有。到1945年，这一比例上升

---

① 科勒尔盖布尔斯是美国佛罗里达州一座城市，位于迈阿密下城西南方。迈阿密大学校园设于市内。

② 可视图文是最早的终端用户信息系统的实现方式之一。从20世纪70年代末到21世纪初，它被用来将信息（通常是文本页）以类似计算机的格式传递给用户，通常是在电视或哑终端上显示。

从严格的定义来看，可视图文是任何提供互动内容并在电视等视频显示器上显示的系统，通常使用调制解调器双向发送数据。一个近亲是teletext，它只在一个方向上发送数据，通常是在电视信号中编码。所有这些系统有时被称为"视图数据"（viewdata）。与现代互联网不同，传统的可视图文服务是高度集中的。除了法国的Minitel，其他地方的可视图文除了一小部分用户，从来没有成功地吸引过曾经设想的大众市场的注意。到20世纪80年代末，它的使用基本上只限于少数小众应用。

家庭娱乐的新伙伴关系
（图表作者：大卫·文伦）

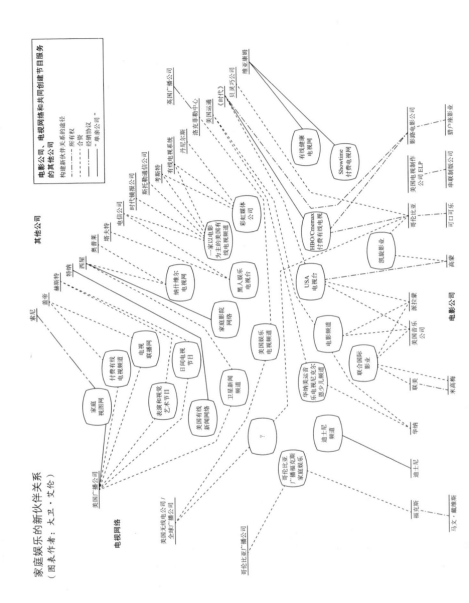

到29%。自那之后，趋势出现了变化。到1979年，报纸拥有的广播电台在大幅增加之后下降到7%，但仍有30%的电视台为报纸所有，尽管与1950年42%的峰值相比有所下降。[27]

尽管趋势不是单向地通往集中化，但交叉所有权的重要意义依然清晰可见。许多机构作为出版商可以免受政府监管，但它们同时也涉足了受到严格监管和许可的媒介的生产，因此他们也回头注视监管者。时代公司（Time, Inc.）不仅拥有杂志，还拥有一家电视台、ATC（最大的多系统有线网络运营商）、USA（一家基于广告客户的有线服务公司）和 Home Box Office（最大的付费有线服务公司）。时代镜报公司（Times Mirror Company）只有47%的收入来自《洛杉矶时报》（*Los Angeles Times*）和其他五家报纸。除此之外，它还拥有七家电视台和第七大多系统有线网络运营商。甘尼特报业集团拥有七家电视台，斯克里普斯–霍华德报业集团（Scripps–Howard）有六家，麦格劳–希尔公司（McGraw–Hill）有五家。反过来，通常被认为是电视网络的哥伦比亚广播公司拥有10本杂志，总发行量超过1300万份。[28]尽管公共政策限制报纸公司和广播公司的交叉所有权，但目前新闻业、广播业和有线业务的混合合资企业的数量仍在增加。[29]

联邦通信委员会和法院发现，让任何公司在一个城市中事实上同时拥有报业垄断和广播话语权，是违反公共利益的。一家公司可能在一个城市拥有一家报纸，在另一个城市拥有一家广播电台，但自1975年以来，它不再可能在同一个城市同时拥有一家报纸和一家广播电台。现有的交叉所有权安排通常不受限制，但如果旗下的广播台被出售，该规定就生效了。[30]在某种程度上，政府的政策发挥了作用。据估计，在1950年至1970年间，独立的报纸、电台和电视台提供不同声音的数量增加了25%。[31]然而，联邦通信委员会的政策仅限于在单一社区内增加独立的声音。也就是说，同一家公司在不同城市拥有不同的媒介是没有障碍的。[32]

根据第一修正案，任何政府机构不得规制报纸或其他出版商从事何种商业活动，也不得将不允许交叉所有权作为出版活动的必要条件。联邦通信委员会通过发放广播许可证来制定关于交叉所有权的规则。通过对广播的控制，它实现了对印刷领域的监管，而这曾是它无法直接实现的。在言论自由的宪法要求下，某些事业的倡导者是否应该被禁止同时在小册子、录音带、录像带等多种媒介上发布信息，这件事难以判定。但基于广播电台的有限数量，不向已经在同一地方拥有其他媒介的个人分配广播许可证就具备了充分的理由。

自20世纪20年代以来，新闻业最活跃的交叉所有权问题就体现在新闻与广播的关系上。广播和电视曾是威胁新闻出版的媒介，同时也是新闻出版两面下注进行对冲的媒介。现在即将出现的是来自全新媒介的一系列新威胁。信息检索系统，例如经纪人办公室中的在线商业新闻服务或世界许多地方正在试验的视频文本，这些都构成新闻业的新竞争。出版商对此忧心忡忡。得克萨斯州的一些报纸最近在法庭上提起诉讼，想要阻止AT&T进行可视图文实验。报纸出版商一直在努力说服国会，并成功说服法官在贝尔系统反垄断案中禁止AT&T发布信息类的电子黄页。

旧媒介所有者面对新媒介的竞争所采取的第一个防御策略往往是抵制新媒介。如果这一策略宣告无效，那么下一个防御策略就是买进"入侵者"。报纸曾试图限制广播新闻。在英国，在报纸的要求下，英国广播公司（BBC，British Broadcasting Corporation）多年来被禁止涉足新闻，除了朗诵简短的通讯社消息——无细节、无戏剧性、无效果的单调公告。但在美国，由于没有禁止的策略，人们尝试了交叉所有权。印刷出版公司变成了传媒集团。广播公司多年来一直试图阻止有线电视，但现在他们也想成为有线电视广播商。

有线广播和其他媒介的交叉所有权

在有线电视领域，交叉所有权正在迅速演变。美国的有线电视钟爱者一般都不想让这种媒介落入广播公司和电话公司的手中，因为这两家竞争者的动机是要扼杀电视对广播、电话既有程式的挑战。1970年，联邦通信委员会禁止电话公司在其业务开展的地理区域内拥有有线系统，并禁止电视网络在任何地方拥有有线系统。1971年，联邦通信委员会还禁止电视台在其接收区域内拥有有线系统。这些网络现在正与规则进行斗争，预计电话公司未来也会与之抗争。1981年，联邦通信委员会给了哥伦比亚广播公司一个适度例外——允许它为九万户家庭购买有线系统以进行试验。1982年，联邦通信委员会发布了一份拟议规则制定通知，取消对有线系统的网络所有权的限制。

关于交叉所有权的另一个更重要的问题是，电缆的所有者是有线系统的节目制作者，还是必须只能保持为一家公共运营商。允许一家公司从其他通信媒介那里获取有线系统的后果，最关键地取决于有线广播仅仅是传输业务还是同时包含着内容业务。一方面，沿街的实体电缆很可能是垄断的。如果拥有这种垄断权力的公司同时也控制着节目制作，那么担心再正常不过，如果该公司还另外控制着其他媒介，那么担心则更显必要。另一方面，有线电视节目的频道数量没有固有的限制。一家公司拥有频道并不能阻止另一家公司拥有与之竞争的频道。因此，关于实体电缆工厂的交叉所有权和可用频道的交叉所有权的政策考量大为不同。

在20世纪80年代，如何组织一个成熟的有线电视系统可能会成为一场全国性的重大争议。有线电视现在被组织成一个广播系统，而不是一个公共载体。在付费电视上出售电影和体育节目比租用频道供人制作节目能赚到多得多的钱。因此，有线电视运营商更愿意看到自己从事的是娱乐业务，而不是通信业务。有线系统的投资者也主要是大众媒介公司，而不是电子公司。1981年，38%的有线系统由广播公司拥有，四分之一或更多的有线系统由出版机构拥有，3%由影院所有者拥有，另外

3%由电话公司拥有。[33]

虽然在美国那些对有线系统进行了深思熟虑的观察者很热 52
衷于看到电缆运营的主体是公共运营商，但人们普遍认为那也
应该是剔除电话公司的其他运营商。英国的预期正好相反，尽
管这个问题目前正在辩论中。下一个时代终将到来，即宽带数
字电话系统能够提供与有线系统相同的服务。当这种情况发生
时，每个家庭将不再需要两个接入口，一个用于语音，一个用
于视频。电话公司将成为视频和语音的载体。到那时，电话和
电缆的交叉所有权限制问题将变得尖锐起来。

当千家万户都能收看数以百计的电视频道的时候（无论是
借助光纤还是借助电缆），只要频道数目维持在通常的租借需
求之上且保持着合理的价格，就没有理由禁止频道和节目制作
的交叉所有权。如果一家报纸希望将其印刷业务与在线数据库、
新闻纪录片进行融合来改善服务，人们最好为这一结果欢呼。
当然，对新闻的保护是每个人都宣称的目标，但是保护的方式
最好是鼓励印刷媒介创造性地利用多媒体所赋予的机会，而不
是禁止印刷媒介放开手脚，依旧沿用过时的传统方式在纸上涂
墨水。

美国铁路衰亡的部分原因是它们将自己定位为在铁轨上移
动火车的生意，而不是用高效技术运输货物的生意。报纸面临
的是同样的命运。今天，富有想象力的报纸清楚地认识到这一
点，并正在努力寻求进入信息行业，而不管渠道为何。这些报
纸的健康发展很容易依赖于借助有线运营商进入传播业务，就

像依赖纸质印刷品以及其他类型的媒介分发一样。这就是为什么"有线系统是否有公共运营商义务"或者"有线系统是垄断性的广播公司还是出版商"这些问题如此重要的原因，同样，这也是为什么在不久的将来互相竞争的信息行业围绕它们展开激烈斗争的原因。

对新闻自由的影响

对电子媒介交叉所有权的监管是政府监管无处不在的明证。其中有些分隔是明智的，但另一些似乎荒谬地指向了错误的方向。有一些分隔旨在使社区中的信息来源多样化，而另一些却在保护既得利益之外没有任何用处。但无论有用与否，这些要求原则上都与第一修正案中去政府权威的传统相抵触。如果这些分隔政策适用在印刷品中，那它们将完全违宪。然而，在电子媒介中，政府却能够在一切细枝末节处行使它的权威。

但事实证明，对交叉所有权的限制往往是无效的。尽管政府试图加以阻止，但交叉所有权依然促进了各种模式之间的趋同，这种趋同又极大改变着通信行业的结构和法律地位。模式之间的竞争和模式之间的趋同都不是新现象，然而模式趋同的范围却是前所未见的。今天，由于对电子和光能传输机制的科学掌握，工程师们能够随意更改和还原信号的频率和幅度。他们可以在模拟信号和数字信号之间进行切换以利用各自的优势；他们可以转换到最方便的任何频率上。所有类型的通信在转换为数字形式后，不仅可以传输，而且可以根据需要进行存储和修改。计算机可以操纵所有媒介中的通信，以便合成图形模式或语音，可以编辑文本或录像带，可以撰写摘要而无须劳烦人工写作，可以进行推断或寻求证据。由此，宽带数字通信系统最终很可能不仅成为数据通信的载体，而且还成为包括语音、图片、出版、广播和邮件等在内的其他通信类型的载体。

想要弄清这一切变化的结果，本身就是一种误导性行为，因为融合和分化的过程并不指向一个稳定的状态。任何人都能看到的未来趋势是媒介之间的融合，大型传播机构以相互关联的方式同时展开多模式运作。融合并不意味着一种最终的稳定或统一。它作为朝向统一的恒定力量运行着，但始终处于变化的动态紧张之中。新的设备将被发明出来以满足特殊需求。专业化和创新也常相伴随，并试图以不同的方式、为了某些目的，做出比通用电信系统所能达到的一切更好的事情，也总会有回归通用系统的趋势，因为通用性带来了非凡的便利。

不断发展的融合并不存在一成不变的规律，变化的过程 54 比任何规律都复杂得多。尽管如此，电子通信的发展还是形成了一种特殊的融合趋势。在此之前，以印刷媒介为基础的一系列机构已经存在，即报纸、杂志和书籍。几个世纪以来，相关的法律传统早已形成，来保护这些领域免受政府控制。但电子通信却没有受到较新传统的同样保护。即便这些电子手段以更好更快的方式接替了旧有通信模式用铅、墨水、纸张所完成的工作，然而电子手段的扩散对自由的维系却产生了事与愿违的后果。

第四章

第一修正案与印刷媒介

　　根据第一修正案，"国会不得制定任何限制言论或新闻自由的法律"，通信有权不受政府监管。同样，自第十四修正案（the Fourteenth Amendment）①通过以来，各州也被禁止在缺乏正当法律程序的情况下剥夺任何公民的生命、自由和财产。美国法院将其解释为对第一修正案适用范围的扩大，使得宪法从仅对国会限制扩大到对各州限制。[1]因此，宪法的这两则条款为美国人民创造了一个不受公共监管约束的"不受限制的、强而有力的和完全开放的"（uninhibited, robust and wide-open）言论空间。[2]

---

① 美利坚合众国宪法第十四修正案于1868年7月9日通过，是三条重建修正案之一。这一修正案涉及公民权利和平等法律保护，最初提出是为了解决南北战争后昔日奴隶的相关问题。修正案备受争议，特别是在南部各州，这些州为了重新加入联邦而被迫通过修正案。第十四修正案对美国历史产生了深远的影响，有"第二次制宪"之说，之后的大量司法案件均是以其为基础。特别是其第一款中"不得拒绝给予任何人以平等法律保护"的一项，是美国宪法涉及官司最多的部分之一。

第十四修正案第一款的原文如下："凡在美国出生或归化美国的人，均为合众国的和他们居住州的公民。任何一州，都不得制定或实施限制合众国公民的特权或豁免权的任何法律；不经正当法律程序，不得剥夺任何人的生命、自由或财产；对于在其管辖范围内的任何人，不得拒绝给予法律的平等保护。"见美国国家档案馆网页：https://www.archives.gov/milestone-documents/14th-amendment。

第一修正案对立法活动的限制条文十分简洁，但这短短不足25字的条文却衍生出了数百万字的释义。雨果·布莱克（Hugo Black）[①]和威廉·道格拉斯（William Douglas）[②]两位大法官所秉持的绝对主义观点认为，应当对第一修正案进行文义解释。布莱克法官认为，第一修正案中所陈述的"没有法律"（no law）即意味着不应当存在任何法律。[3]面对众多愤怒的异议，两位法官辩称，如果国会不被授权制订法律以限制言论，那么禁止色情、淫秽、诽谤或煽动的法律也不应当被制订。这种绝对主义观点并非仅仅是几位法官的一面之词。托马斯·杰斐逊（Thomas Jefferson）[③]坚持认为："与异端邪说和虚假宗教类似，诽谤、谎言

---

① 雨果·布莱克（1886—1971年），美国政治家及法学家。1927年至1937年担任民主党亚拉巴马州参议员，1937年至1971年担任美国最高法院大法官。他被认为是民主派、自由派政策的坚定支持者，也是20世纪最有影响力的美国最高法院大法官之一。

② 威廉·道格拉斯（1898—1980年），美国法学家，是美国历史上任职时间最长的最高法院大法官，以强烈的进步主义和公民自由主义观点而闻名，常被称为美国最高法院有史以来最自由的法官。

③ 托马斯·杰斐逊（1743—1826年），美国政治家、外交家、哲学家和开国元勋，1801年至1809年担任美国第三任总统。他曾是约翰·亚当斯（John Adams）的第二任副总统和乔治·华盛顿的第一任国务卿。作为《独立宣言》的主要作者，杰斐逊是民主、共和主义和个人权利的倡导者，激励美洲殖民者脱离大不列颠王国，建立一个新的国家。他在州、国家和国际层面制定了成型的文件和决议。在美国革命期间，杰斐逊代表弗吉尼亚州参加了通过《独立宣言》的大陆会议。作为弗吉尼亚州的立法者，他起草了一部关于宗教自由的州法律。在革命战争期间，他于1779年至1781年担任弗吉尼亚州的第二任州长。1785年，杰斐逊被任命为美国驻法国公使，随后在1790年至1793年期间成为华盛顿总统的第一任国务卿。杰斐逊和詹姆斯·麦迪逊在第一党制形成期间组织了民主共和党以反对联邦党。1800年，杰斐逊再次挑战亚当斯并赢得了总统职位。

杰斐逊拥护启蒙运动的理想、价值观和教义。总统学者和历史学家普遍赞扬了杰斐逊的公共成就，包括他在弗吉尼亚倡导宗教自由和宽容，在没有［转下页］

[098]　自由的技术

和恶意中伤不应当进入联邦法庭的审理范围。"[4]詹姆斯·麦迪逊（James Madison）①将修正案描述为"积极且绝对"的保留。[5]

　　然而，绝对主义观点并不具有法律效力，与联邦法院所执行的法律也相去甚远。本书并不尝试讨论应该如何解释第一修正案，而是试图探究在不同技术背景下它是被如何解释的。无论何时，对言论自由和新闻自由的主流解释都比对绝对主义者的表述更加错综复杂。尽管言论自由这一原则受到了社会大众毫无保留的赞扬和支持，但在现实的政治世界中，哪怕在条文制订之时，第一修正案的自由意志原则也未获得全国的共识。56在民意调查中，只有少数受访者支持那些观点令人憎恶者也应当享有言论自由。[6]而对于社会科学课的学生们而言，他们最喜欢的一个实验是收集开国元勋们激进的自由主义语录并标注错误的引用来源，大多数受访者都拒绝接受并非出自受人尊敬

　　［接上页］战争或争议的情况下从法国和平获得路易斯安那领土，以及他雄心勃勃的成功的路易斯和克拉克远征。一些现代历史学家对杰斐逊个人与奴隶制的关系持批评态度。杰斐逊一直被列为美国历史上的十大总统之一。

① 詹姆斯·麦迪逊（1751—1836年），美国政治家、外交家和开国元勋，1809年至1817年担任美国第四任总统。他被誉为"宪法之父"，因为他在起草和促进美国宪法和权利法案方面发挥了关键作用。

　　麦迪逊出生于弗吉尼亚州一个著名的种植者家庭。在美国革命战争期间和之后，他曾担任弗吉尼亚州众议院和大陆会议的成员。他对《联邦条款》建立的软弱无力的国家政府感到失望，于是帮助组织了制宪会议，制定了一部新宪法。麦迪逊的《弗吉尼亚计划》是会议审议的基础，他是会议上最有影响力的人之一。他成为批准宪法运动的领导人之一，并与亚历山大·汉密尔顿（Alexander Hamilton）和约翰·杰伊（John Jay）一起撰写了《联邦党人文集》（*The Federalist Papers*），这是一系列支持批准宪法的文章，是美国历史上最具影响力的政治学著作之一。

的作者的引文。每一代人中都有人试图针对言论设立审查制度或者禁止那些不受欢迎的观点。

部分评论人士一再强调要将自由与许可区分开来，并将修正案解读为是在保护前者而非后者。总有一些人，有时甚至包括联邦最高法院的多数法官，对"修正案是为了剥夺政府阻止明显恶意、有害或危险言论的权力"这种观点嗤之以鼻。联邦党保守派约瑟夫·斯托里（Joseph Story）[1]直截了当地表明，第一修正案只保证"每个人都有基于良好动机和正当目的发表真实言论的自由"。[7]很少有政府会声称有必要对这样的言论进行干预！

但联邦最高法院并未采纳这种对第一修正案的刻板解读，其态度比拒绝绝对主义观点更为坚决。此种解读对修正案产生了复杂且强烈的历史影响，其中就包括禁止事前审查、对言论管制的严格程序要求以及对言论限制的推定原则。

事前审查

在美国法律中，"事前审查"一词指的是外行人更有可能称之为"审查"或"许可"的行为，其准确含义是：在出版行为发生之前，政府为审查、允许或禁止该出版行为所采取的任何

---

① 约瑟夫·斯托里（1779—1845年）是美国最高法院的助理法官，从1812年到1845年任职。他因对美国宪法的评论而被人们铭记。

行动。在19世纪，一种常见的观点通常将第一修正案限缩性地解释为对事前审查的禁止。例如，1826年，马萨诸塞州法官艾萨克·帕克（Isaac Parker）表示，宪法对自由的保障只是为了"禁止出版前政府所实施的限制措施"，而不是为了"制止出版后对可能被认为违反公共利益的人的惩罚"。[8]这种对第一修正案的限制很大程度上依赖于英国法律史和布莱克斯通（William Blackstone）①所著的《英国法释义》（*Commentaries on the Laws of England*）②中所确立的规则：起诉必须基于已经发表的恶意言论，而不是可能发表的预期。这一限制性解释更多地将条文置于历史背景中进行考察，而忽视条文本身的字面含义。

57

费利克斯·弗兰克福特（Felix Frankfurter）③大法官是最近一位采取历史主义立场对第一修正案进行限缩性阐释的学者。1951年，他引用1897年的一项判决作为《人权法案》的"真实"观点："被称为《人权法案》的宪法前十项修正案并不是为了创设任何新的行政原则，而只是为了体现我们从英格兰祖先那里所继承的

---

① 威廉·布莱克斯通（1723—1780年），英国法学家，曾就读于牛津大学并短暂从事法律工作，之后被选为牛津万灵学院的院士。他关于英国法律的本科课程非常受欢迎，并为他日后发表的作品奠定了基础。布莱克斯通于1761年至1770年担任国会议员，并于1770年成为普通诉讼法院的法官。他的司法生涯，就像他的法律生涯一样，在很大程度上是平淡无奇的。然而他撰写了可以说是最具影响力的英国法律专著。在四卷本的《英国法释义》中，他阐明了个人反对政府的权利，包括对政府压制新闻界告知公众的必要限制。

②《英国法释义》，威廉·布莱克斯通所著书籍，系统论述18世纪中叶英国法律，于1765年至1770年陆续出版。

③ 费利克斯·弗兰克福特（1882—1965年），奥地利裔美国法学家，从1939年到1962年担任美国最高法院大法官，在此期间，他是一位著名的主张司法克制的判决者。

某些保障和豁免，它们自古以来就受到某些公认的例外情况的制约……而在将这些关于保障和豁免的原则纳入宪法时，与之相伴的例外情形不仅没有被无视，反而依然得到了承认。"[9]弗兰克福特所言的"例外情形"包括诽谤、亵渎、淫秽和煽动，这尤其体现在他对美国共产党领导人的坚持定罪，美国共产党领导人的获罪原因是他们组织并号召大家推翻美国政府。[10]①相反地，在被弗兰克福特和整个法院称为"我们的英格兰祖先"赢得且被后世所承继的"保障和豁免"中，并未包括对出版进行事前审查这一项。

大法官查尔斯·埃文斯·休斯（Charles Evans Hughes）②在1930年尼尔诉明尼苏达州案（Near v. Minnesota）中的判决将禁止事前审查原则在逻辑层面发展到了极致。[11]在判决中，他引用布莱克斯通的观点，认为"新闻自由乃是根植于自由国家本质的必然要求，但这仅包括不对出版物施加事前限制，而并非指出版后免于刑事责任的追究"。[12]

在这起案件中，被告人尼尔（J. M. Near）长期出版名为《周六新闻》（The Saturday Press）的报纸。由于每一期文章都指名

① 此案是1951年由美国最高法院判决的一宗涉及时任美国共产党总书记尤金·丹尼斯（Eugene Dennis）的案件。最高法院裁定，根据美国宪法第一修正案，如果丹尼斯的行为涉及制造推翻政府的阴谋，他就没有权利行使言论、出版和集会自由。1969年，丹尼斯案被勃兰登堡诉俄亥俄州案（Brandenburg v. Ohio）事实上推翻了。

② 老查尔斯·埃文斯·休斯（1862—1948年），美国政治家和法学家，1930年至1941年担任美国最高法院第11任首席大法官。他是共和党成员，曾任纽约州第36任州长（1907—1910年）、最高法院大法官（1910—1916年）和美国第44任国务卿（1921—1925年），也是共和党提名的美国总统候选人，在1916年的总统选举中以二十余票之差败给伍德罗·威尔逊。

道姓地描述明尼苏达州的主要执法官员与犹太黑帮勾结的劣迹，因此它是当局压制的头号对象。[13]虽然该案明显属于诽谤案件，但起诉尼尔所依据的明尼苏达州法律并不是诽谤法，而是一部规定对实施恶意诽谤行为的报纸施以禁令的法律。明尼苏达州法官毫不费力地认定《周六新闻》构成恶意诽谤并下达了禁令。

58

这一观点在联邦最高法院仅得到了少数支持。大法官皮尔斯·巴特勒（Pierce Butler）①辩称，新闻自由并不包括实施诽谤的权利，在关于禁令的听证会上，尼尔已经被给予了出庭的机会，而他的所作所为侵犯了他人的自由，因此，基于本案证据，禁令可以适当发布。他坚持认为，明尼苏达州的法官们对"媒体的恐怖以最恶劣的形式带来专制"的担心不无道理，这一说法听起来与最近一些总统和副总统们的抱怨真有几分相像。然而，最高法院的大多数法官与休斯站在了同一立场，认为明尼苏达州的法律构成违宪，因为它规定的不是对过去的诽谤行为的惩罚，而是对报纸未来发表内容的压制。

最高法院正逐步废除对言论和出版的各种事前限制。例如，1937年最高法院宣布"挨户分发印刷品之前必须获得许可证"的市政法令无效。[14]随后，1945年最高法院撤销了一部州法律，该法律要求进入本州的工会代表必须经注册后才能开展组织活

---

① 皮尔斯·巴特勒（1866—1939年），美国法学家，从1923年起担任美国最高法院大法官，直到1939年去世。他是一个坚定的保守派，被认为是"四骑士"中的一员。"四骑士"是20世纪30年代主导最高法院的保守派集团，反对富兰克林·罗斯福总统的新政。

动。[15]同样地，1958年，"收费组织在收取会费之前必须获得许可证"的法律也被联邦最高法院宣布为非法。[16]正如大法官威廉·约瑟夫·布伦南（William J. Brennan）①在1963年所警告的那样，"任何事先限制言论的制度在进入最高法院时，都将会面临对其合宪性的严重不利推定"。[17]

更近的判例发生在1971年，最高法院以可能构成事前审查为由，拒绝签发对发布五角大楼文件（the Pentagon Papers）②的永

---

① 小威廉·布伦南（1906—1997年），美国律师和法学家，1956年至1990年担任美国最高法院大法官，并以美国最高法院自由派的领导人而闻名。

② 五角大楼文件，正式名称为《国防部长办公室越南特遣部队报告》（Report of the Office of the Secretary of Defense Vietnam Task Force），是美国国防部关于1945年至1967年美国政治和军事介入越南的历史档案。由丹尼尔·埃尔斯伯格（Daniel Ellsberg）公开，他曾从事这项研究。报告于1971年6月13日首次在《纽约时报》的头版上引起公众的注意。《纽约时报》1996年的一篇文章称，五角大楼文件表明，约翰逊政府"系统地不仅对公众而且对国会撒谎"。

该研究包括47卷3000页的历史分析和4000页的原始政府文件，保密级别被列为"绝密—敏感"。由于泄露了五角大楼文件，埃尔斯伯格最初被指控串谋、从事间谍活动和盗窃政府财产；后来这些指控被驳回。

在未能说服《纽约时报》自愿停止刊登系列文章之后，司法部长约翰·N.米切尔（John N. Mitchell）和尼克松（Richard Nixon）总统寻求联邦法院发布禁令，迫使《纽约时报》在发表三篇文章后停发。该报对禁令提出上诉，纽约时报公司诉合众国案（New York Times Co. v. United States，403 U.S. 713）迅速通过美国法律体系上升到最高法院。

1971年6月18日，《华盛顿邮报》开始根据五角大楼文件发表自己的系列文章；埃尔斯伯格向《华盛顿邮报》提供了部分材料。美国司法部长助理威廉·伦奎斯特（William Rehnquist）要求《华盛顿邮报》停发。在报纸拒绝了他的要求之后，伦奎斯特向美国地方法院寻求禁令。默里·格法因（Murray Gurfein）法官拒绝发布这样的禁令，他写道："国家的安全不仅仅存在于壁垒之上。安全还在于我们的自由制度的价值。为了维护表达自由和人民知情权等更大的价值，当权者必须忍受一个难以相处的新闻界、一个顽固的新闻界、一个无处不在的新闻界。"政府对该决定提出上诉，6月26日，最高法院同意与纽约时报案合并审理此案。［转下页］

久禁令。[18]然而审理此案时，法院确实发布了临时禁令，并认可了在国家安全受到威胁的极端情况下采取强制禁令的可能性，只不过法庭在摆在面前的这个案件中并未发现这种可能性。[19]而在1980年的一起案件中，《进步》（*The Progressive*）杂志计划发布有关如何制造氢弹的信息，当时的下级审判法院以同样的方式避免作出决定性裁决——案子事关一项永久禁令，但在审理过程中，又一次发布了临时禁令。然而在法官最终作出裁决之前，同样的信息已在别处被公布，因此并不存在秘密需要保护，相应的禁令也随之撤销。[20]这一事实足以证明法院对待公共出版物的事先审查原则的严肃性，只有像泄露核武器制造机密这样可怕的事情才会促使法院认真考虑预先审查的可行性。

虽然禁止事前审查是第一修正案内涵的重要部分，但联邦最 59高法院并不认为言论自由或新闻自由仅仅包含这一原则。最高法院的多数派一再重申言论自由不是绝对的，并对有限的言语行为采取了限缩性定义，即使在事后也可能通过立法被认定为滥用。

由于政府仅对部分言论进行监管，而另一些言论即使在事后也不会面临政府的追责，因此需要一些测试来对两者进行区分。联邦最高法院在不同时间的案件中使用了四种测试标准：第一种测试在于考察是否构成明显而即刻的危险（clear and

---

［接上页］1971年6月30日，最高法院以6比3裁定，政府未能满足事先限制禁令所需的沉重举证责任。布莱克大法官写道："只有自由和不受限制的新闻界才能有效地揭露政府的欺骗行为。"
2011年6月，五角大楼原始文件被解密并公开发布。

present danger）；第二种测试则在言论自由与其他合法公共利益之间进行权衡；第三种测试中法院对受保护和不受保护的言论类型进行了区分，例如被认为受第一修正案保护的公共事务讨论和被有些人认为不适用于修正案的情感表达或商业用语。但近期联邦最高法院逐渐放弃了这三种测试标准的使用。而目前仍然被一致接受的第四种测试标准对单纯的言语本身和作为可监管行为的组成部分的言语进行了区分。

明显而即刻的危险

1918年，奥利弗·温德尔·霍姆斯（Oliver Wendell Holmes）[1] 大法官在申克诉合众国一案（Schenck v. United States）中提出

---

[1] 小奥利弗·温德尔·霍姆斯（1841—1935年），美国法学家，1902年至1932年担任美国最高法院大法官。他是美国最高法院大法官中被引用最多的一位，也是历史上最具影响力的美国普通法法官，因其长期服务、简明扼要的意见——特别是关于公民自由和美国宪政民主的意见——以及尊重民选立法机构的决定而备受瞩目。霍姆斯90岁时方从法院退休，创造了最高法院最年长法官的无敌纪录。他的立场、独特的个性和写作风格使他成为一个备受欢迎的人物，特别是受到美国进步人士的欢迎。

他于1902年被西奥多·罗斯福总统任命为美国最高法院大法官，在任职期间，他支持国家经济管制的合宪性，并主张第一修正案规定的广泛的言论自由。在1919年申克诉合众国案中，他支持对征兵抗议者实施刑事制裁，其令人难忘的格言是"言论自由不会保护一个人在剧院里错误地大喊着火了并引起恐慌"，并制定了开创性的"明显而即刻"测试。但同年晚些时候，他在亚伯拉姆斯诉合众国（Abrams v. United States）案中提出了著名的异议："检验真理的最佳标准是思想在市场竞争中被接受的力量……无论如何，这就是我们宪法的理论。它是一种实验，因为所有的生命都是一种实验。"他还补充说，"我们应该永远保持警惕，不要试图检查我们厌恶并认为充满死亡的观点的表达"。

了"明显而即刻的危险"原则，这是明确宪法对言论干预界限的重要一步。[21]正如联邦法院历史上经常发生的那样——本案中一方获得了胜诉判决，而支持另一方的说理意见则开创了理论先河。社会党（Socialist Party）总书记查尔斯·T.申克（Charles T. Schenck）因散发反对征兵的传单而被判有罪，而且最终在这起案件中败诉，但在判决中霍姆斯大法官提出了一项认定原则，这项原则告诉我们，若在和平时期，被告申克的行为属于宪法保护的权利范围，而本案的判决不过是一个极端的例外。

霍姆斯认为，每一种行为的性质都取决于其所处的环境，不能把在剧院里妄称起火解释为单纯的言论："一切有关于言论的案件，其问题都在于所发表的言论是否在当前环境下作出，以及其性质是否会造成明显而即刻的危险。"联邦最高法院认为，申克在战时反对征兵的宣传违反了这一标准。而比这一判决对申克行为的评价是否具有正当性更为重要的是，联邦最高法院依据第一修正案驳回了国会在不存在明显而即刻的危险的情形下就言论进行立法的权利。不过，最高法院在本案判决中的措辞仍十分谨慎："尽管防止事先审查可能是主要目的，但本院所禁止的法律限制言论的形式很可能并不局限于此。"因此，联邦最高法院确立了这样的先例：言论应当受到保护，甚至可以免于事后的惩罚，但在具有明显而即刻的危险的有限情形中除外。

随着时间的推移，最高法院所界定的符合这一标准的情形

60

范围并不稳定，而是一直处于波动之中。"明显而即刻的危险"这一原则具有典型的雅努斯①式（Januslike）的双面特征：它既可以用来捍卫言论自由，防止立法对不受欢迎观点的遏制，但当法官变得足够警觉时，它也同样可以用来证明第一修正案豁免条款存在例外情形的合理性。这一原则虽然随后在联邦最高法院获得了不同派别大法官的一致接受，但以弗兰克福特为代表的所谓保守派大法官和以布莱克和道格拉斯为代表的第一修正案绝对主义派大法官对该原则的解释却截然不同。

在20世纪40年代末和50年代的几个判例中，最高法院接受了国会的观点，认为共产主义运动不单纯是一群持有非传统观点的公民，更是一场国外远程运作的有规划的阴谋，因此构成充足且真正的危险，足以证明当时政府所采取的一系列监管措施的合理性，包括要求共产主义组织进行登记、要求工会职员提交非共产主义宣誓书方能享受《国家劳工关系法》（National Labor Relations Act）所规定福利等。[22]② 在申克案之后，那些在战时发布反征兵文章的行为被认为构成了明显而即刻的

---

① 在古罗马的宗教和神话中，雅努斯（Janus）是象征开始、大门、过渡、时间、二元性、门道、通道、框架和结束的神。他通常被描绘为有两张脸，可以理解为象征出和入、开始和结束、回顾过去和注视未来，也可以理解为象征两面性。
② 此处原文提及一则"古老警句"，出自美国记者和幽默家芬利·彼得·邓恩（Finley Peter Dunne，1867—1936年）创作的杜利先生（Mr. Dooley）之口。杜利先生是一位虚构的爱尔兰移民调酒师，在邓恩的笔下他抒发了对各种主题（通常是国家或国际事务）的评论。这些评论渐渐被人们淡忘，但一些产生了持久的影响，如"最高法院遵循选举结果"。
在一篇专栏中，杜利先生有机会戳破最高法院的象牙塔声誉，他犀利地说："无论宪法是否遵循国旗，最高法院都会遵循选举结果。"

危险。[23]在警察担心因挑衅性言论而发生骚乱的情况下，联邦最高法院有时也会认为对言论干预或控制是正当的。[24]

同时，联邦最高法院也宣称，危险必须达到非常真实的程度才能证明言论限制的合理性。正如布莱克大法官在1941年所指出的那样："一系列'明显而即刻的危险'案件裁判最终呈现出的原则是，在言论受到惩罚之前，其实质性的恶意程度必须极其严重，情势紧迫程度也必须非常高……它必须被阐释为在一个热爱自由的社会背景下阅读露骨语言所能容忍的最广泛范围。"[25]

"明显而即刻的危险"标准所具有的雅努斯式特征在弗兰克福特大法官与布莱克、道格拉斯大法官之间日益激烈的争议中可见一斑，他们都认为大多数人滥用了这一原则。在一系列历史研究中，弗兰克福特试图将霍姆斯大法官从（他认为的）法院对其裁决的误解中解救出来，他在1946年表示："霍姆斯大法官从未使用过'明显而即刻的危险'来表达技术上的法律原则或传达判决案件的准则。"[26]另一方面，布莱克和道格拉斯最终在1969年达到了拒绝"明显而即刻的危险"测试的地步。[27]他们认为，如果国会不能制定法律来限制言论和新闻自由，这就意味着"没有法律"，而并不意味着它可以在面临明显而即刻的危险时制定这样的法律。

但与弗兰克福特的观点类似，绝对主义的立场也并未被联邦最高法院接受。在判决中，最高法院继续使用"明显而即刻的危险"一词，但使用频率逐渐减少。[28]而最近联邦最高法院

61

在面对那些在过去被直接认定为言论构成明显而即刻的危险的案例时，更倾向于关注言论与某些非法行为的联系。

平衡公共利益

联邦最高法院第一修正案绝对主义派和"保守派"之间的分歧不仅集中在"明显而即刻的危险"测试上，还体现在弗兰克福特等保守派更倾向于在言论自由所代表的关切与其他公众关切之间进行权衡。弗兰克福特大法官对"那些认为宪法保障完全不受限制的言论权利的人"表示谴责，他认为，国会和法院在任何情况下都应当在第一修正案的禁令和诸如安全、秩序、限制淫秽等其他合法的国家关切之间取得平衡。"民主社会中言论自由的要求和国家安全方面的利益，都可以通过对利益冲突进行坦率、知情的权衡，来实现更好的协调和满足。"[29]

绝对主义派将利益平衡原则视为对第一修正案清晰措辞的公然无视。[30]根据布莱克大法官的说法，"第一修正案并没有在这个问题上含糊其词，它明确禁止任何限制新闻自由的法律"。[31]1959年他写道："联邦最高法院的平衡测试的应用方式……就是以这种方式阅读第一修正案，宣扬'国会不得通过任何限制言论、新闻、集会和请愿自由的法律，除非国会和联邦最高法院达成共识——认定平衡政府扼杀这些自由所带来的利益高于人民行使这些权利所获得的利益。'"[32]虽然自由至上论者（libertarians）可能会后悔联邦最高法院没有九位布莱克大法官，但实际上并不需要如此：布莱克对第一修正案直接的文义解读和弗兰克福特对宪法条文的务实重释，都没有成为美国法院适用的法律。尽管联邦最高法院多数观点一再认为言论自由不是绝对的，并维持了对禁止淫秽和诽谤、限制审前公开（pretrial publicity）以及控制共产主义渗透的严格界定，但最高法院在判决时仍将第一修正案置于特殊地位进行考察，而不会将其视为与其他考量相平衡的要素。[33]

联邦最高法院在利益权衡时对第一修正案的优先考虑体现在诸多方面。在概念层面，第一修正案的高权重体现在最高法院的陈述中，即言论自由在合众国法律中享有"优先地位"。[34]而在操作层面，对第一修正案的优先立场意味着，对于主张其第一修正案权利被侵犯的人，法院会减轻其所应承担的程序责任，也会推翻某些常规的法律推定。

在对第一修正案权利进行优先保障时，联邦最高法院至少遵循了九条不同的规则：[35]

减少合宪性推定

转移举证责任

加快审判流程

禁止含糊不清

明确标准界定的要求

禁止过宽限制

禁止施加程序责任

限制方法的选择

狭义解释法律条文

第一条规则是在涉及第一修正案的案件中，政府行为的合宪性推定被极大程度地削弱了。通常情况下，联邦最高法院会首先推定立法行动符合宪法，且如果案件可以在不考察法律合宪性的前提下得到解决，法院将尽可能避免启动审查程序。如果有合理的论据证明某部法律的目的属于立法机关权力范围，法院也不会对此发起挑战。如果可以通过某种解释使得法律文本符合宪法，那么法院就会采用该种释义对法律进行解读。

然而，当法律和政令受到以第一修正案为由的质疑时，联邦最高法院有时会以字面违宪为由直接宣布其无效，而不会审查其在案件的特定事实下是否可以通过对法律条文的某种解释而得到支持。如果一项法律的适用在某些情况下会压制言论自由，最高法院就不会允许该法律继续具有效力。例如，一项禁止在汽车影院放映的电影中出现裸体（如果从街上可以看到的话）的法令被认为违宪，因为该法令没有明确规定该禁令只适用于淫秽裸体，并且最高法院也不会提出这一解释。[36]在第一修正案保障的权利受到威胁的情况下，立法者有责任仔细起草法律法规，最高法院并不会对它们进行有利于立法者的解释。

第二条规则是国家要在针对言论的诉讼中承担举证责任。[37]加利福尼亚州的一项法律规定，书店店主要为存放的淫秽书籍承担责任，不管其是否知情。这一法律随后被宣告违宪，尽管另有法律规定食品店店主要对货架上食品的质量负责。在判决结果可能限制言论自由的情况下，法院将举证责任分配给了检方。[38]在1982年的一份引人注目的判决中，联邦最高法院允许岛树联合自由学区（Island Trees Union Free School District）①的学生在法庭上对学校将9本有争议的书籍移出学校图书馆的决定发起挑战。尽管学校教育委员会通常有权选择购买何种书籍，但它同时也被迫承担证明自身并没有试图阻止学生获得不同观点的责任。[39]

有关第一修正案的案件中所存在的第三条规则是上级法院无须等待行政机构和下级法院的最终裁定即可作出判决。在通常案件中，只有在用尽所有其他法律补救办法并在下级法院作出终审裁决后，联邦最高法院才会对其进行审议。然而，在有关第一修正案的案件中，联邦最高法院可能会提前介入，因为对人们所拥有的权利进行拖延本身就是对权利的剥夺。政府推迟出版的能力可能会构成对新闻自由的严重限制。被告不再需要冒着触犯法律的风险对既有判决提出上诉，因为最高法院现

64

---

① 岛树联合自由学区是位于长岛拿骚县中部的一个学区，距离纽约市东部约31英里。

在有时会干预审理中的案件，以停止那些无论裁决结果如何但仅凭起诉行为就会破坏自由实施的诉讼。[40]

措辞模糊是立法活动可能存在的另一个缺点，联邦最高法院无法容忍这一缺陷对第一修正案保障的权利构成威胁。[41] 含糊地界定政府行动职权的立法，如果质疑仅以程序正当为由，那么立法会通过，如果质疑是基于言论自由之由，那么这一含糊不定的立法则可能会被推翻。[42] 其中一种模糊是没有为针对言论的行政监管提供明确定义的立法标准。为了使电影审查、游行许可或类似的言论监管能够成立，相对应的授权法规必须以明确清晰的语言规定拒绝的标准。同时，法律必须清晰告知申请者自身的权利和义务，也必须明确指导监管者以将他们的行动限制在宪法目标和确保程序正当的方式之内。监管方所拥有的自由裁量权必须受到严格限制。[43]

另一种模糊则致命地存在于各种条例和法规之中，它们往往规定一个具有可接受限度但又涵盖范围极广的禁令，以至于将那些为第一修正案所豁免的活动和立法机构可以适当禁止的活动同时包含在内。禁止公众使用有破坏和平危险的煽动性言论属于国家治安权的范围，但单纯禁止公众使用挑衅言论则过于宽泛，在没有危险的情况下这些词汇有时可以被使用。对于一项可能侵犯第一修正案赋予权利的条例而言，其必须明确地将自身适用范围限制在宪法所允许的国家行为中。[44]

在联邦最高法院看来，通常可以接受的程序性负担如果构成对言论自由的侵犯，那么同样会变得无法容忍。例如，造成普遍性拖延的手续有时被认为是侵犯言论自由的违宪行为。[45]

如果存在其他可替代的方法也可以实现合法的立法目标，立法机关并不会将限制言论自由作为手段。由于联邦最高法院多数派观点承认在某些情况下，互相冲突的公共利益会对言论自由的合法性产生限制，最高法院发现自身必须对限制言论的立法是否合理进行审查。当立法机关为实现正当目的而选择了一种侵犯言论的途径时，最高法院所遵循的惯例是询问是否有其他手段可以达到同样的目的。如果确实存在其他方式，联邦最高法院可能会拒绝采用将会造成宪法困境的手段。

65

例如，阿肯色州通过了一项法律，要求学校教师在表格上列出他们所属的所有组织，该州的辩解理由是聘用品德高尚的教师能对孩子产生良好的影响，进而有利于全州的利益。联邦最高法院否决了这一用于实现合法目的的手段。波特·斯图尔特（Potter Stewart）①大法官阐释道："联邦最高法院在一系列判决中的观点在于，纵然政府的目的是合法且至关重要的，但当这一目的可以被更为精准地实现时，就绝不能通过广泛扼杀个人基本自由的方式来实现。"[46]

欧文·罗伯茨（Owen Roberts）②大法官在1939年重申了这一原则："在立法活动被宣称剥夺权利的情况下，法院应该

---

① 波特·斯图尔特（1915—1985年），美国律师和法官，1958年至1981年担任美国最高法院大法官。在任期内，他在刑事司法改革、公民权利、法庭接近权和第四修正案的法理等领域做出了重大贡献。
② 欧文·罗伯茨（1875—1955年）在1930—1945年任美国最高法院大法官。在休斯法院中，罗伯茨是介于保守派的四骑士和自由派的三剑客之间的摇摆派。

敏锐地对被质疑法律的效果进行审查。立法的侧重……可能会有助于针对其他个人行为的监管，但这并不足以证明对维护民主体制至关重要的权利行使进行削弱是正当的。"[47]通常情况下，如果立法目标适当，联邦最高法院并不会对立法者为实现这一目标所采取的手段提出质疑。然而，当立法者的行为威胁到言论自由或新闻自由时，最高法院可能会禁止这些手段。

最后，联邦最高法院通过对法规的限缩解释来使其符合第一修正案的规定范围，进而维持第一修正案保障权利的优先地位。这与法院所采用的否认法律合宪性的通常推定的策略恰恰相反，此时，法院试图通过阻断法律的违宪适用来拯救这项立法。联邦最高法院并不局限于一种策略，任何一种策略都有在诉讼中被使用的先例。[48]①

上述的九条规则体现了最高法院高度关注当权者破坏言论自由的持续冲动。最高法院多数派观点尽管在多数时间里与布莱克和道格拉斯在第一修正案的问题上意见相左，但其仍然采纳了布莱克的观点，认为第一修正案"必须被阐释为规定了在自由社会中阅读露骨语言所能容忍的最广泛范围"。[49]但是，联邦最高法院没有像布莱克那般拒绝平衡言论自由和其他利益，在"需要界定个人自由与国家权力的边界"时，法院在权衡中确实提升了言论自由的比重，"摆在我们面前的现状和

66

---

① 杰克逊案单方面裁决，是美国最高法院的一个单方面决定。该案决定美国邮政署可以打开和检查邮件，以限制传输彩票通知。它将第四修正案的保护范围扩大到私人信件，认为通过邮件发送的信件和密封包裹需要搜查令才能加以搜查。

责任就是明晰个人自由和国家权力的边界线。在这一边界线上的选择总是一如既往地微妙，但在面临下述情况时会更加微妙：支持立法的通常推定与民主自由的优先地位相平衡，而我们这一伟大的、不可或缺的民主自由的方案正是由第一修正案所保证的。"[50]

受保护和不受保护的言论

联邦最高法院多数派用来为政府管制言论的法规进行辩护的策略一直是将特定类型的言论与其他类型的言论区分开来，并声明第一修正案是为了保护这些特定言论而制定的。而绝对主义者会将言论自由适用于任何形式的言论，但多数派观点认可说，例如，一项禁止公开辱骂和侮辱性语言的法律是有效的："存在一些定义明确、范围有限的言论类别，对这些言论的预防和惩罚从未被认为会引发任何宪法问题。这些言论包括猥亵淫秽、亵渎神明、恶意诽谤和侮辱挑衅的言辞，它们本身就会造成伤害，或者可能会煽动情绪、破坏和平。"[51]

联邦最高法院还支持了伊利诺伊州的一项法规，该法规创设了针对种族和宗教的诽谤罪，使得诽谤的范围扩大到不仅仅针对个人的范畴。正如布莱克和道格拉斯所抗议的那样，弗兰克福特大法官撰写的此案判决中几乎没有提到第一修正案，原因在于他认为受保护的言论不包括诽谤指控，因此该案更多是关于诽谤法的问题，而与言论保护无关。[52]同样，1957年布伦南大法官在一份针对淫秽议题作出的判决中辩称，第一修正案的目的是保护对"公众关心事物"的自由讨论。淫秽本身是情绪化的，而不是一种观点的陈述。他援引美国建国时代所存在的有关禁止亵渎、渎神、诽谤和淫秽的法律，坚称"第一修正案中的绝对措辞并不是为了保护每一种言论"。他认为，"明显而即刻的危险"测试标准适用于那些限定性的案件，也就是关于受第一修正案保护的言论的案件，但淫秽言论根本不是受保护的言论，"所有的、哪怕仅有一点点社会重要性的观点——非正统的、有争议的，甚至是反主流舆论的观点——都得到了充分的保护，除非它们因为入侵了更重要的利益领域而被排除在保护范围之外。而第一修正案的历史中隐含着对淫秽言论的拒绝，因为它完全不具有社会重要性。"[53]① 这则著名的论断导致

---

① 罗斯诉合众国〔354 U.S. 476 (1957)〕，连同其配套案件阿尔伯茨诉加利福尼亚（Alberts v. California），是美国最高法院的一个里程碑式的判决，它重新定义了确定什么构成不受第一修正案保护的淫秽材料的宪法测试。法院在小威廉·J.布伦南大法官的意见中创建了一个测试来确定什么构成淫秽材料：普通人运用当代社区标准是否会发现该材料吸引了对性的好奇心，以及该材料是否完全没有补偿性社会价值（redeeming social value）。争议的焦点是对塞缪尔·罗斯（Samuel Roth）的联邦诉讼，他是一名图书和杂志出版商，被指控通过邮件发送淫秽材料。虽然法院维持了对罗斯的定罪，并允许对一些淫秽物品进行起诉，但它大大放宽了淫秽物品法。该判决令社会保守派和自由派都不满意，前者认为它在容忍性图像方面走得太远，后者认为它侵犯了成年人同意的权利。
1973年，该判决被米勒诉加利福尼亚案（Miller v. California）取代，该案取消了"完全没有补偿性社会价值"的测试，取而代之的是没有"严肃的文学、艺术、政治或科学价值"。在该案中，布伦南法官提出异议，推翻了他之前在罗斯案中的立场，认为各州不能禁止向同意的成年人销售、宣传或分发淫秽材料。

之后的色情制作者在"具有社会重要性"的信息中嵌入淫秽内容，从而获得宪法保护。[54]因此，这一判决虽然在理论上是反自由的，但实际上却为色情作品打开了大门。

随后，联邦最高法院发现几乎所有出版物都达到了"具有社会重要性"的标准，因此法院回退到了一套更为严格的裁量尺度上。为此，它反复尝试定义一个不属于第一修正案言论范畴的、不受保护的色情领域。[55]如今的伯格法院（Burger Court）① 比它的前任更为古板禁欲。[56]然而，联邦最高法院的少数派已经认识到，不可能将包含有重要信息的言论与仅仅作为挑逗的言论截然分开。一如约翰·马歇尔·哈伦（John Marshall Harlan）② 大法官所写的那样，"联邦最高法院似乎认为'淫秽'是'言论和媒体'的一种特殊类型，就像毒藤一样独特、可辨认和可分类。"由于联邦最高法院在有关淫秽的案件中存在严重分歧，又因为今天人们的性观念更加自由和成熟，因此一种观点一定会占据上风，这个观点就是：法院想要区分淫秽

---

① 沃伦·厄尔·伯格（Warren Earl Burger，1907—1995年），美国最高法院第15任首席大法官（1969—1986年）。他的任期比20世纪任命的任何一位首席大法官都要长。当伯格被提名为首席大法官时，尼克松政府的保守派预计，伯格法院的裁决将明显不同于沃伦法院，可能推翻有争议的沃伦法院时代的判例。然而，尽管伯格是保守派，作出了许多偏向保守派的决定，但伯格法院也在他的任期内就堕胎、死刑、宗教自由、新闻自由和公立学校废除种族隔离作出了一些偏向自由派的决定。本书出版于1983年，故作者言及"如今的伯格法院"。

② 约翰·马歇尔·哈伦（1833—1911年），美国律师和政治家，从1877年起担任美国最高法院大法官，直至1911年去世。他经常被称为"伟大的异议者"，因为他在限制公民自由的案件中多次提出异议。哈伦在其著名的异议中所表达的许多观点从20世纪50年代的沃伦法院开始，逐渐成为最高法院的官方观点。

与其他表达，但这种区分并不存在客观基础——要么就是更进一步，根据道格拉斯的绝对主义立场，所有言论都应受到保护，无论其是否淫秽。

在这样的政策辩论中，支持"区分言论"一方往往使用历史和哲学的言辞为自身立场辩护，并在这两种视角下区分受第一修正案保护言论与不受保护言论的类别。过往的法律推理很大程度上依赖于早期判例，通过在18世纪的司法实践中来寻找分类对待的依据。根据第一修正案的规定，当时殖民地和各州所管制的言论形式，诸如诽谤、不敬表达（profanity）、亵渎（blasphemy）、渎神（sacrilege）①或煽动叛乱等，都不能超脱于法律之上。

在20世纪中叶，有人从哲学角度对第一修正案的立法宗旨进行了重释，将其适用范围限缩于仅针对公共政策的讨论之内。有观点认为，第一修正案的目的不是为了保护个人自我表达的满足，而是为了保护社会的民主决策过程。根据这种观点，讨论公共事务就是第一修正案的全部内容：政治观点能够受到保护，而言论的其他形式，如艺术表达、人际交往、商业沟通或纯粹乐趣，其受保护程度将大大降低，甚至失去宪法的保护。

---

①《牛津英语词典》定义"亵渎"为"对被认为是神圣的东西发表不敬的言论"。"渎神"最初是指偷窃或挪用一件或多件圣物的罪行，特别是从教堂偷窃或挪用圣物的罪行，后来扩展到任何亵渎或滥用被认为是神圣的或受教会保护的东西的罪行。无论定义有怎样的不同，亵渎和渎神都涉及对他人的冒犯，因此它们都是公共问题，而不是私人或个人问题。

亚历山大·米克尔约翰（Alexander Meiklejohn）①对这种哲学观点进行了最为连贯和完整的阐述，虽然如今这种观点仍在一些法官意见中有所体现，但其并未成为联邦最高法院的普遍共识。[57]许多法官撰写的附加意见（*obiter dicta*）指出了保护公共政策辩论自由的特殊重要性，而关于诽谤、淫秽和商业言论的一些观点则否认这三个领域值得保护。然而，在关于商业言论的案件中，联邦最高法院已不再倾向于将言论分为受保护和不受保护两类。

商业言论不受保护的观点最早来自于1942年瓦伦丁诉克雷斯滕森案（Valentine v. Chrestensen）。[58]在早些时候，有关耶和华见证人（Jehovah's Witness）的案件中，联邦最高法院剥夺了社区对上门游说进行禁止或许可的权利。[59]因此，广告商克雷斯滕森（Chrestensen）为了给自己的广告生意提供保护，在传单的一面刊登了一则轮船展览的广告，而在另一面印刷反对警察限制的抗议。本案中，最高法院作出了一致但略显草率的

① 亚历山大·米克尔约翰（1872—1964年），哲学家、大学管理者、教育改革者和自由言论倡导者，曾任阿默斯特学院院长。米克尔约翰是言论自由与民主之间联系的显著支持者。他认为，民主的概念是人民的自我管理。要使这样的制度发挥作用，必须有知情的选民。而要有适当的知识，就必须对信息和思想的自由流动不加限制。他认为，如果当权者能够通过隐瞒信息和扼杀批评来操纵选民，那么民主就不能忠实于其基本理想。他承认，操纵舆论的愿望可能源于寻求社会利益的动机。然而，他认为，即便如此，选择操纵在手段上也否定了民主理想。

米克尔约翰以倡导第一修正案的自由而闻名，是美国公民自由联盟全国委员会的成员。伦敦大学学院的媒介法教授埃里克·巴伦特（Eric Barendt）称，以民主为由为言论自由辩护"可能是现代西方民主国家中最有吸引力的，当然也是最时髦的言论自由理论"。

判决，它拒绝被这种透明设计所愚弄，并表达了法院对限制商业传单法令的支持。

然而，这一判决思路并没有幸存下来。因为，它和"在资本主义社会，自由讨论不会因其在营利媒介中进行就失去保护"的先例相冲突。联邦最高法院在1935年裁定，出版公司属于受到第一修正案和第十四修正案保护的"法人"。[60]在一些案例中，地方当局以书刊销售者从事商业活动为由，对其进行限制、设置许可或实施特别征税。而最高法院一直拒绝接受出版商因获得产品报酬就失去第一修正案保护的观点。[61]毕竟，如果自由讨论不能获得收入，那它如何能够存在？

与这一有利于出版商发表商业言论的决定形成鲜明对比的是，商家在经济交易过程中的言论受到了大量限制，例如禁止虚假陈述和诱导性广告，禁止发行未注册招股说明书的股票，以及禁止左右员工对工会的选择。所有这些限制都被最高法院视为对经济交易的规制，言论在经济交易中只是购买、出售和签订合同等行为的组成部分。但在涉及对商业出版征收特别税或设置许可证的案件中，商业出版的目的是提供信息以供公众讨论。因此，在一段时间内，法院尝试将两个领域分开——若仅是为了商业而商业，则其中的言论不受保护；而若是为了提供公众讨论的信息，则获利的事实并不会剥夺宪法对生产者的保护。

这种区分的困难之处在于，它迫使司法机构对每一个案例进行逐案审查，以决定个案中的广告内容是对政策讨论的贡献，还是仅仅为营销推广。这和联邦最高法院在处理淫秽问题上所陷入的困难境地如出一辙。例如，杂货店广告是对公共健康信息的贡献还是营销？在维生素广告和避孕咨询广告中又具体体现为怎样的情况？界限究竟应该划在哪里？

1961年布里亚德诉亚历山德里亚案（Breard v. Alexandria）的判决以极端的方式揭示了这一困境。[62]亚历山德里亚市（Alexandria）①的一项市政法令规定在未得到居民要求的情况下，所有小贩或游说者不得上门兜售。尽管有一系列的判决支持以宗教和政治目的进行游说的权利，但最高法院选择维持这项法令，认为该法令主要规制的是杂志推销员，而在他们的活动中商业因素占据主导地位。

但随着时间的推移，联邦最高法院对克雷斯滕森案和布里亚德案的判决有了新的考虑。1959年，曾在布里亚德案中提出异议的道格拉斯在瓦伦丁诉克雷斯滕森案中撤回了他的投票。[63]1975年，在比奇洛诉弗吉尼亚案（Bigelow v. Virginia）中，商业言论不受保护的观点被彻底摒弃了。在这起案件中，弗吉尼亚州的一家报纸刊登了一则广告，这则广告是关于合法的纽约堕胎中介服务，而在该州，鼓励堕胎是非法的。面对具有如此重要社会意义的广告，联邦最高法院认定"弗吉尼亚州法院对此前关于广告不受第一修正案保护的假定是错误的"，并指出"言论与产品或服务市场的联姻并不会使该言论在思想

---

① 美国路易斯安那州拉皮德县县治。

上毫无价值"。[64]

商业领域言论不受保护的原则最终在1976年弗吉尼亚州药剂局诉弗吉尼亚州公民消费者委员会案（Virginia State Board of Pharmacy v. Virginia Citizens' Consumer Council）中被推翻。[65]这起案件的政治意义与其法律结果一样引人入胜。制药行业向公众宣传其非处方药丸和药水，但更愿意将处方药的销售视为一种专业活动，广告只针对医生而非患者，因此不会标明价格。药商还说服了许多立法机构出台规则以禁止药店宣传它们的处方药的价格。消费者权益倡导者对这一状况感到不满。拉尔夫·纳德（Ralph Nader）① 和弗吉尼亚州公民消费者委员会证明，消费者在不同的药店购买同一种药品时支付的价格差异很大，而且，购买同一产品的处方药往往比购买普通名称的要贵得多。他们要求法院判定弗吉尼亚州禁止处方药品广告中含有价格的规定侵犯了言论自由。与此同时，另一个名为儿童电视行动（ACT，Action for Children's Television）的消费者组织正请求联邦通信委员会停止在儿童观看的节目上播出药品广告。

① 拉尔夫·纳德（1934—　），美国政治活动家、作家、演讲者和律师，因参与消费者保护、环保主义和政府改革事业而闻名。1965年，他因出版畅销书《任何速度都不安全》而崭露头角，该书对美国汽车制造商的安全记录提出了极具影响力的批评。在该书出版后，纳德带领一群法律系学生志愿者——被称为"纳德突击队"——对联邦贸易委员会进行了调查，直接导致了该机构的整顿和改革。在20世纪70年代，纳德利用他日益增长的声望，建立了一些倡导和监督团体。纳德是二十多本书的作者或合著者，此外有一部关于其生活和工作的纪录片《一个不讲情理的人》。他多次被列入"100位最有影响力的美国人"名单，《纽约时报》称他为"异见者"。

该组织认为，电视上的维生素和药物广告诱导孩子们相信药品可以解决他们的问题，甚至会让他们走上吸毒的道路。因此，消费者组织希望广告受到监管。

在这种情况下，各商业集团之间也存在利益冲突，它们都利用合适的消费者群体来支持自己的主张。广告业急于摆脱法律所规定的商业言论范畴，因为法律对商业言论的界定剥夺了第一修正案对广告活动的保护。因此，他们将弗吉尼亚州公民消费者委员会提起的诉讼视为一个一劳永逸的机会，对于广告业来说，没有比消费者运动诉讼更好的方式来证明广告自由的有效性了。

药店的药剂师们希望通过立法反对广告来维持他们的反市场竞争行为，调动消费者运动的另一部分主张来为自身辩护并反击对手。马萨诸塞州检察长[①]弗朗西斯·贝洛蒂（Francis X. Bellotti）当时正对一家宣传处方药品价格的药店发起诉讼。该案的诉讼程序被中止，等待联邦最高法院对弗吉尼亚州案件的判决。但在此期间，贝洛蒂并没有空等判决。他意识到，如果消费者运动能够被动员起来，支持禁止向儿童播出电视药物广告的规定，那么就有理由免除商业言论所享有的第一修正案特权。因为，在法院看来，这种保护儿童远离吸毒的规定与保护药剂师不向消费者告知其收费价格的规定可能有很大不同。

---

① 州检察长（State Attorney General）是美国50个州、领地与特区政府的首席法律顾问，同时也是该州执法机构的最高长官。在某些州内，州检察长同时也是州司法部部长，其职权与美国司法部的司法部长相似。

贝洛蒂与儿童电视行动组织一起向联邦通信委员会请愿，要求在晚上9点前禁止播出所有药品广告。他获得了来自同样禁止处方药物价格广告的州的17名检察长的支持，并与他们共同签署了请愿书。贝洛蒂提出了"家庭观看时间"的惯例（当时并没有法院裁定这是违宪的），电视台基于此共识在晚上9点后才播放有暴力元素的节目，因为那时孩子们大概已经上床睡觉了。本案中，联邦通信委员会要求心理学家和相关各方就药品广告对儿童的影响作证。而在关于第一修正案的问题上，贝洛蒂辩称，广告几乎不拥有其所规定的言论特权。

贝洛蒂的反击虽然巧妙，但为时已晚。就在联邦通信委员会会议几周后，联邦最高法院就作出了对弗吉尼亚州案件的判决，恢复了广告商的言论自由权利，而法院作出判决之时可能也并没有意识到联邦通信委员会的这些讨论。因此，自1976年以来，米克尔约翰将第一修正案限制在有关公共事务的言论的观点已被驳回，商业言论也受到宪法的保护。旨在挑逗的性表达是联邦最高法院仍然试图划出一个不受保护的言论区域的主要地方。在这一领域，最高法院正在从事一项可能会被证明是毫无希望的任务，即试图遏止性革命。

对米克尔约翰提出的第一修正案主要适用于公共事务讨论这一理论的拒绝，也隐含在伯格法院对新闻机构特权的驳回中。首席大法官沃伦·伯格坚持主张第一修正案是对所有人的保护，而不仅仅是对如报社记者这样的"可定义类别的人"或包括出版商在内的一系列特殊机构的保护。[66]马萨诸塞州曾颁布一项法律，限制企业在公投活动中使用自身资源牟利。联邦最高法院于1978年以侵犯言论自由为由推翻了这项法律。伯格在赞同意见中指出，如果可以对商业企业施加如此限制，那么对作为企业的"传媒集团"也可以同样进行管制。

《纽约时报》在社论中震惊地表示，"可能有一天，《纽约时报》被第一修正案所赋予的权利会在法律上被判定为不比其所赋予通用汽车公司（General Motors）的权利更大"。同时，《纽约时报》也对大法官斯图尔特在1974年的一次演讲中的言论表示了支持，斯图尔特认为出版业是"唯一受到宪法明确保护的有组织的私营企业"。[67]但伯格和最高法院多数派并不这样解读宪法。正如伯格所指出的那样，当政府可以决定媒介身份的归属时，这"让人想起了都铎王朝时期和斯图亚特时期英国令人厌恶的许可制度——而第一修正案正是为了禁止这种制度进入我们国家"。第一修正案保护持不同政见的嬉皮士、在街上散发污迹传单的耶和华见证人和波士顿第一国民银行，其保护的方式和程度与保护《纽约时报》或《大西洋月刊》（Atlantic Monthly）的方式和程度完全相同。

商业出版界对这类裁决的看法存在分歧。一些记者和编辑称，由于新闻机构在公共事务中的作用，它们具有宪法承认的特殊地位。在他们看来，警方在没有搜查令的情况下搜查报社，就像他们对《斯坦福日报》（Stanford Daily）所做的那样，

72

这似乎比没有搜查令搜查公民住宅更令人发指。[68]① 这些新闻特权的支持者认为，受雇记者不应该像普通公民、政治活动家、社会研究人员或撰写传单的志愿者那样，在大陪审团面前为这些记者在职务中所了解的东西作证。但其他记者并不赞成这一观点，他们反对给予记者特殊保护，例如所谓的新闻保障法（shield laws），在某些情况下，这些法律能够免除记者出庭作证的义务。授予记者特权，意味着政府能够在这件事上行使酌定权。

国际层面上的类似辩论集中在联合国教科文组织保护记者权利的提案上。美国新闻发言人反对这一公约，因为这将要求政府对记者的身份进行认证以便享有这些权利。而这实质上隐晦地认可了政府对被认证记者之外的其他人进行报道和写作的限制。要求公民固有权利之外的特殊权利的另一个危险在于，立法者所赋予的特权很容易被剥夺。

联邦最高法院并不接受第一修正案以特殊方式适用于新闻

---

① 1971年4月9日，斯坦福大学医院发生非法示威。次日，学生报纸《斯坦福日报》刊登了几张暴力冲突的照片。地区检察官办公室随后获得搜查令，以搜查该出版物的办公室，寻找这些照片的原件和该报纸可能拥有的任何相关照片，目的是帮助确认在医院袭击警察的人。搜查令并没有指称《斯坦福日报》的任何成员是嫌疑人，对新闻编辑室的搜查也没有发现任何证据，除了已发表的照片的原件。该报对警方提起诉讼，声称该搜查令违反了第一和第四修正案。最高法院在5月3日意见中认为，只要警察有可能的理由相信某一场所存在犯罪活动的证据，对包括新闻界在内的无辜第三方财产的搜查是允许的。在执行有效的搜查令时，新闻界并不享有特殊保护。法院指出，虽然第一修正案禁止政府干预新闻自由，但它并没有明确禁止涉及新闻界的搜查令。对"可能的原因"和"合理性"的要求为新闻界的权利提供了充分的保护。

界的观点。然而，法院同样意识到了被称为新闻界的社会机构的特殊性，并且采取了能真切地反映出对新闻业特别尊重的方式，陈述了第一修正案的原则。在记者拒绝指明消息来源和报社搜查的不可侵犯这两个问题上，联邦最高法院一方面否定新闻工作者的任何特权，一方面又在其附加意见中雄辩地论述了新闻的重要性。

因此，对不同类型的言论进行差别保护的观点被削弱了，但并未消亡。联邦最高法院仍以一种模糊摇摆的方式，将不同种类的言论区分为更值得警惕或更不值得警惕的类型。[69]从中仍可以看到米克尔约翰遗留的影响。在联邦最高法院看来，公共事务辩论仍具有特殊的神圣性。但是关于"公共事务的领域享有言论自由，单独的私人通信领域却不受保护"的观念被摒弃了。

73

融入行为的言论

最后，当言论被纳入到政府可以适当监管的行为的组成部分时，法院维持了政府管制言论的法规。对于第一修正案的这一限制，法院保持了一致性意见。第一修正案的绝对论主义者布莱克、道格拉斯也和弗兰克福特一样相信，非法行为，即使在其施行中使用了词语，也不能因为与言论纠缠在一起而免于起诉。事实上，对于绝对主义者而言，言论和行为之间的界限是限制第一修正案保护范围的唯一合法基础。

言论和行为之间的区别是对诸如买卖、劳资谈判、股票发行、虚假和误导广告等活动进行规制的商业法律的基础。一个人在说什么的事实并不能使金钱欺诈行为合法化。同样，政府可以采取措施阻止间谍活动、叛乱或妨碍司法公正的行动，即使通信被用来实施此类犯罪。布莱克大法官在吉博尼诉帝国冰储公司案（Giboney v. Empire Storage and Ice Company）中写道，"几乎没有人会认为宪法中关于言论和新闻自由的豁免权能够覆盖那些在违反刑事法规行为中的言论或写作。"[70]在这起案件中，工会组织了罢工示威，迫使雇主签署非法合同。联邦最高法院审理认为，虽然罢工示威可以被认为是一种言论，但如果以违法为目的，那么它本身就是非法的。

尽管有第一修正案的保护，但联邦最高法院仍使用上述四种策略来确定政府言论管制的合法性，这表明法院在很大程度上已经接近绝对自由至上论的立场，而同时又没有完全接受它。20世纪的判例史也是一部第一修正案不断强化的历史。联邦最高法院对言论自由给予了广泛的不断增强的保护，使得言论自由在国家法律体系中处于优先地位：它宣布几乎所有对出版物的审查都是非法的，多次驳回了对游说或分发传单设置许可、对销售或发行印刷品征税等请求。同时，它保护了在公共街道和公园举行的示威、临时演讲和游行活动，还阻止了州政府对各类组织成员名单的获取，也禁止了要求教师登记组织成员身份的规定。尽管联邦最高法院尚未完全接受"没有法律"（no law）就意味着"不存在法律"（no law）的绝对主义论点，但它赞同布莱克的观点，即必须以最广泛的范围来解读第一修正案的规定。在各种响亮的宣言中——例如，"只有最严重的滥用行为，且危及了核心利益，才有理由允许对言论的限制"——联邦最高法院对宪法规定的公民权利的阐释已接近自由至上论的观点。[71]

也许有一天，布莱克和道格拉斯所提出的异议将在法律上获得与霍姆斯和布兰代斯（Brandeis）① 的异议② 相同的地位。但

---

① 即路易斯·登比兹·布兰代斯（Louis Dembitz Brandeis，1856—1941年），美国律师，1916年获伍德罗·威尔逊总统提名为美国最高法院大法官，直到1939年。是第一位担任此职的犹太裔人士。从1890年开始，他通过在《哈佛法律评论》（*Harvard Law Review*）上撰写的文章，帮助发展了"隐私权"的概念，并因此被法律学者罗斯科·庞德（Roscoe Pound）誉为"不亚于为我们的法律增加了一个章节"。他与强大的公司、垄断、公共腐败和大众消费主义作斗争，他认为所有这些都不利于美国的价值观和文化。他还积极参加犹太复国主义运动，认为这是解决欧洲和俄国反犹太主义的办法，同时也是"复兴犹太精神"的途径。

当他的家庭经济有了保障后，他开始将大部分时间用于公共事业，后来被称为"人民的律师"。他坚持无偿为案件服务，这样他就可以自由地处理所涉及的更广泛的问题。《经济学人》杂志称他为"法律界的罗宾汉"。他早期的著名案件打击铁路垄断，捍卫工作场所和劳动法，帮助建立联邦储备系统，并为新的联邦贸易委员会提出构想。他提出了一份案件摘要，后来被称作"布兰代斯摘要"（Brandeis brief），依靠其他行业人员的专家证词来支持案件，从而开创了证据陈述的新先例。

② 此处霍姆斯和布兰代斯的异议，疑指在里奇诉卡里尔案〔Leach v. Carlile，258 U.S. 138 (1922)〕中，尽管最高法院的裁决支持了邮政局长针对通过邮件做广告的企业发出的欺诈令，但霍姆斯提出异议，强调第一修正案的新闻自由条款旨在防止对口头和书面文字的事先限制，布兰代斯大法官也加入其中。霍姆斯认为，书面文字和口头文字一样有权得到保护，甚至那些严格解释第一修正案的人也同意"它的目的是防止事先限制"。霍姆斯还感到不安的是，无论是在法律上还是在实际生活中，都很难在邮件之外做广告，他认为在这种情况下，应该对第一修正案进行特别广泛的解释。详见第五章。

鉴于联邦最高法院在20世纪80年代初的法官构成，这一天可能会姗姗来迟，但那一天仍值得期待。无论最终结果如何，联邦最高法院都对在诸如印刷、集会、游行、结社和游说等传统交往媒介上进行的言论给予了广泛的保护。

所有这些媒介都被赋予了明确界定的豁免权。实质上，第一修正案对出版商的保护中最重要的可能是禁止事前审查。作为对古代英国滥用权力的回应，新闻界不仅能够免于审查，而且还获得了许可证、特别税和刑事诽谤起诉的豁免。此外，根据联邦最高法院关于第一修正案含义的判决，出版业现在能够在语义模糊或存在困扰的法律和执法程序中进行自我辩护，当它声称这些法规违反第一修正案时，最高法院将对此给予特别的关注。

尽管联邦最高法院宣称第一修正案适用于所有言论，而不仅仅局限于政治机构和媒介领域，但是当面对未用于17、18世纪公共事务讨论的新兴媒介时，国会和司法机构在言论自由方面所采取的实际做法却与所宣称的截然不同。对新兴媒介中言论自由可能遭受的威胁保持警惕的判案记录更加含混模糊。

第五章

电信运营商与第一修正案

在美国，邮件、电报和电话的运作所遵循的法律原则与出版业所适用的法律原则截然不同。因为运营商通常是垄断运营（至少在当地是垄断的），因此它们被要求公正公平地为客户服务。就此而言，虽然公共运营法规不同于新闻和平台法，但它也旨在保护言论自由。事情变成这样有一定的无心之失。

邮件的法律

邮政服务必须要得到普及。它应该在每个十字路口和小村庄提供服务。但邮政线路末端的业务量很少能满足这些较小网点的成本。小型分支机构、送货上门和农村服务成了邮政经济的"噩梦"。美国在殖民地时期和整个19世纪上半叶，几乎所有地方的邮政业务都只能作为其他相关业务的附属而存在，即使在今天，它们也依附于农村杂货店和当地变电站而存在，只有那些业务量足够大能够使全线邮政业务盈利的地方除外。

报纸出版是可以与邮政服务相结合的业务之一，它们之间具有天然的协同效应。邮局可以分发报纸，同时它们也是新闻中心，这一点在记者和通讯社出现之前十分重要。同样重要的是，在第一修正案出台之前，邮政局长因为政治红人的身份得到了这份工作，政府也很乐意让其进军报业。1700年，波士顿的邮政局长约翰·坎贝尔（John Campbell）创立了《波士顿新闻通讯》（*Boston News Letter*）。1719年，这位局长失宠并被威廉·布鲁克（William Brooker）取代，新上任的局长创办了《波士顿公报》（*Boston Gazette*）。自此，波士顿拥有了两家相互竞争的报纸。[1]最著名的报商兼邮政局长是本杰明·富兰克林（Benjamin Franklin）①。1753年，他与同为报商的威廉·亨特（William Hunter）被任命为殖民地邮政署的联合副署长。革命爆发后，富兰克林成为新国家的首任邮政总长（Postmaster General）。

邮政局长和出版商之间存在明显的利益冲突，有时他们利用自身的邮政管理权排挤竞争对手，让邮局免费传送自己创立的报纸，由此诞生了免费甚至进行补贴的邮递报纸传统。之后，这种传统不断演化，形成了如今的二级费率。

在邮政递送与报纸出版等其他业务之间的交叉补贴可以双向进行。历史上，邮政服务常常为政府带来收入。最早邮政系统的建立是出于帝国目的，而非为了商业或个人。公元前6世

---

① 本杰明·富兰克林（1706—1790年），美国国父之一，美国独立宣言的起草人和签字人，美国第一任邮政总长。他还兼具作家、科学家、发明家、政治家、外交官、印刷商、出版商和政治哲学家等身份。

纪，波斯皇帝居鲁士（Cyrus）①掌握着一套类似于中世纪的"骑马邮递"的信使系统，但它更为发达。皇帝任命的邮差长设立马厩，并安排信使驻扎在邮局。当其他邮局的信使将信送达时，这个邮局将用新的信使和马匹把它们传递至下一个站点，信件不断被传送直至到达目的地。[2]一个与此系统类似的罗马系统是从苏格兰延伸到埃及，但同样只供政府使用。罗马灭亡后，查理曼（Charlemagne）②帝国成为下一个建立邮政系统的欧洲帝国。整个帝国的疆域都在国王信使骑马传令报信的范围之内。

除政府外，其他机构也建立了自己的信使系统。从12世纪开始，以巴黎大学（University of Paris）为代表的欧洲大学就拥有了这样的系统。自14世纪起，汉萨同盟（Hanseatic League）③也作出

---

① 居鲁士二世（约前600或前576—前530年），即居鲁士大帝，是波斯帝国创建者、阿契美尼德王朝（Achaemenid Empire）第一位国王（前559—前529年在位）。在他的统治下，帝国不仅囊括了古代近东的所有文明国家，还包括了大部分西南亚和一部分中亚及高加索地区，是前所未有的庞大帝国。
② 查理曼（742—814年），或称"查理大帝"，是欧洲中世纪早期法兰克王国的国王（768—814年）。中文中流行的译名"查理曼大帝"被部分人认为是法文的错译，因为法文查理曼的"曼"字（magne）由拉丁语"伟大的"（magnus）演变而来，本身已含有"大帝"的意思。
③ 汉萨同盟，又译汉撒同盟和汉莎同盟，是一个中世纪的商业和防御联盟，由中欧和北欧的商人公会和集镇组成。汉萨（Hansa）一词，德文意为"商会"或者"会馆"。该联盟从12世纪末的几个北德城镇发展起来，最终涵盖了现代七个国家的近200个定居点；在13—15世纪的鼎盛时期，它西起荷兰，东至俄罗斯，北起爱沙尼亚，南至波兰的克拉科夫。1367年成立以吕贝克城为首的领导机构，有汉堡、科隆、不来梅等大城市的富商、贵族参加，拥有武装和金库。同盟垄断波罗的海地区贸易，并在西起伦敦、东至诺夫哥罗德的沿海地区建立商站，实力雄厚。15世纪中叶后，随着英、俄、尼德兰等国工商业的发展和新航路的开辟而转衰，1669年解体。现今德国的国家航空公司汉莎航空（Lufthansa）即是以汉萨同盟命名的。

了类似的安排，但仍只服务于商业目的，而不是为公众服务。

随着通信需求的日益增长，君主们意识到可以从邮政服务中赚取利润。1544年，德国和西班牙的执政者准许私人开展邮政服务，但不久之后，查理五世（Charles V）①将该服务的垄断经营权授予了图恩和塔克西斯伯爵（Count of Thurn and Taxis）②，这足以证明该项业务是有利可图的。[3]在英国，邮政也是在16世纪中叶作为一个国家机构建立起来的。邮政局长拥有为旅客提供马匹的垄断权，同时也有责任将国王的消息送到下一个邮局。君主授予专营权，以确保为这个信使网络提供资金，满足自身的需求。邮政局长没有义务为普通公民运送信件，他们这么做只是为了赚取外快。[4]

因此，面向公众的邮政服务仅仅是一种副产品，政府和邮政局长都将其视为额外收入的主要来源。几乎没有人尝试使这项服务适应商业需要或使其得到普及。邮政路线往往通向政府交通所到之处。尽管如此，对许多邮政局长和政府来说，受垄断保护的商业运送副业被证明是利润颇丰的，所以对王室宠臣来说，被授予邮政专营权是一桩美事。

---

① 查理五世（1500—1558年），即西班牙国王卡洛斯一世。在欧洲人心目中，他是哈布斯堡王朝争霸时代的主角，也是西班牙日不落帝国时代的揭幕人。
② 图恩和塔克西斯伯爵，即拉莫尔二世·克劳迪乌斯·弗朗茨（Lamoral Ⅱ Claudius Franz，1621—1676年），德国贵族和帝国邮政部长。1646年，他成年后从母亲手中接过了帝国邮政部长的职位。他和他的母亲在组织帝国的邮政系统方面发挥了作用。三十年战争结束后，他成功地与德国各州的众多邮政系统进行了竞争，然而，他未能重新获得合法的垄断权。他还参与了导致《威斯特伐利亚条约》的谈判。

这一传统在美国殖民地也有传承。那里的邮局直到19世纪20年代都将为政府赚钱视为首要目标，之后，国家发展目标被置于首要地位。随着这种高风险、低利润的积极的社会福利导向的出现，邮政体系的规模不断扩大，但其财务表现却恶化了。从1789年到1850年的61年中有40年邮局是盈利的，而从1850年到1980年的130年里，却只有8次盈利。对于18世纪和19世纪早期的公民来说，获取新闻并不像今天这般容易。来自国外的船只抵达港口，或邮递员每两周定期在内陆派送信件，都是重大事件。人们只能通过邮递员所运送的手写信件、在咖啡馆里的交谈以及彼此交换的报纸来了解世界上发生的事情。

发展新闻传递设施在当时已经被认为是公众需要。报纸开始提出修建道路、扩建邮局的倡议。宪法赋予新的联邦政府建立邮局、修建邮路的权力并非仅仅出于惯例，也绝非无关紧要。运河和道路等公共工程是当时发展的关键问题。在电报出现之前，邮政是传递新闻的唯一工具，在这个新的正在发展的国家，邮政对公众生活的重要作用无处不在。1817年，参议员约翰·C.卡尔霍恩（John C. Calhoun）① 表达了当时对邮政和报

① 约翰·C.卡尔霍恩（1782—1850年），美国南卡罗来纳州的政治家和政治理论家，担任过许多重要职务，包括1825年至1832年美国第七届副总统。他坚决维护奴隶制，保护南方白人的利益。他的政治生涯开始时是作为一个民族主义者、现代主义者以及强大的国家政府和保护性关税的支持者。19世纪20年代末，他的观点发生了根本性的变化，他成为州权、有限政府、废止论（nullification）和反对高关税的主要支持者。他认为北方接受这些政策是南方留在联邦的一个条件。他的信念和警告在很大程度上影响了南方在1860—1861年脱离联邦。

纸的感受:"让我们征服空间。从此……一个西部的居民将在印刷机油墨尚未干透之前就能读到波士顿的新闻。邮件和报纸是政治体(body politic)的神经。"[5]

正是这种观点促使制宪会议(Constitutional Convention)①授予国会建立邮政系统的权力。与会者不仅认识到了邮政的商业用途,也同样意识到它于新闻业的价值。20世纪的观念认为,政府和新闻界之间的适当关系是成为保持一定距离的对手,但这样的观点并不来自于合众国开国元勋的思想。他们相信新闻的重要性,这不仅使他们坚持国会不得通过任何"限制新闻自由"的法律,而且还说服他们为新闻提供补贴。

当托马斯·杰斐逊在1800年当选总统时,他开始利用自己的权力对一家报纸进行推广。他敦促费城出版商塞缪尔·哈里森·史密斯(Samuel Harrison Smith)搬迁到华盛顿,发行支持新政府的机关报《国家情报员》(*The National Intelligencer*)②。这份报纸被指定为国会印刷商,进而获得了财政支持。19世纪

---

① 美国制宪会议于1787年5月25日至9月17日在费城举行。尽管会议的目的是修正《邦联条例》(*Articles of Confederation*)下的州联盟和第一个政府体系,但许多倡导者,其中主要是弗吉尼亚州的詹姆斯·麦迪逊和纽约州的亚历山大·汉密尔顿,从一开始就打算建立一个新的政府框架,而不是修理现有的政府。代表们选举弗吉尼亚州的乔治·华盛顿为大会主席,他是美国独立战争后期(1775—1783年)大陆军的指挥官,也是一个更强大的国家政府的支持者。会议的结果是制定了《美国宪法》,使该会议成为美国历史上最重要的事件之一。

② 原名 *The National Intelligencer and Washington Advertiser*,是一份在华盛顿特区出版的报纸,从1800年10月30日到1870年。它是在特区出版的第一份报纸,特区成立于1790年。最初是一份三周一次的出版物,1810年改名为 *The National Intelligencer*,1813—1867年变成日报,是美国首都的主要报纸。它报道了美国国会的早期辩论,对共和党人和托马斯·杰斐逊有强烈的偏好。

上半叶，随着政治潮流的转变，其他各种报纸都获得了大量的政府广告和印刷合同，作为回报，它们成为总统的喉舌。[6]

在当时的政治家看来，帮助建立报纸对政府来说是一项恰当且有用的任务。他们认为，授权政府建立邮政系统的宪法第一条第八款与第一修正案之间并不存在冲突。相反，1792年颁布的第一部《邮局法》（Post Office Act）则明晰地表达了邮政服务应当为新闻业提供帮助。该法规定，报纸的邮资为每份1美分，并允许每份报纸向全国其他报社免费寄送一份报纸，从而通过公共开销提供原始的类似于通讯社的服务。

给予出版物免费邮寄特权或收取优惠费率是一项削减收入但利于发展的政策。1874年，一位国会议员表示，这项特权是"在我们的政府形式下，对人民进行教化的众多方式之一"。如今邮寄免费或有补贴的报纸仍存在于全球许多地方。[7]

在19世纪的美国，报纸的邮递费用通常由报纸订阅者、寄件人和政府共同承担。报社支付城际运输的邮费。[8]订阅者可以到邮局通过免费的服务窗口领取订阅的报纸，而如果他希望报纸能从当地邮局直接送到他们手中，则需要向邮递员支付额外的服务费用。1845年的一项法律要求邮局在30英里范围内免费派送当地报纸，而在两年后这项法律即被废除。1851年，免费邮递再次被投票通过，这一次是限于报纸出版地区内，同时100英里内的费率比100英里以外的费用低。这些法律的目的是保护地方报纸不受大都市竞争的影响。[9]报社之间仍继续自由交换报纸。到1875年，免费邮寄的特权结束了，但低廉的二等

79

邮递费用仍得以继续保留。

书籍和杂志也采取了类似的邮递政策。1851年，首次允许邮寄书籍。到了第二年，邮寄书籍就被给予了优惠价格。1852年，杂志和报纸的收费标准是一样的。结果，一方面是报纸的发行量大量增长，另一方面是邮政的赤字。因此，19世纪的国会政策支持报业，特别是支持小城镇的报纸，而不是大都市的报纸。

从某种程度上说，递送报纸成了邮局的主业。虽然没有确切的方法来将半盎司重的信件的重要性与相同磅数的报纸进行比较，但邮政系统对报业的重要性可以在以下事实中体现：早在1794年，所有邮件中报纸就占据70%的份额。到了1832年，尽管递送报纸只贡献了1/9的收入，但其重量却占到了邮件总重的15/16。[10]1901年，二等邮件的重量占比达到3/5，但收入却只占邮政总收入的4%。到1909年，二级邮件业务赤字达6300万美元，在系统的其他业务盈利的情况下，邮政总赤字被维持在1750万美元。从18世纪90年代到1918年，除了1812年战争期间的临时涨价外，国会严格禁止任何报纸邮费的上涨。

农村的免费邮递是邮政系统以牺牲利润为代价，朝着社会目标迈出的又一步。获得邮政服务成为每个公民的权利，无论住所多么偏远，收入多么微薄。邮政服务具有了国家属性，而并不是商业服务，并被作为自由辩论和公众讨论的先决条件加以推广。[11]

出版自由

胡萝卜和大棒之间存在一种密切的关系。给予补贴的政府可以通过撤销补贴的威胁来恐吓那些依赖补贴者。[12]从这一事实中，那些害怕政府胁迫的人可以得出这样的结论：政府只应发挥守夜人的职能，而不是依权施惠。这种维多利亚时代自由放任主义的观点在18世纪并不流行。亚历山大·汉密尔顿（Alexander Hamilton）①是一个重商主义者，却并不是自由放任主义的倡导者。詹姆斯·麦迪逊也不是威廉·格雷厄姆·萨姆纳（William Graham Sumner）②。所以在邮政系统的萌芽阶段，其宪法条款中存在一个合众国独有的问题：国家能提供的服务也暗含着被用于胁迫和偏袒的可能性。第一修正案剥夺了国会限制新闻自由的权力，但却为政府通过提供邮政服务进而操纵

---

① 亚历山大·汉密尔顿（1755—1804年），美国革命家、政治家和开国元勋。他是美国宪法有影响力的解释者和推动者，也是联邦党、国家金融体系、美国海岸警卫队和《纽约邮报》的创始人。作为第一任财政部长，汉密尔顿是乔治·华盛顿总统政府的经济政策的主要制定者。他领导联邦政府为各州的美国革命战争债务提供资金，并建立了国家最初的两个事实上的中央银行（即北美银行和美国第一银行），建立了关税制度，并恢复了与英国的友好贸易关系。他的愿景包括一个由强有力的行政部门领导的强大的中央政府，一个强大的商业经济，对制造业的支持，以及强大的国防。

② 威廉·格雷厄姆·萨姆纳（1840—1910年），美国社会科学家和古典自由主义者。他在耶鲁大学担任了全美第一个社会学教授职位。萨姆纳在社会科学领域内著作颇丰，有许多关于伦理学、美国历史、经济史、政治理论、社会学和人类学的书籍和论文。他支持自由放任经济学、自由市场和金本位制。他采用"民族中心主义"一词来确定帝国主义的根源，强烈反对帝国主义。他对美国的保守主义产生了长期的影响。

媒介留下了祸患。

1792年，依照邮政权力，国会授权邮局对邮件运输业务予以垄断。1825年，国会通过禁止"在两个定期运输邮件的地方"[13]进行信件、包裹或其他可邮寄物品的商业运输，巩固了这一垄断地位。18世纪的时候，邮政垄断的概念已经在英国的实践中确立，因此，这对美国人来说也是十分熟悉和自然的。

垄断运营的规则在欧洲通常被称为"第三方规则"（third-party rule）。根据这一规则，写信人A可以将报文传递给收件人C，但不允许私人第三方B参与报文从A传送到C的过程。"第三方规则"在欧洲应用于电话、电报、计算机网络以及邮件等行业。

这一垄断规则在清教徒统治的英国受到了挑战。在弥尔顿的《论出版自由》一书抨击国家印刷许可证制度的十五年后，也即1659年，约翰·希尔（John Hill）①写了一本小册子，名为《一便士邮政：维护每个英国人在携带商人和其他人的信件时的自由和与生俱来的权利，反对任何对农民的限制等》（*A Penny Post: or a Vindication of the Liberty and Birthright of Every Englishman in Carrying Merchant's and other Man's letters, against any Restraint of*

---

① 约翰·希尔，英国约克郡律师，1659年出版《一便士邮政》小册子，主张一便士邮资制，即普通信件可以以一便士的价格寄出。将近200年后，1840年1月10日，在整个大不列颠和爱尔兰建立了"统一便士邮政"（Uniform Penny Post），促进了信件安全、快速和廉价地传递，并从5月6日起可以预付第一枚邮票，称为"黑便士"（Penny Black）。这一事件标志着世界近代邮政的产生。

Farmers, etc.）。1682年，威廉·多克沃拉（William Dockwra）在伦敦建立了私人投递服务，邮费为1便士，设置了每小时收集500个邮箱并每天安排6到10次的投递。[14]① 随后，政府对多克沃拉起诉定罪，并将他的服务业务纳入了邮局业务中，但却远没有多克沃拉那般廉价和高效。1708年，查尔斯·波维（Charles Povey）② 试图在伦敦创办一个收取半便士邮费的邮局，但很快也遭到了压制。此后，欧洲的邮政垄断体系鲜少遭遇挑战，直到电子邮件的出现。

在美国，"第三方规则"这个词并不常用，但被称为"邮政垄断"（postal monopoly）的类似问题也引发了争议。没有比对垄断运输工具更强大的审查手段了。因此，邮政权力和第一修正案之间存在着巨大的张力。

从中可以区分出两个宪法问题：通信垄断的合法性和运营商对其运输内容进行差别对待的权利。对这两个问题的回

<hr />

① 英国的邮政服务，从1660年的邮政总局（General Post Office）开始，发展成为一种垄断，在邮政城镇之间收集和运送信件。然而，在威廉·多克沃拉和他的伙伴罗伯特·默里（Robert Murray）于1680年建立伦敦便士邮政（London Penny Post）之前，并没有投递系统。他们二人建立了一个地方邮政，在威斯敏斯特和伦敦两市以及南华克（Southwark）地区，对重量不超过一磅的信件和包裹统一收取一便士的费率，并每天进行几次投递。对于伦敦以外十英里的地址，需额外支付一便士。1683年，多克沃拉被迫向英国君主交出便士邮政，因为他散发了被认为是煽动性的通讯，尖锐地批评约克公爵（Duke of York），而约克公爵是邮政总局的负责人，并直接受益于邮政的垄断。

② 查尔斯·波维（1652?—1743年），英国小册子作者和企业家，他通过经营"半便士马车"（Halfpenny Carriage）挑战皇家邮政的邮政垄断，这是一个类似于威廉·多克沃拉的便士邮政的伦敦地方邮政系统。

81

答形成了四种政策立场。最具限制性的立场是认为政府有权将邮政服务确立为垄断，并确认这种垄断有权拒绝携带某些类别的材料，如淫秽物品、彩票和虚假的、误导性的广告。这一立场实际上使得被禁止材料无法被传递和交付。而最自由主义的立场则认为政府无权赋予任何机构独家传递信息的专营权，也无权让任何政府建立的递送机构在其所传递的内容上确立任何排他性规则。这一立场将政府在传达信息方面的角色限制为纯粹的没有审查权的行政部门。在另外两种中间立场中，一种否认任何传递系统的垄断，但允许任何一个多元的传递系统仅为特定类别的消息提供服务。另一种中间立场允许政府在某些情况下进行运营商垄断，但要求此类垄断机构必须传送客户提供给它们的任何信息。这些政策可以用下表表示：

	允许垄断	禁止垄断
允许内容歧视	极度限制性立场	中间立场
禁止内容歧视	中间立场	极度自由立场

　　极度限制性立场所代表的政策很早就被认为与第一修正案不相容，联邦最高法院和国会都拒绝采纳。但极度自由主义立场同样也没有获得他们的青睐。历史上，美国权力机构一直在两个中间立场间摇摆。有时，他们授权某些通信运输的垄断，但同时否认运营商对其传递的内容拥有自由裁量权。而在其他82 时候，最高法院和国会允许公共运营商拒绝传递某些特定类型

的材料，但作为这一政策的必然结果，运营商垄断传递工具的权利就会被法院和国会剥夺。不经意间，这两种中间立场的结合导致了一些限制性很强的政策。

1836年，安德鲁·杰克逊（Andrew Jackson）[①]总统担心在南方进行反奴隶制宣传可能会产生不良影响，敦促国会禁止在邮件中出现此类内容。作为美国典型的奴隶制支持者，卡尔霍恩领导的参议院特别委员会拒绝了总统的请求，因为在他看来，国会并没有这样的权力："如果承认国会有权决定……什么文件应该或不应该通过邮件传递，这将使政治、道德和宗教等所有层面上的新闻自由完全服从于国会的意志和兴趣。"简而言之，卡尔霍恩选择了中间立场，即禁止对内容的自由裁量权，但允许垄断。对于南方奴隶制代表卡尔霍恩来说，这个结论是可以接受的，因为在第十四修正案之前，当时有观点认为各州可以对诸如反奴隶制宣传之类的事情予以禁止。然而，根据第一修正案，联邦政府并不能使用邮政权来实现这样的目的。[15]

在1851年合众国诉布罗姆利案（United States v. Bromley）中，联邦最高法院也秉持了与卡尔霍恩类似的关于邮政垄断合法性的观点。[16]布罗姆利长期开展有偿传信业务，他在辩护中

[①] 安德鲁·杰克逊（1767—1845年），美国律师、种植园主、将军和政治家，在1829年至1837年期间担任美国第七任总统。在当选总统之前，他作为美国军队的一名将军而声名鹊起，并在美国国会两院任职。虽然经常被誉为普通美国人的代言人，并因在维护各州联盟方面的工作而受到赞许，但杰克逊也因其种族政策饱受批评。

挑战了邮政法中垄断条款的合宪性，但并没有得到法院支持。联邦最高法院在判决中隐晦地承认宪法第一修正案比邮政条款具有更高的位阶效力；如果二者之间发生冲突，第一修正案优先。被告的主张是：他在传递信息时是在行使他的基本言论自由，不能因为宪法允许国会建立邮局和邮路就对其言论自由进行剥夺。然而，最高法院并没有直接驳回这一主张而是基于其他的理由作出了判决。法院认为，本案的问题不处于第一修正案和邮政专营权之间，而是在第一修正案和税收权之间。垄断条款的目的是保护联邦政府的收入不受私人承运商的竞争，因为后者会减少政府的邮票收入。

在宪法的众多条款中，联邦最高法院对不同条款给予了不同权重。在过往判例中，一些条款被狭义地解释，而另一些条款则承载了更多的内容。最高法院在国家法律体系中给予了第一修正案以优先地位，认为它所代表的宪法关切"远比邮件的运输更为重要"，但其并非联邦最高法院给予高度重视和宽泛解释的唯一宪法条款。国家的税收能力是法院考虑的另一个重要问题。事实上，宪法中的弹性条款即指国家的税收权力："国会有权……设定和征收直接税、间接税、关税和货物税，以偿还债务、为合众国的共同国防和公共福利提供资金"。[17]国会没有被赋予为一般福利立法的权力，但它被赋予了为广泛目的进行征税和支出的权力。因此，当在法庭上受到挑战时，政府为其邮政垄断所提出的理由是"提起诉讼所依据的法律属于税收法，应作自由解释"。[18]

因此，布罗姆利案的关键问题是，邮政垄断来源于国会的邮政权力还是税收权力。如果来源于前者，在第一修正案面前，该垄断就不能被法院支持；而倘若是后者，则有可能受到法院保护。判决列出了证明该案属于税收问题的证据。首先，邮票收入作为政府一般收入的一部分而集中收归财政部，其对邮政服务的存续必不可少。其次，邮递费用甚至在邮政法规中被称为"对邮寄物品的征税"。因此联邦最高法院认定该法"毫无疑问是一部税收法"。

虽然当时"刮脂效应"（cream skimming）①一词尚未被发明，但这一判决已经具有了保护政府免受刮脂侵扰的意图。正如AT&T公司最近抗议的那样，细分运营商只会争抢最赚钱的业务，同时让基础运营商承担提供不盈利服务的义务，这可能会破坏系统的健康运作。19世纪的美国政府也担心竞争会减损其邮政收入，使它仅剩下无利可图的业务部分。

对于邮政垄断的另一个挑战发生在1877年的杰克逊单方面起诉案中。奥兰多·杰克逊（A. Orlando Jackson）因通过邮

① 刮脂效应在英文里是一个贬义词汇，意思是公司提供产品或服务时，只提供给需要高价值或是低成本产品或服务之顾客。"刮脂"原指从新鲜牛奶中提炼奶油。炼粹使用的器材称为分离器，它将更轻的奶油从牛奶中抽离，此时奶油就是最终去掉杂质或较差成分的提炼品（skimmed）。
在商业上，"刮脂"背后的含义大致如下：供应商已经掌握了"脂"（高价值或低成本的客户），并且会舍弃提供给较贵或是较难服务的客户群所希望的产品或服务，或将他们"甩"给一些默认供应商。在某些情况下，较高价值的客户本可以提供额外的收入来补贴或减少服务较高成本客户的成本，而较高价值客户的损失实际上可能要求默认供应商不得不提高价格来弥补损失的收入，从而使事情变得更糟。

件进行博彩交易而入狱。他声称，由于邮局的垄断性质，它无权禁止邮递任何物品，它的作用仅限于运送发件人所给予的一切，而不是对某物品可否邮寄进行裁决。[19]这一次，联邦最高法院转向了前表中所示的另一种中间政策立场。法院驳回了杰克逊的主张，即国会无法决定哪些物品可以邮寄，哪些不可以邮寄。史蒂芬·菲尔德（Stephen J. Field）①大法官认为，国会认定博彩是不道德的并拒绝提供邮政服务并无不合理之处。同时，他也认识到了由此可能导致审查制度的岌岌可危。他指出，无论邮局的运送决定如何，公民都可以自由地以他们选择的任何其他方式进行递送，由此得以摆脱这一困境。菲尔德支持了禁止垄断、允许自由裁量权的立场。邮政垄断不能被用于阻碍传输，其他企业可以随意提供垄断企业拒绝提供的任何服务："确定应该提供何种服务的权利，必然包括决定何种服务应当被排除的权利。解决这一问题的困难在于对这一权利的坚持必须与保留给人民的自由权利相协调，而后者远比邮件运输更为重要。"

在这些"比邮件运输重要得多"的权利中，既包括言论自由，也有免受不合理搜查和扣押的权利。后者是一等密封邮件材料的核心：没有搜查令，邮局无权拆封信件，因此无法排除不能被邮寄的物品。而至于公开的印刷品，很容易确定

---

① 史蒂芬·菲尔德（1816—1899年），美国法学家，于1863—1897年担任美国最高法院大法官，是所有法官中任期第二长的。

其内容，因此能否邮寄的关键是第一修正案。如果有些物品不能被邮递和分发，修正案的规定就会被违反："不得对邮件中公开可审查的印刷品运输强加任何条例，从而以任何方式干涉新闻自由。流通自由与出版自由同样重要；事实上，如果无法发行和流通，出版物也就失去了价值。因此，如果印刷品被排除在邮政服务之外，那么印刷品以任何其他方式进行的运输就不能被国会禁止。"[20]菲尔德大法官驳斥了卡尔霍恩的论点，后者认为根据第一修正案，国会无权决定可邮寄的内容类型。[21]在菲尔德看来，国会具有这样的权力，因为它没有"阻止以其他方式运输从邮政服务中排除的物品的权力"。因此，法院对邮政垄断的范围，而不是关于邮件携带内容的规定进行了限制。

杰克逊单方面案并不是限制布罗姆利案判决范围且反映美国厌恶垄断的唯一判决。例如，1910年一家联邦上诉法院认定法律中的"邮件"一词指的是信件，政府对包裹的邮递并不具有垄断。[22]尽管如此，在其有限的领域内，邮政垄断以及国会对于邮寄物品的决定权仍逐渐被接纳为国家法律。

尽管国会和法院试图在处理有关邮政权边界的案件时保持谨慎，但20世纪30年代它们在垄断和邮寄决定权的两难境地上缺乏明确的立场，导致了最坏结果的产生。司法判决在两个中间立场之间摇摆不定：有时垄断是合理的，因为邮局没有控制内容，而有时禁止不可邮寄的物品是合理的，因为邮局的垄断也得到了限制。在这种混乱中，关键困境被忽视了，而垄断和审查邮寄物品的先例被建立了起来。在一段时间内，法律实践展现出了前表中最具限制性的结果。从南北内战到第二次世界大战的时间里，一个隐秘而熟悉的过程占据了上风——监管权的逐渐扩张。[23]这发生在道德主义和社会向善论盛行的改革时代。诸如戒酒、工会和妇女选举权等公益事业的支持者都求助于政府来纠正错误。

利用邮政系统进行的改革从看似无害的规定开始。1865年，国会通过了一项法案，禁止邮寄淫秽出版物。随后，在1868年和1872年，国会相继禁止了邮寄非法或欺诈性的彩票，和邮寄带有侮辱性词汇及设计的明信片。在这些规定之前，物品是否可邮寄仅由其大小、重量、形状和包装等要素来决定。[24]联邦政府通过剥夺彩票推广者获得联邦协助的特权，来帮助各州执行禁止彩票的规定，似乎是完全合法的，尤其是在联邦权力至高无上、各州不能干预邮件运输的情况下。此前，联邦政府一直在充当人们违反州法律的帮凶。[25]

四年后，彩票相关的法律扩大了管制范围，禁止所有彩票通过邮件寄送，无论其法律地位如何。当时的道德改革主义在鼓励新的政府干预的同时，也在阻止利用资助来操纵媒介的旧做法。这些相反主张的最终结果难言成功。1888年，政府将对淫秽出版物的禁令扩大至密封信件上。1890年，带有彩票广告的报纸被禁止邮寄。到了世纪之交，在其他类型的欺诈行为中所使用的信件和通告，如连环信（chain letters），也被禁止邮寄。[26]

1908年，在西奥多·罗斯福（Theodore Roosevelt）①总统的敦促下，司法部长将一份无政府主义杂志的煽动性内容认定为不当信息，国会随后在1911年修改了法律，将不当（indecency）定义为包括"倾向煽动纵火、谋杀或暗杀的品格问题"。1912年，职业拳击电影被禁止邮寄。1933年，使用邮件销售未在美国证券交易委员会注册的证券被认定为非法。一旦某些物品可以被宣布为不得邮寄的原则被接受，对邮件的限制就开始逐渐增加。这恰好印证了大法官约瑟夫·P.布拉德利（Joseph P. Bradley）②在1886年作出的判断："也许这是可憎之物最温和、最令人厌恶的形式，非法、违宪的做法就通过暗中轻微偏离法律模式的方式站稳了脚跟。"[27] 截至目前，曾被宣布无法邮寄的物品清单如下：

---

① 西奥多·罗斯福（1858—1919年），美国政治家、军人、保护主义者、自然主义者、历史学家和作家，从1901年到1908年担任美国第26任总统。此前，他曾于1901年3月至9月在威廉·麦金利（William McKinley）总统手下担任第25任副总统，在麦金利遇刺后继任总统，成为共和党的领导人，并成为反托拉斯和进步政策的倡导者。

作为进步运动的领导者，他在国内倡导"公平交易"的政策，要求对所有公民实行公平待遇，打破不良信托，对铁路进行监管，并提供纯净的食品和药品。罗斯福把保护环境放在首位，建立了国家公园和森林等，以保护国家的自然资源。在外交政策方面，他把重点放在中美洲，开始建造巴拿马运河。罗斯福扩大了海军，并派遣大白舰队进行世界巡游，以展示美国的海军力量。他为促成日俄战争的结束所做的成功努力为他赢得了1906年的诺贝尔和平奖。1904年，罗斯福当选完整任期的总统，尽管对共和党领导人的反对声越来越大，但他还是推动了更多的左翼政策。

1908年他放弃争取连任。1912年他在共和党总统提名竞选中失败，因此退出共和党，成立了新的进步党。他参加了1912年的总统选举，这次分裂使民主党提名的伍德罗·威尔逊赢得了选举。

② 约瑟夫·布拉德利（1813—1892年），美国法学家，在1870—1892年担任美国最高法院大法官。

尺寸过大的物品；易燃易爆物品；排枪；毒药；易腐物品；病菌；高度酒；禁酒令时期的酒类广告；在接收人看来可能是账单的传单；未经请求而邮寄的避孕药品；未经请求而邮寄的避孕药品广告；机动车万能钥匙；职业拳击电影；涉嫌欺诈的物品；彩票；淫秽物品；色情广告；政治煽动广告；未订购的商品；核准招股说明书以外的证券产品；煽动纵火、谋杀或暗杀的物品；妨碍征兵的材料。

其中许多禁令似乎都是合法的。人们很难否认邮局具有拒绝运送超大包裹、炸弹或未冷冻的鱼的权利。禁止运输未订购商品、机动车万能钥匙或未被要求的避孕药也不会引发第一修正案的任何问题，尽管第四修正案①和第十四修正案可能对邮局局长是否可以拆封检查并自行决定邮寄物品的合法性作出一些程序性要求。但在禁止欺诈性陈述的禁令中，有关第一修正案的问题也随之浮现：邮局是否有权决定哪些陈述构成欺诈，或者这是否应

① 美利坚合众国宪法第四修正案是美国权利法案的一部分，旨在禁止无理搜查和扣押，并要求搜查和扣押状的发出有相当理由的支持。美国建国前，英国政府曾下发通用搜捕状，让北美殖民地的治安警察可以任意进入任何人的私有领地进行搜查，这样的做法导致新大陆居民的普遍不满，是美国革命爆发前紧张局势的一个重要原因，第四修正案就是针对这种搜捕状所作的回应。
根据第四修正案，搜查令通常在执法人员宣誓保证后由法院发出，对应的搜查和扣押也必须限制在搜查令所规定的有限范围内。第四修正案的判例法主要涉及三个核心问题：什么样的政府行为属于"搜查"和"扣押"？这些行为的合理理由又是什么？对违反第四修正案权利的问题应该如何加以解决？早期的法院判决将修正案的适用范围限制在执法人员对私有财产的实际侵扰上，但在1967年的卡兹诉合众国案（Katz v. United States）中，最高法院认为其保护也需同样延伸到个人隐私上。

该由法院决定。而就淫秽物品而言，最根本的问题还是，根据第一修正案，联邦政府的任何机构是否可以对其进行适当限制。

就像在杰克逊案件中那样，对关于可邮寄性的规定的辩护是：拒绝向发送者提供的服务，只是发送文件的各种替代方法其中的一种。1904年，一名邮局局长科因（Coyne）拒绝了一份明显来自欺诈组织的邮件，联邦最高法院支持了他的行为。法院表示，邮政服务"实际上是一种普遍且有效的征税方式。事实上，这似乎是国会最初的目的。因此，立法机构在建立邮政服务时，可以附加它所希望的条件"。[28]为了证明判决中所提出的观点，即邮政不是不可或缺的递送手段或公民政府的必要辅助，法院指出，早期邮政费率高昂且交付十分不确定，因此邮件并不具有重要地位。而直到1845年邮票问世，信件的费率才降到5或10美分。因此，邮件是一种便利，而不是一种必需，国会可以对其使用设定条件。

这种观点之后曾反复出现。1912年，国会要求寄送方提供出版商详细的所有权归属声明，方能获得二等邮费费率。刘易斯出版公司（Lewis Publishing Company）声称，强迫披露所有者，违反了第一修正案所赋予的权利——在一些并不涉及邮寄的案件中，法院支持了这一观点。[29]但是，本案中最高法院认为，由于仍然有一等邮件可供选择，对二等邮件的登记要求并无不妥。法院驳回了政府对邮件类型拥有广泛和独断权力的主张，但支持了调查要求——提供与寄送补贴邮件特权有关的信息。再一次地，关键之处仍在于对那些拒绝进行登记的人来说，

88

寄送的方法并没有穷尽，尽管其他方法可能需要支付更高的费用。

在现已成为法律的两份异议中，霍姆斯大法官对这种推理提出了质疑。他对存在替代方案的前提提出了挑战，他坚持认为邮件是一种独特的通信手段，因此根据第一修正案，政府可能不能任意选择提供或撤回邮件服务。1921年的第一个案件涉及邮政总长伯利森（Albert S. Burleson），他拒绝授予社会主义报纸《呼唤》（*The Call*）享受二等邮件的权利，认为该报具有煽动性，因此无权享有特权。[30]① 最高法院支持了他的行为，但霍姆斯持不同意见，认为虽然政府没有义务提供任何形式的邮件服务，但如果它确实提供了这种服务，必须不加歧视地进行："合众国可以在它认为合适的时候放弃邮政服务，但只要它继续提供邮政系统，使用邮件几乎和使用舌头的权利一样，都是言论自由的一部分。"

一年后，霍姆斯和路易斯·布兰代斯一起，再次在某位里奇（Leach）被指控参与专利药品欺诈的案件中发表了反对意见。联邦最高法院并不支持他使用邮件从事这种活动。但霍姆斯表示："当习惯和法律结合在一起并排除了所有其他手段时，第一修正案的条文禁止像本案中这样的对邮递服务的控制。"[31]

这一推理在1941年哥伦比亚特区上诉法院的一份判决中得到了重现。在派克诉沃克案（Pike v. Walker）中，邮政总长弗兰克·C.沃克（Frank C. Walker）承认，他在发布禁止投递派克的邮件的禁邮令之前，没有发出通知，也没有举行听证会，

---

① 此处作者似乎有误，牵涉的社会主义报纸并非《呼唤》，而是《密尔沃基领袖报》。详见注255。

但他声称，他不需要这么做，因为"任何个人都没有自然或宪法上的权利让政府的邮政机构递送他的信件"，并认为邮政局长可以酌定采取行为。联邦最高法院驳回了这一主张："无论邮政系统在建立之初具有何种自愿性，它现在都是公民处理商业、社会和个人事务的主要方式。不仅如此，由于刑法禁止以其他方式递送信件，邮政系统也成了垄断机构。"[32]

最后，在四年后的汉尼根诉《时尚先生》杂志案（Hannegan 89 v. *Esquire*）中，联邦最高法院接受了霍姆斯和布兰代斯的观点，推翻了从杰克逊案、科因案到密尔沃基出版公司（Milwaukee Publishing Company）案①所秉持的司法传统。邮政总长汉尼根（Robert Hannegan）曾试图剥夺《时尚先生》（*Esquire*）杂志的

---

① 即前述涉及邮政总长伯利森的案件，全称"密尔沃基社会民主出版公司诉伯利森案"〔Milwaukee Social Democratic Publishing Company v. Burleson, 255 U.S. 407(1921)〕。此案中最高法院作出一项裁决，支持美国邮政总长根据1917年《间谍法》（Espionage Act）撤销二等邮件特权（大多数报纸和杂志符合的邮件类型）的权力。该诉讼是代表威斯康星州密尔沃基市的社会主义日报《密尔沃基领袖报》（*Milwaukee Leader*）的所有者提起的，原因是邮政总长阿尔伯特·S.伯利森以《领袖报》过去发表的反战文章为由撤销了其二等邮件特权。法院以7比2的投票判决联邦政府胜诉，克拉克大法官（Justice John H. Clarke）发表了多数意见，而布兰代斯大法官和霍姆斯大法官则提出异议。
克拉克指出，邮政总长并没有将该报纸排除在邮件之外，而只是排除了二等邮件特权所提供的低费率。如果出版商希望延长这种待遇，就应该"改过自新，出版一份符合法律规定的报纸，然后重新申请二等邮件特权"。
但布兰代斯认为，"获得合法邮政费率的权利是一项独立于邮政总长的自由裁量权的权利。其存在的权利和条件已被界定，并完全依赖于国会的强制性立法"。布兰代斯警告说，多数意见接受的法律结构性解释将导致"有效审查"，从而限制新闻自由。霍姆斯则认为，赋予邮政总长禁止分发他认为可能带有叛国或淫秽内容的文件的权力，就是赋予他潜在的专制权力。他说，"需要非常强烈的语言才能说服我，国会曾经打算将这种实际上是专制的权力交给任何一个人"。

二等邮件特权，理由是这本当时有点低俗的杂志并没有为公众利益服务，而国会是出于公共利益的目的才为期刊提供较低的邮寄费率。[33]道格拉斯大法官在代表联邦最高法院发言时表示，这并不是邮政总长可以决定的事情。

因此，自20世纪40年代中期以来，邮政服务已经构成事实层面和法律层面的垄断，对于所有以宪法保护的方式进行表达的公民，它必须不加歧视地向他们开放。因此，这就只剩下一个程序问题尚待解决，即邮局应当如何区分诸如淫秽等不受宪法保护的物品。主要的程序问题是邮政局长和法院各自的角色。对于一本刊登有色情图片的杂志，邮政局长是否有资格判定该杂志淫秽？如果这种认定必须由当地邮政局长以外的权力机构作出，并且必须经过仔细的程序，那么所能允许的延误限度为何？

对邮政服务自由裁量权的约束在1971年布朗特诉里兹案（Blount v. Rizzi）中得到了详细的阐述。国会规定，在邮政总长没有对物品是否淫秽作出行政裁决的情况下，该物品的邮寄不能受到任何干涉。然而，联邦最高法院却认定这一程序存在重大缺陷，因为只有在被告上诉的情况下才会进行司法审查，由此导致邮政总长可以独立行事，而无须快速获得有关物品淫秽性的司法认定。法院总结认为，只有司法部门"对言论自由具备必要敏感度"。因此，当第一修正案的保护法益受到威胁时，"只有要求进行司法判决的程序才足以施加有效的最终限制"。进行司法判决的途径应当便捷快速且由监管人员主动提出。[34]

在二战以来的此类案件中，联邦最高法院已经从当时所创造的局面中后退了一步，既接受了邮政垄断，也接受了联邦政府具有可邮寄物品的决定权。而最为重要的一个案例是1965年拉蒙特诉邮政总长案（Lamont v. Postmaster General）。[35]当时的法律要求邮局拦截从国外寄来的"共产主义政治宣传"，并在邮寄前询问收件人是否希望收到这一邮件。本案中，邮局已经给科利斯·拉蒙特（Corliss Lamont）寄去一份调查，询问他是否想接收一份寄给他的《北京周报》（Peking Review）。拉蒙特没有作出回应，而是以违宪为由要求最高法院禁止该法的实施。[36]联邦最高法院罕见地在第一修正案法律上作出一致判决，支持了他的诉求。

该案的重要性体现在多个方面。首先，它宣告第一修正案不仅与信息发布者相关，而且也与接收者有密切的关系。大法官威廉·J.布伦南在一份赞同意见中指出："的确，第一修正案并未对出版物的获取提供具体保障。但《权利法案》所提供的保护超越了具体保障，保护那些同样基本的个人权利不被国会剥夺，正是这些个人权利使明示的保障具有充分的意义……政府辩称，收信人只要克服麻烦将卡片退回，就可以收到该出版物，这只会带来不便，而不是限制。但是，抑制以及禁止行使宝贵的第一修正案的权利是政府所不具备的权力。"自拉蒙特案以来，法律似乎非常明确：邮政当局不得拒绝投递不被认可的宣传品。[37]

因此，联邦最高法院在经历了一个世纪的忽视之后，再次将第一修正案适用于邮政领域：它维持了19世纪允许邮政垄断的判决，尽管这些判决乃是基于过时的政府财政观点。但同时，联邦最高法院现在坚定地认为，如果政府希望行使这样的垄断，那么它必须一视同仁地向所有观点开放邮件服务。虽然最高法院允许国会从邮件中剔除部分不受宪法保护的材料，如淫秽出版物，但受第一修正案保护的言论则不能被排除在邮件系统之外。另外，"除非程序中包括防止宪法保护的言论被剥夺的内在保障措施，否则都将被视为对第一修正案的违反，因为政府'不能恣意地采取它所喜欢的任何程序……而不考虑对受宪法保护的言论可能造成的后果'"。[38]

总而言之，虽然历经波折，甚至邮件审查几乎成了现实，但目前联邦最高法院已经确立了邮件自由能够得到实质性保护的社会体系。在《时尚先生》案之前，联邦政府对可邮寄物品的确定权范围一直在毫无边界地扩大。当联邦最高法院接受了邮政垄断的做法，又肯定了国会在邮政服务提供范围上的自由裁量权时，它在宪法堤坝上凿出了一丝裂缝。但幸运的是，最高法院最终对这一裂缝进行了填补。

电报的法律

在今天的大多数国家，电报由邮政部门管理并且适用第三方规则。除了少数例外情形，任何私营企业都不能在接收本公司以外的信息后，通过电传或租用线路将其传递给另一方。[39]例如，航空公司经常被禁止使用他们的预订网络为乘客预订汽车或酒店房间。然而，美国电报法的历史却截然不同，也更为复杂。电报业并未被邮局所吸收，而是与邮政系统平行进化。

美国电报法似乎以邮政法规为蓝本，但邮政法至多是电报法的鼻祖，而不是电报法之父。换言之，邮政法对电报法的影响是间接的。电报法直接沿袭自19世纪为规范新铁路而发展起来的法律，而铁路法中的部分概念来自于邮政的司法实践，因此电报法受到邮政法的间接影响，但其规制模式直接来自于铁路公共运营商概念的演变。

因此，在与电报有关的案件中，第一修正案几乎不被提及。令人感到奇怪的是，当一种新的通信技术出现时，法院并不会认为它是印刷文字的延伸，与法院决意捍卫其自由的媒介同样重要、同样脆弱、同样需要保护。人们对电报的认识之所以如此模糊，是因为早期电报所携带的字词很少，成本又高，往往被视为商业机器而非一种表达媒介。[40]一个世纪后，计算机也遭受了同样的误解。

上述观点的证据在于，在电报的早期案件以及后来无线电的早期案件中，法院认为联邦政府有权根据商业贸易权对其进行管理。[41]联邦政府管理"各州之间的商业"的权力从未被视同于赋予国会监管报业的权力，即使报纸是作为商业物品跨州销售的；第一修正案对此有监督作用。因此，法院认为电报是联邦监管的适当对象，这意味着在法院眼中，电报更类似于包裹，而不是报纸。[42]

反常的是，这种误解在南北战争之后仍然存在，因为在19世纪五六十年代，电报在新闻上的使用非常广泛。在电报诞生的最初几年，人们很容易误以为它是一种商业工具，而不是出版工具，因为无论是报界还是电报公司都尚未清楚认识到它们对彼此的意义。它们之间的协同作用只有在长达几年的地位和控制权争夺之后才逐渐显现。

早在1846年6月7日华盛顿－纽约的电报线路建成之前，报纸就已经开始尝试使用电报。1845年7月4日曾举行过一个各报编辑的电话会，人们针对在纽约－奥尔巴尼－布法罗的新线路上使用电报的问题进行了讨论。1846年5月12日，《纽约论坛报》（*New York Tribune*）①刊登了史上首个电报公告栏。[43] 由于高昂的成本，公告被尽可能地简写和浓缩。第二天爆发的墨西哥战争是第一个通过电报迅速传播的热点新闻，这引起了其他报纸的兴趣。因此，虽然编辑们很早就展露出了对电报的兴趣，但受制于成本，他们难以通过电报传输大流量的信息。纽约－波士顿线路和匹兹堡－路易斯维尔线路每10字收费50美分，而有些线路则按每个字2美分收费。[44]

报纸行业很强大，对公共关系具有重要影响力，而且可能

---

① 《纽约论坛报》由编辑霍勒斯·格里利（Horace Greeley）于1841年创办。从1842年到1866年，它一直使用《纽约每日论坛报》这一报名，后又恢复原来的名称。从19世纪40年代到60年代，它先是美国辉格党的主导报纸，然后是共和党的主导报纸。该报在19世纪50年代的发行量约为20万份，成为当时纽约市最大的日报。《纽约论坛报》的社论在其他城市的报纸上被广泛阅读、分享和复制，有助于形成全国性的舆论。它是北方最早派记者、通讯员和插图画家报道美国内战的报纸之一。作为一份独立的日报一直持续到1924年，与《纽约先驱报》（*New York Herald*）合并。由此产生的《纽约先驱论坛报》（*New York Herald Tribune*）一直出版到1966年。

是电报系统的一个重要客户。因此它可以利用自身的议价能力，以正常费率的三折到五折进行谈判。[45]尽管如此，个别报纸也负担不起太多的电报新闻。如果报业想要使用新设施，就必须展开合作：报纸之间必须分享相同的电报消息。这不仅引出了新闻通讯社（news service）的概念，还引发了一场电报公司和报纸之间关于谁能够提供新闻服务的战争。电报公司是应该像今天的无线电网络那样成为信息分发者，还是应该像现代电话系统那样仅仅作为载体，被动地传递新闻机构提供给它们的信息？电报公司试图开辟提供新闻服务的业务，就像今天的有线电视公司一样，它们相信自身的网络给了它们发布消息的天然基础。但是报纸最终击败了电报业的努力，控制了自己的新闻服务。

93

在美国和欧洲都发生过电报公司和报纸之间的战争。在十九世纪40年代的美国，电报公司就以每周5至10美元的价格向报纸出售新闻服务。[46]他们不仅在每个社区都有聪明年轻的电报员兼任记者，还掌握了全国的分发路线。当美联社（AP，Associated Press）①于1848年成立时，缅因州波特兰－纽约线路电报公司的负责人弗朗西斯·O. J. 史密斯（Francis O.J. Smith）与其展开了对国际新闻业务控制权的争夺。他拒绝传输美联社的消息。[47]这一损失在任何情况下都堪称巨大，尤其是在跨大西洋

---

① 美联社是美国一家非营利性新闻机构，总部设在纽约市，成立于1846年，是一个合作性的、非公司化的协会。它制作的新闻报道分发给其成员、美国报纸和广播公司。自1917年普利策奖设立以来，美联社已获得56个普利策奖，其中包括34个摄影奖。它还以出版广受欢迎的《美联社风格手册》而闻名。

电缆完工之前，因为满载欧洲新闻的船只将先行抵达哈利法克斯（Halifax）[①]，随后再抵达纽约。由于波特兰-纽约电报线路被切断，美联社注定要输掉从第一停靠港传递欧洲新闻的竞争。各路报纸以垄断之恶为主题发表了措辞激烈的社论，抨击史密斯的卑鄙手段。美联社的回应十分具有攻击性，并取得了成功：它拼凑出了一条与史密斯的线路平行的从纽约到波特兰的电报线。美联社打了一场漂亮的仗，但不是基于任何抽象的新闻自由原则。事实上，美联社与许多电报公司签订了合同，并为它们提供了部分资本，美联社由此在新闻传输方面取得了对竞争对手的领先地位。[48]

在欧洲，报业再次赢得了战斗。三家大型新闻机构参与其中。在电报出现之前，哈瓦斯通讯社（Havas）[②]就已在巴黎成立，并使用鸽子来加快消息的传递速度。1849年柏林-亚琛电报线路开通，沃尔夫通讯社（Wolff's）[③]随后在柏林成立。1851

[①] 哈利法克斯是加拿大新斯科舍省的省会，北部最大的深水天然港口。

[②] 哈瓦斯是世界上第一家新闻通讯社，创建于1835年，也是法新社（AFP，Agence France-Presse）的前身。哈瓦斯在1998年被维旺迪（Vivendi）收购，并更名为维旺迪环球出版社，2004年成为Editis出版集团的一部分。该集团是法国维旺迪集团的子公司，仅次于Hachette，为法国第二大出版集团。

[③] 全称Wolff Telegraphic Bureau（WTB），德语Wolffsche Telegraphenbüro，一家德国新闻通讯社，由医生伯恩哈恩·沃尔夫（Bernhard Wolff）于1849年成立。WTB作为主要的德国新闻社，在大约75年里，与哈瓦斯和路透社一起，成为仅有的几家国际新闻社之一。到20世纪初，WTB越来越多地被视为普鲁士政府以及后来的德国政府的一个机构。随着1914年8月第一次世界大战的爆发，当所有的德国海底电缆被盟军切断时，该机构被切断了其通常的新闻来源并丧失许多客户。1917年至1919年，WTB完全由政府控制。战争的失利、德国随后领土的丧失和经济动荡在20世纪20年代的魏玛共和国时期大大削弱了WTB。日益激烈的竞争也导致了它的衰落，因为其时路透社和哈瓦斯为其许多非德国领土提供服务。1933年，WTB被新的纳粹政权关闭，取而代之的是政府控制的Deutsches Nachrichtenbüro。

年，由于加莱－多佛电报线的开通，路透社（Reuters）^①在伦敦成立。^[49]

1853年，伦敦《泰晤士报》的经理莫布雷·莫里斯（Mowbray Morris）给他的柏林通讯记者写道："我对电报并不信任，我希望它从未被发明。"^[50]莫里斯的报纸占据伦敦60%的发行量，并掌握大部分外国新闻，因此他并不欢迎一种平等服务于所有报纸的工具。相反，地方小报则认为电报是天赐之物，他们十分依赖从电报公司提供的服务中获得新闻。

94
几家英国电报公司就像同行史密斯在纽约－波特兰线路上所做的那样，拒绝传输报社记者发回的报道。《泰晤士报》这样的大型报社顶住了压力，莫里斯拒绝了加入柏林一家电报通讯社的提议，理由是《泰晤士报》的职责在于"从全球每个地方获取真实的情报，甚至不惜为此特地雇佣负责提供情报的通讯记者。他们对所提供的信息负责，正是这种责任确保了报社消息的安全"。来自柏林的提议将"取代专门为某家报社服务的记者的个人责任，该机构本身即隐含着所有责任的缺失。对这种方式传达的消息，我们宁愿放弃"。^[51]地方报纸对此也并不满意，因为它们意识到自己对诸如电子电报公司（Electric Telegraph Company）等机构的依赖逐渐加深。电子电报公司不

---

① 路透社是汤森路透公司（Thomson Reuters Corporation）旗下的一家新闻社，在全球约200个地点雇用了约2500名记者和600名摄影记者。该通讯社由出生于德国的保罗·路透（Paul Reuter）于1851年在伦敦成立。它在2008年被加拿大的汤森公司收购，现在构成了汤森路透的媒介部门。

仅雇佣一大批记者和编辑，而且在1854年拥有120家报社客户，并于1859年与路透社签订了一份独家供应合同。[52]

报社反感于自身对电报公司的依赖，于是在1869年发起了一场运动，要求将英国电报国有化。各地区日报所有者协会抨击电报公司的"专制和武断的管理"，并宣布成立自己的合作新闻社。经过调查，英国议会同意将国内电报业务移交给邮局，同时禁止邮局参与新闻收集。[53]

报纸对电报的使用不断增长。1854年，英国的电报还只是商业机器：其传输消息中50%与股票交易有关，31%是商业信息，13%是家庭事务，报纸只能隐身在"其他"类别中。[54]但到了1875年，被国有化后的电报每年为报界传输2.2亿单词，平均费率降至每一百词4便士。[55]尽管这项业务创造了5万英镑的收入，但邮局仍亏损了2万英镑。低费率催生了售价为半便士的晚报。这种类型的报纸在1870年仅有2份，到了1893年就增长至70份。[56]1907年，新闻类电报赤字达22.3万英镑，而收入仅为14.6万英镑；到1912年，新闻信息占英国通信量的11%，损失进一步扩大。但此后不久，赤字问题开始得到缓解，有关新闻通讯单词数的可靠记录也逐渐消失，因为在20世纪，新闻服务转向租用那些收取固定费用的私人线路，并没有对消息数量的记录。1918年，新闻信息占比已经下降到电报总量的7%，最终几乎消失。1955年，新闻电报服务的收入仅为37.3万英镑，共计发送37.3万条信息，而其余报文都是通过私人线路发送的。[57]

美国的电报以盈利为目的，因此新闻电报的费率从来没有降到像英国那么低。尽管如此，新闻的通信量仍不断增加。摩尔斯从华盛顿到巴尔的摩的电报线路最早是在国会拨款下由邮局赞助修建的，于1847年卖给了私人集团。到1851年，美国共有50家电报公司，其中大多数都获得了摩尔斯的专利许可。[58]1856年，大量公司被并入西联公司，后者于1866年兼并了另外两家大公司。1861年，西联电报公司横跨大陆东西两岸。到1869年，它传输了3.7亿单词的新闻，总收入为88.4万美元，相当于每词0.25美分。[59]为了展开竞争，西联电报公司与美联社和其他通讯社签订了独家合同，作为回报，西联电报将为美联社的报道提供服务。到1880年，新闻电报占到总数的11%。但美联社在前一年租用了第一条私人线路，连接了纽约、费城、巴尔的摩和华盛顿。1884年，它租用了从纽约到芝加哥的第二条线路，为此支付了每年10万美元的费用；相比之下，1880年它在西联电报公司花费的总费用为39.3万美元。[60]

公共运营商的特殊性质很快就被强加给美国电报公司。为鼓励电报系统的发展，1866年，国会在《邮路法》（Post Roads Act）中赋予电报公司以特权，授权其在邮路和公共土地上自由运营线路。国会还允许他们在公共土地上免费砍伐树木做电线杆。而为了获得上述特权，这些作为公共运营商的公司必须不加歧视地向所有来客提供服务。1893年，最高法院认定，电报公司虽然不是严格意义上的公共运营商，但具有与之类似的性质："由于其商业工具的属性，电报公司类似于铁路公司和其他公共运营商"，因此必须不加歧视地提供服务。[61]

除这一义务外，作为公共运营商还要满足许多其他要求。根据铁路法，铁路公司不得要求客户放弃其权利，因为这些权利来自习惯法或成文法，而非服务合同；车票背面的小字也不一定具有约束力。[62]公共运营商也常常需要获得运营许可证。然而，许可证并不一定使它们成为垄断企业：出租车是公共运营工具，在法律上有义务接载任何打车的人，但也面临来自其他出租车的很强的竞争。而且公共运营商的费率通常是受到监管的。[63]①1934年的《通信法》将电报和电话公司定义为公共运营商，但排除了广播电台。因此，电报和电话的费率由联邦通信委员会监管，但广播公司向广告商收取的费用则不受监管。

对电报公司施加公共运营商的要求是对西联电报公司滥用

---

① 在芒恩公司诉伊利诺伊州案中，美国最高法院支持了政府监管私营行业的权力。该案的起因是伊利诺伊州立法机构在1871年对一个农民协会"全国农会"（National Grange）的压力作出回应，限定了私营公司可以对农产品储存和运输收取的最高费用。芝加哥谷物仓储公司芒恩和斯科特公司（Munn and Scott）随后被发现违反了法律，但后者对裁定提出上诉，理由是伊利诺伊州的规定代表了未经正当法律程序而剥夺财产的违宪行为。

最高法院于1877年审理了该上诉。首席大法官莫里森·怀特（Morrison Waite）代表多数发言，指出国家监管的权力延伸到影响公共利益的私营行业。由于粮食储存设施专门用于公共用途，其费率应受公共监管。此外，怀特宣称，即使只有国会才被授予对州际商业的控制权，州也可以在不损害联邦控制的情况下为公共利益采取行动。

垄断所采取的中庸对策。弗朗西斯·史密斯的行为在电报史上并不罕见。当亨利·乔治（Henry George）在旧金山创办一家报纸时，当地电报公司拒绝为其提供电报服务，从而迫使它倒闭。[64]一些电报批评人士提出了比公共运营商更激进的解决方案，即邮局建立与之竞争的邮政电报服务，甚至建议将电报纳入政府的垄断业务中。

在19世纪末和20世纪初，美国曾像欧洲一样，努力将电报国有化。1872年，邮政总长约翰·沃纳梅克（John Wanamaker）对来自西联电报公司的竞争感到震惊，主张将电报系统国有化，认为"虽然电报和邮件之间的竞争对邮局收入的影响并不严重，但这仅仅是因为邮局采用了和公司不同的自由管理模式。在这种管理模式下，电报自发明以来就已将邮费从25美分降至3美分，并使全国的通信量增长了10倍。私营公司的策略是缓慢地扩大设施覆盖范围，并且只向有利可图的地方拓展，从较少的信息传输量中获取大量的利润，而政府系统则走上了完全相反的道路。如果电报公司采用邮局的策略，或者邮政系统保持原来的邮费，那么电报业就不会在仅传送全国年通信量1/50的同时获得占邮政机构全部营业额1/3的收入，而是可能至少会传输1/10的通信量。私营企业的盈利需要并不允许他们这样做。但是电报技术的进步使它在未来一定会在很大程度上作为一种通信方式而取代邮件"。[65]

沃纳梅克提及的可能使电报取代邮件的改进包括多路复用技术和传真技术。而之后被证明最为重要的电话于四年之后诞

97

生，并迅速得到普及。沃纳梅克所忧心的威胁已不再是以替代邮件为代价而发展的电报，而是电话。到1890年，邮局的收入约为6000万美元，西联电报公司的收入约为2000万美元，仅仅只有18年前的1/3。

无论如何，国会从未赞成邮政部门一再提出的建立邮政电报系统的建议，而是更倾向于以公共运营商的规则要求私营通信运营商，其中，"一视同仁"是他们最为重要的义务。根据公共运营商原则，电报公司必须像对待自己一样对待竞争对手，地方电报公司既是彼此的流通信息来源，也是竞争对手。1866年《邮路法》明确规定，要想享受特权，电报公司之间必须互相连通，互相获取信息流量。然而，假设有X和Y两家公司为A、B、C和D城市提供服务，如下图所示：

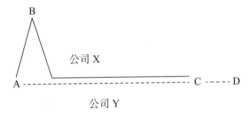

98   Y公司并不愿意在C市接受X公司提供的从A市到D市的流量，它更愿意得到从A市到D市整个路线的收入。但同时，它很乐意与X公司共享来自或送往B市的流量，否则它不可能开展B市的业务。它甚至可能在B市—A市—C市的线路上提供特价费率。因此，企业很容易对竞争线路提供不公平待遇，或者反过来，提供激励措施——鼓励使用自己的设施和补充线路。但所有这一切都被禁止："一家电报公司在向另一家公司申请服务时代表了公众利益，双方都不得歧视性对待，但是双方都必须在相同条件下向另一家公司提供和它向社会其他主体所提供的一样的服务。"[66]

法院和国会列举理由来证明它们对通信运营商的此类要求是具有合理性的，在这些列举的理由中并没有提及第一修正案，所有的论据都没有建立在民主社会言论自由的特殊地位之上。这些规则与适用于铁路的规则十分相似，向法院起诉的电报客户声称，他们被剥夺了与货运客户一样的权利，即接受承运方在平等条件下向所有来访者提供优质商业服务。几乎没有任何案件主张第一修正案的权利，也没有适用任何有关第一修正案的先例。

法院之所以不将电报视为印刷文字的另一形式，也没有像对待印刷机那样给予第一修正案的保护，更多是出于费用的考虑。最初，没有人使用电报进行辩论和自我表达。虽然一封电报上可能会写着："300个词最多出价60美分"，但人们不会在电报键前发泄对当天公共问题的情绪。然而这种情况是暂时的，技术正在发生变化。随着专线和多路复用技术的诞生，大体量用户的文字传输成本下降了一个数量级，电报成了报业的重要工具。

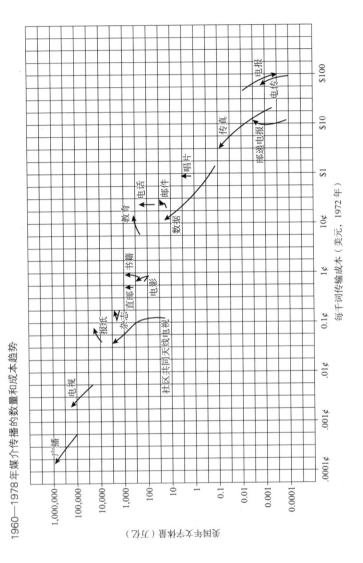

1960—1978年媒介传播的数量和成本趋势

（纵轴）美国每年文字传播量（万亿）

1,000,000
100,000
10,000
1,000
100
10
1
0.1
0.01
0.001
0.0001

（横轴）每千词传输成本（美元，1972年）

.0001¢ .001¢ .01¢ 0.1¢ 1¢ 10¢ $1 $10 $100

广播
电视
报纸
杂志
直邮
书籍
电影
社区共同天线电视
教育
电话
邮件
唱片
数据
传真
邮递电报
电传
电报

如今，文本的电子传输成本又下降了三个数量级。数据传输成本已降至接近大众传媒的水平（见前页图）。过去点对点消息传输与大众传媒在成本上的巨大差距，如今正被低成本的数据传输所填补，而它是昂贵电报的产物。电子信息不再是简单的交易辅助工具，它们开始被用于新闻、教育、思想和讨论。在科学家和业余爱好者中，已经有了电子邮件网络，人们可以在上面踊跃积极地讨论各种想法。

如果十年或二十年后，家庭和办公室普遍拥有了显示终端，信息的显示成本比一张邮票还低廉，那么法院是否仍然会将电报系统视为一种受监管的运输业务，就像商业一样，而不是一种表达方式？或者，法院届时会不会承认电子表达是一种国会不得制定法律进行监管的活动？

电话的法律

法院喜欢通过类比旧现象来认识新现象。当电话被发明时，它所带来的问题是，电话在法律上是一种新型的电报，还是不同的东西。如果电话是电报，那么已经存在一套适用的电报法体系。法院判决有时采纳这种思路，有时换取另种思路，但总会参考电报的法律模式。

1880年，英国对电话在法律上是否等同于电报这一问题作出了肯定的判断。美国法律期刊很快就注意到了这一点。[67]1887

年，类似的法庭判决开始将电话视为一种新型电报。[68]然而，在1899年的一个重要案件中，最高法院拒绝采用这种类比。法院认为，1866年的《邮路法》允许电报公司免费使用公共土地和邮路上的木材和路权，但此规定并不适用于电话，因为在该法案通过时，不存在"任何已知的设备可以在或远或近的不同地点之间以电子方式互相发送和接收清晰的语音"。[69]法院进一步指出，补贴电报公司的初衷之一是帮助建立一个供政府自己使用的网络，但是"政府与所有远距离地点之间的通信几乎都是书面的，构成立法重要内容的有用的政府特权将完全不适用于电话线，因为电话线只传输口头通信"。这一决定剥夺了电话公司的一些极具价值的特权，而英国虽作出了相反的裁定，赋予电话以电报的公共垄断地位，但却对私人电话公司造成了更大的伤害，最终导致它们在1912年被收归国有。

尽管美国法院普遍假装电话不是什么新东西，并将电报法和公共运营商的先例引入电话领域，但随着电话的出现，一些新的法律问题也随之浮现。其中之一有关电话识别的证据地位，在电话中人们只能通过声音而不能通过视觉来判断电话另一端的人是谁，因此某人关于其与被告在电话中达成协议的陈述是否可以作为法庭证据就成了棘手的难题。虽然口头协议具有法律效力，但原告在电话交谈中可能无法确定是被告在说话。起初，接受这种证词被认为颠覆了公认的证据规则。[70]然而，法院最终适应了商业活动中电话被大规模使用以及电话应答精确性提升的现实，对电话协议表示了认可。[71]

另一个电话的法律问题涉及公共运营商的责任和赔偿义务。电话公司必须为所有想要使用服务的人提供服务，但问题是它在确保随时随地正常连接方面应承担的责任有多大。电报法中已经确立了一项基本原则，即除非产生重大过失，承运人只对未交付物的物理价值承担责任，而不对未交付物所载信息的价值负责。与货运公共运营商要对货物丢失或损坏承担赔偿责任所不同的是，信息运营商难以准确认知其所传输内容的外显或内在价值。因此，不能苛求运营商为某些信息在未知情况下对其用户可能具有的价值承担潜在的无限责任。[72]尽管当时存在电报法上的先行规定，但仍出现许多向电话公司索赔的案件。电话故障导致一名儿童因无法就医而去世；企业也因电话故障令客户无法与其取得联系或被错误登记在电话簿中而蒙受损失。在1881年至1902年间，有25个州的法院作出裁决，将电话公司排除在可能的因精神痛苦原则而提起的诉讼之外。[73]

电话业出现的最为重要的法律问题是企业之间的许可，特别是当一家电话公司拒绝向竞争对手提供许可时。在电话诞生之初，许多城市都有不止一家电话公司。在美国，这种情况在1902年左右达到顶峰，当时1002个拥有电话服务的城市中，有451个城市有两家或更多的公司提供电话服务。[74]这种情况在各地都造成了麻烦和不稳定的局面。一个想要使用一家电话服务的人经常被另一家公司接待。商务办公室和重度电话使用者必须配置两部电话。一般来说，是通过选择两个系统中较大的一个来获得一部电话的最大价值，因为这样可以接触到更多

102

的人。因此，每当一家公司在体量上与另一家拉开差距时，其规模扩张的速度就会更快，使得规模较小的公司很快就不得不认输。因此，对于部分公司而言，支撑业务的唯一方法是降低费率，但这意味着它们最终将失去扩张的资本。电话系统至少在单一社区内应当构成自然垄断的结论在美国并未立刻得到显现，这个国家无论在意识形态还是法律传统上都对垄断持反对态度。电话企业间的竞争能否给公众带来好处是一个实时存在的问题。[75]

由于联邦、州以及市级政府均要求创办电话公司须获得许可证，因此有关电话垄断和竞争的问题开始被诉诸法院。公用事业公司必须让当局相信其服务是为"公共提供方便"，方能获得许可证。例如，俄亥俄州要求电话公司在已存在电话公司提供充分服务的城镇开展特许经营之前，须从公共事业委员会那里获得公共便利证书。[76]该州的门登镇（Mendon）已拥有一家公司提供的电话服务，另一家公司获得了开展相同业务的特许经营权，但州政府以存在两家电话公司不方便公众为由，拒绝为其提供必要证明。1921年，俄亥俄州最高法院支持了政府的决定。

法院完全根据公共运营商的相关法律进行推理，并没有提及言论自由。它得出结论，这两家公司都是公共运营商，而对于公用事业，政府可以决定是否需要通过引入竞争来更好地为公共利益服务："重要的是要注意到，政府的规定并没有禁止另一家公司展开竞争，而是将向公用事业委员会申请并获得证明作为先决条件……规定赋予了该委员会调查和决定（该企业的参与）是否能为公众提供便利的所有条件……因此，委员会有权基于公共设施和公共福利对申请人的权利进行拒绝。"[77]

这一结论无可争辩，除非政府想要进行监管的行业并不属于公共监管的范畴。根据第一修正案，法院这一推理不能适用于印刷出版行业。决定是否应该存在一家或更多的报纸，以及由谁来管理它们，显然是被排除在政治控制之外的。那么为什么电话系统没有获得这样的地位呢？难道它们不是同样明显的言论工具吗？令人不解的是，无论是俄亥俄州法院还是处理许可问题的其他任何法院，甚至是为案件辩护的律师都没有想到这个问题。这样的观点甚至根本没有出现。电话被视为电报而非印刷机的继承者，而电报则被视为与铁路相同的公共运输工具，因此都适用类似的法律。

此外，俄亥俄州法院在处理宪法保障问题时，相较于第一修正案，对宪法第十四修正案给予了更多关注。法院认为该案件中的宪法问题不是言论或出版自由，而是财产权的问题。具体而言，该案问题在于根据正当程序条款剥夺电话公司的财产是否违宪。最终，法院依据芒恩诉伊利诺伊州（Munn v. Illinois）案中"当私人财产用于公共用途时，它就将受到公共监管"的经典原则，直接使用公用事业法对本案作出了判决。[78]

同样的推理也部分出现在联邦最高法院关于电信许可的判决中。1934年《通信法》要求联邦通信委员会在向无线电公共运营商发放许可证之前，必须作出有利于"公共便利、利益或必要性"的判断。在1952年联邦通信委员会诉美国无线电公司案（FCC v. RCA Communications, Inc.）中这一规定得到了检验，这起无线电电报案件也成为电话技术相关案件所援引的先例。[79]① 该案中，联邦通信委员会授权麦凯无线电报公司（Mackay Radio and Telegraph Company）在葡萄牙和荷兰开通新的无线电报线路，与美国无线电公司已经建立的线路展开竞争。联邦通信委员会之所以认定这些措施符合公众利益，完全是基于其认为"国家政策支持竞争"，因此在任何"合理可行"的地方都应该允许竞争。弗兰克福特大法官作为近代伟大法官中对言论自由概念最不敏感的法官，代表联邦最高法院作出的判决表示对此并不赞同："当然，在这种情况下，不能说竞争本身就是一项国家政策。这样做不仅会忽视那些如邮政

---

① 此案中，根据1934年《通信法》，联邦通信委员会授权麦凯公司——一家当时为39个海外点提供服务的无线电报公司——开通两条新线路，分别通往葡萄牙和荷兰。该授权遭到了美国无线电公司的反对，该公司通过65条线路提供类似的服务，其中就包含了通往上述国家的线路。委员会认为，促进竞争是一项国家通信政策，并且只要"合理可行"，竞争就符合公共利益。由于这样的政策，重复的设施应该被批准。

最高法院认为，联邦通信委员会认为存在有利于竞争的国家政策的结论是错误的。联邦通信委员会不能"简单地假设竞争一定会带来好处"来证明其促进欧洲无线电报通信的决定是正确的，或者"以一种抽象的、无意义的方式"陈述竞争可能产生的有益效果。相反，法院指出，联邦通信委员会有责任根据"行业的趋势和需求"进行独立分析，来判断竞争是否符合公共利益。通过简单地依赖关于国家政策的假设，联邦通信委员会已经"放弃了……国会赋予它的主要职责之一"。

也就是说，最高法院认为，仅靠竞争不一定能促进公共便利、利益或必要性。只要竞争或没有竞争不是指导联邦通信委员会活动的唯一压倒性原则，竞争就可以作为公共利益决策的一个因素来考虑。

体系等长期被政府垄断、不再被认为是开放竞争的经济活动领域……还有那些被宽泛地称为自然垄断或更广泛意义上的公共事业的领域。在这些领域，为弥补竞争无法提供充分监管的情况，积极的政府监管通常被认为是必要的。"

法院的判决并未将国会提出的"公共便利、利益或必要性"标准解释为含糊的宽泛的措辞，也拒绝向联邦通信委员会透露这样的信息：只要存在任何有用的目的，它就可以无须经过特殊检测而发放许可证。相反，它将这一短语限制性地解释为，要求联邦通信委员会对每次许可证的发放进行检测，以说明该许可证被发放的原因。短语"公共便利、利益或必要性"使用了"或"而不是"且"作为连接词，导致其存在两种理解方式。公共便利，表现为投资者对客户的信心，可能成为授予许可证的足够依据。这一宽泛的措辞很容易被解读为国会示意联邦通信委员会，只要存在可以获得某种利益的迹象，就能够慷慨地发放许可证。但这不是过去的监管机构或对其进行审查的法院所选择的解释方式。就像本案中的最高法院那样，他们选择将该短语解释为对政府进行监管的授权："如果说，只要竞争合理可行，国家政策单独就足以对竞争性运营商予以授权，那么委员会将被授权放弃国会施于它的主要职责之一……委员会必须至少保证……这种竞争将服务于一些有益的目的，比如保持良好的服务并对其不断改进。"

这种观点颠覆了第一修正案下的整套推定。在第一修正案最严苛的解释中，除非存在过度平衡的考虑，都假定任何人均

105

可以自由地开展通信活动。一个这样的平衡考虑可能是由财务状况不佳且没有互通互联的公共运营商带来的不便。但是，在讨论相互竞争的电信公司的许可证发放问题时，弗兰克福特认为没有必要在其他考虑因素与自由推定之间进行平衡。如果他认为本案与宪法第一修正案相关，他甚至可能会这样做。而有关自由的推定恰恰是完全相反的：不应当发放通信许可证，除非国家以其威严得出结论，认为这样做是可取的。

也许最高法院亦可以通过区分电信网络技术和印刷机技术来作出同样的判决，互联性对前者十分重要，但对后者却并不关键。然而并没有人提出这样的论点，最高法院甚至不承认本案中的问题与第一修正案的过往判例存在关联。这种沉默，比本案的判决本身更加非同寻常。在关于公共运营商的判决中，第一修正案已经消失了。即使是第一修正案的两位绝对主义者——布莱克和道格拉斯，在各自撰写了立场相反的异议的情况下，也没有提及第一修正案。布莱克认为，联邦通信委员会已经为自己的决定提供了充分的证据。道格拉斯大法官如果是在一起公认的第一修正案案件中，绝不会允许政府机构行使其对公共利益的判断，但在这里他写道："我赞成最高法院的观点，即根据联邦《通信法》，有必要确定竞争性服务的许可提供了对某种有益效果的合理预期……但是，现有的设施已经超过了处理当前及未来预期流量的要求；拟议的业务仅会对现有的流量进行重新分配，而不是产生新的流量。"

此案在1974年一起美国无线电公司作为原告的案件中，被援引为电话技术的早先判例。[80]当时，美国无线电公司已获得联邦通信委员会的许可，可以通过通信卫星提供语音线路租用服务，与夏威夷电话公司（Hawaiian Telephone Company）展开竞争。再一次，哥伦比亚特区上诉法院裁定，在联邦通信委员会就第二条通信渠道的可取性所作出的批准决定中，委员会并没有经过充分准备："联邦通信委员会没有遵守要求，即明确新服务是否是因公共便利和必要性而导致的。当联邦通信委员会对一条新线路的认证申请进行考虑时，它必须从当时的情况出发，必须应用法定标准，从公共便利和必要性出发来确定是否确实需要更多或更好的服务。"

此处的举证责任已经转移：对于联邦通信委员会而言，仅仅陈述自身曾就这个问题进行了考虑，并得出结论认为提供相互竞争的服务将有利于公众便利或公共利益，已经远远不够了。现在法院所询问的是，公共便利和必要性是否"导致"了一项新的服务，或者公共便利和必要性是否"需要"更多或更好的服务。禁止建立通讯工具，除非政府得出结论认为它们是必要的，这是最专制的政权所希望的公共政策。

除限制性许可外，在电话法的许多方面，第一修正案都被忽视了。例如，联邦最高法院认为对报纸征收特别税是违宪的，但在电话费税方面则并不存在这样的问题。[81]此外，早在1885年，因用户使用恶劣语言而拒绝提供电话服务的做法就已经存在。[82]然而，以曾发行淫秽出版物为由拒绝向出版商提供印刷机，却被认为是构成违宪的事前审查行为。因此，人们不禁要问，当大多数通信通过电子载体而不是集会和报纸传输时，对美国的自由制度如此重要的禁止许可和事前审查是否会继续存在。

与此同时，虽然公共运营原则往往没有明确提及公民自由，但却用不同的措辞描述了许多与公民自由相同的问题。公共运营法律以其自身的方式保护着普通公民的通信权。传统的新闻自由法律基于这样一种假设：在纸张、墨水和出版物足够多的情况下，只要政府不插手，人们就能自由地表达自己的意见。而公共运营法律基于相反的假设，即在缺乏监管的情况下，运营商将有足够的垄断权力来剥夺公民的通信权。反歧视规则旨在确保与印刷机不同、由单一的垄断网络所组成的通信媒介能够被使用。虽然第一修正案的判例在公共运营法律中基本被忽视，但公民自由的要素仍然是后者的核心。

然而，公共运营法律中的这种自由至上元素在电子时代已经被侵蚀。当公共运营的问题与邮局相关时，人们意识到了运营商与国家政治生活的相关性。当新的电子载体出现时，这种认识却消失了。新的运营商似乎与公共事务无关，法院也只是将它们简单地视为商业工具，置于政府施加的任何监管之下。

107

第六章

广播和第一修正案

出版和公共运营这两大体系都通过自己的方式寻求传播的
自由，前者采用的方法是最大限度地减少公共控制，允许任何
人建立设施进行表达，而后者则要求运营商必须平等地为所有
客户提供服务。每种体系都在开放市场与垄断经营之间根据实
际情况选择了合适的路径。但广播却演变成了一个独特且割裂
的系统，并对言论自由和新闻自由造成了损害。这种情况在美
国如此，在其他地方亦不例外。充分且有力的公民议政显得微
不足道。

对于无线电广播，国会和法院采用了和对待公共运营商截
然不同的方式，摆脱了第一修正案所确立的经典概念。在为电
报和电话等电力运营商建立法律体系时，政策制定者在很大程
度上没有意识到他们的决定正在对言论和新闻施加管制。但在
20世纪20年代广播系统被创建时，他们对此却十分注意。在
1927年制订无线电法的过程中，第一修正案与广播的相关性
并没有被忽略，他们就新闻自由制度对无线电的适用性进行了
讨论，这次讨论虽算不上超前，但足够广泛。而之所以国会选
择放弃遵守宪法上所写的"不得制定法律限制言论自由"的字
面禁令，而对广播言论展开监管，并不是因为宪法条款无关紧

要，而是因为它在新技术背景下的应用似乎有些不切实际。

当时无线电广播的组织形态有几种选择：它可以被设置为政府垄断活动、公共运营商活动、受管制的商业活动或者像出版业一样不受监管的市场活动。在这些选择中，只有最后一种从未被纳入备选方案之中。在美国，人们拒绝了将广播活动归为政府垄断活动或公共运营商活动这两种提议，最终决定将其视为一种受管制的商业活动。

国有化——被拒绝的提议

在20世纪20年代初的欧洲，社会主义意识形态正处于历史顶峰。社会民主党已经成为德国、法国、英国及其他地方的主要政党。人们对民主选举下的政治当局所具有的仁慈抱有极强的信心，并认为可以将更广泛的活动置于社会控制之下，进而对抗利己主义和贪婪之害。此外，对国家规划的合理性和有效性的信念不仅得到了左派的认同，而且也得到了大部分右派和中间派的认同。因此，将这样一种全新的、宝贵的、尚未产生既得利益的资源转交给社会主义运动极力限制，甚至意欲废除的私营企业制度的想法，成了对欧洲多数舆论派别的一种冒犯。

但在决定广播国有化方面，另一股力量甚至比意识形态更加强大有效。这就是国家安全机构和邮政、电报、电话当局的权力欲求，他们希望把无线电掌握在自己手中。虽然他们中大多数都是反社会主义者，但却和左派一样希望广播国有化，甚至可能比那些仅尚空谈的社会主义理想主义者更了解这一提议的实质。这种局面所造成的结果是，在法国等国家，广播由国家直接管理，而在其他国家，自由主义者对摆脱国家管制的诉求更为强烈，建立了诸如BBC等独立的广播机构。

就像AT&T公司一样，英国的邮政系统从一开始就把无线电看作是其电信业务的自然延伸。空中传输只是一种发送信息的新方法。英国邮政总局的首席工程师威廉·普里斯爵士（Sir William Preece）[1]在无线电报方面做了开创性的研究。1892年，他开始在尼斯湖（Lock Ness）[2]和礁岛（Skerriel）[3]上进行电磁感应传输的实验，到1899年，他发出的信号已经能够传输3英里。当马可尼（Guglielmo Marconi）[4]和其他人开始使用赫兹波

---

[1] 威廉·亨利·普利斯爵士（1834—1913年），威尔士的电气工程师和发明家。为后世所铭记的是他多年来在无线电报方面所做的开创性工作。他就这一问题进行了许多实验，跨越布里斯托尔海峡、梅奈海峡、索伦特海峡等海面，或从陆地到灯塔（在礁岛上），或在煤矿之间。说来奇怪，他完全忽略了无线信号的意义，后来赫兹对此作了正确的解释。

[2] 位于苏格兰高地（Scottish Highlands）的细长淡水湖。传说中有水怪。

[3] 礁岛（Skerries，原文作者标记有误），位于威尔士的安格西岛（Anglesey）北部的海面上，由三个深水岩石岛和一个浅水岩石岛组成，在中央岛上竖立着灯塔，为在爱尔兰海（Irish Sea）上航行的水手所熟知，特别是那些想把他们的船导向利物浦大港的水手，十分依赖这座灯塔。

[4] 古列尔莫·马可尼（1874—1937年），意大利发明家和电气工程师，因创造了一个基于无线电波的实用无线电报系统而闻名。这导致马可尼被认为是无线电的发明者，他与卡尔·费迪南德·布劳恩（Karl Ferdinand Braun）共同获得了1909年诺贝尔物理学奖，"以表彰他们对发展无线电报的贡献"。
马可尼也是一位企业家、商人，于1897年在英国创办了无线电报和信号公司（后改为马可尼公司），是无线长途通信和大众媒体广播的先驱，最终成为英国最成功的制造公司之一。

代替电磁感应进行试验时，邮政当局十分感兴趣，普里斯也把马可尼引荐给英国掌权者。

在20世纪的前二十年，当无线电传输逐渐被验证并成为现实，许多业余爱好者进行试验并帮助发展了这项技术。为了试验他们的设备，他们需要互相进行通信：他们开始谈话、播放音乐、讨论他们对广播所做的改进，同时不断询问信号接收的时间、距离和效果。马可尼公司（Marconi Company）也做了同样的事情，甚至让劳里茨·梅尔基奥（Lauritz Melchior）①和内莉·梅尔巴女爵（Dame Nellie Melba）②进行了广播。[1]

英国邮政总局意识到，广播虽然是一种有用且必要的活动，但同时也对邮政局和军队所认为的适当且有组织地使用媒介的做法构成了威胁。1920年，一架飞机在英吉利海峡上空的大雾中失踪，其无线电通讯也被娱乐节目的广播所干扰。对此，当局表达了担忧，并出台限制性规定要求。自1904年起，所有的无线电发射机都必须获得邮局许可。马可尼公司在1920年获得的许可证要求每一次广播都要单独批准，因为理论上每一次广播都是一次可能会干扰无线电电报的传输行

---

① 劳里茨·梅尔基奥（1890—1973年），丹麦裔美国歌剧演员。他是20世纪20至40年代杰出的瓦格纳式男高音。在他职业生涯的晚期，梅尔基奥出现在电影音乐剧、广播和电视中。他还录制了许多唱片。
② 内莉·梅尔巴女爵（1861—1931年），澳大利亚歌剧女高音。她成为维多利亚时代晚期和20世纪初最著名的歌手之一，也是第一个作为古典音乐家获得国际认可的澳大利亚人。

为。此后，广播一度被邮局叫停，业余爱好者只能在邮局确信他们有严肃的科学目的的情况下使用功率为10瓦的发射机，且每天使用时长被限制在2小时以内。此外，广播音乐也不被允许。到1921年，邮局已经发放了150张业余传输许可证和4000张业余接收许可证。但业务爱好者并未遵守这些规定，并且反复发起请愿，称"每个英国人都有权从以太媒介中听到正在发生的事"。[2]

　　尽管这些业余爱好者让邮政当局和国防机构感到厌烦，但对广播商业化的恐惧最终导致了英国广播公司的诞生。美国的流行广播一旦被英国公众所听闻，就难以完全禁止，最多只能对其进行限制。但美国广播业的混乱场景使英国观察者们感到恐惧。英国广播电台的先驱之一R.N.维维安（R. N. Vyvyan）代表了当时典型的态度："（在美国）报纸和大型零售商店很快就认识到，广播为他们的商品广告提供了一个绝佳的机会……当时并没有任何规定禁止这样做……一个电台是否干扰另一个电台并不重要……随着广播的繁荣，每个人都想进入这种以太媒介。到1923年中期，美国有500多家广播电台，听众约200万人。到1924年，电台站点的数量增加到1105个，但仍共享89个可用波长，由此当然会造成以太的混乱。英国在普及广播方面起步较慢。在英国，对私人活动的限制虽然常常令人恼火，但总体上是为了公众利益。在无线通信方面，英国邮政总局在批准新申请之前总会要彻底调查一番。美国的实践表明了……将节目的传播权限制在一个权威机构的必要性……1921年，经过多次讨论，邮政总局授权马可尼公司在瑞特尔（Writtle）①研究站进行非常有限的广播。除了马可尼公司之外，其他组织也对广播感兴趣，并获准建立电台。组织之间存在的利益冲突迫使其最终达成了协议，共同出资成立一家英国广播公司。但同样，它也将接受邮政总局的严格限制。英国广播公司将不得使用电台进行广告宣传。"[3]

但在美国，任何在欧洲导致广播国有化的条件都没有出现。首先，社会主义运动未成气候。尤金·德布斯（Eugene Debs）②在1920年的总统选举中赢得3.5%的总统选票，创了历史新高，但在国会中从未有过一个以上的社会党代表。其次，电话业和电报业私营，邮局不参与电子通信。最后，人们普遍反感政府所有制。虽然在第一次世界大战期间，业余爱好者的电台被关闭，政府接管了所有的无线电传输，但当战争结束，国会提出延续政府垄断的法案时，业余爱好者和该行业从业者一起发起了抗议并一举成功。

在美国，很少有人对欧洲的广播机构国有化制度表示支

---

① 1922年，英国政府颁发了第一个广播电台许可证。这个新电台的呼号是"2MT"，在瑞特尔的一个一战陆军小屋里发射。1922年2月14日，由彼得·埃克斯利上尉（Captain Peter Eckersley）领导的马可尼工程师团队进行了首次广播，取得了巨大的成功，为同年晚些时候BBC的成立铺平了道路。瑞特尔是英国埃塞克斯郡（Essex）的一个小村庄，也因此成为世界上第一个定期进行娱乐无线广播的电台的发源地。

② 尤金·德布斯（1855—1926年），美国工会领袖，曾于1900年代表社会民主党竞选美国总统，之后又分别于1904年、1908年、1912年与1920年四次代表美国社会党竞选总统。由于他在工人运动以及竞选活动中的表现，被认为是美国最知名的社会主义者之一。

持，而海军算是其中主要的支持者之一。1918年，众议员约书亚·亚历山大（Joshua Alexander）提交提案，要求将所有无线电发射机国有化，并将其使用控制权和许可证移交给海军，但未获支持。1924年，海军上将W.L.罗杰斯（W. L. Rodgers）表示，海军垄断广播运营是以低成本提供全球新闻的最优选择："在不完全依赖报纸的情况下，如何更好地利用广播提供公众感兴趣的新闻？"[4]

与海军站在同一阵线的广播国有化支持者来自左派。改革派记者、后来成为《新共和》（*New Republic*）①发行人的布鲁斯·布利文（Bruce Bliven）②在1924年提出了广播国有化的制度："无线电广播应当被宣布为受联邦政府严格监管的公用事业，有必要让政府征用并收购整个行业，并在全国或地方范围内建立类似邮局和公立学校的系统来运营它。"[5]

相比这种社会民主党的理想主义，更被普遍接受的是，美国人认为BBC及类似的外国公共垄断机构是审查机构，并且与广播在美国的爆炸性增长相比，它们阻碍了广播事业在当地的

112

---

① 《新共和》是美国的一本政治、当代文化和艺术评论杂志，1914年由进步运动的几位领导人创办，试图在"以人道主义和道德热情为中心的自由主义和以科学分析为基础的精神"之间找到平衡。

② 布鲁斯·布利文（1889—1977年），美国自由派报人，《新共和》主编，在1923年至1953年期间在《新共和》杂志和演讲台上表达的自由主义思想和观点，影响了美国人对众多社会和政治问题的思考。他影响最大的时期是大萧条和罗斯福新政时期，被称为"新政的知识教父"。他撰写了大量社论，旨在鼓励国内的温和左派分子，即那些希望经济计划和政府对工农业进行控制的人。

发展。1936年，一位评论家将纽约市属的广播电台WNYC①比作BBC，后者为了避免刺激邮政总局展开审查行为，"将广播中的政治争议和政治教育内容降到了史上最低。它引起了广播电台寻求中立、去政治化的强烈渴求。"[6]

美国从来没有认真考虑过政府垄断广播这一选项。作为一项受公共利益影响的公用事业，对广播进行政府监管是舆论领袖所能做的最大限度的努力，而这种监管被认为是一种不幸的、需要被最小化的必要措施。在大多数国家，当局勉强接受将稀缺的无线电频率用于娱乐消遣，并将这种广播限制在由政府官员或特别授权的公共实体所组成的"负责任的"垄断机构中。但美国是个例外。

美国的选择：监管

在广播出现之前，点对点通信的用户和业余爱好者曾为争取他们的电波权利而斗争。1919年，全美大约有4000个业余电台，是商业和军事电台总数的四到五倍。[7]早期的广播公司知道业余爱好者为了保留使用电波的权利而必须与海军进行斗争

---

① WNYC是纽约最古老的电台之一。1922年6月2日，纽约市预算和分摊委员会批准了建立该电台的资金。两年后的1924年7月8日，WNYC用一台从巴西运来的二手发射机在570 AM进行了首次正式广播。随着WNYC开始营运，纽约市成为美国第一批直接参与广播的城市之一。

后，对行使自身发言权就变得十分敏感。1920年的选举之夜通常被认为是第一次广播的时刻，当时匹兹堡的 KDKA 广播电台对选举结果进行了广播。在1920年至1923年间，人们的注意力主要集中在广播始创时所付出的体力劳动上。但随着发射机的增加，干扰成了主要的问题。

因此，从1924年到1927年通过《无线电法》的这段时间里，国会和报界就如何建立美国广播系统展开了辩论，选择性许可和言论自由成了主要的议题。而后，随着法律的出台，政策辩论暂时停歇，但就当人们试图观察该法案如何发挥作用时，争议在1930年至1934年间再次加剧。联邦监管政策的逐步收紧引发了对审查制度的尖锐批评。那些曾对1927年《无线电法》的审查倾向感到担忧的人有理由相信，他们的观点已被证明是正确的。尽管如此，国会仍在1934年通过了一部新的《通信法》，虽然该法案也适用于公共运营商，但就无线电广播而言，它对1927年法案中的大部分条款进行了重制。

113

技术背景：频谱短缺

到了1925年，可用的广播频段似乎已经用尽。当时普遍认为，除了已分配的89个广播频道之外，已不能再腾出空间来容纳更多的频道。美国商务部长赫伯特·胡佛（Herbert

第六章　广播和第一修正案　［193］

Hoover）①警告称，"现有条件已不允许在拥堵地区增加发射站的数量。这是一种客观状况，而非主观情绪。"[8]

持有许可证的广播公司对此表示同意，但因为他们已经确定好了各自使用的频段，因此他们的态度是倾向于不让其他竞争者进入广播行业。1925年，美国国家广播协会（National Association of Broadcasters）以许可证已经饱和为由，建议不再发放新的许可证。[9]这既是特殊利益集团的要求，也是一种共识。民权律师莫里斯·恩斯特（Morris Ernst）②承认，现实中广播许可证的数量已经过多，之后政府不可避免地将在申请者中选择性发放许可。他认为，如果没有选择性许可的过程，广播电波就会像交通高峰期的四十二街（Forty-Second Street）一样出现拥堵。[10]

然而，法律并不允许商务部长就许可证发放对象进行选择。为确保业余电台不干扰海军，1912年出台的《无线电法》③赋予了商务部长颁发传输许可证的权力，但这种权力更类似于

---

① 赫伯特·胡佛（1874—1964年），美国政治家，1929年至1933年担任美国第31任总统，是共和党成员，在美国大萧条开始时任职。胡佛是一个以采矿工程师身份致富的人，他领导过比利时救济委员会，担任过美国食品管理局局长和商务部部长。

② 莫里斯·恩斯特（1888—1976年），美国公民自由联盟的著名律师。在公共生活中，他捍卫和维护美国人的隐私权和不受审查的权利，在挑战和克服查禁某些文学作品以及维护媒体雇员组织工会的权利方面发挥了重要作用。

③ 正式名称为《管制无线电通信的法案》（37 Stat. 302），是美国的一项联邦法律，也是第一个要求无线电台获得许可证的立法。它是在向公众介绍广播之前颁布的，最终被发现包含的权力不足以有效控制这种新的服务，因此该法被取代，政府的监管权力也随着1927年《无线电法》的通过而增加。

交警，其重点是以减少干扰为目的的频率分配。商务部并没有拒绝向申请者发放许可证的权力。[11]

虽然被要求向所有申请人发放许可，但在实际过程中，商务部总是倾向于把最好的频段分给其偏爱的广播公司。宗教或劳工团体等特殊利益申请者只能获得劣质频段部分时间的使用许可；而商业广播公司则能获得更好频段的使用许可。[12]但在1926年，商务部长所拥有的这种能够选择频段和广播时间的有限权力也被剥夺了。尽管在1923年美国第二届无线电广播会议（National Radio Conference）中，对部长的这一权力进行了确认，但当胡佛部长试图对顶峰广播公司（Zenith Radio Corporation）在未经授权的频段上展开运营的行为进行处罚时，法院认为1912年《无线电法》并未授予其执法权力。[13]

判决一出，全美各地的广播公司迅速开始跳转到理想的频段进行播报，互相之间的干扰越来越多。这场危机使得国会开始行动。在此之前，他们已经就一项新的无线电立法讨论了多年。就当时的局面看，为了公众利益，立法规定对广播公司进行选择性许可，似乎是必要之举。

但如果回过头来看，对受优待的申请人发放许可的做法，在当时并非唯一选择。除此之外还有很多可行的替代方案，即使选择受管制的公共事业方案，频段短缺的压力也没有当时看起来那么大。为了减少当局在许可证申请者中进行选择，一项必要措施就是强制广播公司共享频段。然而，广泛的共享将使每个被许可人每周只能获得几个小时的播出时间。作为一种普

114

第六章　广播和第一修正案　[195]

遍的解决方案，这种共享却因经济原因而遭到拒绝。随着广播艺术的进步，一个好的电台所需的资金成本已增加到15万美元以上，每年的运营成本在10万美元以上。胡佛观察到，无论一周工作一天还是七天，广播站的成本在很大程度上是相同的。[14]因此，电台的数量成倍增加，而每个电台只允许在有限的时间里进行广播，这将压低这些电台的收入，从而降低其广播质量。障碍可以通过电台共享频段和昂贵的发射机设备来解决，但这种公共运营的变体被国会意见所拒绝。

国会并没有意识到频谱短缺可能是暂时的。到了20世纪20年代中期，人们发现技术的进步最终可能会克服短缺，但这样的远景也并不明晰确切。当时的当权者既不知道实验室里有什么，也不愿意在能够廉价获得少量频道的情况下，考虑使用昂贵的技术来增加频道。业余爱好者们已经证明，高于标准广播波段的频段是可以被有效使用的。1912年的《无线电法》将广播的频率限制在1500千赫以内，人们普遍认为在其之上的频段毫无用处，希望它们逐渐消失。相反，在1923年和1924年，人们实现了以3兆赫从澳大利亚横跨大西洋传输到加州的试验，这一频段后来被称为高频或短波的下限。1924年，英国马可尼公司进行了10兆赫频段的实验，到1926年，它开始为加拿大提供10~20兆赫频段的电报服务。1925年，马可尼公司对150兆赫的频段（即现在的甚高频）展开了研究。[15]如今，由于可用频段的扩大，大约只有2%的频谱用于广播和电视，但在20世纪20年代政策制定者考虑的频段中，有多达一半的频段专门用于无线电广播。他们没有预见到这种戏剧性的变化。

当局确实收到了一些关于可用频段在未来可能会增加的消息。在无线电技术新发展所带来的影响得到研究之前，胡佛在1924年就敦促通过了一项新的临时无线电法。[16]1926年，商务部的斯蒂芬·B.戴维斯（Stephen B. Davis）①在参议院的一次听证会上被问及可用的最短波长时，他回答称，当前短波被认为是毫无价值的，尽管实验前景光明，但还没有人知道它们未来会是什么样。[17]

1927年，胡佛就他对扩大广播可用频谱的保留意见进行了详细说明。他的保留意见更多侧重于经济和政治方面，而非严格意义上的技术建议："有人认为解决办法在于扩大可用广播频段，从而允许更多的广播频道加入，使得更多的广播电台成为可能。我们国家的绝大多数接收设备无法覆盖更广的频段，我们也不可能在不侵犯分配给业余爱好者的频段的前提下对可用频谱进行扩展。"

随着电台将功率提升至500瓦以改善信号，互相之间的干扰变得更加普遍。然而，即使是"伟大的工程师"胡佛，也认为短期内没有任何技术解决方案，可以在满足新电台需求的同时，向主流电台提供良好的服务。已有250家新电台提交了申请，正在等待审批："这是一个简单的物理事实：我们没有更

---

① 即小斯蒂芬·B.戴维斯法官（Judge Stephen B. Davis, Jr.），时任美国商务部首席律师，商务部长胡佛的重要助手。

多的频道。在目前的技术发展水平下，已不可能提供更多的频道了……所有这些都让我们直面选择性授权这个我们一直害怕面对的问题，我们希望技术的发展能够提供解决方案，但这似乎还很遥远。我们现在必须决定是否应该在发生干扰的地方建立更多的电台，直到技术上产生新发现来解决这个问题。"[18]

后来成为联邦最高法院大法官的雨果·布莱克，作为第一修正案的代言人，曾在1929年提出了反对公共事业广播许可证的交叉所有权规则。时任参议员的他曾对未来进行了展望，认为技术可能会消除这种限制存在的必要，"无线电未来的可能性是今天无法预测的"，但他同时也认为，在当时除了选择性授权之外别无选择。[19]

因此，人们虽然模糊地意识到，频谱短缺在未来可能会出现相应的技术解决方案，但这一愿景尚未为广播技术的最新发现所证实。人们对广播许可的必要性达成了共识，但在许多政策制定者眼中，这一结论与他们保持新媒介不受政府控制的愿景存在着严重的认知分歧。

监管体系

在弥尔顿时代，英国政府对出版业实施许可证制度是为了限制报刊出版。而美国却恰恰相反，尽管美国对于无线电广播所涉及的经济和技术问题并没有清楚的认知，但它对广播行业设置许可的目的却是促进广播业的发展和扩张。在20世纪20年代，无论是政府还是行业都不由自主地逐渐走向了一种监管制度。

但同时，所有人都对审查制度表示反对。胡佛警告称，对广播的垄断控制将"在原则上等同于对整个国家新闻业的控制"。"即使在当前电台数量有限的情况下"，他也反对"政府的任何审查行为"[20]。尽管如此，他还是在1924年建议国会授予商务部对无线电台的功率、波长分配和广播时间的管辖权。美国国家广播协会抗议称，商务部长将因此获得"拿破仑式的巨大权力"，并提议建立一个通信委员会进行单独管理。[21]随着电波堵塞日渐严重，监管似乎是不可避免的，争论的焦点仅仅在于监管的形式。广播公司出台决议，对审查广播节目以及限制广告表示反对。[22]胡佛部长则提出了一项有关联邦政府对波长和功率进行分配的计划，称这将"让每个社区在决定谁将占用分配给该社区的波长这件事上，拥有很大的话语权"。[23]

作为广播行业实际上的代表，美国无线电广播会议也在1925年召开的第四次会议上一致认为联邦政府"应当有权通过发放许可证、控制功率、分配波长以及其他适当措施，整体处理州际和国际事务"。但同时，政府的权力"不应延伸至不会影响服务或不会造成干扰的电台管理事务上，也不应在任何情况下进入审查的禁区"。他们建议国会规定"由商务部长负责无线电立法的管理"，但同时"言论自由原则不可侵犯""无线电广播从业者不应被要求将其财产用于公共用途，他们的财产无论在事实上还是法律上都不属于公共事业"。当时的广播公司就像今天的有线广播台一样，恳求不要被强制赋予公共运营商的责任。更进一步地，该行业会议提出，无线电许可证"只应颁发给那些商务部长认为的将使公众受益、对公众利益有必要或对该技术的发展做出贡献的人"，并且"无线电通信不得被垄断"。最后一条是针对AT&T公共运营商计划所作出的回击。[24]

随着电台数量的增加和干扰情况的恶化，监管的压力也越来越大。在监管方案的设计过程中，最有争议的问题之一即是审查制度。1926年，众议员华莱士·怀特（Wallace White）表示，"迟早会有某些（政府）当局来确定主题的优先次序"，但他在拟议的无线电法案中没有提及这一主题，因为人们担心这样的条款会赋予政府以审查权力。他向众议员菲奥雷洛·拉瓜迪亚（Fiorello La Guardia）保证，该法案"没有授予商务部长任何程度的干涉言论自由的权力"。[25]商务部也重申政府无意进行审查。[26]但也有观点并不绝对反对政府在其中发挥作用。一些人认为，那些盈利的广播电台应当被作为公用事业进行监管，另一些人则指出在决定什么符合公共利益方面存在困难。[27]一项禁止任何有关进化论的无线电广播的提议被国会否决。

在应该由商务部长还是独立委员会来颁发电台许可的问题上，许可制度支持者之间因党派路线不同而出现了分歧。民主党人将胡佛视为共和党总统候选人。参议院民主党领袖约瑟夫·T.罗宾逊（Joseph T. Robinson）指责说，行政部门对广播的控制将剥夺民主党人的广播时间："赋予总统控制主要宣传

118

机构的权力来实现意见和言论自由的想法与长久以来的经验相冲突。"[28]而卡尔文·柯立芝总统则持相反的观点,他认为政府机构已经足够多,因此无线电监管权应当留给商务部。两位参议员在广播各自观点时遇到困难,部分出于对此的回应,参议院在1926年出台的法案草案中包括了建立一个独立委员会的提议,同时禁止电台播放任何歧视政治职位候选人的材料,或在讨论任何影响"公共利益"的主题时播放歧视性内容,这一公式为当下的"公平和平等时间原则"(fairness and equal time doctrines)①埋下了伏笔。[29]

然而,国会内部矛盾重重,无法就这项法案达成一致意见,直到顶峰广播公司案给广播业带来混乱。1926年7月,司法部长根据法院判决发布了一项意见,要求商务部长向所有申请人颁发许可证,这使得后者失去了指定波长的权力。[30]而由于互相之间严重的干扰扰乱了信号接收,《纽约时报》发表社论称广播必须受到监管,商务部也应该这样做,因为就像在英国一样,广播的"天定命运"就是一个受控制的垄断行业。[31]

---

① 美国联邦通信委员会于1949年推出的公平原则(fairness doctrine)是一项政策,要求广播许可证持有者既要介绍具有公共重要性的有争议的问题,又要公平地反映不同的观点。1987年,联邦通信委员会废除了公平原则,促使一些人敦促通过委员会政策或国会立法重新引入该原则。公平原则与现在仍然存在的平等时间规则(equal-time rule)不同。公平原则涉及对有争议的问题的讨论,而平等时间规则只涉及政治候选人。

同等时间规则规定,美国广播电台和电视台必须向竞争的政治候选人提供同等的机会。例如,这意味着,如果一个电台在黄金时段播放一位候选人的信息,它必须以同样的条件向反对派的候选人提供同样的时间。

美国的主流报纸并不认为这是一个关乎言论自由的问题。

在以上种种的促使下，国会于 1927 年 2 月 23 日通过了一项新的无线电法案，成立了联邦无线电委员会（FRC，Federal Radio Commission）作为监管机构。但即使是新法的拥护者也感到不安。参议员戴维·沃尔什（David I. Walsh）抱怨说，这部法律"没有能够明确清晰地保障言论自由的权利，以防止占主导地位的政党或强大的利益集团出于自身利益而对广播进行控制，并确保不同意见的倡导者能在平等条件下合理地利用相关设施影响公众舆论"。[32]该法中有四条规定与审查制度有关。第 18 条对时间平等作出了规定，要求电台如果选择发表政治候选人的观点，那么必须平等对待其他竞选人，并"不得对符合本条规定的播出材料进行审查"。第 29 条规定，该法中的任何条文都"不得被解释或理解为授予发放许可的机构对任何无线电台传送的无线电通信或信号进行审查的权力，同时，该机构也不得颁布或设定任何对无线电通信的言论自由权利造成干涉的规定或条件。在合众国管辖范围内的任何主体不得通过无线电通信发表任何淫秽、不雅或亵渎的语言"。该法第 11 条规定，如果无线电委员会认定满足"公共便利、利益或必要性"的条件，就必须发放许可。这一要求引发了持续多年的争议。另外，该法第 13 条也禁止委员会向任何被认定犯有垄断或企图垄断无线电通信罪的个人或公司颁发许可证。[33]

这些法律规定在美国一直被沿袭下来，如今的体系仍然是 1927 年所确立的制度的延续。这部法律采取了一种让许多立法者感到困扰的平衡做法：政府可以选择广播公司发放许可，但同时不得控制发布的内容或对广播公司进行审查。

审查制度的发展

在20世纪20年代早期，广播电台自身会对发言人进行审查，这种被称为"私人审查"的现象十分常见。早在1921年，在纽瓦克（Newark）车站的演播室里，当广播内容被认为不适合被公众听到时，工程师就会通过一个紧急开关来切断讲话者的声音。[34]有关避孕、卖淫和香烟等话题的讨论都会遭到这样的处理。

听众数量对广告商的吸引力使得广播公司对"公众舆论"十分敏感。听众经常向电台发送表示赞成或反对的卡片，一些广播公司甚至为此提供专门表格。广播电台管理者总是避免谈论可能引起社区愤怒的话题。1923年，《纽约时报》评论说："广播听众如此之多，代表着各种各样的利益，因此审查员必须剔除任何可能伤害听众感情的东西。"[35]

这种审查的一个常见理由是认为广播是一种独特的强大力量。广播虽然有时被视为与"出版"等同，但更多时候往往被当作一种潜在的更危险的工具，如果不加以警惕，就会摧毁美国的理想。[36]1924年，美国商务部长胡佛说："广播已经从探索领域变成了一种公共事业。所有的公共事业中，没有哪一种

活动比它更贴近我们每一位公民的生活，也没有哪一种活动
比它会对未来产生更大的影响，更没有哪一种活动比它更能引
起公众的关注。它已经深入到每一个家庭的生活。我们可以通
过防止那些会危害理想家庭的印刷品进入来保护家庭，但同时
我们必须加倍保护广播。"柯立芝总统也对这些观点表示赞同：
"这种新的科学工具有机会获得比印刷出版物更大的受众范围，
因为父母可能会将有害的印刷品拒之门外，但广播则可以直接
接触到我们的孩子。"[37]

1924年，在加利福尼亚州，一场关于提倡水权私有的广播
演讲引发了冲突。水资源公有制的支持者迫使电台巡视员威胁
要进行审查，广播业则对这种滥用职权的行为表示抗议。[38]

虽然有关审查制度的案例同时打击了左右两派，但自由派
担心广播可能会成为由强大的私人利益主导的"正统喉舌"。
他们向政府求助，希望保护言论自由免受私人审查。[39]众议员
华莱士·怀特提议在商务部内设无线电广播局，以"规定所提
供服务的性质和应遵守主旨的优先次序"。《纽约时报》抱怨道：
"该法案实际上是让商务部长和在他的指导下行事的委员会对
无线电台广播的信息进行审查。"[40]

1924年，在改革杂志《国家》（*The Nation*）①举办的一场关
于广播自由的座谈会上，所有人都对审查制度持反对态度，但

①《国家》杂志是美国历史悠久的连续出版的周刊，报道进步主义的政治和文化
新闻、观点及分析。

纽约市政治家格罗弗·维伦（Grover Whalen）在会上表示，希望政府保护公众免受劣质广播以及电台所有者私人审查的影响，"除了必要的和明智的政府控制外，广播应该像传播声波的空气一样自由"。美国无线电公司的大卫·萨尔诺夫（David Sarnoff）①反驳称，广播正在成为一种主要的舆论媒介，因此"适用于新闻自由的原则也应该适用于广播"。他突出了政府审查的危险，并将广播公司私人控制所带来的危险最小化。据估计，每天超过500家电台向大约1000万观众进行广播，因此不存在任何人垄断"自由空气"的危险。而他认为"真正的危险"在于"审查制度和过度监管"，公众舆论必须成为"对广播内容的检验"。[41]

在同年举行的美国第三届无线电广播会议上，其他行业发言人也同样反对政府对节目内容的管制，但接受了广播应该"始终遵守规则，并适合家庭消费"的前提。他们相信，广播公司可以确保这一点。当时的行业规则是：自我审查，这样政府就不会进行审查。[42]

最具争议的私人审查事件与卡滕伯恩有关。他是《布鲁克林鹰报》（*Brooklyn Daily Eagle*）的副主编，也是一位受欢迎的

---

① 大卫·萨尔诺夫（1891—1971年），美国企业家和美国广播电视的先驱。在他职业生涯的大部分时间里，从1919年美国无线电公司成立后不久到1970年退休，他以各种身份领导该公司。他统治着一个不断增长的电信和媒体帝国，包括RCA和NBC，并使其成为世界上最大的公司之一。萨尔诺夫在1945年被任命为信号部队的后备准将，此后他被广泛称为"将军"。他提出了"萨尔诺夫定律"（Sarnoff's law），该定律指出，广播网络的价值与观众人数成正比。

电台名人，在AT&T公司下属的纽约WEAF电台上进行广播。1924年，他因国务卿查尔斯·埃文斯·休斯拒绝承认苏联的独立而对其进行批评。休斯听到广播后，打电话给AT&T的一名代表，向纽约传达了一个消息："卡滕伯恩这个家伙不应该被允许在纽约电话公司的设施上批评内阁成员。"于是，卡滕伯恩的合约被取消。[43]

卡滕伯恩后来就言论自由和公共运营商的问题进行了明确说明，因为二者都是在无线电频道有限的背景下产生的："广播电台需要联邦当局的合作……商务部能够对波长和广播权进行分配和撤回。广播电台的控制公司不会愚蠢到与高层人士作对，损害自身的利益……不为公众所知的是，一项全面的广播审查制度已经实施。它通过一个有意排斥的过程安静而有效地运作。虽然到目前为止，那些被排除在外的人有办法开设自己的电台，但这条路很快就会被切断。从现在开始，联邦政策将反对在无线电拥堵的地区无限制地建设高功率电台。不久之后，我们可能会目睹一场法律战，迫使那些习惯于出售时间的广播电台以平等的条件向所有参与者出售广播时间。'广播自由'的含义将接近于'言论自由'或'新闻自由'。广播和电话一样，都是一种公共服务和便利设施，最终也必须受到同样的监管和控制。"[44]

尽管广播公司为他们实施的私人审查制度辩护，将它类比为报纸的编辑特权，但反对者认为，开办广播电台不像创办报纸那么容易，而且很快就会变得更加困难，而且如果"编辑特权"是在政府当局的许可下行使的，那么它就会更加可疑。正如AT&T公司的一名高管在卡滕伯恩事件中所写的那样，该公司具有"与每一个同通信有关的政府机构持续、全面合作的基本政策"，这并不符合新闻自由的传统。[45]

　　私人审查的例子层出不穷。[46]电台以各种各样的理由来切断或禁止人们的发言，这些理由包括他们支持左翼政治、反对禁酒令、反对连锁商店、提及节育议题、批评政府以及批评"广播托拉斯"（radio trust）。1926年，社会主义领袖诺曼·托马斯（Norman Thomas）①原定在纽约WMCA广播电台发表的演讲突然被取消。托马斯抗议说，只要许可证还掌握在内阁官员手中，任何电台都不会冒险批评政府。最终，WMCA电台妥协了，一周后托马斯公开广播了他的演讲。[47]

　　这样一种稀缺媒体上的言论自由困境甚至让热心的公民自由主义者也加入了冲突。1926年，恩斯特在为美国公民自由联盟（ACLU，American Civil Liberties Union）②作证时承认有必要为广播立法，因为与报纸不同，广播"可以划分的领土是有限的"，并且仅仅通过立法强制要求言论自由不受损害远远不够。[48]他指出，执照交易已经十分活跃，其中许可证被以极高的价格出售。例如，商务部认为芝加哥的无线电波已经饱和，

①诺曼·托马斯（1884—1968年），美国长老会牧师，作为社会主义者、和平主义者和美国社会主义党的六次总统候选人而闻名。
②美国公民自由联盟是一个非营利性组织，成立于1920年，"旨在捍卫和维护美国宪法和法律所保障的每个人的个人权利和自由"。ACLU通过诉讼和游说开展工作，其附属机构在所有50个州、哥伦比亚特区和波多黎各都很活跃。美国公民自由联盟在它认为公民自由受到威胁的情况下提供法律援助。

因此芝加哥工会（Chicago Federation of Labor）很难获得一个电台。最终，这个工人机构不得不支付25万美元来买断别人的许可证。恩斯特对这个问题进行了总结："只要商务部能够决定哪些人应该被赋予发声权，它就不需要额外的权力来决定人们发声的内容。"尽管如此，他却得出了略显矛盾的结论："如果政府对电台不具有所有权和控制权，那么就应该建立一些机制，尽可能地确保少数观点的播出。"在实现这一目标的机制上，恩斯特在政府控制和对此的不信任之间摇摆不定："虽然对广播进行某种审查在目前是一项必要的工程，但那些相信言论自由权利的人必须确保这种审查尽可能地由全国数百万听众来控制。把不受限制的控制权交给商务部长和一个由五人组成的超级政治委员会，实际上是部分地剥夺了我们的言论、我们的耳朵，以及因此而产生的我们的思想。"[49]

1927年《无线电法》禁止无线电委员会进行审查，但在该规定成法之后，人们才认识到，发放许可证的权力本身就涉及固有的审查制度。联邦无线电委员会专员亨利·贝洛斯（Henry A. Bellows）① 解释说，由于可用波长的短缺，无线电委员会被迫作出选择，"实际上，是无线电传输的物理事实

---

① 亨利·贝洛斯（1885—1939年），报纸编辑和电台主管，1927年，被任命为联邦无线电委员会（联邦通信委员会的前身）的首批五位委员之一。为了防止政府对广播的更大干预，他主张电台的节目要单独满足听众的需求；其背后的假设是，广播永远不可能同时包含所有类型的节目，相反，必须作出选择，以确保为听众提供优质服务。三年任期届满后，贝洛斯离开了无线电委员会。1928—1935年，他兼任全国广播公司协会的董事；1930—1934年，他是哥伦比亚广播系统（CBS的前身）的副总裁。

迫使实施一种极其不寻常的审查"[50]。《哥伦比亚法律评论》（*Columbia Law Review*）也提出了同样的观点："'公共便利和必要性'标准似乎提供了一种足够有效的手段来保障广播自由。广播节目的性质，以及更具体地说，电台在有争议的问题上是否能够公平地代表双方，很容易成为决定是否允许它继续播出的重要因素。"[51]

在《无线电法》通过后的大约两年时间里，委员会忙于批准或拒绝许可申请，并试图充实"公共便利、利益或必要性"的含义时，政策辩论却中断了。国家备战运动（National Preparedness Movement）①和WEVD电台均获得了许可，后者是纽约一家专门纪念尤金·德布斯的社会主义媒体，理由是一家电台成为"政治少数派的喉舌"并无不妥。而对于那些播放人身攻击或争端的电台，无线电委员会认为并不合适，因此拒绝或暂缓向其发放执照。[52]虽然委员会仍然否认审查制度，但它已将一些因素纳入考虑，如不同类型的服务在不同电台之间的分配，避免节目的重复，以及电台以留声机唱片等其他形式向

---

① 国家备战运动是由美国陆军前参谋长伦纳德·伍德（Leonard Wood）和前总统西奥多·罗斯福领导的一场运动，目的是在第一次世界大战爆发后加强美国军队。这一运动起初遭到伍德罗·威尔逊总统的反对，他认为美国应处于中立地位，以便在欧洲促成妥协的和平。围绕备战运动成立了几个组织，并举行游行和组织反对威尔逊的政策。1915年5月7日，"卢西塔尼亚"号（RMS Lusitania）被德国U型潜艇击沉后，威尔逊的态度发生了变化。国会于1916年6月通过了《1916年国防法》，授权在1921年之前将美国军队的规模从1916年的10万人增加到20万现役人员和40万美国国民警卫队人员。它还为美国海军的长期大幅增长提供了支持。

公众提供服务的可行性。

　　无线电委员会还就宪法保障言论自由的范围发表了大胆的声明。该委员会表示，言论自由显然能够延伸到有关政治和宗教问题的意见，但"同样的宪法保障也适用于个人纠纷和私人事务的公开吗？就委员会看来，情况并非如此。除委员会提供给听众的保护外，他们毫无防护，因为听众们无力阻止携带不受欢迎信息的以太电波穿过墙壁，进入家里。他们唯一的选择是不收听电台节目，但这并不令人满意……委员会认为言论自由的保障与娱乐节目本身并不存在任何关系，并认为自身有权考虑不同申请人提供的节目服务，对它们进行比较，并选择提供最好服务的申请者"。[53]因此，根据其对言论自由的米克尔约翰式定义，无线电委员会声称它摆脱了审查者的标签，在它看来，强制执行关于哪种娱乐模式最适合美国公众的判断，并不是言论自由的问题。

　　到1929年，前无线电委员会专员贝洛斯预测，国会将"逐步加强政府的权力，以调查广播电台提供的服务类型，并根据其获得的信息，批准或拒绝许可申请"。[54]1931年，美国报纸出版商协会（American Newspaper Publishers Association）要求无线电委员会颁布一项禁止在广播中播放彩票的命令时，该委员会以其缺乏审查权为由拒绝了。然而，三天后，委员会却在一份新闻稿中警告各家电台，如果收到大量关于某一电台彩票广播的投诉，它将对彩票是否符合公共利益产生怀疑，并就该电台的许可证申请举行听证会。[55]显然，委员会认为，它对公共利益的监管应当包括节目内容。

当时的一个问题是，委员会应该在多大程度上确保公共事务的"公平性"。1930年，参议员迪尔（C. C. Dill）[①]以候选人的平等时间要求为依据，询问无线电委员会是否考虑过对公共问题的讨论制定类似的规定，并认为"这是委员会的权力范围"。[56]同年，无线电委员会警告广播公司加强对广告的控制。该委员会的一名律师争辩说，如果委员会有权防止无线电接收受到干扰，那么它肯定有权保护公众免受"更危险的影响……出于此目的而非彼目的进行控制，这与国会宣称的为了多数人的最大利益而规范无线电通信的意图相矛盾。因此，委员会必须以电台过去的节目记录为指导"。[57]无线电委员会正在缓慢却坚定地扩大其影响力。

虽然关于这种审查制度的争议正在酝酿，但公众关注更多集中在广播行业垄断的威胁上。1926年就已开始建立广播网。在可供广播使用的89个电台频道中，有40个是"无干扰"频道，即一次只保留给一个电台使用。这些频道几乎全部由网络附属机构持有。[58]独立电台正遭受重创，大学电台对分配给它们的差波长和低功率感到不满，许多教育电台正在倒闭，其中至少有一些原因出自它们在一众商业电台中维护自身许可所需的费用，这些商业电台持续向无线电委员会请愿，要求更多的

125

---

① 即克拉伦斯·克利夫兰·迪尔（Clarence Cleveland Dill，1884—1978年），美国华盛顿州的一名政治家，民主党人，曾在国会两院各当选两届议员。在参议院，他是1927年《无线电法》和1934年《通信法》的主要提案人。

广播时间。[59]例如，纽约社会主义电台WEVD被分配较低的功率，在刻度盘上处于较差的位置，且不得不与其他11个电台共享时间。同样，芝加哥劳工电台WCFL的功率也很低，因此它的信号接收受到了西屋公司两个电台的干扰。1928年，无线电委员会承诺批准了它5万瓦发射机的申请，但到1931年仍未兑现。[60]

1930年左右，法院第一次有机会提出广播中的审查问题。在两个案件中，哥伦比亚特区上诉法院在两起案件中对无线电委员会拒绝发放或修改许可证的做法表示了支持，并建议委员会在作出此类决定时考虑电台的节目内容。[61]在委员会拒绝向堪萨斯州米尔福德（Milford）KFKB电台的所有者约翰·布林克利医生（Dr. John R. Brinkley）颁发许可之后，委员会根据节目内容来决定是否发放许可的问题，被推上了风口浪尖。布林克利医生通过广播提供医疗建议，并为山羊腺体手术招揽病人。委员会认为，该电台的运作不符合公众利益。1931年，也是尼尔诉明尼苏达州案确立新闻事前审查是违宪行为的同一年，巡回法院维持了委员会拒绝向布林克利电台发放许可证的决定，并驳回了布林克利提出的该拒绝是审查制度的论点，认为"这个论点毫无根据。委员会从未试图在上诉人的广播事项公布前对其任何部分进行审查。在考虑上诉人牌照续期是否符合公共利益、便利或必要性问题时，委员会只是行使其无可置疑的权利，关注上诉人过往的行为，这并不构成审查"。[62]

《耶鲁法律杂志》(Yale Law Journal)指出了这一案件的内在矛盾:"尽管委员会可能无权在节目发布前对其进行审查和否决,但在许多情况下,撤销和拒绝续签许可证的权力是一种非常有效的审查手段,以至于无法令人信服地在'事前限制'和因过去项目的性质而拒绝延期许可证之间进行任何法律上的区分。"[63]最激烈的法律观点严厉批评了这一判决:"这不是什么类似审查制度的东西,这实际上就是审查,就是最本质的审查制度。"委员会因为一位名为邓肯(Duncan)的演讲者在俄勒冈州波特兰市(Portland)一家电台的广播中说了很多亵渎和淫秽话语,因而认定这家电台没有保持"适合这个时代和这一代人的高雅标准"[64],进而吊销了它的执照,这一决定也同样招致了批评。

在审查制度上具有里程碑意义的案件是1932年南方三一卫理公会诉联邦无线电委员会案(Trinity Methodist Church, South, v. Federal Radio Commission)。[65]"战斗的鲍勃"舒勒("Fighting Bob" Shuler)既是一名牧师,也是洛杉矶KGEF电台的老板,曾利用该电台开展宣传经济保守主义、反对天主教、批评地方腐败等一系列活动。在无线电委员会拒绝为他的许可续期之后,舒勒提出上诉,声称他被剥夺了言论自由。联邦上诉法院虽然承认第一修正案禁止对出版进行事先限制,但认为委员会的行动是对监管权力的适当行使:"如果拥有州际商业广播许可证的人可以使用这些设施妨碍司法执行、冒犯成千上万的宗教情感、激发政治不信任和公民不和谐……那么,这项伟大的科学技术非但不是恩惠，反而会变成祸害……这既不是审查，也不是事前限制，更不是对第一修正案保障的权利的削弱……上诉人可继续对担任公职的人的品行加以苛责，但根据法律他不能要求以这样的目的继续使用商业工具。"[66]

这个判决存在争议。美国公民自由联盟以事前审查为由，代表舒勒向联邦最高法院提出上诉，但最高法院拒绝受理。有人呼吁修改法律，以便对广播和新闻界一视同仁。无线电委员会被称为一个"阶级机构，一个没有任何真正自由的政治机构"。[67]以下评论反映了对审查制度的典型关切："虽然目前的广播技术水平不允许无限量的电台运营，但这似乎不足以证明国会可以基于似是而非的理由，限制在使用其他出版媒介时完全合法的言论。国会的监管权力应该被限制在适当的宪法范围内，即事后惩罚。"[68]

该判决的支持者虽然承认事前审查已然发生，但他们认为这是出于"公共便利、公共利益或必要性"的理由，因而具有正当性。一位评论员表示："并不能将电台和报纸进行类比，从而认为新闻自由条款没有提供任何帮助。广播频道的数量是有限的，而报纸的数量可能是无限的。这种（使用广播频道的）权利不应该免费给予某些人，让他们随意使用，对一般公众进行骚扰。"[69]但却没有一个评论员对公共利益标准本身提出异议，对广播频道的限制被认为是理所当然的，因此需要进行一定的监管。

以前默许甚至鼓励对广播实施管制的报业，现在却以广播遭受部分审查的条件为理由，不将新闻享有的特权扩大适用范围至广播领域。1933年，当哥伦比亚广播公司向国会请愿，要求允许其新闻人员进入参众两院时，报界代表对这一请求表示反对，理由是"如果官方承认无线电广播是传播新闻的媒介，就意味着对新闻审查制度的正式批准"。[70]

大萧条和随之而来的由富兰克林·罗斯福总统所发起的政治动员促成了审查行动的一个新高潮。审查的主要目标不再是通常的社会主义者、工会和左派，而是新政的保守派反对者。1933年，联邦无线电委员会专员哈罗德·拉方特（Harold A. Lafount）通知所有广播电台，"即使没有义务和法律责任，他们也应当有爱国责任"，如果有广告商"有意藐视、无视或修改"由罗斯福新政早期的关键机构——国家复兴管理局（NRA，National Recovery Administration）①出台的准则，那么就要拒绝向这些广告商提供广播设施。哥伦比亚广播公司认真对待了这一警告，取消了消费者研究公司（Consumer Research）总裁弗雷德·施林克（Fred J. Schlink）计划批评NRA的节目。但当一些参议员威胁要向国会提出这个问题时，哥伦比亚广播公司改变了这一决定。[71]

类似的限制也影响了外交政策的批评者。1933年，波士顿

---

① 国家复兴管理局，又译全国复兴总署，是富兰克林·罗斯福总统根据《全国工业复兴法》于1933年设立的一个机构。该机构的目标是汇聚工业界、劳工和政府等各界的智慧，制定公平竞争守则和公平市场价格，从而消除恶性竞争，以及帮助工人制定最低工资和每周最高工时和产品最低价格。

WBZ 电视台的经理、NBC 的沃尔特·迈尔斯（Walter E. Myers）在致马萨诸塞州美国退伍军人协会（Massachusetts American Legion）的信中写道，协会在电台发表的演讲中忽视了"本公司的一项重要规定……我们有义务实施监管性、禁止性的'游戏规则'。特别是在国家面临危机的时期，我们认为，任何在广播中扰乱公众对总统信心的言论都是对人民的伤害，因此也就不利于国家福利。"1933 年，当美国爱国社会联盟（American Alliance of Patriotic Societies）的沃尔特·雷诺兹（Walter L. Reynolds）向哥伦比亚广播公司申请广播时间以反对承认苏联时，时任哥伦比亚广播公司副总裁的贝洛斯回答说，"不允许在哥伦比亚广播公司播放任何以任意方式批评政府政策的节目"。[72] 对新政政治批评的暂停并没有持续太久。到 1934 年，媒体开始反对罗斯福，国会辩论重新开始，广播上的讨论也在较小程度上得以恢复。

新政的任务之一即在于出台一项新的通信法案。其目的不是改革广播监管，而是将电信的监管权从州际商务委员会（Interstate Commerce Commission）中移除，并将该活动与无线电监管合并到一个新的通信委员会——联邦通信委员会之下。该法案有两个不同的部分，一个关于电信公共运营商，另一个则是关于无线电通信，而后者的规定与 1927 年《无线电法》基本相同。

围绕这项新法案的辩论引发了对政府干预无线电的两种批评：无线电委员会"通过新闻发布实施控制"，以及据称罗斯福政府主导了无线电。一位国会议员抱怨道："当政府有权发放无线电广播运营许可时，必然就会导致这一政府机构对言论自由的控制过大……所以，说到底，自从无线电广播问世以来，对人民的真正保护仍在于新闻自由，而不是言论自由。"[73]同样，一位参议员警告说："当我们赋予许可和消灭的权力时，广播言论自由就岌岌可危了。不受控制地管理我们的通信渠道、电报和电缆系统的权力，就是扼杀信息传输并对新闻界和公共平台产生影响的权力。"[74]

新闻界也联合起来支持参议院对该法案的攻击，因为作为一项通信法案，其不仅仅只局限于广播，它也将影响到有线服务。参议员托马斯·沙尔（Thomas D. Schall）指责说，该法案将允许政府对新闻报道和电报信息进行审查。美国报业编辑协会（American Society of Newspaper）和报业工会（Newspaper Guild）都反对赋予联邦通信委员会权力。[75]新闻界已经学会了与广播一道生活，因此它对监管和审查的蔓延感到震惊。新闻界和广播将自己视为同一个实体——也就是媒体——的那一天正在到来，其自由必须得到捍卫。

尽管存在这些担忧和法院过往判决下的基调，1934年的《通信法》仍使已建立的无线电广播系统得以延续。该系统已经到位，并且拥有一大批热心的听众，如果要刺激国会尝试一些新的东西，就需要一场危机，但这场危机并没有发生。因此，到1934年，美国的一个主要媒介开始实施许可制度，受到监管，甚至受到审查。尽管法律明确规定不能进行审查，并且这

129

也与国家的传统存在根本矛盾，但广播，以及后来的电视，仍旧遭遇了一个内含审查的制度。国会否决了政府对广播的国有垄断，使广播系统保持多元化、竞争性和私密性，但同时也将其置于侵入性的严格监管下。最终，国会出台了一部与"没有法律"限制言论自由的思想背道而驰的法律，并成立了联邦通信委员会来执行它。

法院的反应

法院对广播言论自由的裁决思路摇摆不定，它整体上支持监管体系，但偶尔也会对过度的监管加以限制。在最初的几十年里，联邦最高法院一直回避广播系统一方面受管制、另一方面又享有言论自由时宪法所遭遇的两难境地。1940年，最高法院在没有提及第一修正案的情况下，维持了1934年《通信法》的合宪性。弗兰克福特大法官宣称："国会为了保护广播这项影响深远的新兴科学的国家利益，制定了一套统一而全面的行业监管体系。"[76] 在他看来，国会之所以获得管理通信业的权力，是基于一种被认为重要性远超第一修正案禁令的考虑，即"担心在缺乏政府控制的情况下，公共利益可能会服从于广播领域的垄断统治"。在世界上大多数国家，基于公众利益实施许可制度也发生在纸质印刷媒介上，但在一个半世纪前的美国，这一做法已被禁止。而为了保护频谱不受垄断，在广播中实施公共利益许可具有合理性。

在三年后的NBC诉合众国案（NBC v. United States）中，联邦最高法院的判决更为明确。联邦通信委员会一方面遵循国会的禁令，鼓励广播行业的地方主义，另一方面也推行其反垄断政策，出台了限制广播电台与服务网络签订合同的规定，禁止电台对节目的控制。[77]NBC指责限制电台制作节目的方式限制了他们的言论自由，但并未说服法院。弗兰克福特大法官重申，由于固有的稀缺性，广播不同于其他通信方式："言论自由被限制在那些希望使用有限的无线电广播设施的人手中。与其他表达方式不同，广播本身并不是所有人都可以使用的。这是它的独特之处，也是为什么它与其他表达方式不同，要接受政府监管的原因。"

二十六年后，在一个具有里程碑意义的案件——红狮广播公司诉联邦通信委员会案（Red Lion Broadcasting Company v. FCC）中，法院将这些早期的判决演绎为了合乎逻辑的结论。该案中，法院不仅维持了对行业结构的监管，甚至还维持了对内容的监管。案件的争论焦点在于公平原则，或者更具体地说，是对人身攻击的回应权。[78]1964年总统竞选期间，原教旨主义电台传教士比利·哈吉斯（Billy Hargis）在红狮广播公司（Red Lion Broadcasting Company）旗下的一家电台上对记者弗雷德·库克（Fred Cook）发表的一篇批评候选人巴里·戈德华特（Barry Goldwater）的文章进行了猛烈攻击。库克要求给予自己广播时间来进行回应。在此背景下，民主党全国委员会

（Democratic National Committee）利用库克的请求来恐吓广播电台，让他们不要播放像哈吉斯那样的批评内容。这种努力虽与该案无关，但对于理解政府管制言论的影响却不无关系：国家权力已经成为利益相关方用来压制对手的武器。

联邦通信委员会裁定，库克有权拥有自由的回应时间。联邦最高法院也认定这样的做法是合宪的，即要求广播电台在报道公共问题时，给予每一方公平的报道，并要求它们给受到人身攻击的人一个回应的机会。联邦最高法院不顾第一修正案的规定，坚持为广播监管辩护，理由是"广播频率是一种稀缺资源，只有政府才能对其使用进行管制和合理化。如果没有政府的控制，这种媒介将毫无用处，因为相互竞争的广播会产生刺耳的声音，而这些声音中的任何一个都不能被清楚地、可预见地听到"。由于只有那些希望进行广播的人可以获得广播许可证，因此，"每个有幸获得许可证的主体都有义务以公共利益为目的展开经营，并承担公平和无偏见地提出重要公共问题的义务"。[79]

大法官拜伦·怀特（Byron White）① 援引了与电影和宣传车有关的先例——联邦最高法院对这两种媒介的处理方式也与游说者和出版商存在差异，认为"新闻媒体的特性不同，适用于它们的第一修正案标准也不同"。因此，"当想要广播的人数大大超过可分配的频率时，认为第一修正案赋予的广播权与每

---

① 拜伦·怀特（1917—2002年），美国职业橄榄球运动员和法学家，从1962年起担任美国最高法院大法官，直至1993年退休。

个人的发言、写作或出版权一样不可撼动、不可剥夺是毫无意义的"。相反，"观众和听众的权利，而不是广播公司的权利，才是最重要的"。因此，"第一修正案并没有阻止政府要求被许可人以受托者的身份行事，并规定其有义务作为代表表达所在社区的观点和声音，否则这些观点和声音将不得不被禁止在广播中传播"。

如果资源天然稀缺的前提是合理的，那么这些结论将完全可信。如果真的只有几家电台，那么要求它们成为公开论坛而不是享有特权的发声渠道会更好地服务于自由。确实，如果限制电台数量的原因是技术问题，那么这种情况下应该采用类似于公共运营商的安排。

将垄断媒介所有者视为受托人的逻辑是如此具有说服力，以至于在20世纪中叶，一些理论家放弃了基于传统纸媒所衍生出的第一修正案含义，转而支持一种新的"接近"理论（theory of "access"）。[1]这类理论的领军人物杰罗姆·巴伦（Jerome Barron）认为，在大众媒介巨头时代，媒介所有者行使言论自由，而其他人却被拒绝接近媒介，因而言论自由权并不能被视为一种民主权利。媒介接近运动仅是20世纪60年代反叛声音的一个方面。反对者也成立了大量的公民团体，以迫使广播公司

---

[1] 可以把媒介接近权理解为一种积极性言论自由权，主要目的是加强言论自由市场的多样性、促进言论发表的平等机会。这一权利的首倡者美国学者杰罗姆·巴伦认为一般社会成员可以也应该利用传播媒介阐述主张、发表言论以及开展各种社会和文化活动，同时，这项权利也赋予了传媒向受众开放的义务和责任。

更多地响应人们的需求。这些团体对许可证更新提出异议，并要求获得对他们不赞同的广告和节目的答辩权。[80]

总体而言，这种接近提议，虽然得到了听证，但在联邦通信委员会和法院那里并没有成功。其中一个问题即在于公平原则是否同样适用于商业广告。最初，联邦通信委员会支持了禁烟信息应与香烟广告相平衡的请求，法院也对此表示赞同。[81]环保主义者随后要求就汽油公司的广告进行答辩。越战反对者要求刊登广告，而其他人可能反过来要求获得答辩权。当局预见到会有越来越多的人对广告进行抵制，于是匆忙撤退。

抵制香烟广告的问题在国会那里得到了解决。烟草公司最不想做的事情就是让他们的广告处于争议之中。如果这种情况发生的话，他们宁愿不做电视广告。因此，在烟草行业的默许下，国会禁止在电视上播放任何香烟广告。[82]早些时候，联邦通信委员会曾裁定，由于吸烟被官方正式认定存在健康危害，因此属于特例，一般情况下无权通过答辩来对广告宣传进行平衡。而当法院似乎不愿意接受吸烟问题的独特性，国会也对这一裁决提出异议时，联邦通信委员会干脆撤销了这次裁决，并随后裁定公平原则不适用于"商业"广告，只适用于"倡导"广告。由于这些网络只在竞选期间接受关于公共问题的"倡导"广告，因此广告内容中也没有什么可供答辩的了。

民主党全国委员会对这一结果发起了挑战。它将哥伦比亚广播公司告上法庭，试图迫使其播放一则批评共和党政府在越南行动的广告。联邦最高法院基于第一修正案支持了广播公司拒绝播放这则广告的权利。[83]判决指出，尽管被许可方被要求在处理公共问题时保持公平，但它仍保留了决定在何时、何地以及如何执行这些义务的编辑责任。任何第三方都无权让自己的内容必须被播出："不管内容是好是坏，编辑的职责即在于编辑，即对内容的筛选、选择。报纸或广播的编辑可以且确实会对这种权力进行滥用，而这不是否定国会赋予其自由裁量权的理由……《权利法案》的起草人接受了这样一个现实，即这些危险虽然邪恶，但对于这些危险，除了依靠行使言论自由的人们的节制精神、责任感和文明感之外，没有其他可接受的补救办法。"[84]简而言之，第一修正案适用于广播新闻，但并不完全适用，因为它受到公平原则的限制："广播被许可人拥有很大程度的新闻自由，但却没有报纸享有的自由那么大。被许可方必须在其作为私人企业家喜欢做的事情和作为'公共受托人'需要做的事情之间取得平衡。"如果允许联邦通信委员会指令播放任何特定广告，政府就会行使"日常编辑决策"的权力。

在一份赞成意见中，道格拉斯大法官对公平原则表示了反对："在我们的第一修正案中并无公平原则的一席之地。这项原则就像把骆驼的头塞进了帐篷里①，让一届又一届政府玩弄电视或广播，以达到其肮脏或仁慈的目的。"在"第一修正案所许可的自由放任体制"下，联邦通信委员会"有责任鼓励多种声

133

---

① 这个隐喻来自一则阿拉伯谚语，即如果允许一只骆驼把头伸进帐篷里，就不可能阻止它的其余部分进入帐篷。

音，但只能以一种有限的方式，即通过防止垄断行为和促进有潜力开辟新渠道的技术发展"。道格拉斯指出，电视和广播应该像报纸和杂志一样，受到宪法第一修正案的保护。他认为，麦迪逊和杰斐逊对政府干预的恐惧，今天可能更多地与电视和广播有关，而不是报纸和相似出版物，因为这种恐惧不仅建立在一个无法无天的政府幽灵之上，而且还建立在一个倾向于将其对共同利益的看法强加于人民的、派系控制下的政府幽灵之上。

倡导者巴伦为一个案件辩护时，试图将基于"接近"理论对第一修正案所作的解读应用于报纸而不是广播，结果这样的解读遭到了决定性的拒绝。半个世纪前，佛罗里达州颁布了一项法律，赋予公职候选人发表答辩的权利，以回应任何报纸对其人格或履历的攻击。这项法律基本上早已被遗忘，也从未在法庭上受到考验。1972年，《迈阿密先驱报》（Miami Herald）发表了一篇社论，抨击当时正在竞选州议会议员的工会官员托尼洛（Tornillo），但该报拒绝发表托尼洛的回应。当这起诉讼到达最高法院时，法官一致裁定佛罗里达州的法律违宪。[85]①

---

① 在此案中，巴伦是托尼洛的律师。最高法院给予印刷媒体受宪法保护的编辑自主权，与对广播媒体的处理有很大不同。例如，在此前提到的红狮广播公司诉联邦通信委员会案（1969年）中，法院支持公平原则，该原则要求广播公司对在广播中受到攻击的人给予免费的答复时间。其后，在CBS公司诉联邦通信委员会案（1981年）中，法院支持联邦通信委员会的一项规定，要求广播公司为联邦选举职位的候选人提供合理的机会。
因此，托尼洛案的判决证实，在与第一修正案的关系上，印刷媒体比广播媒体享有更高的地位。尽管主张法律上可执行的新闻接近权的人认为，报纸已成为垄断性企业，对公众意见的多样性缺乏反应，但法院认为，佛罗里达州的答辩权法规不符合宪法规定，侵犯了编辑决定其报纸版面内容的自由。

在其他国家，例如法国，答辩权早已被确立。[86]任何在报纸上受到攻击或歪曲报道的人都可以作出回应。令人惊讶的是，很少有人会行使这一权利，但当他们这么做时，所有的报纸都会刊登回复，只有一家例外：共产党的《人道主义报》（l'Humanite）从不刊发回复。在法国的政治中，尽管法律如此规定，但没有法院要求强制遵守。

然而，在美国，法院大多继续将言论自由定义为媒介所有者表达自己意愿的自由。广播行业确实例外，法院在红狮案中得出了相反的结论，并驳回了这样一种论点，即表达机构的巨头化使得所有者拥有使用媒介的自由这样一种观念已不再具有适用性。第一修正案仍然被解读为允许出版商自由、有力和不受限制地表达，而不是要求一个公平、公开组织的论坛。

然而，广播却是一个令人不安的局部例外。通过许可制度 134和公平原则，政府对辩论进行了管理。尽管当政府显示出它的越界干预时，法院偶尔会吹响哨子，但通信委员会使用其权力纠正错误的诱惑是显而易见的。[87]妈妈团体、宗教团体、爱国团体和消费者团体一再呼吁采取行动，反对家庭屏幕上描绘的暴力、性、消费主义或反常的价值观。

联邦通信委员会有时会就内容问题进行深入规定。它曾要求商船广播运营商提供非共产主义的宣誓书，华盛顿特区上诉法院对这一要求表示支持。它也曾对业余频段和民用频段的讨论主题进行限制，上诉法院同样维持了这一规定。[88]亨利·弗林（Henry Friendly）①法官观察到："真实的情况会是这样，如果每个人都能畅所欲言，那么必然有许多人面临失语。"因此，禁止在有限的可用频率中聊天并不违宪。[89]当联邦通信委员会禁止新泽西州一家广播电台播放州官方彩票的结果时，国会通过修改法律的方式纠正了委员会的决定。最高法院认为这个案子毫无意义，尽管道格拉斯大法官愤怒地对此表示反对："让我感到震惊的是，一家广播电台或一家报纸竟然会受到法院或委员会的监管，以至于被禁止发布当天的任何'新闻'。在宪法原则明确禁止的情况下，对一种简单、纯粹的形式进行事先限制。按照我们的新闻标准，谁会怀疑彩票中奖者是头条新闻呢？"[90]最后，当联邦通信委员会警告一家电台不要播放乔治·卡林（George Carlin）②"七大脏词"（seven dirty words）③录

---

① 亨利·弗林（1903—1986年），美国律师和法学家，从1959年起担任美国第二巡回上诉法院的巡回法官，直到1986年去世。弗林是20世纪最著名的美国联邦法官之一。

② 乔治·卡林（1937—2008年），美国单口喜剧演员、作家和社会评论家。他被认为是有史以来最重要和最有影响力的单口喜剧演员之一，被称为"反文化喜剧演员的典范"。他以其黑色喜剧和对政治、英语、心理学、宗教和禁忌话题的反思而闻名。他的"七大脏词"是1978年美国最高法院的联邦通信委员会诉Pacifica基金会一案（FCC v. Pacifica Foundation）的核心，在该案中，5比4的投票判决肯定了政府对公共广播电台的不雅材料进行审查的权力。

③ 七大脏词是乔治·卡林在他1972年的"永远不能在电视上说的七个词"的脱口秀独白中首次列出的七个英语诅咒词。在当时，这些词被认为是非常不合适的，不适合在美国的公共电波上播放，无论是广播还是电视。因此，要在脚本材料中避免使用这些词，在极少数情况下使用这些词时，也会以哔哔声替代。这份清单并不是官方的禁语清单，而是由卡林编制的，以便使喜剧套路更流畅地展开。尽管如此，一次以这些词为主题的广播导致美国最高法院在联邦通信委员会诉Pacifica基金会一案中作出裁决，该裁决帮助界定了联邦政府在多大程度上可以监管美国电视台和电台的言论。

音时，法院也维持了委员会的这一决议。这起裁决成了"法律上的定时炸弹"，因为大法官约翰·保罗·史蒂文斯（John Paul Stevens）[①]认为广播不同于印刷的原因不在于频谱短缺这一常见的标准回答，而是基于广播"独一无二的普遍存在"，以及它"在家庭隐私中"与公民的对抗和冲突，这已经"超过了闯入者在第一修正案中被赋予的权利"。这种反常的做法可以用来证明相当激进的审查制度是合理的。[91]

联邦通信委员会的成员被他们所拥有的监管权力撕裂了。他们接受第一修正案的观点，即他们不应该监管广播内容，但他们也在控制滥用方面面临着巨大的压力。公共卫生署署长委员会（Surgeon General's Committee）的专家发现，屏幕上的暴力会导致儿童的反社会攻击行为。像"儿童电视行动"（Action for Children's Television）这样严肃的组织要求在儿童观看时不得播放药品广告。美国联邦通信委员会的委员们一直在思考如何保护儿童免受暴力、色情、糖衣麦片和万灵药的侵害。

联邦通信委员会主席理查德·威利（Richard Wiley）一直没有就儿童的保护问题制订法规，使委员会本身成为审查机构，而是召集广播网络公司进行坦诚对话，并要求它们进行自

[①] 约翰·保罗·史蒂文斯（1920—2019年），美国律师和法学家，1975—2010年担任美国最高法院大法官。在他漫长的任期内，他为法院撰写了有关美国法律大多数问题的文章，包括公民自由、死刑、政府行为和知识产权。在涉及美国总统的案件中，他为法院写道，根据美国法律，他们应被追究责任。尽管史蒂文斯是一名注册的共和党人，一生都被认定为保守派，但在他退休时，他被认为是法院中的自由派。

我监管。于是，双方达成了协议，建立了晚上9点前的"家庭观看时间"（family viewing hour）制度，在该时间段内禁止播放暴力程度较高的节目。被取代节目的制作方提起诉讼，称政府违宪施压控制节目内容，对他们的业务造成了损害。地方法院认为这种施压确实是审查的一种表现。[92]① 大多数时候，联邦通信委员会只是抬抬眉毛，通过暗示不延长许可的方式来干涉节目内容。例如，在1976年，联邦通信委员会推迟了对KIBE电台的许可证续签，直到被许可方用谈话节目代替了一档古典音乐节目。加强控制的冲动显然是存在的，只有通过法院偶尔的警惕才能部分地遏制这一冲动。

广播频谱的短缺使国会、联邦通信委员会和法院相信，广播在本质上不同于印刷——它具有不可避免的垄断性和稀缺性。

---

① 20世纪70年代中期，经由国会和联邦通信委员会的共同努力，广播公司采取了"家庭观看时间"政策。时任联邦通信委员会主席理查德·威利根据国会的指示，与网络、独立电视台和全国广播公司协会（NAB, National Association of Broadcasters）的官员举行了一系列会议，"作为实现有意义的自我监管改革的催化剂"。威利在广播团体的演讲和对新闻界的建议中放大了他的信息，即如果不采取自愿行动，就会召开公开听证会。结果，联邦通信委员会的"建议"被各网络采纳，并通过行业准则加以实施。自律计划的通过恰好赶在联邦通信委员会向国会报告电视上的性和暴力的现状之前。
在一场由电视节目的编剧和制作人提起的诉讼中，加州中区法院宣布该政策无效。法院认为，"威胁的存在，以及试图获得承诺，并预示公布不遵守的情况……本身就构成了对第一修正案的侵犯"。法院将联邦通信委员会的策略描述为"幕后打击"，并认为这些策略违反了第一修正案、《通信法》和《行政程序法》。
地区法院的意见因其他原因在上诉中被撤销，但上诉法院同意，"联邦通信委员会使用这些手段带来了涉及宪法、《通信法》和《行政程序法》的严重问题"。上诉法院认为，原告应该首先向联邦通信委员会提出他们的诉求，事情没有进一步发展。

对于纸媒来说，即使它们成为垄断者，就像在只有一家报纸的城市那样，关于谁能够成为垄断者的决定是一个非政治的、由市场过程演变而来的结果。而在广播行业，这个情况甚至无暇发生。对无线电干扰采取措施的要求似乎迫在眉睫，政治决策不可阻挡。因此，人们认为或误认为广播是一种新型的通信系统，必然与旧的系统不同，其中物理设施的持有者是受托人，接受许可为公众利益服务，也有义务提供一个负责任的论坛。

这种政府强加的要求很难与新闻自由的传统理念相协调。广播模式假定政府可以作为许可方和监管者发挥积极作用。对于那些怀疑善意的力量在政治进程中是否会保证良好结果的人来说，政府将代表公民自由而非反对这种自由的乐观看法是不具说服力的。

被拒绝的选项：公共运营商系统

即使电波天生就比报纸更稀缺，更不容易被公众接近，但仍有一个问题尚未解决：为什么国会没有像以前处理通信垄断那样，通过公共运营商体系来解决这个问题？为什么它反而糊弄着作出了这样一个令人困惑和不安的妥协，建立了受监管的出版制度，广播公司在其中为了维持自身的许可证，必须迎合凌驾于他们之上的权力，但同时又一直挥舞着代表他们编辑自

136

主权和第一修正案权利的旗帜？

　　国会在1927年和1934年也曾有其他选择，可以避免受监管的广播系统中所根植的审查制度。选择之一即是由AT&T提出的公共运营商方案。但出于对电话垄断力量加剧的担心，这项被称为"收费广播"的计划遭到了拒绝。

　　20世纪20年代开设广播电台的企业往往是中小型公司，他们将AT&T的提议视为对自己羽翼未丰的企业的重大威胁。今天，当研究人员回顾20世纪20年代中期的文章和听证会时，可能很容易将那些频繁发出的关于广播垄断威胁的警告，误解为其所代指的是有许可证的广播公司和广播网络的力量，就像今天一样。然而，在20世纪20年代的无线电资料中，"垄断"是AT&T及其拟议的公共运营商传输系统的专称。这就是胡佛部长在1924年讲话所指的含义。当时他夸口说，在美国的政策下，"无线电活动基本上是免费的。我们将保持他们的自由——在垄断面前的自由，在节目面前的自由，在言论面前的自由"。[93]1926年，国会议员欧文·戴维斯（Ervin Davis）引用胡佛的话补充道："我们不允许任何个人或团体对将要向公众播放的内容进行审查。"他指出AT&T的哈克尼斯（W. E. Harkness）的证词称，他的公司经常拒绝服务请求。哈克尼斯曾表示："我们的立场与任何出版物编辑别无二致。"[94]

　　1922年，AT&T为自己构建了一个不参与信息内容的广播公共运营商的角色，而到了1926年，哈克尼斯的证词则采取了编辑的立场，AT&T的政策在这期间不经意地发生了变化。

AT&T的WEAF广播电台已经开始营业，但鲜有客户来购买广播时间。情况很快变得清晰：要么广播电台自己主动开发节目，要么就什么都不会有。随后，由于观众和广告数量增加，广播变得有利可图，公共运营商系统具备了可行性。这样一来，节目制作人和广告商就发现，花钱购买广播时间是值得的。但到了那个时候，AT&T已经退出了这个行业，正常运作的广播电台也没有兴趣将其最赚钱的部分让给节目提供商，而仅为自己保留一笔传输费用。

　　AT&T在1926年退出广播行业，将WEAF电台（后来的WNBC电台）出售给RCA，以换取RCA使用电话公司的线路进行网络连接。因此，AT&T在很大程度上被排除在广播业之外，但关于1927年《无线电法》的辩论反映了对电话公司从事广播业务的持续反对。AT&T是美国工业巨头，而当时的广播公司规模还很小，举步维艰，且主要是地方性企业。广播公司、国会和政治自由派人士都加入了反对广播垄断的行列。因此，《无线电法》限制了电话公司和广播电台的交叉持股行为。[95]广播公司也不希望强加给它们公共运营商义务。在提交给参议院的一份未公布的备忘录中，该行业敦促"不应剥夺广播公司拒绝广告或拒绝以和报纸完全相同的方式提供服务的自由裁量权"。[96]自由派和国会也加入了反对方阵营，不希望AT&T成为广播运营商。因此，公共运营商的选择被拒绝，因为它意味着垄断：这个选择一诞生就被提出它的巨型组织给玷污了。

　　在公共运营商方案中，让不同的企业分别进行传输和节目

137

制作是很正常的。在不适用任何公共运营商法律的情况下，这种载体与内容的分离也是可以实现的。根据各种法律安排，一些组织可以运营广播发射机，并将时间出租或分配给其他组织。这样的安排将允许无限数量的节目制作人共享有限数量的发射机。

今天，法国、荷兰等国家的广播发射台由一个组织管理，而节目则由另一个组织管理。这样不仅可以保持发射机持续运行，同时还能在不同的节目制作团体之间分享稀缺的播出时间。当这些节目组的接入需求超过了发射机可用的时间和频率时，就必须使用选择性许可、配给方案或价格机制进行调节。如果国会选择在1927年之前考虑公共运营商计划，它将不得不仔细考虑这些重要的细节。但是，这种共享发射机设施和频率的方案并没有被列入备选范围。

在广播的早期阶段，任何将运营商与内容分离的方案都会被证明是不切实际的，就像AT&T提出的公共运营商计划那样。值得怀疑的是，如果不再拥有对频率的垄断优势，投资者是否还会被广播业务的节目制作部分吸引。但这些问题从未被正视过：唯一被讨论的公共运营商方案是AT&T的垄断计划，但它在政治上却是不可接受的。

一个未曾设想的选择：频谱市场

另一个在早期广播辩论中被完全忽视的选择是分配频谱，

就像纸张、墨水和印刷机一样，通过市场机制而不是行政许可来分配频谱。采用许可制度和公共运营商方案的一个常见假设是，其所分配的资源要么是垄断性的，要么至少是非常稀缺的。相反，自由市场分配的假设是，仅存在适度的稀缺性，因此可以通过私有财产及其出售或租赁来进行管理。20世纪二三十年代的政策制定者认为频谱不够丰富，不足以用这种方式来处理。尽管现在看来，这种想法当然是错误的。

像电波这样无形物的所有权也是一个令人困惑的事情。直到20世纪50年代，在广播政策消亡很久之后，里奥·赫泽尔（Leo Herzel）[①]和科斯（R. H. Coase）[②]的文章才让人们理解了它的运作原理。[97]如今回过头来看，将广播系统设计得尽可能像已有的出版系统，似乎是一个可供考虑的替代方案，但在广播发展初期，购买和出售电波使用权的想法并没有进入决策者的

[①] 利奥·赫泽尔（1923—2011年）1950年在芝加哥大学读书时写的关于市场解决资源分配问题的分析，至今指导着联邦通信委员会的政策（特别是在美国和世界各地的频谱拍卖问题上）。他的遗产至少延伸到三位诺贝尔奖获得者，包括罗纳德·科斯。科斯认为赫泽尔创造了最初的理论，这些理论后来成为他的诺贝尔奖获奖文章《社会成本问题》（*The Problem of Social Cost*）的基础。

[②] 罗纳德·科斯（1910—2013年），英国经济学家，芝加哥大学法学院经济学教授，1991年获得诺贝尔经济学奖。科斯认为经济学家应该以亚当·斯密的方式研究现实世界的财富创造，他说："如果这个领域滑向选择的硬科学，忽视社会、历史、文化和政治对经济运行的影响，那是一种自杀行为。"他认为经济研究应该减少对价格理论或理论市场的强调，而应该关注现实市场。他提出，企业是支付市场运行成本的一种手段。他以两篇文章而著名：《公司的性质》（1937年），引入了交易成本的概念来解释公司的性质和限制；以及《社会成本问题》（1960年），提出如果不是因为交易成本，定义明确的产权可以克服外部性问题。

考虑之中。1958年，当一名国会议员就拍卖广播频率一事向哥伦比亚广播公司总裁、广播行业无可争议的知识分子弗兰克·斯坦顿（Frank Stanton）[①]提问时，这一点得到了证明。斯坦顿对此拒绝回答，表示他以前从来没有想过这个问题。[98]

赫泽尔和科斯的新提议是，政府不应该将频率免费提供给通过政治程序选出的承接者，而是应该以市场价格对频谱进行租赁、出售或拍卖。人们对政府就公共土地、水权或邮政服务收取费用很熟悉，但涉及频率似乎又有所不同。部分原因是一个意象问题。幸运的无线电许可持有者没有获得任何物质上的东西，只得到了将发射机调到特定频率的许可。政府对此收费似乎是不合适的。

然而，事实上，频谱是有市场的。这是一个有形物的市场，因为买卖的对象是广播电台。最开始，政府免费发放许可证；然后这些许可在二手市场上被出售。因此，被排除在市场配置之外的状态只存在于最初的阶段，即政府将频率授予给第一个"所有者"的阶段。一旦获得许可，广播电台和电视台就会被交易，进而创造了一个频谱市场，但这个市场却十分糟糕。理论上，联邦通信委员会选出最佳许可证持有人，并向其免费提供频率，当该持有者将许可出售给其他人时，委员会应当具有一些发言权，但通常情况下，委员会对这种销售的批准只是例行

---

① 弗兰克·斯坦顿（1908—2006年），美国广播公司高管，1946—1971年期间担任哥伦比亚广播公司总裁，随后担任副主席直至1973年。他还在1961—1967年期间担任过兰德公司的董事长。

[234]　自由的技术

公事。因此，许可证最终落到了那些从未经过审查但有钱购买的人手上。因此，频谱市场确实存在于转售之中，即使政府对频率的最初批准往往是市场体系之外的政治决定。

与现行的最初采用政治分配系统进而导致频率进入二手市场不同，从一开始就使用市场分配频谱的做法具有三个主要优势。第一个优势与公平有关。目前的系统为少数人带来了意外之财，而频谱市场则将这部分财富重新为社会获取。第二个优势存在于经济层面。目前的系统使得频率使用效率低下，从而导致频率稀缺，而市场系统通过减少对可用带宽的需求和增加可用带宽的供应来实现平衡。第三个优势来自于政治因素。在目前的系统中，国家向其选择的广播公司发放许可，并对那些不具有相同价值观的广播公司进行审查，而市场通过博弈分配资源，就像其他博弈一样，它并不总是公平的，但至少不受政府的影响。事实上，与市场相比，目前受监管的许可制度所声称的一个主要优势是它使政府能够实现目标，特别是让政府能够对它所青睐的广播类型进行补贴。

在现行方案下，最初的被许可人通过将许可出售给他人来赚取暴利；而政府则无法从其分配的频谱中获得补偿。因此，最初的被许可方实际上是得到了公众的补贴。在1949年至1970年的电视台交易中，每个电视台的原始成本平均是994000美元，而售价则高达3201000美元。1973年一项研究表明，电台所有者在支付资本成本后赚取的经济租金净利润率为42%至52%。[99]在过去的十年里，发射站点的售价大幅飙升。截至目前，一个大城市的 VHF 电视台售价已高达数百万美元。波士顿的一家电视台最近以 2.2 亿美元的价格售出。

最初许可方获得的红利并非完全免费。可以设想的是，一长串申请者会采取各种政治伎俩和影响手段，试图从政府那里获得初始许可证。竞争者们花钱获取律师服务和社区支持。因此，许可证并非没有成本，但政府并没有从竞争者在公共关系上的花费中分得一杯羹。如果在为广播建立市场机制的基础上再进一步，政府以反映市场价值的价格出租或出售频谱，那么公众将会获得其中的所有红利，而不是那些政治红人。

在 20 世纪 20 年代，不愿向广播公司收取频率费用反映了当时社会对这一新兴产业的扶持。国会希望促进这项新技术而不是为其增添负担。在今天，电视可能是一座金矿，但当时的广播业举步维艰，前途未卜——听众稀少，广告主管理混乱，对广告的回报也不确定。事实上，广告是否会成为广播的主要收入来源仍是未知数。胡佛和萨尔诺夫都对依赖广告支撑的系统的可取性持保留态度。在这种情况下收取许可证费用是一项不太靠谱的政策。

大约从 1925 年开始，频谱收费就开始变得合理了。广播的前景逐渐变得光明，电波也开始出现拥堵。是时候建立一个鼓励效率而不是补贴频谱浪费的系统了。如果频谱被视为一种许可方需要为此支付费用的资源，他们就会有动力投资来保有它、分享它，并以各种能够同步赚钱的方式来使用它。但在资源免费的情况下，那些已经获得许可证的广播公司几乎没有动力投入到更复杂、更昂贵的广播方式中，去挤占更多的电波竞争者。

就频段的使用发放免费许可证的计划，虽然将稀缺频道必须得到最好的社会使用的假设作为自身的辩护，实际上却创造了稀缺性。这种许可是频段稀缺的原因，而非其结果。该计划将转售频率共享使用权的动机降至最低，并给了被许可方充分的激励去充当垄断者和投机者。从长远来看，频谱收费制度将会创造一个激励机制，以绕过或减少广播机构频谱使用成本的方式向公众提供广播，比如有线电视，或是推销更高效的接收器，以缩小广播台间距。

频谱收费不仅可以更有效地利用频谱，从而增加供应，而且还会提高广播成本，从而减少需求。然而，在当时有关广播的讨论中，隐含着一个假设，即任何可接受的技术解决方案都必须是听众所能接受的廉价解决方案。以新型接收器的高昂成本为代价来换取更加高保真的传输、更有选择性的接收或更多频率的解决方案并不具有可行性。在美国，广播的迅速发展导致这个国家的电台数量超过了世界其他地区的总和，这是一件值得骄傲的事情。将最理想频率的相对窄频带分配给广播的技术方法使成本保持在较低水平，从而促进了这一爆炸式增长。使用新的、更短的频段不仅会淘汰现有的无线电设备，而且还需要更昂贵的多频段设备和当时实验性频率的发射机。市场观念认为，当一种资源稀缺时，人们会以更高价格提供更多资源，从而限制需求，这并不符合廉价广播的平民主义理念。

很明显，是政策，而不是物理因素，导致了频率的稀缺。那些持不同观点的人犯了一个经济学上的初级错误。他们没有认识到，在无线电服务市场，就像在其他任何市场一样，当价格固定在均衡水平以下时，就会出现短缺，因此必须制定某种配给方案，以非市场的方式分配稀缺资源。在制定无线电政策时，很少有人意识到，对低成本服务的要求是强制广播频率采取分配制度的原因。相反，人们更多将频率短缺视为一种自然行为。这种短缺也被认为是无线电技术所特有的，有别于以往的通信手段。简而言之，在1927年，人们没有认识到无线电频谱是一种和其他资源一样的可定价资源，它的稀缺性来自于低价而非本身的性质。人们也没有认识到，不仅市场机制可以像其他资源那样在这种资源的供求之间创造平衡，而且技术可以以一定价格在合理的时间提供额外的使用频率，或者如果允许市场力量参与的话，它也会影响频率提供的数量。基于这些原因，当时并没有考虑使用价格机制作为许可证的替代办法。

天然性质不可变，因此不得不向广播公司选择性地发放许可证，这样的观念一直持续到现在。这就是1969年红狮广播公司案判决的核心。尽管联邦最高法院注意到了微波传输等技术的进步，但它得出的结论是"稀缺并不完全是已经过去了的事"。[100]因此，1969年的最高法院就像1927年的国会一样，将稀缺视为一个持续存在的客观事实，而不是政策选择所产生的经济失衡。

到了红狮案的时代，只要消费者愿意付费，技术上已经能够提供尽可能多的有线电视频道了。有了电缆，频谱的限制就消失了。但是，通过电缆向公众传播的频道比通过无线信号播出的频道要贵得多。压低成本的政策不鼓励使用这种更新、更昂贵的技术，从而增加了消费者对现有的有线广播频道的使用。

一个简单的推论是：使用更昂贵的多渠道传送方式有利于富人，但事实上未必如此。尽管富人总是能够比穷人获得更多的资源，但一个设计良好的自由市场可能会减少（而不是增加）这种趋势。在一个自由的广播市场中，相对贫困的利益集团将被允许购买少量的时间，而这在今天是被禁止的。现在，当联邦通信委员会向一家广播公司颁发许可证时，该广播公司要独自负责该频道上的所有节目。许可证的续签取决于该广播公司的服务、公平和平衡。被许可人不敢把时间卖给其他人，让其按自己的想法来使用。但在市场环境下，如果没有对广播优劣进行政治判断的威胁，租用时间对被许可方来说将是一种非常自然的交易。那些自己负担不起全站费用的利益团体可以负担一个站的部分时间。

其结果将与出版业存在的情况非常类似。进入印刷出版业取决于你是否具有技能和资本。买下一份大型报纸或杂志需要大量资金，但在一家成熟出版物中购买版面的成本要低得多。在广播行业，只有产品营销人员和竞选期间的候选人才有资格购买小段播出时间。联邦通信委员会已经认识到，在广播台节目上出现的简短产品广告中，被许可方不需要为平衡、公平和

143

公共利益服务负责。但除此之外，被许可方都不能允许超出他们的控制范围。国会开始认识到自己的成员需要强制使用被许可方的广播时间，于是在1976年修订了《通信法》，要求电台在竞选期间以最低价向联邦公职候选人出售一定的播出时间。其他人则没有这个特权。[101]因此，从一开始就由市场分配频谱很容易成为一种不那么商业化，同时对小型广播公司来说，一种比目前的系统成本更低、更平等、更自由的解决方案。

为联邦通信委员会认为公众想要看到或听到的电台/电视台发放免费牌照，可能是对那些除此之外别无他求的穷人的补贴，但对想要传播东西的穷人来说，却是一种负担。如果人们的目标是最大限度地增加各种个人和团体自由通信的机会，那么就会设计一个与现有的二手频谱市场截然不同的市场。"利用市场"的普遍想法可能简单且有说服力，但市场与市场并不都是一样的。市场有很多种，而"让市场来决定"的口号已经成为那些天真地相信这样就可以避免政治决策的人口中的陈词滥调。相反，市场并不是自发产生的，而是由法律精心设计的；没有法律，它就不可能存在。

市场并非都是一样的。股票市场、土地市场、绘画市场、杂货市场、教育市场、杂志市场——每个市场都有各自不同的运作方式。大多数商品的消费，如杂货，对第三方的影响很小，而其他商品的使用，如房地产或无线电频率，很可能对邻居造成相当大的干扰和成本。这种外部性需要在市场设计过程中加以考虑。一些市场的成本随着生产规模的增加而降低，从而导致自然垄断，而大多数市场的成本随着生产规模的增加而增加。一些市场拥有丰富的信息，而在另一些市场，除非强制披露，否则关键信息将会缺失。美国证券交易委员会（SEC）要求在证券发行时提供招股说明书；土地出售须通过契据注册（registered deed）；药品包装必须注明剂量和副作用；包装食品应当列出成分。在其他情况下，虽然不需要披露信息，但政府本身会发布信息，如果没有这些信息，市场就无法良好运行。政府印刷自己的法律法规，让私人交易的各方知道他们的权利和义务。它公布潮汐表以及导航浮标和内河航道图背后的理论依据在于，事故的社会成本远远超过航海者愿意为这些信息支付的费用。对于不同类型的市场，最优配置是不同的。

如果说利用灵活的市场"就能解决频谱分配问题"，那就好比是说建筑物在不参考设计的情况下就能解决住房问题一样，毫无意义。要为频谱设计有效的市场机制并非易事。因此，当无线电在20世纪20年代刚刚出现时，人们并不容易想到建立频谱市场的可行想法。但从那时起，有关各种可能的频谱市场的设想相继出现。[102]在一种市场方案中，频谱可能会被出售，而在另一种方案里，它又可能被出租并要求最终归还；在一种市场方案中，可以通过只出售低于某一功率和特定方向的发射权利来防止对其他使用者的干扰，而另一方案则放弃了这种限制，转而要求某一频率的使用者向他们所干扰频率的其他任何所有者支付费用；一种方案可能是建立一个由公用事业公司或通信委员会监管的市场，而另一种方案则强调市场不受监管；

一个方案下的市场可以通过实施反垄断法和交叉持股限制来强制竞争，而另一个市场则可能不会；一个设想的市场中可能只向作为公共运营商的公司出售或租赁频率，而其他市场中可能会将频率通过各种方式提供给想要使用它们的任何公司。[103]

在一个市场方案中，整个频谱都可以按照购买者的意愿以任意长短的频段提供，并可以用于他们想要的任何用途。该方案的一个优点是，本来用于低优先级目的的频率将被购买，并用在更高优先级的目的上。如果一个用于电视的频率更迫切地需要用于移动通信，那么它就会被买下，并改变其原先用于广播的用途。但是，这一方案将不利于公众接收和传输设备的标准化，从而给第三方带来高昂的成本。

因此，政府很可能继续为电视和无线电广播或移动、卫星、航空、海事和点对点通信等主要服务指定大块频谱，这与将城市划分为商业区、住宅区和工业区的方式大致相同。这样做的理由与城市分区的理由大同小异：使用者通过对其私人财产的处置，对邻居施加社会成本。一台收音机在有限的频率范围内接收信号，而听众则可以转动表盘来从一个电台转到另一个电台。例如，如果为该听众服务的电台与航空呼叫混杂在一起，分散在整个频谱中，那显然无法令人满意。一种可能的方案是，划出一组具有统一带宽的频率，将其专门用于广播，这样公众就可以用专门接收这些特定频率的廉价接收器收听节目。因此，将特定性质的特定频率用于特定目的的方案将降低无线电波拥挤的社会成本。

同时，也可以用不同的方式为不同的服务来制订分配模式。例如，民用频段或陆地移动频段可能会在许多需要轮候的用户之间共享，而广播频率则不用。这些用途需要彼此分开。因此，在一个可行的广播市场体系中，政府可能会从最初的广播频率区块开始拍卖。根据经济学理论，从长远来看，区块的大小应该被允许反映来自不同服务的出价。但在短期内，我们要从现有的分配区块开始。要求电视广播公司就12个甚高频频道的使用权展开竞标，这可能是有意义的，而指望他们出价购买现有接收方无法接收的频道则只会徒劳无功。

从技术的角度来看，在同一频谱范围内同时使用不同模式的用户多路复用可能会造成干扰。因此，可能有必要在所有特定的频率范围内为使用方式设定标准。然后，市场机制可以决定哪些特定的个体将获得使用这些资源的权利。将频段分配给固定用途服务的可取性尚待讨论，但显然应当在频段内设置技术标准。任何一个用户社区都有遵循共同标准的倾向。民用频段电台使用者（CBers）希望能够彼此交谈，海上船只也意在如此；如果每个广播台使用不同的技术，听众将会感到十分沮丧。因此，将频段限制为兼容的技术用途可能会导致服务事实上的隔离。是否基于社会目的来进行进一步的划分是一个悬而未决的问题。也许应该使用一种市场机制来确定服务的所有权和节目安排，同时使用一种不同的、更缓慢的市场机制来在不同服务之间逐步转移大块频谱。无论如何，只要频谱使用权是通过将不同的频率分配给不同的用户来进行配置的，就可以利

146

用市场机制来传递这些频率。

查尔斯·杰克逊（Charles L. Jackson）提出了一种同时处理频谱和卫星轨道位置的方法，以满足像美国这样的发达国家即将产生的对多个轨道位置的需求，同时也满足发展中国家的感受，即太空属于全人类，不应被少数富裕国家抢先占有。在这一计划中，每个国家将被分配轨道位置和频率，但与目前计划不同的是，各国有权将其位置和频率长期租赁给现在需要它们的国家。[104]

考虑到很难设计出适合无线电广播具体情况的市场体系，完全可以想象，即使在20世纪20年代市场分配方案曾被考虑，它也不会是国会最终的选择。更何况，这种制度却完全没有被考虑过。国会所作出的选择是一个非常低效、不自由的方案，与这个国家的传统完全相反。只有考虑到备选方案的贫乏，才能理解它被选中的事实。

尽管国会对建立频谱市场的兴趣仍然不大，但这一想法已经开始萌芽。自1978年以来，国会已经就几项要求为频谱权利付费的法案展开了讨论，但到目前为止，那些被认真考虑过的方案中没有一种能够建立一个真正的市场：有些方案要求用户按照由行政部门设定的远低于市场价的价格付费。并且，事实上，商业广播公司正开始从反对态度转向支持这样一个伪市场，在这个市场中，他们只需支付少量许可费就可以摆脱监管，好像他们是以公平市场价值购买的财产的所有者一样。其他法案确实呼吁进行拍卖和抽签，而不是由联邦通信委员会在竞争申请人中进行选择，但同样也提出了严格的限制。联邦通信委员会和国会都在积极寻求放松对广播的管制，尤其是当广播的频谱需求低于电视时。[105]具有讽刺意味的是，现在国会、联邦通信委员会和业界都在小心翼翼地转向为频率分配付费的方案，但这类方案的一些前提条件却正在发生变化。[106]

如果在1927年采纳了市场计划，那么现在就要对其重新设计，以满足20世纪80年代通信技术的需要。到目前为止，已经考虑的频谱产权方案的维度包括频率范围、所有者控制这些频率的地理区域、他们有权使用这些频率的时间段以及他们被允许传输的功率。这些维度适用于国际电信联盟（ITU，International Telecommunication Union）制定的常规频率分配计划所规定的权利，到目前为止，大多数无线电应用都享受着这些权利。使用时间、方向和功率限制被用来作为向用户分配使用频率的依据，但这些维度却可能不是未来几年频谱权利的恰当描述。

从长远来看，新的多路复用方法将信号通过非频段的方式相互分离，这种方法可能会使主要通过频率分配来确定频谱使用权的概念过时。如果是这样，那么就会需要一种不同的市场设计。在1927年，频分多路复用是唯一的方法。然而，到今天已经出现了许多其他方式在多个用户之间共享传输通道，包括时分多路复用。在这项技术中，每个用户都在相同的载波频率上，但精确的计时晶体允许每个用户在不同的几分之一秒内传输。例如，T1干线的长途电话线可以每秒对每个通话采样8000次，使得24个通话者能够共享相同的载波频率。而扩频传输则是在许多用户之间共享公共频率范围的另一种方式。

这些新的多路复用技术市场的设计与传统频分复用市场的设计有很大的不同，在频分复用市场中，每个用户都拥有某个范围内频谱的完全所有权，并且无论所有者目前是否正在传输信息，这个频率都将被独占。在共享频率复用的流量市场中，人们会按照使用量付费。"流量敏感费率"（volume-sensitive rates）是一个行业术语。无论根据传输的比特数、连接的时间或其他要素来计费，用户本质上仍是为他们施加于系统上的流量负载支付费用。一些公用事业公司（假设是公共运营商）将提供共享频道，并向每个用户收费。这就是电话干线的工作原理，也是未来使用电缆、光纤、微波等进行传输的线缆式系统的运行方式。广播到目前为止还没有这样运作过，但它可以这样做。每家广播公司都必须拥有一块独家频段的假设可能会逐渐过时。如果六十年前采用这种替代方案，就可以带来一个更有效、更丰富、最重要的是更自由的广播系统，但这却不是未来六十年的最佳方案，因为在未来，无线广播可能只是有线电视、视频光盘和宽带交换网的附属品。无论今天考虑的"解决方案"是什么，都应该是针对这些新技术，而无线广播将只作为低成本传输手段中的一种。

对于这样一种公共运营业务，政府夺回其分配频谱的某些市场价值的动机将会小很多。这将不会给频率所有者带来意外之财，而目前他们只通过部分且低效地使用自己的频率，同时投机性地持有频率以供未来转售，来获得利润。有了公共运营商以后，免费提供频谱使用的社会效益很可能会传递给公众。不过，如果政府愿意，它可以通过收取特许权使用费，重新获得公共运营商在使用敏感计费的销售方案下所提供频谱的一些价值。

即使这些全新的方案永远不会生效，广播继续使用传统的频分方案，无线广播也将不再是向公众发送视频节目的唯一方式。然而，到目前为止，空中无线传输仍然是最廉价的方式。因此，通过这种方式而不是通过有线电视系统、磁盘或磁带发布节目是一种特权，只有少数竞争者才有资格获得。问题是，他们是否应该为这种特权付费。古典经济学基于资源配置的合理性倾向于作出肯定的回答。此外，市场不仅优化了资源的使用，而且还消除了政府作为分配者或特权否定者的有形之手。从这个角度看，价格机制也是一种比行政选择更好的方式，不仅可以缩减频谱分配到可用的范围，同时也避免了因政治利益而进行的淘汰。

第一修正案和最终的选择

然而，广播电视政策既没有选择公共运营商的方案，也没 149

有选择市场体系，这损害了自由传统。美国的广播和电视已经习惯于一个由公共当局的价值观和政治判断所控制的制度。末日预言可能预示着电视广播全面独裁的趋势，但现实生活远比这复杂。在一个拥有自由印刷媒介、深厚私营企业传统和自由氛围的多元社会中，在无线电法明确禁止审查的约束下，对广播机构的政治选择产生了一种令人不安的妥协：在这个体系中，政治官员尽管不愿干预单个广播台的活动，实际上却决定了美国公众想要的和应该接受的广播类型。

通过采用一种许可的、由广告商支持的、频道有限的广播系统，美国半个世纪以来一直在自我摧残。它破坏了自由传播的传统，并将广播限制为大规模提供寥寥几种最受欢迎的娱乐形式的渠道。电视节目的"茫茫荒原"（vast wasteland）①实际上对任何不符合吸引最多观众的少数模式的视频制作都是关闭的。

---

① 1961年5月9日，牛顿·米诺（Newton Minow）在华盛顿特区的全国广播公司协会会议上发表他就任联邦通信委员会主席以来的首次演讲。在告诉与会者他对广播这一"光荣的职业"表示钦佩和尊重之后，他切入了讲话的主题：电视如何维护公共利益。他觉得这个目标没有达到："我邀请你们每个人在你们的电视台开播时坐在电视机前，在那里待上一天，没有书、没有杂志、没有报纸、没有损益表或评级书来分散你们的注意力。你的眼睛要紧紧盯着那套设备，直到电视台关闭。我可以向你保证，你看到的将是一片茫茫荒原。"尽管米诺坚称联邦通信委员会"无意钳制或审查广播"，但他确实指出，联邦通信委员会有权拒绝重新发放广播许可证。《时代》周刊报道说，听众们"认为这次演讲是一种故意的策略，目的是吓唬电视台和网络，让他们制作更好的节目，并暗示他们最好尽快做些什么"。

有线电视的出现，以及录像带和视频光盘（videodisc）①的出现，可能会改善这种狭隘的千篇一律。全新的视频服务已经形成了一个新兴市场。在过去，当美国人只能收到广告商付费的视频时，他们得到的是一种大量的、高度精致却有限的标准产品。1978年，美国广告商在电视上花费了88.5亿美元，在广播上花费了30亿美元。而为了支持更有趣、更多样化的报纸和杂志，他们花费了153亿美元。此外，这些纸质出版物还从购买它们的客户那里又获得了61亿美元的收入，使其总收入达到广播的两倍左右。多样性和质量绝非免费可得。

现在，有了付费电视、盒式磁带和光盘，想要不同于麦迪逊大道提供且获得联邦通信委员会许可的那些产品的消费者第一次可以通过付费来进行选择。教育课程、意识形态宣传、色情、宗教、高雅文化，以及其他任何人群想看的任何节目，都越来越多地通过新媒介提供。在市场的自然演变中，视频开始提供类似读者支持的小众杂志、特殊杂志、古怪杂志和严肃杂

150

① 视频光盘是激光或手写笔可读的随机存取光盘的总称，它包含以模拟形式记录的音频和视频信号。通常情况下，它指的是在DVD格式主流普及之前的任何此类媒介。

DVD（数字视频光盘）于1996年发布。它是飞利浦和索尼的MM-CD（多媒体光盘）格式和东芝的SD（超密度）格式的混合体。最后一刻采用混合DVD格式是所有三家公司同意的，目的是避免一场破坏性的格式战争，类似于20世纪70年代和80年代Beta和VHS之间的战争。在21世纪初开发高清晰度光学视频光盘格式的竞赛中，东芝未能与索尼达成类似的妥协协议。事实证明，这对东芝来说是一个代价高昂的错误，它在与索尼的蓝光光盘（BD，Blu-ray Disc）格式的残酷的格式战中败下阵来。这场格式战推迟了对两种格式的接受，蓝光光盘直到最近才在消费市场上获得牵引力，与DVD的持续成功和Netflix等流媒体电影服务的兴起竞争。

志的服务。

　　然而，考虑到公共政策将给予这些媒介的自由，就没有理由那么乐观了。制度比市场更慢地发生变化。仅仅是新媒介的发展并不能扭转无线电传播早期所确立且固定为法律的先例。事实上，虽然新媒介不受频谱短缺的特殊限制，也不受那些完全建立在所谓广播极其稀缺的虚幻基础上的、不必要的和考虑不周的监管先例的限制，但仍有一种很强烈的趋势将这些制度继续沿用到新媒介上。这一点，需要我们持续关注。

第七章

有线电视和"匮乏"的终结

现在是埋葬"频谱是一种稀缺资源"的陈词滥调的时候了。它是一种丰富的资源，但却是一种被浪费和滥用的资源。和任何资源一样，它是有限的；但也和其他通信资源比如纸张、树木、印刷机、电线和电视机等一样，它又是丰富的。

正如经济学家所说，几乎所有的资源都是"稀缺的"。也就是说，对一种资源的使用就意味着将这种资源从其他用途中撤出。信息资源是个特例，上述情形并不成立。向一个人提供信息并不会减少另一个人可获得的信息量。然而频谱不是这样的，它像水、纸和石油一样，一个人的使用会限制其他人的使用。从技术上讲，它是稀缺的。但在那些相信钻石稀少而水丰富的门外汉眼中，频谱又是丰足的。如果以它的真实价格出售，频谱将变得很划算；我们可以拥有很多频谱。频谱又是可再生的：当用户使用它一小时或一纳秒后，它就会再次生成以供下一个人使用。更重要的是，得益于过去半个世纪的技术进步，频谱的可用性实现了成倍的增加。

因此，频谱短缺不再是技术性问题，而变成了人为的问题。判决红狮案的法院错了。它曾期待着技术能够解决问题的那一天到来。它不知道的是，技术已经做到了这一点。现在缺乏的是一个法律和经济结构，来创造激励机制，通过提供大量广播的方式使用现有技术。

与大多数资源一样，频谱的规模成本会不断增加，也就是说，边际成本会随着供应量的增加而变得更高。提供许多广播频道的技术成本比滥用频谱、只提供少数可用频道的技术成本更高。每增加一组额外频道的边际成本可能会越来越高。到某个时候，公众会用他们的钱来投票，告之更多的频道是不值得的。但是，未能建立起一系列的制度使得公众可以获取频道，直到他们选择停止支付，这是一个政策上的失误，而不是一项技术上的失败。

增加频道的方法

有许多方法可以扩展适用于电子通信的频道。它们包括：将信息存储在电子存储器中以便在满足某些条件时加以传送，更紧密的频道间隔和定位，接收器的改进，新的频率的分配、压缩，多路复用，以及对封闭载体的使用。

不受限的容量可以借助物理上可移动的电子存储器来达成，例如视频磁盘和录像带。原本通过电波播放的材料可以传送到观众的住所加以储存，并在需要的时候使用它。传递速度很慢，因此对于某些用途而言，这些方法无法与在线频道等同。视频光盘和磁带在功能上相当于书籍，可以存储大量连续且有价值的信息，而使用同轴电缆或光纤的在线系统在功能上等同于报纸或杂志，可以向公众提供最新情报。

用于即时和同时传送广播的频道也可以成倍增加。广播台可以在距离上间隔更近。1980年，联邦通信委员会考虑通过将每个广播电台的带宽从10千赫减少到9千赫，来增加广播电台的数量。[1]但是广播商反对这一提议，因为他们并不想要更多的竞争对手。联邦通信委员会遂放弃了这个想法。

广播台可以用较低的功率运行来减少站点之间的干扰。如果向前推进的话，这项措施将要求这些设备所有者购买更好的接收设备。美国联邦通信委员会最近考虑授权数百个新的低功率电视台，这些电视台可以被现有设备接收。成千上万的许可证申请者涌现，广播业再次出现反对意见。尽管如此，联邦通信委员会仍在推进该提案。

通过将新的频谱带分配作广播之用，就可以拥有更多的广播台。对于需要大量带宽的电视来说，这个做法有一定局限性，但对于广播来说，则更容易达成。美国现在大约有九千个广播电台，在洛杉矶和芝加哥等大都市各有六十多个电台。每个大都市区可能有一千个广播电台。[2]将两个超高频电视频道重新分配给广播电台，就可以实现这一目标。一个电视频道的6兆赫将分为667个9千赫语音频道。在超高频的频率下，无线电波不会跟随地球的曲率，而是停留在地平线上，因此这些相同的频率可以在除了紧邻的大都市以外的所有地区重复使用。为了接收这些更高的频率，听众必须购买新的设备。为了使在上千

153

个电台中进行选择变得切实可行，这些电台可能需要数字调谐；听众可以通过键入其号码找到所需的电台。

可以通过使用微波频率和更高频率来提供额外的电视频道。在高频下，可用带宽要比在低频下大得多，这是因为波循环更加频繁。如果每个波都被认为是发送一个比特单位信息的一种方式，那么当波像〈〉〉〉〉这样传播时，比像〈〉〉这样传播时，可以同时发送更多的比特。联邦通信委员会开始使用所谓的"多点分发服务"（MDS，multipoint distribution service）来授权依靠微波频率的付费电视广播。虽然微波可以在屋顶到屋顶的窄方向波束中进行发送，但与多点分发服务等全方位传输相比，这样将广播信号分发给所有人是不太经济的方式。

直接从卫星到家庭的广播允许额外的电视频道在特定的频段中进行广播，首先是在12~14千兆赫频段中，该频段现在已经被分配给电视频道了，可能之后电视频道还会在更高的频段中进行广播。在法国、卢森堡、德国、英国、斯堪的纳维亚半岛和其他地方，都有对于这种广播方式的积极计划。自1981年以来，美国联邦通信委员会已经颁发了直接进行卫星广播的八个首批许可证。

通过使用压缩技术，可以在相同的带宽内发送更多的消息。通过在键盘上键入字符并将每个字符转化为0/1代码进行传输，那么传输一页大概250个单词则大约需要12500位比特。同样是这一页，用传真传输可能需要一百万位比特，也就是说，当扫描仪通过页面时，为了确定扫描的点是白色还是黑色，则需要一百万个报告。因为绝大多数的点是白色的，传真机可以被编程为一个假设所有点都是相同颜色的连续比特串，而只有在颜色发生变化时才会被告知。这样，传输的必要信息就会减少。154这种编码方案，以及更复杂的编码方案（左右上下看起来都更复杂），允许一个传真页以大约100000位比特来传输。虽然这仍然是传达这页容量为250个单词的纯文本的低效方法，但传真机除了文本之外还传达图片，还有不同类型的字体和间距。

将视频图像从其通常的6兆赫带宽压缩到1.5兆赫，可以允许当下传输一张电视图像的频谱传输四张电视图像。由于图片中的大多数"像素"或点在任何两帧之间都保持不变，因此图像压缩就可以借助仅传输那些在帧与帧之间变化的像素信息来实现。[3]例如，当男主角亲吻女主角或新闻播音员读新闻时，画面在六十分之一秒内变化就很小。无线付费电视台正在计划使用图像压缩技术，以便在其有限的频率配额中获得更多频道。

压缩的技术有望取得巨大进步。数字传输最可行，其中处理器在一端对原始文件进行编码并在另一端对其进行重建。因此，只有在发送者和接收者共享着同一个动机，即愿意投资昂贵的复杂设备以节省通信成本时，压缩才有可能成为事实。在广告商支持下的广播业没有这种动机，因为它满足于以浪费免费频谱为代价换取廉价的接收设备。

所有这些增加频道容量的方法，与将信号从空中移开并发送到一个封闭的介质（如电缆）中来增加的方法相比，都是微不足道的。通过使用封闭介质，频道可以增加几个数量级。拥有一百多个频道的有线电视系统正在建设当中。目前标准的电缆类型及其上的放大器可以承载54个频道，因此双有线系统可以提供108个频道。只需添加电缆，就可以做到消费者想为多少频道付费，就能够拥有多少频道。随后，光纤系统可能会取代同轴电缆系统，这将允许提供更多、更便宜的频道。

电缆

155　　在当下以及不久的将来，有线电视是克服频谱稀缺的重大突破。如果政策允许，那么每个电视频道上对于6兆赫无线频谱的浪费则可以完全消除。无线电波可以保留给那些无法通过物理线路连接发送器和接收器的应用，例如移动车辆、卫星通信、射电天文和雷达。借助同轴电缆或光纤就可以无限量地向家庭进行广播。这些成本虽然比无线电波高，但是与大型系统所要负担的成本相比，则不足一提。

　　到20世纪70年代后期，全球数百万家庭已经通过电线或电缆接收电视：[4]

国家	订阅数	家庭电视占比（％）
奥地利	50000	2.5
比利时	1700000	64.1

国家	订阅数	家庭电视占比（%）
加拿大	1326000	57
丹麦	800000	50
芬兰	50000	3
法国	6000000—8000000	37
爱尔兰	666000	23
荷兰	2000000	55
挪威	250000	22.7
瑞典	1400000	46
瑞士	680000	36.8
英国	2546000	14
美国	17400000	22.4
西德	8000000	35

　　截至1982年5月，有线电视为美国30%的电视家庭提供服务，总计2400万家庭订户。然而，这个数字颇有些混淆之处，因为传输信号的导管可能是同轴电缆，能够传输十二到五十四种不同的多路复用信号，包括一些无法通过无线传输的信号，但是，它也可能是"双绞线"，只能提供一到四个频道。低容量系统用于避免安装难看的屋顶天线，或者用于改善信号接收不佳区域的图像，同时又不用向广播内容添加信号。英国、法国和德国的系统通常属于这种类型。更宽裕的有线系统，例如美国、加拿大和比利时的有线系统，则提供了添加空中无法获取的信号的能力。

156

加拿大等地的经验表明，一半甚至更多的家庭都自愿以全额付费的价格订阅有线电视，这表明一个国家实现完全有线而没有无线广播，也并非全无可能。如果事实上所有通了电缆的加拿大家庭都成为订阅用户，而不是只有大约一半，那么每户家庭的成本将大大低于今天他们需要支付的费用。一些有线电视广播公司开始探索将每一户家庭免费连接电缆的方案，以便将自己定位在只面向接入家庭推销额外服务上，从而赚取更多的钱。

因此，没有无线广播的全有线电视广播系统并不是一个荒谬的概念，尽管它不一定是一个完美的概念。将最流行的大众媒介与最便宜的传输方式（即电波）进行剥离，这是一种对资源的不当利用，尤其因为通过封闭的运营商而不是无线电到达偏远的农村地区会付出昂贵的成本。通过无线电广播什么以及通过电线或电缆发送什么的决定都涉及权衡取舍，无论此类决定是由监管机构作出还是由市场作出。频谱有其他用途，也有其他传递信息的方式。最佳解决方案将因情况而异。现在可以确定的一点是，封闭的运营商可以用来提供消费者所需的任何数量的频谱资源，而且成本在可考虑范围之内。

政府对有线电视的控制

在所有国家，有线电视的倡导者都不得不与现存的广播公司进行斗争，以获得创建有线电视系统的权利。当局到处都将有线电视的安装或扩建定为非法或是为其设置困难的障碍。例如，在大多数国家，未经政府许可，不得在街道上铺设电缆。建筑物内或街区内的主天线是合法的，但将电线穿过马路的做法就侵犯了电信的专有权。

157

在美国，对有线电视的监管可以划分为当地特许经营机构的监管和联邦通信委员会的监管。城市街道受地方管辖，有线电视网是在当地的特许经营下沿着这些街道串联起来的。这使市政当局有能力从有线电视系统中寻求收费或免费服务。然而，地方政府很少关注节目内容，因为它们大多是标准化的电视节目，这是联邦通信委员会负责处理的问题。

联邦通信委员会的有线电视政策始终是变动不居的。它直到1965年才放弃对社区共同天线电视（CATV，community antenna television system）①的管辖权，从而为该系统的最初发展创造了有利的环境。然而到那时，CATV的增长（尤其发生在圣地亚哥），已经开始挤压当地的电视台。圣地亚哥由于地理形态

---

① 一种有线电视传送系统，将电视台广播的电视信号，经由共同天线（Common Antenna）接收后，再经放大处理，通过输送线传送到用户家中，所传送的是多频道的高品质电视信号，多采用收费服务的形式。此种系统通常用于范围较小的用户集中而又收视效果不佳的地区，或用于大都市中的大厦住户。这类社区共同天线电视台在1949年发明后便持续成长，到1961年美国已有700个此类电视台，而到1971年更增加到2750个，为600万美国家庭提供服务。在这一时期，社区共同天线电视台所做的服务，纯粹是为收视效果不佳的家庭提供共同天线所传送的品质优良的电视信号，但是它只接收和传送附近电视台所播放的电视节目，本身并不制作节目。到了20世纪70年代，社区共同天线电视台开始播出自行制作的电视节目，本身也成为电视节目的来源，而不再只是一个转播系统。其播送的频道也由早期的5至12个增为30至35个，而成为美国现行有线电视（Cable Television）的雏形。

多为深谷和丘陵因而信号接收不佳，而且距离洛杉矶的十几个电视台有140英里，这样的距离对于直接采用无线传输来说太远，但对于采用微波传输信号来说则刚好适中。这些条件使得发展有线电视订阅成为更优选择，因此，搭建在CATV之上的洛杉矶电视台就抢夺了圣地亚哥电视台的观众。为了制止这种情况，联邦通信委员会下令"冻结"面向新用户扩展有线电视。它通过禁止上百个主要电视市场的有线电视系统输入"远程信号"（distant signals）来达成这种"冻结"。到20世纪70年代初，联邦通信委员会决定不再阻止有线电视的发展。它想鼓励发展，但以一种可控的方式。为此，它采用了一套新的有线电视规则。

联邦通信委员会1972年的规则兴许是支持CATV的，但它们并不支持该系统获得完全的自由。这些规则涵盖了四个主要领域：

信号传输，换言之，就是有线电视台允许或不允许出现在它们系统中的广播电视信号，也包括从其他城市输入的信号；

要求或允许有线电视系统提供除播出的电视节目外的其他内容，包括节目制作、准入频道和可供出租的频道；

设备与传输的技术标准；

联邦、州和地方政府之间的责任划分。[5]

158   第一修正案的问题主要集中在前两个领域。在信号传输领域，自1962年以来就有了"非重复"（non–duplication）的系列规定。这些规定指出，若本地电台已经具有可使用的信号，则禁止通过从其他城市输入信号来播放节目。此类规则在1968年的法庭上得到了支持，因为它没有违反言论自由。[6]在司法支持的鼓舞下，联邦通信委员会制定了有关有线系统可以或必须携带的信号的详细规则。有线电视系统被要求承载所有地方电视广播，并被允许输入额外的信号，但必须符合规则。[7]这些规则在大城市、小城市和农村地区的情况都显示出了差异性。对于最大的五十个电视市场，一个严格排序的优先等级决定着可以引进的电视台。首要的优先等级就是确保所有三个商业网络都可用。有线电视系统还被允许可以提供三个独立的电视台，但其中至少一个必须是超高频，再加上国家性的教育电视台、任何其他非商业电视台，以及任何具有外语或宗教内容的专业台。对特定节目还有额外的权限，比如当地网络台选择不播出的网络节目，或者当地广播电台歇工后的深夜节目。还有一项要求是禁止播放未在当地广播的主场比赛和某些已售出独家版权的节目。规定还禁止有线电视系统播放超过三年但少于十年的电影，除非是那些从广播中获取的电影。由于联邦通信委员会希望有线电视系统能成为娱乐和信息的新来源，因此规则要求大型有线电视系统搭建起它们自己的节目。加盟商还应提供"接入频道"，社区团体可以在这些频道上投放自己的节目，并且始终有足够的额外频道可供有意愿投放自己素材的人租用。

作为对千篇一律的无线电视的宣战，新规则受到热烈欢迎。社区团体、缺少费用的倡导性组织、非商业电影制作人和少数族裔认为他们在媒介上缺乏足够的发言权，在当地的和可接入的有线电视广播中看到了能够获得电视时间的前景。这些规则不仅保证了他们可以获取电视时间，还要求有线电视公司以适中的成本或出于某些目的免费提供演播室设施。[8]但很快，幻灭随之而来。

159　　　到1974年，尽管最高法院在此期间保证了联邦通信委员会要求当地节目创作的权利，但联邦通信委员会放弃了这一要求，转而支持更严格的准入要求。[9]联邦通信委员会不再要求本地节目原创，次要原因是观众感到失望，但主要原因是因为有线电视广播公司身处艰难时期，节目制作成本成了有线电视发展的负担。有线电视广播公司自愿制作的节目继续遵守适用于广播电视公司的公平要求。在原本不受有线广播公司控制的准入节目中，公司负责删除彩票、淫秽内容或缺乏赞助商身份的赞助内容。[10]①

---

① 在此案中，联邦通信委员会制定了关于CATV的法规，并根据这些新法规发布了一项命令。西南有线公司提起诉讼，要求审查该命令，认为这些规定是不被允许的。上诉法院作出了支持西南有线的裁决。最高法院随后推翻了这一判决，裁定联邦通信委员会的规定是被允许的。

联邦通信委员会的权力来自1934年《通信法》。该法规定，联邦通信委员会的职责是"向所有美国人民提供……快速、高效、全国性和世界范围的有线和无线电通信服务……"，此外，联邦通信委员会还被赋予"对所有形式的电力通信，无论是通过电话、电报、电缆还是无线电"的监管权。西南有线公司认为，正确理解的《通信法》并不允许对CATV进行监管。

法院驳回了这一论点，指出国会在立法时不可能预见到CATV的发展，而且在全国广播公司诉合众国案（National Broadcasting Co. v. United States）中，法院提出联邦通信委员会获得了"全面的授权"，"不是吝啬的而是广泛的权力"。联邦通信委员会的报告表明了监管CATV的重要性，因为如果不这样做，CATV的利益将"因CATV不受监管的爆炸性增长而处于危险之中"。

1969年，当联邦通信委员会要求有线电视网的当地原创节目为相互竞争的政治候选人提供同等时间时，美国报纸出版商协会看到了对未来的潜在危险。他们抗议说，如果将来报纸出版商通过有线频道发布新闻，那么同等时间规定将也适用于他们。联邦通信委员会努力调和对有线电视网的内容控制与印刷的自由传统之间的矛盾冲突，回答说："我们无意将这些要求应用于有线分发印刷报纸的范畴之中……但是……常规的有线电视播送依然在规则范围内。报纸作为节目的创作者，与报纸作为广播节目的赞助商，并无差异……我们无意对通过有线电视以传真方式传播的印刷媒介进行监管，但我们确实认为，当某一方赞助或编排CATV的节目作品时，其出版的报纸并没有令它自身处于与其他人不同的地位，因为这样的节目并不构成报纸的传播。"[11]

　　1972年针对有线电视的规则虽然现在基本上已经失效，但它依然说明了在被允许的情况下，监管机构在最自由的国家出于最好的动机控制媒介内容的程度。这些规则在遭受联邦通信委员会自身放松管制政策和法院推翻规则的双重攻击之前就已经失效，但在一段时间内，它们对有线电视广播公司是强制执行的。联邦通信委员会自愿采取的放松管制措施，主要是为了卸下行业肩上昂贵的包袱。放松管制的措施不仅取消了对本地制作节目的要求，而且也取消了在本地节目上投放广告的禁令。[12]另外，禁止从远方电视台引进节目到本地电视台的规定被削弱，并在1980年被取消。[13]阻止有线电视系统从更远的

160

城市导入节目并跳过更近的城市（这被称作越级跳）的规定在很大程度上被取消了。[14]要求电视台保持一个频道供公众接入，另一个频道供当地学校使用，还有一个频道供当地政府使用，再有一个频道供其他人租用，这些要求被简化为设置一个频道用于以上所有目的。[15]曾经被有线电视爱好者认为是有线电视实现公共服务的宏伟设计（社区团体可以在其中免费使用频道），被削减为一套适度的要求，避免让苦苦挣扎的有线电视公司付出高昂的代价。这种放松管制的做法不能被解释为对第一修正案议题的敏感。联邦通信委员会听取了有线电视广播公司的经济关切，但没有以联邦通信委员会无权监管言论为由废除任何规则。

联邦通信委员会对有线电视有管辖权吗

然而，法院并非完全处于"躺平"状态。尽管他们为联邦通信委员会套上了很长的绳索，但在偶尔爆发的警觉中，他们也困惑于联邦通信委员监管权力的界限究竟何在。早期的决定似乎赋予了联邦通信委员会在有线系统上近乎无限的权力。后来的决策则开始质疑这一权威，并推翻了一系列有线电视规则。然而，法院认为剥夺联邦政府在宪法准则下控制有线广播的权利并不合适。他们对第一修正案感到困惑，但最终以言论自由以外的理由抛弃了一条又一条规则。

1943年弗兰克福特的负面法官附带意见已经渗透到通信监管的讨论中，这则附带意见事关联邦通信委员会的"全面授权"及其"不是吝啬的而是广泛的权力"。[16]弗兰克福特更早时候将国会设立联邦通信委员会的意图解释为"通过适当的行政控制，保持对无线电传输的动态控制"，并制定"全行业统一的全面的监管体系"。[17]在这些笼统的措辞中，弗兰克福特描绘了一幅奇特的图景，即在一个国会权力低于普通立法权力的领域中，国会的意图是严厉而专制的。

这种言论，以及其他关于联邦通信委员会拥有巨大权力的宣称，都是基于过往立法中宽泛的序言措辞。1934年的《通161信法》规定其适用于"所有通过有线和无线电进行的州际和外国通信"，并给予联邦通信委员会这样的责任——"向所有美国人民提供……快速、有效、全国性和世界范围的有线和无线电通信服务"。即使这种措辞为弗兰克福特的微妙解释提供了正当理由，但由此产生的所有后果是，最高法院必须纠正对宪法自由的过度侵犯。当然，国会记录中没有任何内容表明对标准规则的偏离，这一规则就是"公共福利不能凌驾于宪法特权之上"。[18]

无论如何，这些涉及联邦通信委员会权力的大号主张所涵盖的是无线电广播，而不是有线电视。但是，由于盎格鲁-撒克逊的法律风格是判例法，法院倾向于将新技术定义为旧技术的特例。正如电话被定义为电报一样，有线电视也被定义为电视。然而，从宪法的角度来看，有线电视和电视之间的差异是巨大的。电视作为无线电广播，使用政府配给的"稀缺"频谱；有线电视却没有使用。

有线电视与电视的混淆始于圣地亚哥的争议。当联邦通信委员会下令冻结有线电视的继续扩张时，圣地亚哥的运营商向法院提出上诉，但在1968年这些运营商败诉了，因为最高法院裁定联邦通信委员会可以对有线电视进行管制，只要是在"委员会有效履行电视广播监管的各种责任的合理延伸"范围之内。[19]哈伦大法官的基本论点是，联邦通信委员会"对适当的地方电视广播系统的有序发展负有广泛责任"。广播和有线电视是"通信流"，这个通信流是"基本不间断的和适当不可分割的"。[20]联邦通信委员会"合理地发现"，其培育电视目标的实现"受到CATV不受管制的增长的威胁"。政府是否可以管制一种表达性媒介，仅仅是因为这种媒介在某种程度上造成了对另一种受管制媒介的影响，这个问题还没有被第一修正案提出。因此，自法院对圣地亚哥一案加以裁决之后，联邦控制有线电视的理由一直基于它与电视的关系。

有线电视与无线广播的关系实际上是复杂的。二者在不同方面体现出了对抗、协同或合作的多重关系。当有线电视系统进行节目的转播时会产生版权问题，当有线电视系统制作不同的节目时会存在市场竞争问题。广播公司声称，有线电视广播公司接收广播并将其重新分发给订阅者的行为，侵犯了它们的版权。在习惯法之下，这种对广播权利的主张不可能得到支持，因为习惯法将版权限制为可见文本，但根据国会通过的版权法，这种主张又是合理的。然而，在1974年，最高法院作出了有利于有线电视广播公司的裁决。[21]争论的焦点是，有线系统究竟是节目的发射器还是节目的接收器。法院将CATV简单地解释为延长的天线，它可以帮助订户接收已广播的信号，且任何人都可以免费接收。因此，有线电视广播公司免于承担任何版权责任，因为他们没有传输这些信号。

两年后，国会通过修改版权法改变了这种情况。它建立了有线电视广播公司转播广播时所需要履行的版税义务和广播公司的强制许可。自1978年以来，转播广播的有线电视广播公司必须定期提交一份详细的广播节目清单，并且"必须根据年度订阅收入，在分级计算的基础上支付总费用……这些费用最终将支付给全国范围内的版权所有者"。[22]由于这笔费用低廉，有线电视公司乐于把这把版权的达摩克利斯之剑从他们头顶移除；但是广播公司并不高兴，因为他们收到的费用很少。他们现在正在争取改变法律，取消强制许可，并迫使有线电视广播公司就他们想要播放的每个受版权保护的节目进行谈判。这一问题很困难；一部经过深思熟虑的版权法并没有清晰表达出事情的应然。代表有线电视的人强调，广播是免费播出的，所有人都可以随意接收，而且针对多个台的半小时节目的谈判权利将是一个令人无法忍受的负担。广播公司争辩说，有线电视只是另一种分配系统。它在竞争激烈的市场中获得付费节目，并且应该以这种方式获得所有节目，而无须政府通过强制许可进行干预。

根据宪法版权条款，解决方案由国会决定，但无论决议是
什么，除非国会授权，否则有线电视系统转播受版权保护的广
¹⁶³播这一事实不是联邦通信委员会行使管辖权的依据。版权问题
出在有线电视广播公司和版权所有者之间。如果在有线电视上
重播广播侵犯了版权，那是法院民事诉讼的问题，而不应该建
立事先许可和政府监管制度。在版权方面，联邦通信委员会没
有依据将其管辖范围扩大到有线电视。当然，没有法院会支持
这样的主张：仅仅因为报界转录了广播内容，就可以让其服从
许可制。有线电视广播公司播放源自广播的内容这一事实可能
是那些权利受到侵犯的人提起诉讼的依据，但根据第一修正案
要求的狭义授权，这不是监管的依据。

支持联邦通信委员会的有线电视管辖权的论点是：联邦
通信委员会有责任保护广播。一个上诉法院在1968年得出结
论：联邦通信委员会"通过监管CATV来保护地方电视的努力，
在第一修正案之下，具有与监管原始电视台信号传输的同等
宪法地位。CATV系统本身并没有在自己的分发系统中使用电
波，这与国会的权力无关。关键的考虑是，它们确实使用了无
线电信号，而且它们对电视广播服务具有独特的影响。如果任
CATV肆意发展，以广播服务为食，那它们就会破坏电视广播
的大部分。防止这种不分青红皂白的发展，具有显而易见的公
共利益"。[23]

但保护广播的利益几乎不会凌驾于第一修正案之上。当然，
一些既得利益可能会受到损害。杂志的兴起损害了图书出版，

电视的兴起伤害了电影的发展。但没有人认为这些情况需要国会对第一修正案作出例外规定。[24]

无论是认为有线电视就是广播——因为它经常播放与广播相同的内容，还是认为有线电视对广播构成竞争威胁，二者都无法说服政府对不使用频谱的媒介实施监管。在没有令人信服和具体的论据的情况下，倡导监管者往往会喃喃自语某种带有魔幻性的准则。联邦通信委员会声称，尽管没有任何国会授权来规范有线系统——因为在1934年《通信法》颁布时不存在有线；此外，尽管有线电视缺乏任何特别之处使得传统的第一修正案概念难以在其身上适用，联邦通信委员会仍有权将其作为"广播的合理附属品"来加以监管[25]，20世纪60年代的法院也倾向于同意联邦通信委员会的这一主张。

164

对这一立场的不安开始在20世纪70年代的法庭判决中表现出来。在1972年的一个关键案件——合众国诉中西部视频公司（United States v. Midwest Video Corporation）中，法院几乎不支持联邦通信委员会的要求，即大型有线系统必须制作一定的节目，并警告说，这一要求"超出了联邦通信委员会法定权力的外部界限"。[26]1977年，一家上诉法院推翻了关于哪些电影和体育赛事可以在付费有线电视中播放的规则。超过三年不足十年的电影不再被禁止在有线电视中播放。这些决策的内涵就是对有线和无线广播进行明显区分。有线电视不再被视为广播的延伸。这些法院曾经支持的适用于无线付费电视的规则，在有线电视这里被推翻了。

这种区分是基于每种媒介所涉及的垄断类型之间的假定性差异。法院和1927年的国会都认为，广播涉及频道的物理稀缺性问题。有线电视和报纸都不受这种物理限制。如果在有线电视和报业存在垄断，那也是经济力量作用的结果。法院根据托尼洛的先例辩称，"仅由经济因素造成的稀缺显然不足以证明政府对第一修正案所赋予传统报纸的权利进行有限干预是正当的……而且没有任何东西……表明在这一点上有线电视和报纸之间存在宪法层面的区分。"尽管广播的物理稀缺性和有线电视的经济稀缺性之间的区别充其量是可疑的，但法院还是将其作为对这两种媒介进行区分的一种手段。[27]

1978年，联邦上诉法院审理了第二个中西部视频公司案。法院以一种与司法规范相反的方式，花了很长的篇幅来证明，有线电视为社区使用提供接入频道的规则要求，违反了第一修正案，但随后又说："没有必要将我们的决定建立在宪法的基础上，我们也拒绝这样做。"接入规则被推翻的理由是，既然没有这样的规则可以合法地适用于无线广播公司，那么联邦通信委员会就没有依据将这种严格的要求作为广播的附属条件适用于有线广播公司。[28]

165　在关于第一修正案的附带意见中，法院辩称，电缆不仅仅是可以接收广播的共用天线。到1978年，很明显电缆可以传输与无线电广播无关的流量。法院将"有线广播"与广播的"转播"区分开来，并将有线广播放置在第一修正案规定下与印刷等同的地位中："在本案中，我们没有看到和听到任何迹象表明，在政府强制公众准入的权力中，有线系统和报纸存在宪法上的差别。"法院将有线电视运营视为"电子的'出版物'"，并称没有人会将有线电视的规则应用在报纸之上："尽管报纸'转发'了数百份政府新闻稿，但我们假设没有政府机构拥有对自由造成致命伤害的权力，来强制报纸在其出版物中增加二十页，或将三页专门用于公众'先到先得'的准入权限。"[29]有线系统转播广播信号的事实并不是将联邦控制范围扩大到有线广播活动范围的理由。

该决定蔑视"准入"在言论自由中的作用。在印刷媒介的历史传统中，准入并不是什么大问题，法院认为自由本质上是媒介所有者的自由。该决定称，联邦通信委员会未能证明有线电视系统是"公共论坛"，即公共运营商。"如果他们不是，那么目前的准入规则似乎无法承受宪法的要求。"除了在公共论坛或公共运营商中，媒介所有者的权利被视为至高无上："有线电视运营商所拥有的第一修正案的权利源于宪法；公众'上电视'的'权利'源于委员会想要创造那个'权利'。"[30]

法院在处理有线电视系统时的反复无常反映了基于先例的法律制度。过去的困惑和错误不能轻易被推翻或忽视。法院已经一一推翻了联邦通信委员会对有线电视种种更为恶劣的规定。但考虑到由于频谱的物理性短缺和有线电视作为电视的延伸，广播作为可监管的概念存在多么牢固的先例，法院仍继续主张对有线电视的普遍监管的合法性，尽管存在第一修正案。他们回避了一个合乎逻辑的结论，即联邦通信委员会没有任何权力来规范有线系统上可以承载的内容，并且根据宪法它也不能拥有这种权力。迄今为止，他们维持了联邦通信委员会原则上的管辖权，同时推翻了超出联邦通信委员会权限的具体规定。

过去十年，无论是联邦通信委员会还是法院，都在朝着减少监管的方向发展，用术语来说就是"去监管"；但仍有一些法律先例严重侵蚀着来之不易的新闻自由原则。印刷的传统并非出自某种去监管，而是将监管本身视为非法。过去十年，联邦通信委员会一直以废除不必要规则为荣。它的哲学观就是作为一个仁慈的统治者，轻柔地行使着它的权力，尽可能避免监管。但联邦通信委员会作出的每一项放松管制的决定同时都重申了它的权威：它只是发现某些规定是不需要的。同样，法院在最近的大多数重大裁决中都缩小了有线电视的规则范围。但他们也让关于内容监管合法性的假设得以成立，这些假设源于早期广播的问题。

今天的频谱技术并不要求对有线电视传输的内容进行官僚控制。频谱的容量或准入权限并不一定是稀缺品。管理印刷品的法律也可以成为管理有线传播的法律。由于新技术允许在不使用电波的情况下进行广播，广播公司可以享受与出版商同等的自由。新的电子技术，就像旧的油墨技术一样，其所享用的系统可以是市场中的个人选择，而不必是总统任命和国会指认的政治选择。但这一切的实现前提是：那些希望借助有线电视进行内容发布的人能够进入有线电视。对于本来可以像印刷媒介一样自由的通信媒介，准入问题可能会成为其阿喀琉斯之踵。

宽带公共运营商的未来

在接下来的几十年里，随着有线电视从一种新奇事物发展成为主要的通信公用事业，一场关于行业组织的大型政策战即将展开，特别是关于其中的竞争和垄断，以及关于公共运营与内容控制的斗争。迄今为止的所有关于有线电视的纠纷和法庭案件都与家庭娱乐媒介有关。这确实是有线电视过去的样子，但这却不是它未来的样子。

随着有线系统的普及和有线技术的创新性应用，同轴电缆 167网络不再只是娱乐电视的共用天线，而是各种电子流量的宽带传输系统。电缆或其他封闭式宽带载体将继续为家庭带来娱乐，但它们也将成为计算机数据、电子邮件、可视文本、信息库、教育、安全监控、电话会议和新闻服务的载体。它们在成熟期的使用可能与它们的早期使用相似，就像调制解调器对无线电波的使用被限定在马可尼时代的无线电报一样。1981年，曼哈顿下城仅有一个有线电视系统在从事传输大量数据的业务，它从这项服务中获得的收入仅为160万美元。然而，各种商业预测机构估计，到20世纪末来自非娱乐服务的有线业务收入将达到数十亿美元。有线电视从一个接近广播甚至附属于广播的系统，变成了一个可以被更好地描述为多服务运营商的系统。

新的有线系统正在建造中，一条电缆上有54个频道，因此有时总共会有108个频道。旧的有线电视系统正在升级到现代标准，以便有线电视台可以提供有利可图的联合付费服务。[31]但没有人需要108个频道的传统电视娱乐节目。20个频道应该就可以使这一需求达到饱和。还有各种各样的用途分给其他频道。城市正在寻求一些频道来进行教育和市政服务。他们还要求有一些可接入的频道供社区团体使用。所有这些用途加在一起可能需要6个频道。然后是专门为一小部分愿意付费的观众播送其感兴趣的节目，例如新闻频道、体育频道、儿童频道、色情频道和高雅文化频道。今天的大部分节目，以及广告商支持的有线电视节目，都由全国性的辛迪加组织通过卫星传输到当地的有线电视系统。现在有超过35种这样的联合服务可供有线电视广播公司选择。当有线电视的渗透率足够高时，类似的本地服务无疑也会出现。相当多的音频通道也可能装入几个视频通道的带宽内。所有这些用途可能很快就会使所需的频道数量增加到大约四五十个。

168　　此外，宽带有线系统可用于电话会议、商业数据通信以及提供可视图文的电子出版服务等。对于潜在的诸多需求来说，54个频道是相当紧张的；一个有线系统的建立通常需要15年，许多频道可能会在这15年结束之前就被完全占用了。那些坚持双有线系统的城市是明智的。

有线公司可能喜欢这种紧张的短缺状态。如果不是被迫要求将频道租给竞争对手，它们可以获得垄断利润。有线公司很乐意把频道租给那些不与自家公司提供的付费服务形成竞争的机构。例如，他们很乐意在数据通道上连接银行的分支机构，或把频道租出供电话会议之用。但是，当一家有线电视广播公司提供付费体育或电影服务，而它的竞争对手想要来租用频道以提供同类的竞品时，这家有线公司可能会予以拒绝。如果特许经营权要求这家公司提供频道出租服务，那么恐怕只有开出天价才能拿下。

随着有线系统不仅成为娱乐的重要载体，而且也成为商业、教育、安全和公共事务的重要载体，垄断控制问题将变得越来越尖锐。有线系统是多元和垄断的混合体，既有多元因素，也不乏垄断因素。它频道众多，可以由许多不同的制作者进行节目制作。节目制作是一项竞争激烈的行业。然而，有线系统的一个要素就是瓶颈性的垄断，也就是物理电缆。美国的公用事业特许权在理论上几乎总是非排他性的。因此，如果一家市政府愿意这样做，它可以给第二家公司有线电视特许经营权来与第一家公司展开竞争。[32]但在实践中，有线系统就像电话和电力系统一样，几乎都是事实上的垄断，并不会发放第二个特许经营权。因此，有线系统的物理因素在自然法类比上既不是印刷厂也不是广播台，两者都有竞争性力量在其中，而是更像电话公共运营商系统，有义务以非歧视性的费率，传输任何人想要传输的东西。

有线系统的核心困境是它用无限的容量来容纳与印刷品一

样丰富的多样性和与印刷业一样多的出版商，但所有的生产商和出版商都使用相同的物理工厂。正如所有印刷出版物都使用邮局一样，所有的有线电视广播公司都必须使用有线系统。如果有线系统本身就是一个出版商，它就可能会限制其他人使用这一系统。但是，如果有线电视广播公司不被允许做出版商，而只能是公共运营商，那么从商业经济角度来看，有线系统可能就无法建成。如何在建立盈利的有线系统基础上拥有多个互相竞争的出版商是必须解决的难题。

1970年，斯隆基金会（Sloan Foundation）成立的一个有线电视委员会准备了一份报告，一些成员和顾问对公共运营商系统表示支持。然而，委员会大多数成员认为，这样的系统无法提供足够的经济激励来推动对有线电视的快速的早期投资。[33]只有那些能够从节目制作中获利的有线电视广播公司才有足够的投资动力。只有在已经存在大量有线电视观众的情况下，广告商和其他愿意付费使用公共运营商发布内容的人才会涌现出来。因此，虽然有线电视最终可能会成为公共运营系统，但正如斯隆报告指出的那样，目前它必须由同时也是节目制作者的企业家来开发。

这种对将有线电视启用为一种公共运营服务的悲观情绪，可以在报纸和广播的历史中找到支持。成功创办第一家报纸的企业家往往是邮政局长。当AT&T公司试图将广播作为公共运营商运营时，它很快发现WEAF必须具有内容制作的主动性，因为没有其他人愿意做这件事。一般来说，一种新的分发技术的早期开发者必须率先为他们出售的设施寻找用途。

1973年，有线通信内阁委员会（Cabinet Committee on Cable Communications）在怀特海报告（Whitehead Report）中得出了基本类似的结论。[34]它期待着一种系统，在该系统中，"有线的功能与邮政服务的功能很相似，或者更恰当地说，它类似于美国联合包裹运送服务公司（UPS, United Parcel Service）或货运公司，它们运送任何人的包裹并以此收费，在有线电视的语境下，就是运送任何人的电视节目并将其分发给希望观看这些节目的人。关键是分发商不会从事提供节目服务的业务，但会将其他所有人的节目分发给想要观看的观众"。但是，必须允许新兴通信行业的企业在系统陷入困境的最初几年以任何可能的方式赚钱。怀特海的解决方案是，当有线电视普及率达到50%时，有线电视特许经营商进行节目制作的系统就应该转变为公共运营商系统。

针对斯隆和怀特海德报告的进化观点，人们可以反对说，一旦一个成功的产业以一种方式建立起来，期望它扭转、重组、被剥夺主要收入来源，并被告知须以其他方式谋生，这是不现实的。20世纪初，英国政府在电话方面曾进行过这种尝试。邮局一直在授权私人企业家开发电话系统，但这些开发者被告知，该系统可能会在1912年收归国有化，后来也的确如此。于是那些私人开发商并没有将资源和精力投入到电话系统中，但是假如他们看到眼前的光明前景的话，他们会倾尽全力。结果，英国的电话系统发展得比美国更慢，也更不理想。尽管已有这

170

样的经验，一个英国的政府委员会在1977年的安南报告（Annan Report）中建议对有线电视采用相同的方法：鼓励私人企业家开发有线电视，以便进行各种实验，但同时也要告知这些私人企业家，之后将由邮局接管这些系统。[35]这样的前景很难吸引企业家。

因此，美国政府未能将有线电视构建为公共运营商，不仅仅是因为缺乏自由主义原则或想象力。早些年认为用公共运营商的方式来对待有线电视是一种不切实际的做法，这种观点存在充分的经济原因。此外，广播是联邦通信委员会监管者想要复制的自然模板。监管者们一直生活在广播系统中并始终相信它。1934年的《通信法》承认了两种完全不同的媒介：电信公共运营商和广播，电信公共运营商被认为基本上是垄断性的，不仅要对它们实施强制许可，还要对其费率进行监管；而广播公司则被认为是以竞争性的方式运营的，在频谱可用的情况下，无须进行费率监管。与联邦通信委员会实施的公共运营商立法相比，广播监管对商业经济的干扰较小，但对内容的干扰则大得多。对交叉所有权的监管，将所有者限制在只能拥有五个特高频广播台（VHF-TV stations），且一个社区中不得超过一个，这些有关广播的规则确实涉及经济考量，但其目的还是确保每个社区都能实现多元化，而不是监管收入。而公共运营商，似乎注定成为垄断者，但在内容方面则是被动的，因此他们受到了经济上的管制。然而，经过这些运营者的信息是完全自由的。对于运营商来说，并不存在公平原则和答辩权。

尽管有线产业具有垄断性，但广播模式还是影响了联邦通信委员会对有线电视的看法。联邦通信委员会很清楚，如果有 线电视要开始播放那些广播以外的节目，至少在一开始，它不会是一个被动的运营者。因此，在20世纪70年代初期，联邦通信委员会将有线电视服务视为广播，并将其视为有内容可供塑造的事物。但是，联邦通信委员会不能忽视这中间的差异。因此，它为混合系统设定了规则。[36]

联邦通信委员会想要的系统是：部分是运营商，部分是广播公司，但两者都不被这样叫。在CATV发展的早期，联邦通信委员会已经看到了兼具公共运营商职责的频道所具有的好处："鼓励CATV系统在某些频道上作为公共运营商运营，以便为他人提供一个出口，让他们可以展示自身选择的节目，不受CATV运营商对内容的控制，这将符合公共利益……从多样性的角度来看，一方不应控制进入家庭的诸多频道的通信内容，这一点似乎无可争议……鼓励CATV系统在某些频道上作为公共运营商运营，将符合公众利益。"[37]然而，自20世纪70年代以来，联邦通信委员会就放弃了这种立场。

该行业一直在积极反对所有将有线电视划为公共运营商的提议。没有什么比"公共运营商"更能激起有线电视的愤怒了。有线电视台更愿意将自己描述为广播公司或者出版商，它们享有专有权，并且对节目的挑选和协调具有编辑和控制的权力。他们无视一个事实，即有线电视台不是只有一个频道而可能有一百个频道，并且是社区中唯一的特许经营商。该行业目前正在大力游说，要求国会禁止联邦政府或城市将有线电视作为公共运营商进行监管。

这个行业是短视的。它受到赚快钱的诱惑，而不是持之以恒地建立一个永久可行的系统。在短期内，巨额的财富可以从电影、体育和娱乐中榨取，而这种利润的攫取是通过控制物理电缆而产生的垄断。从长远来看，针对这种垄断的公共行动是不可避免的。娱乐生产和发行的经济学甚为复杂。在版权的保护下，每一个娱乐产品都是垄断的，但又与其他成千上万的娱乐产品进行激烈的垄断性竞争。少数成功化身热门的产品可以赚取巨额的垄断利润。但是，要做到这一点，他们必须有机会跻身最受欢迎和最方便的分销渠道。因此，影剧院老板、电视网络和有线电视广播公司，在他们并不处于完全竞争的情况下，确实享有一定的市场权力，可以要求获得部分垄断利润。在每个分销系统中，市场力量的程度受到其他替代性分销系统的限制。但正如独立电视台或者视频录像带不能完全替代电视网一样，卫星广播、电视网和付费电视，凭借其有限的频道，也不能完全替代成熟的有线系统。因此，拥有一定市场支配力的有线电视台将寻求那些有利可图的娱乐产品，这些娱乐产品将交出它们垄断租金的一部分。有线电视台的利益并不在于最大限度地提高接入的便利性。

从社会角度来看，有线电视的前景在于其无限数量的频道所带来的多元化。从节目制作者的角度来看，这可能正是它的可怕之处。节目制作者从对竞争的限制中获益，这种限制迫使广大观众因为缺乏替代品而观看那些并不特别引人兴味的节目。但对社会而言，有线电视的优势在于它可以为视频创造出某种多元性和可选择性，就像印刷媒介曾经创造出的那样。在有线电视上，就像在印刷品中一样，可以同时出现好的节目和坏的节目，通俗节目和高雅节目，儿童节目和成人节目，多数派节目和少数派节目，教育节目和娱乐节目，地方节目和国际节目，专业节目和大众节目。对于可以存在的频道数量没有固定的限制，就像期刊的数量一样。只有成本设定了实际的限制，这同样和印刷品类似。

有线电视的困境没有简单的解决方案。在有线电视萌芽期，只有当他们的建设者能够从付费节目中获得很大一部分利润时，这个系统才会被建立起来。在有线电视成熟期，它在自由社会中只能是一种运营载体。过渡不会是一帆风顺的。20世纪80年代和90年代的一个主要问题将是如何防止有线电视广播公司在其社区中寻求优势成为垄断的发布者，同时控制渠道和内容。这个问题还没有变得很突出，因为有线电视仍然只是一种稍有改进的电视娱乐分发方式，只有少数人可以使用。除非有线电视广播公司提供良好的价值，否则公众仍然可以通过无线电视观看相同类型的节目，或者购买磁带或磁盘。但随着越来越多的节目从无线电视转移到付费频道，随着有线电视成为各种本地的、社区的以及非娱乐性服务的传输系统，渠道的垄断者不能控制内容这件事将变得非常重要。反之，越来越有吸引力的垄断也不会被轻易放弃。

173

从长远来看，美国公众不会容忍对这种丰足的媒介进行垄断式的滥用。如果有线电视成为一种越来越重要的传播方式，但与此同时它依然行事傲慢，那么对于过度收费、阻止持不同意见者的言论自由和种种自负狂妄的行为，就会滋生诸多对权力掌控者的不满和抗议，这也将进一步激发对改革的要求。至少，改革将强制保证非歧视的实现并且强制要求出租频道。或者它可能会更进一步，依法将运营与内容完全分离。又或者它也可能会对有线电视台及其行为和收费施加官僚主义的政府监管。再或者它可能将有线电视系统收归公共所有。无论哪一种方式，都可能是对任何一种在有线电视的内容发布上施加选择和控制的系统的反对。[38]

有线电视公司的权力问题才刚刚开始浮现。1981年，有线电视行业试图通过一项法案，宣布有线电视广播公司不属于公共运营，并禁止任何一级政府——联邦、州或地方——实施强制准入和费率监管政策。市长们提出了抗议，参议院投票否决了它，但类似的提案将不断涌现。[39]另一方面，公益律师亨利·盖勒（Henry Geller）已请求联邦通信委员会通过一项规则——强制有线电视系统出租频道。

有线电视行业辩称，它不具有垄断性特征，因为无线电视、卫星广播和视频光盘都是与有线电视相竞争的视频娱乐资源，而电话公司又带来可替代的数据线。宽带电话网络提供的全方位正面竞争的时代可能确实会到来，但就目前而言，否认垄断权力的存在是可笑的。无论存在何种替代性的通信方式，都无法像有线电视那样，让多业务宽带电缆进入千家万户，并享受由市政特许经营权带来的架线挖路的特权。我们可以做一个想象性的类比：19世纪的一位铁路所有者拒绝承认自己是垄断者，辩词是人们可以拒绝乘坐火车转而选择使用马车。

有线系统显然享有市场优势。其中一个迹象就是费用支付方面的转变，这个转变发生在提供广告支持业务的互相竞争的辛迪加们和有线电视系统之间。起初，一些卫星提供的服务向有线电视系统收取每用户每月几美分的费用来播放它们的内容。现在，由于辛迪加们间的激烈竞争，除了少数例外，他们不收取任何费用，甚至每月向有线电视系统支付几美分的费用来为他们提供服务。权力坐落在何处，市场自有其分寸。

174

有线电视系统的垄断优势是国家赋予的。它是一种政府特许经营权，允许一家公司挖开街道，以便将五十个、一百个频道放进家庭中。那些寻求接入这些频道但无果的人之所以被拒绝，不仅是因为经济上的原因使他们在与有线电视公司竞争时发布成本太高，而且还因为政府的特许经营机构选择了一个被许可人。在大多数情况下，私人可以拒绝其他人使用自己的设施，但根据第一修正案，政府不得将言论手段给予其偏爱者，而拒绝其他人使用。那些求租有线电视频道的人，可以以第一修正案的名义，对国家的这种限制行为提出强有力的反对。[40]

当大部分看电视的家庭都使用有线系统时，准入问题就随之变得瞩目。然后，控制这些系统的人也就相当于拥有了赚钱机器。营销人员、作家、演员、公职候选人以及其他想要与大量观众进行接触的人，将越来越觉得他们深受有线电视特许经营权持有者的摆布："电影公司、杂志出版公司、图书出版公司、演艺界企业家、电视和广播公司应该有充分的机会使用这些频道并参与竞争。"[41]出版商很强大。他们拥有动员公众舆论的工具。他们需要分发渠道。出版商无疑会有利益冲突，因为大型出版机构拥有许多有线电视系统并与其他公司进行合资，但归根结底，主要的全国性出版商需要在全国市场上普遍发行它们的信息库和娱乐产品，这会抵消掉在少数城市独家安排发行的好处。全国性出版商得到城市政客的支持，这些城市政客不希望成为有线电视特许经营商的附庸；它们也得到公民舆论的支持，这些公民希望维护一个开放的观念市场；得到这些支持的全国性出版商可能会成功摧毁任何允许特许经营商控制内容业务的有线电视广播制度。

让有线电视特许经营商主要从事娱乐业务的现行制度从长远来看将不可行，除了竞争的出版商和舆论界的敌意外，还有其他原因。去除新闻、公共事务和娱乐，宽带网络还有其他用途。曼哈顿下城的银行和证券经纪商正在通过有线系统将办公室和分支机构连接起来，从而可以传输数据。对于这项服务，一个不需要投资交换机的系统与电话系统相比具有很强的竞争力。电缆的宽频带也很好地适应了计算机数据传输的突发性和偶尔很高的速率。所以，城市的有线系统可能在数据传输业务中拥有前景光明的未来。视频电话会议也是一个有吸引力的宽带网络应用。电话营销也是如此。同轴电缆可以为正在销售的产品提供视频展示的机会，也具有为促进交易的达成提供双向消息的功能。

然而迄今为止，由娱乐业人士运营的有线电视系统在抓住这些机会方面进展缓慢。大多数有线电视公司缺乏技术能力以使它们的系统适应这些应用。它们没有研究实验室来开发设备，满足商业客户在数据安全、诊断、冗余和维护方面的需求。它们没有技术人员可以开展及时可靠的维修。这些系统的设计仅为了满足最低层次的双向通信。传输噪音大；错误率（错误信号的百分比）很低——虽不会破坏视频图像，但却不足以满足计算机的要求。在交换系统中，如果需要在两个特定点之间建立超高质量的链路，即使系统其余部分更加嘈杂，也可以使用它。而在有线系统上，每条消息都要经过从枢纽传出或传入的完整长度。所以噪音在有线系统上层层叠叠，需要复杂的技术来控制它。但是很少有工程师在运行有线系统，即使有，这些少数工程师也被放置在次要服务部门，就像在广播行业一样。[42]

有线电视公司也不愿意采取公共运营商模式来满足数据服务市场，因为他们认为通过控制节目的分发更容易赚钱。那些希望将有线电视用于自己的数据系统或节目的机构，希望拥有自己的起始点，大概就像拥有第二个前端一样；而当前的系统

176 不是这样设计的。因此，有线电视网络向多业务公共运营商的转型可能会延缓进行。但最终，正如出版商可能会坚持一样，其他需要宽带服务的行业也会如此。这个问题若得不到解决，长达几十年的公众争议将无法避免。

如果技术停滞不前，人们将会基于所描绘的关键要素来寻求解决方案，比如：早期的有线系统和成熟的有线系统之间的组织要求和经济要求的差异；来自出版、公共运营商和广播的相互冲突的先例；出版机构、数据传播者、城市、异见分子和有线行业本身的不同需求。但是在这张拼图中必须再放置一块不可缺少的元素——不断变化着的技术。二十年后的问题将不同于今天的问题。

宽带服务的替代方案

在20世纪90年代的遥远未来，或更可能到21世纪，另一种提供宽带服务的替代方案似乎有望出现，因为电话网络的创新使其能够与有线系统竞争。被有线电视公司拒绝租用频道的制作人将能够通过宽带电话网络将他们的视频节目分发到观众家中，这一图景可能会到来。现在的电话系统无法提供这种服务，当下的法规也禁止电话公司从事此类业务。但技术限制肯定会改变，相应地，监管限制也可能会放宽。届时，有线电视公司将失去其对付费视频节目的垄断，而如果电话系统更低廉，那么有线电视公司可能会失去整个业务。

这一转变涉及电话技术的两个关键变化：端到端数字传输的发展和光纤的使用。[43]由此产生的系统是被称为集成数字网络（IDN，integrated digital network）的高级形式。综合服务数字网络（ISDN，integrated services digital network）就是一种集成数字网络，它与电话公司所提供的服务相结合。与有线电视公司一样，电话公司将产生利润的主要前景视为服务，而不是运营，因此电话公司不仅要成为运营商，还要成为服务提供商。

出于多种原因，电话系统正在从模拟传输转换为数字交 177 换和数字传输。计算机用作数字电话交换机，比它们所取代的机电交换机更便宜、更小、更可靠。由于它们是可编程的，因而可以提供新的和具有商业吸引力的服务，例如呼叫转移和拨号电话会议。数字传输很好地适应了多路复用，也减少了噪音和衰减问题，因此在数据通信方面优于模拟传输。于是，系统的核心，即交换机之间的转换开关和中继线，正在稳步转换为数字设备。但是在旧的模拟设备与新的数字设备相遇的每个节点，都必须安装一个编码解码器或者代码转换器作为接口，而这是一笔昂贵的费用。为避免这类开支，最终整个电话工厂将被转换为数字化的，就像电话一样。但更换从本地交换机到客户电话的环路也非常昂贵。总价值1200亿美元的电话机厂商中，有29%在这个环路上。对整个电话系统而言，对其进行现代化改造不如对中继线加以数字化来得重要。综合服务数字网络的早期版本将尽可能多地使用当前的本地环路。因此，实现每个家庭都拥有数字化和宽带化的电话连接，还需要一些时日。

当这种情况最终发生时，目前的本地环路被升级和取代，进入家庭的宽带数字通道可以被复用，进而在同一时间以不同的数据速率引入不同的数据流。用户可以在没有干扰的情况下同时进行电话通话、水电计量、在电视上观看视频和接收电子邮件。这个环路更可能是光纤而不是铜线，因为光纤具有所需的带宽，而且成本较低。

这种发展或许会为有线电视敲响警钟，又或许不会。除非有线电视行业在未来几十年内迅猛发展为承载多种服务的有效载体，否则它很可能会被取代。然而，如果有线系统确实有效地前进着，它的非交换式工厂应该在某些领域具有良好的竞争力。有线系统有两个优势。一个是，它们是进入全国家庭的第一个具有宽带容量的网络。可能到了 21 世纪，禁止电话公司从事有线电视业务的规定才会发生变化，且普及宽带数字本地电话环路所需的投资才能到位。1982 年的同意令将运营公司与 AT&T 分开，可能会进一步减缓这一进程，因为提供本地服务的运营公司将成为电话业务中不太富裕的那部分。有线系统现在正在迅速普及，很可能在电话公司准备好将视频传送到家庭时，具有竞争力的宽带电缆或光纤已经连接到大多数家庭。

在未来的对峙点上，问题将会是哪种宽带传输系统更便宜。对于广播类型的传输，有线电视设备很可能是那个更便宜的系统。一个原因是它没有电路交换机，而这正是导致电话系统成本高昂的重要因素。由于点对点通信存在缺少交换机这一缺点，有线系统可能无法与电话公司在人与人对话的普遍服务中展开竞争。但是对于大众媒介的工作，即通过线路向成千上万的接收者灌输共同的信息，有线系统可能会更便宜。

技术替代方案很复杂。有线系统的流量能够且无疑会以某种方式切换。将传统电话系统的拓扑结构与有线系统的树形结构进行比较可知，有线系统上的所有流量都必须流向前端或至少流向集线器，然后从那里流向下面的每个分支。如果想要仅流向某些订户的流量，例如付费电视服务，必须经过加扰处理，然后在合法接收者的所在之处进行解密。因此，在有线系统上，切换也包括对每个人流动的流量进行选择性的解扰。对于某些宽带服务，例如付费体育或电影服务，这可能是一种经济的方法。对于窄带服务，例如两个客户之间的对话，它可能不再那么经济。当有联合产品时，计算将变得更加复杂。一家银行，在它的分支机构之间有一个用于发送数据的有线通道，将交换信息的语音电话服务多路传输到这个有限通道中，这是经济的。因此，如果有线电视系统积极进取，技术先进，那么它最终可能会与电话公司展开竞争。业务分配的确切结果取决于技术、监管和企业家精神。然而，从电话系统中将会诞生一种替代有线系统的公共运营商，该运营商将把频道租给那些有需求的人，从而限制有线系统的市场权力。

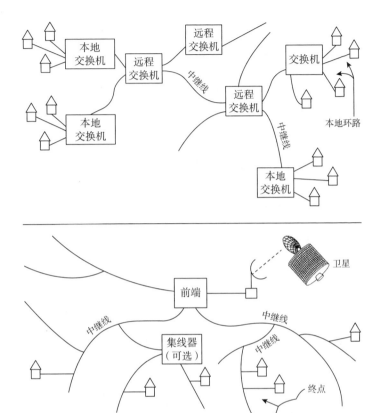

电路交换电话网（上）和有线电视网（下）

　　向用户进行宽带传输的其他替代方案是卫星链路、蜂窝无
线电和屋顶微波。这些也是有线系统的潜在竞争对手，尽管没
180 有宽带数字电话系统那么全面，因为它们是空中的，与封闭式
传输相比，能提供的频道有限。但是，它们还是凭借为数不多
的顶级娱乐节目威胁着有线电视系统，例如大型体育赛事。今

天，比电话公司的竞争更让有线电视广播公司担忧的，是传输高收视率节目的卫星广播。在十年左右的时间里，卫星广播公司能够传输三四十个频道的全国性电视节目，或直接向拥有100至300美元天线的家庭传输，或向公寓和社区的主控天线传输。从技术上讲，这是可能的；但从经济上讲，则未必。三四十个由用户付费或广告商支持的娱乐频道可能缺乏市场，所以也许直接的卫星频道会少得多。然而，无论此类频道的数量是四个还是四十个，它们都将与有线电视系统竞争卖给多家播出单位的全国性娱乐节目。对于许多其他用途，有线电视具有明显的优势。有线电视的社会意义在于它有众多可供较小范围内的当地观众观看的频道。无线广播在此功能上无法很好地与之竞争。卫星将不会成为俱乐部、学校和超市触及当地成员和客户的首选媒介。

各种通信传输技术，如电话、电传、视频光盘、卫星、屋顶微波、蜂窝无线电、综合服务数字网络、计算机网络和有线系统——都适合利基市场，也就是这些技术具有明显优势的市场，但在其他用途上则会失去优势。一种或另一种技术更适合本地传输或远程传送、交换服务或非交换服务、宽带传输或窄带传输、单向通信或双向通信、瞬时通信或延迟通信以及通用互连或仅在有限人群中连接。在由这些变量定义的多维矩阵中，有线系统最适合本地的、非交换的、宽带的、单向的、瞬时的、通用网络的传输。但是，如果这些技术成功地在自己所擅长的领域站稳脚跟，它们也可以通过适当的技术调整，进入其他领域竞争，获得比边际成本更高的收益。例如，有线系统在与电传网络竞争中可以处理窄带交换通信。基本的经济学教给有线电视企业去征收差异化费率，即对技术优势较大的功能收取更高的费用，而对竞争激烈的功能收取更少的费用——只要高于边际成本即可。竞争对手当然也会这样做。卫星公司、无线广播公司和其他公司除了固守他们自己擅长的领域之外，还会尝试以具有竞争力的价格掠取一些本该由有线电视提供的服务。

结果就是复杂的市场即将到来，有线系统在某些市场中具有主要优势，但在其他市场中则面临激烈的竞争。随着技术的变化，这将是一个流动的市场。没有人能很好地预测未来具体会发生什么。企业家必须尝试去预测，因为回报可能很大，犯错的风险也可能很高，但在这里认识到一些大趋势就足够了。随着有线电视普及率的提高，有线电视系统现在在多频道、本地、宽带服务方面的垄断优势在未来五年会得到价值的翻升。然而，十年或更长时间之后，特别是随着宽带数字电话系统的发展，有线电视的垄断将开始受到侵蚀。但在十五至二十五年的形成期，有线电视广播公司将对全国主要的信息传播媒介之一拥有明显的市场控制。

有线电视的主要优势在于窄播。通过无限数量的频道，位于相邻地理区域的数十人、数百人或数千人可以以相当低的成本接收到视频、语音和文本。[44]频谱短缺问题阻碍了无线广播为这么小规模的观众群服务。成本问题使得在当前一代的交换网络中为他们提供服务是不现实的。为了使有线电视能够兑现其承诺，必须将窄播频道出租给那些希望使用它们的小团体。

有线电视广播公司对这类频道出租并不抗拒。相反，如果他们有闲置的频道，他们很乐意通过向小团体出租来赚取额外收入，毕竟这些小团体也不与有线电视的主要娱乐节目产生竞争。教育、高雅文化、教会活动、俱乐部活动、意识形态宣传、电话会议、电子邮件和其他此类活动可以获得高于边际成本的报酬。在所有拥有30个以上频道的系统中，有四分之一的系统已经提供了可租用的频道。[45]

虽然有线广播电视公司可能非常愿意为这种社区目的出租频道，但向这些团体收取不同的流量费用才符合他们的利益诉求。一个小时的插画课程的频道租用价格可能确实很低（只是一个高于边际成本的价格），但如果当地的工会（Federation of Labor）或商会（Chamber of Commerce）想要租用频道一个小时，他们会发现成本可能要高出许多，而到了电影发行商这里则要再高一个台阶。这就是有线电视企业家的理性行为。

有线系统的大部分成本是建造它的沉没成本。将磁带放在其他空闲通道上的边际成本是微不足道的。向一个不名一文的客户收取一个只要超出边际成本的费用可能是合理的，但前提是运营商要从更多客户那里获得远高于此的收益，否则有线电视系统将随之破产。观众或频道时间的租赁者必须以某种方式覆盖平均成本，而不仅仅是覆盖边际成本。

182

有线电视每小时的平均成本取决于：每英里的系统用户数、有线电视上的频道数量、这些频道的使用时间以及地下管道与高架杆的英里数。郊区小系统的一小时费用远远低于大都市系统的一小时。老式的十二频道的有线电视上的一个小时比现代的五十四个频道的有线电视上的一个小时价格更高昂。

然而，一般来说，具有额外容量的有线电视系统能够以极低的价格出租频道。1973年，一项乐观的研究提出，假设在一个中等规模郊区，有线电视系统具有50%的入户率，那么每频道每小时的平均成本从标准十二频道系统的4.3美元到交互系统的14美元不等。[46]此后的通货膨胀可能会使这些数字增加一倍或三倍，或者相反，技术的进步可能会抑制这种增加。今天在纽约，曼哈顿有线电视网（Manhattan Cable）每半小时的频道租用时间要收取37.5美元，西屋广播（Group W）①更是要收取50美元。

毫无疑问，有线电视频道可以以一种"民心所向"的价格出租，这个价格是那些想要传播声音的团体和个人愿意支付的。确实有数以万计的商业和非营利组织会发现以这样的价格租用频道时间是值得的，即使对于很小规模的观众也是如此。学校可能会租用频道时间给孩子们辅导家庭作业。工会可能会为每周一次的会议租用时间。连锁超市或消费者团体可能每晚

---

① 西屋广播公司（Westinghouse Broadcasting Company），也被称为 Group W，是西屋电气公司的广播部门。它在美国各地拥有几家广播电台和电视台，并分发电视辛迪加节目。

租用一个小时来进行报价和特价宣传。业余剧团或管弦乐队可能会租用时间来取悦它们的真正受众。高中球队可能会租用时间来播出比赛。市议会或市长可能会租用时间举行听证或讨论。教堂可能会租用时间展开服务。企业家可能会租用时间来为特殊利益群体制作节目。只要推销者的话术能够引起观众足够的兴趣，只要这些推销者能够从观众那里拿到二三十美元，那么他们都可以进入有线电视。那些一次向会员收取两角五分的会员俱乐部也可能如此。除了这些使用有线电视来接触观众的用途之外，计算机网络运营商也会因为它们的"流量堵塞"租用频道时间。

183

然而，如果以裸频道的基本费率收取所有费用，所有这些频道的出租加在一起也不会吸引企业家投资有线电视系统。至少在不久的将来，所有可以想象得到的用于大众媒介娱乐以外的时间租赁，都无法支付启动有线电视系统的费用。有线系统是一项庞大而高风险的投资。仅从频道租赁中获得的回报并不足以建立这个系统。

有线电视投资者的主要回报来自订阅者的基础服务付费和娱乐服务付费，例如对家庭影院（HBO，Home Box Office）[1]和体育赛事的付费。截至1982年5月，已有1300万户家庭，即

---

[1] 家庭影院频道，隶属于华纳兄弟探索公司旗下，美国付费电视业的先驱，在有线电视行业做出了一些开创性的创新，包括通过卫星上行传输——成为世界上第一个通过该技术传输的电视网络，以及为付费电视开发原创节目等。它有个底气十足的口号："这不是电视，这是HBO（It's Not TV, It's HBO）。"

16%的电视家庭订阅了付费服务。其中，只有大约50万户家庭拥有设备，可以让前端的计算机为单独寻址的订户解码某个节目，业界称之为"按次付费"（pay per view）。然而，观众端的可寻址设备正在迅速普及，很快数以百万计的家庭将配备登录设备来观看15美元的有奖比赛或10美元的首映电影等个人想要收看的节目。此外，在1982年，广告为多家分发的有线电视服务带来的收入仅占三大电视网收入的4%，而随着观众的增长，广告将成为一个不断增长的收入来源。

这些现金流是特许经营权持有者想要保护的目标。他们将反对任何人以裸频道的成本租用频道，然后在这个租来的频道上投放竞争性的付费节目或广告商支持的娱乐节目。如果可以的话，分销商会绕过特许经营商，将自己的节目放在低成本的租赁频道上。这样，垄断租金将完全转移给节目制作者和辛迪加们，而这些垄断租金是特许经营者用来证明其投资合理性的力证。如果被迫将频道租给那些破坏自己业务的人，特许经营者产生愤慨是可以理解的。在有线系统建设的早期资本密集阶段，这样的公共运营商需求将扼杀该行业的发展。

然而，任何通过有线电视进行发行的人迟早都必须租用一个频道，按自己的意愿制作节目，并向公众收取观看费用。否则，创意市场将被那些拥有有线电视特许经营权的人控制。最终，仅仅允许那些不能向观众收费的社区团体获得免费节目或租赁节目是不够的。教会、学校和政府可以通过捐赠和税收来获得资金，从而支付频道时间。但是，只有生产者可以将产品出售给消费者（就像书籍和杂志一样），才能滋养出健康、生机勃勃的文化。只有这样，生产者所得到的回报才能真实地反映出消费者在产品中看到的价值。

靠观众花钱支持的节目通常比完全依靠广告商赞助的节目更加优质和多样化。广告商会为一个节目花费多少钱，取决于该节目销售产品的能力，而这一能力却很难说与节目质量有多大关系。在某个晚上打开电视机的观众数是一个惯常函数，它远远超过所提供的节目数量。数量本就不多的电视网全部以主流观众为目标受众，每个网络获得的份额也仅随着节目的变化而略有不同。广告商花费大量资金来提升观众观看体验的意愿就非常有限。由于只有极少数人看到电视广告后会催生出购买行为，因此一个商品广告的价值仅为每曝光人次的几分之一。事实上，在20世纪70年代，广告商对电视的赞助费折合下来仅为每观众每小时大约2美分。在这样的资金水平下，大多数电视制作都是"B级片"。经济学家在20世纪70年代初期得出结论，在当前的环境下并没有足够的广告资金来支持第四个商业网。[47]对于20世纪80年代，这个结论是可以争论的，但无论数量限制是三个、四个还是五个电视网，关键在于一个以广告为生的电视系统是有限制的，不是看公众想要什么，而是看广告商愿意支付多少。有了这种收入结构，任何商业电视广播公司都无法为少数的、类别化的观众提供节目。

付费系统允许观众自己来决定电视将提供什么样的内容。如果人们为他们想要观看的特定节目付费，那么他们的选择则要比基于广告的电视系统丰富得多。为节目付费的人关心他们所购买的具体内容。一档是面向1%的小规模观众群体的付费节目，它依靠观众每人支付2美元，一档是面向主流观众群体的以广告为生的节目，依靠广告商每人支付2美分，这二者所获的最终收入是一样多的。[48]①

因此，对于一个成熟的有线电视系统来说，它的设计目标应该是有很多频道，其中大部分节目由消费者采取按次付费观看的方式支付，各种出版商和节目制作方都能够将他们的节目以付费或按次计费的方式投放到系统中，电缆的所有者不会按照内容区别对待频道租赁者，并且它能够为这一物理系统重获一些流行付费节目的巨大收益。一个理想的有线电视组织具有以下这些标准：一方面，有线电视运营商应该安装设备（正如它们现在正在做的那样），使客户可以单独寻址，以实现按次计费节目和安全监控。其次，还要升级前端计算机，增加上行带宽，并提供多个计算机和程序接入点，这样将允许有线应用于商业数据通信、电话会议、电子邮件等类似服务中。有线电视运营商未来收入的很大一部分可能来自寻址、计费、接单和数据处理服务，而不是来自原始频道。有线电视台在处理前端计算机方面具有相当大的优势，而前端计算机正内置于有线网络的核心。如果有内容制作者希望

---

① 反虹吸规则旨在防止付费电视广播公司在免费电视有机会竞标之前购买垄断权来转播重要的和具有文化意义的事件。

将电传仅传送给医生，或将视频、电影仅提供给付费观看的人，那么他可以开发自己的设施，使用自己的计算机、机顶解码器和电话线路报表来执行寻址、计费等功能，但是那些拥有系统自带计算机的有线电视台能够更有效地执行这些功能。因此，租赁频道以播放付费节目的制作方和出版商将希望同时租赁该计算机来为客户计时和计费。

这些考虑的另一个含义是，在对租用频道收费时，有线电视运营商应该"解绑"不同服务的费率。通过这种方式，它们可以细分市场，以便有线电视的各种用途支付其应有的份额。否则，运营商与内容的彻底分离可能意味着一小时的有线频道对于教会姐妹会的成本与世界冠军争夺战的成本相同。这种激进的"非歧视"概念事实上没有任何言论自由原则和公平原则为其背书。非歧视费率并不意味着所有服务的费率相同。鸡蛋和煤炭的铁路关税不同；家庭和企业的电话费率不同；邮费因邮件类别也各不相同。非歧视意味着对所有寻求相同事物的客户征收相同的税。允许有线电视广播公司对高中戏剧收取略高于边际成本的费率，而对有广告的节目收取更高的费率，以及为冠军争夺战的付费节目收取更高的频道租用费，实则合情合理。

实现这种区分对待的一个简单方法是建立三层租赁费率，其中第一层费率是无论搭载什么，都需要对使用原始频道征收的统一费用；第二层费率是使用计费计算机的费用；第三层费率是以使用费的形式进行收费，针对的是从广告商或观众支付

186

的节目费用中获得的所有收入。这种纯粹的商业区分符合第一修正案的要求。任何希望使用有线系统的潜在发布者都将支付这项公开的、合理的、与内容无关的资费，但最终结果往往是：为付费娱乐时间支付的费用比为社区沟通和思想推广的时间支付的费用要多得多。

因此，如何使有线系统在盈利的同时为所有潜在的出版商提供平等的准入机会，这一难题得到了解决。没有必要坐等技术解决问题，因为它终会这样做。等待公共运营的宽带综合业务数字网打破有线电视的垄断，这意味着在有线系统占据主导地位的十年、二十年困境期内，临时垄断者将在视频和电子出版业的各个部分建立特许经营权。结果就是这个国家许多领先的、有影响力的出版商可能会被挤出市场。不应该容忍这种市场主导状况持续几十年。

一个同样有缺陷的灵丹妙药是将载体与内容分开。一些鼓吹者说，这两种生意应该分道扬镳，有线电视运营商不应从事任何节目制作。这在经济上是不可行的，从第一修正案的角度来看，也是错误的。运营商和其他任何人一样有权在未经许可和控制的情况下发布内容，这一点在美国宪法中没有任何地方加以否认。《权利法案》期望在出版商类别上不存在歧视。有线电视台与租用其线路者享有同样广泛的言论自由。

在这种情况下，核心问题就是如何确保有线电视广播公司不区别对待，不偏向那些有利于自己的通信。法律或特许经营权能做的就是要求有线电视台在公开的资费结构下向所有申请者出租频道。但如果租赁费率不受监管，运营商可能会将费率定得很高，以至于竞争者不会选择租赁这个时间。而对于运营商来说，向自己支付这些费率只是一个簿记问题。

在波士顿市，一种巧妙的结构性装置被发明出来，以实现有线电视接入市场的竞争。当地的有线电视特许经营机构将一些频道分配给了一家"公共接入和节目制作基金会"（Public Access and Programming Foundation）。该基金会可以将频道时间租给其他人。因此，特许经营权持有者本身就有动力以合理的费用出租频道，因为如果它不这样做，申请人可以去基金会那里租用一个频道，得到同样的东西，但是特许经营权持有者却没有任何收入。简而言之，在频道供应中存在的是双重垄断，而不是单一垄断。

只要有线电视特许经营权在实践中被证明是一个可以获得过度垄断利润的机会，城市就可能会对其进行费率监管，就像对待其他公共事业一样。然而，经验表明，即使是作为经济问题来解决，也有比传统的收益率监管更好的方法。如果存在一种方法，既确保租用频道的合理资费，又不让有线电视广播公司和其他方面承受收益率监管的官僚负担，那么这个方法就是仲裁。获得特许经营权的公司可以明确规定，未使用的频道时间必须按照费率卡（也许是三层费率）进行租赁，这样，对于实体设施，租赁者支付他们在物理设备、运营、税收、资本成本和合理利润中所占的份额——简而言之，就是除节目制作之外的所有成本。虽然公布的按照每日各时段（或其他此类参数）的任何变动模式都是被允许的，但有线电视运营商对原始电缆和前端计算机的收费可能会限制在某个合理的标准并将其作为最终结果。此类收费标准可以不受监管，但如果当局认为费率不符合特许权中规定的原则，则可以授权要求仲裁。在大多数仲裁中，每一方都选择一名仲裁员，同时还需要选择双方都同意的第三方。这是一个比让官僚机构管理费率更宽松的方案。有线电视广播公司可能会赚得更多，但仲裁可以防止费率过高，而且不用建立一个永久性的官僚机构来执行。

在持续更新特许经营权时，城市可以逐步将条款从有线电视系统最初的广播概念转变为公共运营商概念。随着业务量的增长，公共运营商的路径变得更加适宜。由于并不能确保特许经营权的续期，企业家必须从一开始就计算预算，以在特许经营期内收回成本，而特许经营期限通常为15年。在特许经营权的不断续签下，强制有线电视系统以更自由的方式出租频道，将不会导致没收情况的出现。例如，当一个城市的有线电视系统已经普遍存在并被高度依赖时，续约的特许经营权可能会使它从具有单一前端的树形结构，演变为具有多个来源的分布式拓扑结构。

最重要的是，城市应该要求有线电视系统上有大量的频道。如果在最忙的时段没有闲置频道，那么该系统的搭建就太保守了，按理说总要存在一些闲置频道。当频道闲置时，出租这些频道也符合有线电视广播公司的利益，哪怕不以与他们自己的顶级娱乐产品展开竞争的方式出租。当许多频道已经被租用时，也可以计算出更合理的租约条款，甚至包括那些有线电视广播公司都觉得棘手的租约。

确保自由和多元的有线电视网能供所有有意愿租用的人们使用，这一主要责任在于城市。他们颁发特许经营权，赋予有线电视广播公司以垄断权。他们规定了准入和资费要求。第一修正案限制了城市可以做什么，但在限制范围内，他们可以以各种方式建立他们的有线电视系统。有些人会更快地走向多元化的有线准入系统，而另一些人可能会稍微滞后，但自由社会的发展方向是明确的。

在美国，公共运营的诸多原则在邮政服务和电话系统中得到了很好的应用。尽管存在一些问题，这些系统现在使承运人几乎无法控制其为公众所递送的内容。有了最新的公共运营商——有线电视之后，一切又都面临出错的风险，就好像之前什么都没有学到一样。已经建立的系统将垄断与发布结合在一起。这个国家需要巨大的政治智慧才能实现这样一个系统，在这个系统中，实体设施所承载的东西完全不受控制（就像印刷品一样），并且在宽带电话实现真正竞争之前的二三十年时间中，这个系统将给予所有努力制作和发布的人以公平的机会，如果他们想要通过有线电视来表达的话，那么这个垄断性的多频道网络就可以为他们所用。

第八章

电子出版

如果计算机成为21世纪的印刷机，法官和立法者会认识到它的本质吗？我们该思考出版的未来何去何从了。对于晚近的新媒介而言，如今的法律可能违反了第一修正案，但对于印刷文字而言，免于许可、免于事先限制、免于税收、免于监管的自由仍然是神圣不可侵犯的。而当书面文本以电子形式发布时，以上这些将不再保持毋庸置疑。关于印刷品、邮件、电信和广播的法律现在已经形成了先例模式，这些先例有时是自由主义的，有时则不那么自由。但是对于新技术而言，新的法律正在酝酿形成，先例也通常以拉响警报的方式参与其中。现在正在规范有关有线电视、计算机网络和卫星的实践，这些实践有朝一日可能会与出版直接相关。然后人们可能会疑惑地问：对新闻自由的保护哪里去了？

灾难不是预先注定的。自由的趋势也从来不是单向的。技术的趋势是积极的，尽管对技术的政治反应不太积极。没有永恒的警觉；更常见的是不知道所采取的行动具有第一修正案的影响。法规是出于技术原因或为了保护既定利益而制定的，只有事后看来，才发现它们会损害言论自由。然后，在一次偶然的警惕中，法庭吹响了它的哨子。之前准许的路径导致了滥用，法官于是找到一条推理线来区分手头的案件和导致这个案件发生的导火索。这是迄今为止的模式。随着书籍、小册子、杂志和报纸的出版变得电子化，人们有理由担心自由会被搁置在哪里。

纸张与屏幕

190　出于方便和成本的原因，出版正变得电子化。使用计算机逻辑可以编辑、存储、传输和搜索大量比特的复杂信息，它的灵活性是纸张和墨水所无法实现的。数以百万计的词语可以在几秒钟内被扫描完成并在几分钟内传输到世界各地。然而，到目前为止，这种便利也是有代价的。电子文本处理方式虽功能强大但价格昂贵；纸质印刷则更便宜。但是这种情况正在逆转。以电子方式处理文字正在变得比用物理方式处理文字更经济，以至于物理处理模式对于日常使用来说会变得过于奢侈。

人们不会停止在纸上阅读和书写，也不会停止在口袋和钱包中携带纸张卡片。目前还没有任何东西能与这项最有用的技术完全等同。人们在学会写字后并没有停止张嘴说话，在打字机发明后，人们也没有放下手中的笔。不管今天预期了哪些替代方案，放弃使用纸张都不会出现在其中。不管是CRT、电视屏幕还是缩微胶片阅读器，其操作通常不如印刷纸张舒适。然而，移动、存储和显示文字的最经济的方式愈发倾向于电子化。使用纸张正在成为一种奢侈。

在输入、存储、输出和传递这四个文字处理的不同功能中，就存储成本而言，计算机就比文件柜更便宜。目前，最有前景的存储技术是视频光盘技术。一套光学数字六片磁盘组预计不久之后就会出现，拥有一万亿比特或超过十万本书的容量。该设备的预估成本为51000美元，而如果拿一本书作为存储对象的话，不包括编辑、撰写和发行成本，总共将花费40美分。一百个这样的视频光盘组，相当于国会图书馆的容量，将耗资500万美元，它可以放在一个中等大小的房间里。其他针对不同视频光盘方法的长期预测得出的成本，大概为每本书一美分到五美分。[1]显然，存储数据的成本不会是最关键的部分。

以电子方式传输内容也比将其打印出来并用飞机或卡车运送要便宜得多。惠普公司（Hewlett-Packard Company）的电子信息运输系统在国内传输的成本平均大约为每百字一美分，可以将其与一张一等邮票的成本相比较。[2]对于存储和运输，选择很明确：计算机的内存和网络远远超过纸张而成为最经济的媒介。在输入和输出方面，纸张和计算机之间的平衡没有那么片面。比电子存储和传输的成本更高的是，将磁带、磁盘、胶片或磁泡存储器上的显微记录以可读取形式再次返回给需要的人，这个成本甚至高于输入成本。

在检索成本方面，电子手段正在获得优势。在包含数百万张纸的文件中寻找一张纸的人工成本正在上升，而计算机硬件的成本则以每年约40%的速度下降。毫无疑问，在计算机内存中搜索记录并将其显示在屏幕上，甚至在一张纸上再次打印出来，然后由于计算机中的永久记录而可以丢弃这张纸，将比手工检索更便宜，即使目前未必如此，但未来一定会成为现实。

在一个成熟的电子通信系统中，纸张主要作为一种主动处理和短期保留的媒介，而且这种对纸张的使用可能会大大增加。施乐激光打印机（Xerox laser printer）说明了这种使用的可能性，它既是复印机又是网络计算机。要从网络上任何计算机内存的文件中检索文稿，只需要调用该文件，并指定文件的格式、字体和其他视觉细节，激光打印机就可以立即打印出一份或许多份副本。与20世纪70年代的复印机的重要区别在于，激光打印机不需要纸质原件就可以复制副本。

无纸化办公室和无纸化社会可能是一种幻想。尽管对于存储和传输而言，纸张可能因其成本原因而变得稀有，但用于展示、阅读和手头工作的纸张可能会增加，部分是因为保留纸质副本的成本并不便宜。造纸业有理由保持乐观。经验表明，当文字处理器被引入办公室时，纸张消耗会增加，因为有了文字处理器，在进行少量更正时，运行文档的全新版本比烦琐更改旧的副本显得更容易。同样，当纸质文件因为大量存储的成本太高而未加保留时，每次需要查看某个文档，可能会从大容量电子文件中产生一份新的纸质副本，随后就可以将其丢弃。

192　　这些要点不仅适用于办公记录和备忘录，还适用于书籍、文章和参考资料。当激光打印机可以在客户需要的任何时候打印纸质副本时，便没有理由储存打印的纸张。即使在20世纪60年代，有远见的图书馆规划者也期待着有一天人们永远不会拿出图书馆独一无二的作品副本，而是会拥有自己即时打印的副本。[3]

纸张似乎既浪费森林资源又浪费金钱。确实如此，而且用纸只是因为它是最方便的显示文本的方式，但很少是最便宜的方式。如果可以接受屏幕显示的话，其实其成本通常更低。而这个成本到底能便宜多少是一个随时间变化的问题，它取决于电子技术和纸质技术，这两者都在发展。再生纸、可擦写墨水、合成纸和种植纤维素都是影响因素，而不仅仅是树。但没有任何迹象表明纸质技术的物理存储和传输，甚至检索，能够与电子替代品竞争。

纸张和计算机之间的成本平衡在输入方面至少是片面的。发明家梦寐以求的是一种光学字符阅读器（OCR），它可以查看任何类型的字体或任何笔迹，并将其正确地转换为数字显示，但这样的阅读器还不存在。当下只有使用定义明确的字体，才能以便宜且可靠的方式实现这一点。如果没有这样的设备，将文本输入电子形式需要重新手动键入操作，这是非常昂贵的。如果没有光学阅读器或类似设备，国会图书馆将永远不会被放入计算机内存中。因为没有人会支付这项庞大的输入费用。[4]

简而言之，如果目的仅仅是为了归档，那么将文本转换为计算机可读形式在经济上是不合理的。但是，如果由于其他原因需要将文本转换为计算机可读形式，那么以这种方式归档和检索它们，比打印出来并以硬拷贝形式保存更加经济。由于越来越多的书面内容在某个时候会以计算机形式出现，因此是否以电子形式进行处理将是一个经济学的决定。在不久的将来，几乎所有印刷出版的东西都肯定会由计算机排版。随着文字处理器的出现，目前美国480万速记员、打字员和秘书所做的事情未来都将以电子形式存在，计算机存储、传输、排版和编辑也都将应用于其中。因此，经济性决定了大多数文本处理将走向电子化的事实。

按需出版

书籍、期刊和报纸之间的融合改变了"出版"的定义，它们以多种版本传递信息，而信息服务、办公自动化和电子邮件则以一种版本传递信息。"出版"和"提供个人信息"之间的区别是古腾堡大众媒介革命的产物，那是历史上第一次可以廉价地批量生产书面文本。借助现代通信技术，单独生产的副本不再比批量生产的副本贵很多。

施乐复印机对于降低大规模印刷的经济优势，是一项重大的发明突破。对于那些不看重自己的时间且对法律不敏感的人来说，今天制作一份印刷出版物的副本比在商店购买一本要划算得多，因为后者还需承担库存和分销成本。计算机处理文本正在进一步推动这一过程。正如我们在第五章中的图表中所看到的：数据通信，作为一种点对点媒介，正在下降至与大众印刷媒介相等的成本水平，而且使用量也在相应增加。在电子出版中，预印多份副本并实际存储和分发它们，并不一定是经济的。源文本以某种微型数字形式储存，随后再根据读者需求一本一本地出版，可能会更便宜。

这种按需出版越来越多地用于技术性文献。据估计，在美国每年发表的25亿份期刊文章中，有2.5亿份，即十分之一被阅读过。[5]为每位读者提供符合其个人兴趣的精选文章集，而不是发送完整的、统一的期刊，具有更加明显的优势。这类服务正在发展当中。

电子出版和办公信息处理都因相同的技术变革而发生革命性变化，因此它们趋于融合，尽管目的有所不同。出版仍然是一个致力于组织文本和信息并以或市场化或免费的方式广泛提供内容的产业。预印并储存多份副本还是按需印刷，这对出版商来说是个市场战略问题，而不是文化实质问题。出版的策略可能会改变，但它在电子时代仍然保持着与以往一样重要的功能。它仍然是连通科学、民主和文化的动脉。令人担心的是，当它的技术看起来与办公室的技术无二时，法律可能会将其视为商业，而不是出版，因此会像对待任何商业一样对其予以监管。

新技术

正在改变出版业的技术包括计算机、复印机、数据网络和电子存储。有些媒介是如此新颖，以至于我们仍在摸索它们的通用名称。现在被称为数据网络、计算机网络、增值网络、视频文本、可视图文、电传、图文电视或可视数据的网络可能在未来某个时间融合成数字服务的集成网络。但是今天这类网络还没有公认的名称。因为"网络"这个词有可能被继续用来描述信号在许多点之间的电子传输，所以在此将其作为通用标签来使用。

地理上广泛分布的电子存储设备也没有通用名称。今天，它们主要包括磁盘和磁带。将来，这些形式可能会被取代，也许变成磁泡存储器、视频光盘，或是冷到接近 –460 华氏度的约瑟夫森结（Josephson junctions）①，以及其他未知的东西。[6]因为目前最有前途的用于存储大量文本数据的便携式设备是视频光盘，"磁盘"一词在这里用作磁带、视频光盘或任何其他可能接替它们的分布式大容量存储设备的简称。

虽然网络和大容量存储设备是在计算机控制下传输和存储电子出版信息的主要技术，但也必须有设备将数据转换为人类可以阅读和聆听的形式。这些输出技术要么是在纸上打印文字和图片，要么是在屏幕上显示它们，要么是形成语音。在过去的原始技术中，传输、存储和显示的方法是紧密相连的。存储在纸上的文字或图片也必然是显示在纸上。声音要从扩音器中传出，就必须对着麦克风输入。但这一切渐渐不再成为一种必然。存储在数字存储器中的内容可以以最便捷的任何形式输出。是口头输出还是视觉输出，是在纸上输出还是在屏幕上输出，这些选择与传输和存储所选择的模式无关；它们是基于目的和成本的选择。

---

① 约瑟夫森结是一种量子力学装置，由两个超导电极构成，被一个屏障（薄绝缘隧道屏障、普通金属、半导体、铁磁体等）分开。

在计算机中进行数字编码的符号可以通过多种不同的方式传播，让出版商来计算权衡，例如是集中存储信息并根据需要传输，还是将其传输到用户的磁盘上，在用户需要的时候查看。何为最佳选择取决于信息类型的使用模式。有些信息几乎是永恒的；有些信息比较适合长期存储；有些则适合短期存储，并需要不断更新。每种信息的比例因用途和用户而异，如下所示：

		信息使用者				
		高中学生	股票交易员	戏迷	历史学家	工程师
信息耐用性	永久信息	历史、典籍、数学、词典	市场记录、企业记录	名著、情节、作者	谁、什么、哪里	数学公式、物理常量
	长期信息	教学练习、小说、公民知识、科学	规章法律、公司及其市场和结构、名人录	现代戏剧、明星	近期学术成果：学者、理论、诠释	标准、代码、公司、产品目录
	短期信息	时事、课程表、家庭作业	近期市场行情、商业新闻	戏剧排期	时事出版物、新闻	标准、代码、公司、产品目录、招标、合同的变化

对于短期信息，用户需要一个快速传输的工具，无论是放在前廊的晨报还是终端接入的计算机网络。对于永久信息，经济性可能要求将其存储在用户家中或办公室的书本、磁盘或类似设备上。

在20世纪60年代，计算机经济学似乎被格罗希定律（Grosch's

law）所主导，即计算机的成本效率随着其规模的平方而增长。①
因此，计算机最终将成为公共设施。每个人都会分时使用一台或
几台巨型计算机。在经济驱动下，大多数信息最终将存储在一个
庞大的中央档案库中，远程用户可以通过网络访问。这一前景让
国会和公众感到恐惧。一个可怕的未来出现了：2亿美国人的生
活信息将存储在一个档案库中，社会保障、国内税收、兵役、教
育和信用档案都可以在一个地方链接起来。出于警觉，国会对计
算机数据档案的哪怕是适度的提议也否决掉了。

如今在微电子时代，格劳希定律显然是错误的。档案库和计
算中心的集中化并没有带来普遍的经济优势。经济学以另一种方
式运作。在大多数情况下，微型计算机被证明比大型计算机更加
经济。电信成本的下降速度慢于计算成本的下降速度。因此，只
需一次性地将稳定的信息存储转移到用户的场所，并在那里使用
微型计算机来搜索、检索和组织文件，这样做会带来回报。

如何最经济地处理一个属于长期信息而非永久信息的文
件，取决于需要检索的频率、通过电信传输的成本、用户所在
地的存储成本，以及本地和集中处理的成本。将一些文件分发
给每个用户，在其本地磁盘上存储，或许是个好选择，但对于
其他文件，集中存储并在需要时通过电信访问，可能是更优选
择。最佳解决方案不仅因用户和数据类型而异，而且最重要的

---

① 格劳希定律指出，一台计算机的硬件应该表现出"规模经济"，这意味着两台
计算机之间的性能差异一般是其价格差异的平方。

是，它也随着技术的变化而变通。

由于每个用户在工作中都要处理一些长期性和易逝的信息，因此电子出版系统将是一个混合的本地存储设备，在用户所在地，通过网络连接到短期信息的发布者和更新、维护持久信息的发布者那里，用户可以不时从中获得额外的信息数据。一些磁盘可以通过邮寄或在"书店"购买后由用户自己携带到其处所。但事实证明，通过电信网络传递信息，通常更便宜也更容易，用户可以用自己的记录设备在其住所进行信息的拷贝。如果一个人希望获得一家数据图书馆中的数据，例如洛克希德公司（Lockheed）的加州数据库，可以通过网络（如Telenet或Tymnet）将数据直接传输到自己的计算机中——如果需要降低通信成本，可以在深夜进行。但是，对于大文件来说，今天人们可能拥有的本地存储介质，无论是磁带还是磁盘，都相当不方便并且昂贵。用激光读取的视频光盘既便宜又便捷，但它目前必须像书籍一样，在资本密集型的工厂里出版。随着预计中的将数据在本地写入视频光盘的电信系统的出现，磁盘的物理运输对于大文件可能仍然具有竞争力，但大量数据将通过网络读取到用户自己的磁盘上。在计算机商店里，《大白鲨》（*Jaws*）①可能仍然以磁盘形式出售，但治疗特定疾病的医生所需的期刊文章合集更有可能通过电信获得。因此，磁盘和网络

①《大白鲨》是一部1975年上映的美国惊悚电影，由史蒂文·斯皮尔伯格（Steven Spielberg）执导，根据彼得·本奇利（Peter Benchley）的同名小说改编。

会是同步增长的替代品。

第一修正案的问题可能会变得更加尖锐，围绕这些问题的困惑也会更大，同时，网络在电子出版中的作用越大，大规模"印刷"的人工递送的视频光盘的作用就变得越小。视频光盘出版与印刷出版非常类似，法院可能会以同样的方式看待它们。一本书被编码在视盘表面的一平方厘米之内，这一事实不太可能影响法官对它的看法。[7]如果磁盘由一家出版公司生产几千张，然后送到书店卖给顾客，法官很可能会认为它类似于一本书。它不仅是出版，而且看起来也像出版。

然而，通过电信网络进行的信息检索看起来完全不同。它也是出版业，但它看起来不像在法院那里受到第一修正案保护的印刷和出版业。电子出版可以通过使用计算机来绕过传统报纸和书籍等最终产品实体的联合构成成本。但在后来的阶段，它可能看起来更像是法院习惯于监管的电话或有线电视系统，尽管它可以"顺便但重要"地打印出文字。

为了从计算机中检索材料，读者在终端键入指令，终端通过显示响应指令的消息来回答。包含在消息中的信息可以是来自其他人的邮件，或者是行政操作产生的文件，或者是出版商放置在那里的经过组织和编辑的数据库，或者是发布在电子公告板上的帖子，而电子公告板被社区成员用来放置其他人希望看到的内容。从技术的角度来看，所有这些操作都为信息检索创建了数据库，而且检索方法基本上是相同的。这些操作之间的界限是模糊的，并将变得愈发模糊。

到1982年，美国大约有700个组织创建了大约1200个公开可用的在线数据库，数据库的数量在三年内增加了两倍。1980年，美国各类图书馆对计算机书目数据库进行了390万次在线搜索。兴趣团体之间的通信正在激增，在一个计算机网络（Unix系统）上有70个兴趣团体，在另一个网络（Arpanet，阿帕网）①上也有很多，涵盖汽车、航空、太空探索、食谱、摩托车、游戏、求职、笑话、打油诗、数学、电影、自动化办公、税收、旅行、葡萄酒等主题，甚至也包括计算机公告板本身。一项名为业余记者协会（Amateur Press Association）的安排允许有抱负的作家将他们的作品放在计算机网络上供同事阅读。因此，信息检索不一定会产生多份让人联想起书或杂志的任何实物，但它却发布了一系列观点和知识。[8]

　　与那些旧的电子设备不同，现在与电话、广播和电视一起出现的电子网络不仅仅是对印刷媒介的平行补充，它们实际上正在改变印刷媒介。电话从未成为一对多的大众媒介。广播虽然与报界竞争，但仍然是一个独立的行业。这两个电子行业都在与印刷出版不同的市场环境和不同的法律环境中运营。它们几乎没有改变报界的第一修正案制度，即使有的话，改变也是微乎其微。

　　对于电子存储和数据网络，这可能并不成立。磁盘和计算

---

① Arpanet是第一个具有分布式控制的广域分组交换网络，也是最早实施TCP/IP协议的网络之一。这两项技术都成为互联网的技术基础。它是由美国国防部的高级研究计划局（ARPA）建立的。

机网络，就像报纸一样，传递书面文本。网络可以使用电话线、无线电波或同轴电缆作为物理链路，但无论它们的传输介质是什么，它们都承载着书面新闻、邮件和信息服务。它们构成了一种新的电子出版形式。它们直接与印刷机融合在一起。

199 　　以电子方式传递的印刷信息有时在内容和外观上可能与旧信息完全相同。例如，《华尔街日报》通过卫星以传真的形式从马萨诸塞州奇科皮（Chicopee）生产总部的圆盘天线发送到全国各地印刷厂的圆盘天线上，在那里制版，然后将传统纸张送至附近的客户手中。另外，数据网络可以携带与印刷媒介相同的信息，但以不同的格式呈现。例如，一个人在报纸上和另一个人在CRT上阅读到同一张路透社股票市场表格。或者，一种全新的电子信息传递形式可能会取代旧媒介。例如，计算机终端的客户可以对布尔搜索（Boolean searches）进行编程，以检索其他人通过阅读参考书页也可以找到的事实。或者，假如目标是诗歌而不是事实，一个人可能会阅读一本小杂志，而另一个人则将关键词和韵律输入一个写诗的计算机程序。无论具体情况如何，电子信息系统与印刷媒介属于同一业务，因此将取代硬拷贝出版或与其融合。这将混淆机制和功能，使数据网络和存储设备受制于先前电子媒介的法律先例，而不是印刷法的先例，其后果将很可怕。

网络

网络，就像俄罗斯套娃一样，可以相互嵌套。现行法规对基础运营商和其上运行的服务网络之间进行了区分。例如，AT&T公司的长途电话公司（AT&T Long Lines）运营着一个全国性的微波塔网络，在它们之间有能量辐射。下级的子公司，如美国贝尔公司（American Bell），或是竞争对手，如GTE的远程通信网（GTE-Telenet），从AT&T公司租用电路，在这些线路上运营连接计算机和终端的网络。在该网络之上可以再放置一个第三级网络，将一组订户连接到这些计算机上的特定信息或消息服务。连接在一起的人可以是旅行社、集邮者、宗教教派成员、现代艺术品经销商或任何其他有理由开展通信的团体。因此，网络可以是一个三层嵌套的关系。

基础运营商不仅包括电话网络，还包括有线系统、卫星及其地面站、专用微波链路和移动无线电话系统。其中一些被称为专业公共运营商，直接与电话公司竞争。第一家专门的公共运营商是MCI，它于1963年向联邦通信委员会申请从芝加哥到圣路易斯的微波中继器的建造权，主要为该路线上的卡车司机提供移动电话服务。这一要求对AT&T公司的核心业务长途语音服务提出了挑战。AT&T辩称，MCI只为这些有利可图的路线提供服务，吸饱油水后，让AT&T承担义务，为盈利较少的路线提供服务。虽说如此，联邦通信委员

200

会还是批准了MCI的申请，认为这样将鼓励竞争。从那时起，许多类似的申请都获得了批准。例如，美联社在广播电台和报社拥有一个由数百地面站组成的网络，从卫星上接收美联社新闻。

底层物理网络和紧接其上的服务网络之间的区别是模糊的。它们中的任何一个都可以提供一些功能。例如，路由和目录服务可以被视为将信息从一个地方传送到另一个地方的基础服务的一部分，或者被视为基础运营商以外的其他人也可以提供的增强服务的一部分。当预定的接收终端繁忙或出现故障时，临时存储消息是另一种边界地带的活动。当发送和接收终端以不同速度或使用不同代码运行时，格式的转换也是如此。但是，尽管区分可能是模糊的且有争议的，边界确实存在。在任何给定时间，一些基本的传输操作由提供物理设备的组织执行，而附加功能则是由租用电路然后出售服务的其他组织来提供。

基础运营商与租用线路的企业家之间存在冲突，二级网络运营商与他们的第三级客户（如出版商）之间也存在利益冲突。在更基本的层面上，企业家更愿意将尽可能多的可销售功能纳入他们的服务，而他们的客户则更愿意将尽可能多的功能纳入他们自己的业务；问题在于谁能从每个功能中获得收入。例如，有线电视运营商寻求将其功能向上扩展到节目制作中。AT&T公司敦促联邦通信委员会将更多功能指定为基础服务，而不是增强服务。美国贝尔公司的高级信息服务（AIS, Advanced

Information Service）是一个与以前的数据通信产品明显不同的网络，因为它建议在网络本身的节点上为各种行业（例如旅行社）提供各种专业的数据处理服务，而不是把这些任务留给客户。

在竞争激烈的市场中，这种利益冲突没有害处。供应商提供各种服务；如果客户不喜欢这些供应商提供的服务，他们可以寻找精简版的供应商。如果旅行社只想要一条通往航空公司和酒店的线路，并希望在他们自己的计算机上进行预订、计费和记账，那么在竞争激烈的市场中，有人会向他们出售这项服务。如果一些出版商希望通过包含格式化功能的网络将信息库与客户进行连接，而其他出版商希望自己来进行格式编程并只租用纯通信线路，在竞争激烈的市场中这也同样可以实现。

然而，基础网络往往是垄断的，至少是部分垄断。一个原因是，物理设备不得不穿过街道或私有财产，因此会需要特许经营权和征用权。另一个原因是物理网络可以"普及"到每个家庭和办公室的便利性。因此，通常只有一组电话线或视频线穿过城市的街道。公共运营商原则就是为这种垄断而设计的；基础设施需要满足公众的访问需求。使用基础设施的服务网络的情况虽然偶尔相似，但更多时候是完全不同的。只要对基础网络的非歧视性访问是一个权利问题，那么任何服务供应商都可以利用物理网络。这样的服务提供商通常会发现自己在与其他人竞争，因为它们的活动可以在同一个传输基础上重复许多次。

增值网络

对于在物理网络之上运行的服务网络，通常使用的术语是"增值网络"（VAN，value-added network）。为了给客户提供服务，这种网络租用的线路有来自电话公司的，卫星运营商的，拥有自己微波设施的专业公共运营商的，有线系统的，或者是这些设施的组合。增值网络的最简单例子是通信经纪人或批发商。在美国，自1976年以来，任何企业集团，例如航空公司，都可以从电话公司租用线路并共享使用，甚至一个企业家也可以租用线路，然后将其转售给其他那些所需容量少于自己专用线路的人，这种做法是合法的。[9]

如果电信资费结构保证了，以给定速度传输数据的费用增长，低于数据率或速度的成比例的增长速度，那么当客户共享比他们各自所需容量更大的高速电路时便可以省钱。[10]例如，如果租用一条可以多路复用48条1200比特/秒的宽带电路的成本比单独租用48条这种电路的成本低得多，那么批发商可以通过租用一条宽带电路，然后作为48个电路转租出去来赚钱。批发商可以帮助客户组织宽带电路的共享使用。但是仅仅因为大容量传输比小容量传输更便宜，就假设这种批发的效率是电信技术所固有的，会犯一个常见的错误。如果一家电话公司像美国的电话公司那样高效，那么在分批和集中若干客户的流量方面，要是电话公司本身也做不到的话，批发商就完全无能为力。因此，批发商的服务实际上是在利用资费的不合理性。

在美国，目前提供低于AT&T公司价格的长途电话服务批发商包括MCI、斯普林特公司（Sprint）和市话公司（City-Call）。这些批发商可以削弱AT&T公司的一个原因是他们只服务流量繁忙的路线。另一个原因是长途费率历来定得过高，而本地费率又太低。贝尔系统通过长途电话公司向运营公司支付结算费用来补偿这种差异。尽管根据1982年AT&T公司的同意令，情况将有所改变，但直到最近，长途批发商还没有对本地服务承担任何责任。因此，在高速租用线路上转售的电路还是很便宜。

鲜花商利用这一事实进入电信批发行业。几十年来，橱窗上贴有爱马仕（Hermes）标志的花店一直在偏远城市提供送货服务。最初他们通过电报订货；现在他们使用电话。花商在各大城市之间共享一个租用线路网络。他们通过在本地呼叫自己城市中的节点来连接到城际网络。但花商并没有充分用完他们租用的长途线路的全部容量，因此他们通过报纸广告向其他人提供网络服务。订阅服务的非花商使用网络呼叫其他城市，就像他们是花商一样。因此，花商得以作为批发商从事电信业务。

一种更有趣的增值网络允许做一些别的事情，而不仅仅是

203

经纪业务。在这样的网络上，计算机处理消息的方式，除了传输之外，还增加了一些实质性的价值。例如，网络可以按特定线路发送消息。轮询系统（polling system）[①]每天数次从网络上的终端收集、传送消息。中央交换计算机定期轮询终端，然后存储并传递它在其中找到的消息。这种连接是通过公共电话网络的呼叫建立的：呼叫由交换计算机自身按时间表拨号，例如每小时一次、每工作日两次或一天一次；任何时间表都可以设定。消息可以是个人对个人的信件，也可以是手稿、宣传品、新闻报道或其他出版材料，来发给网络上的一个特定终端、一组订户或网络上的每个人。

ITT公司现在提供的另一种增值网络，使拥有不同品牌传真机的客户能够相互发送传真。这种机器通常是不兼容的，但ITT的计算机在其中存储了每个品牌和型号的协议列表，以及每个用户拥有的品牌和型号。因此，一份传真从发件人发送到中央计算机，然后根据必要的协议再从中央计算机发送到收件人的机器。其他常见的增值网络会存储、编辑和重新格式化消息，并确保不同终端之间的兼容性。这样的服务还可以包括目录信息或邮件列表，这样可以将消息发送到目的地，例如给偏僻村庄的常驻血液学家，而无须发件人知道收件人的姓名或地址。

---

① 轮询是一种CPU决策如何为周边设备提供服务的方式，又称"程控输入输出"（Programmed I/O）。即由CPU定时发问，依序询问每一个周边设备是否需要服务，有需要即给予服务，服务结束后再问下一个周边设备，然后周而复始。

叠加在底层物理网络上的复杂服务网络旨在满足计算机通信的特定需求。与电话流量相比，计算机流量是极具突发性的。在这两种交谈中都有沉默期和交谈期，但在电话交谈中，当一个人说话时，至少连续几秒钟的音量是适度均匀的，而交谈在大多数情况下会在同一组人之间持续几分钟。当计算机传输时，它们可以在几分之一秒内发送大量信息，然后长时间保持沉默，之后在另一个微小的时间片内向完全不同的收件人发送另一大串信息。传统的电话交换系统只需要几秒钟来建立人们之间的通话，然后再使用他们的中等带宽电路几分钟，这对计算机之间的通话来说是不经济的，因为计算机需要昂贵的大带宽电路才能发送突发数据，但每次连接只需要零点几秒的时间。

为了不将停顿时间浪费在处理偶尔的数据突发所需的大带宽通道上，计算机网络被设计成多个用户共享同一个通道，每个用户只占用几分之一秒的时间；这叫时分多路复用。为了有效地加载系统，消息通常被分解成标准长度的数据包进行传输。使用这种多路复用形式的网络称为分组网络（packet network）。位于网络每个入口端口的小型计算机将传出的消息分成数据包，然后通过网络将它们发送到目的地附近的接口计算机。就像在有线系统中一样，所有流量都混合在一起；没有针对某一消息的专用电线。因此，流经节点的大部分流量都不是发往该节点的。当数据包通过时，每个节点都会读取该数据包上的地址；只有那些寻址到此节点的会被挑选出来。

然后，接收的接口计算机会将原始信息从分好的数据包中重新组合。

分组网络的优点是多方面的。首先，它可以连接各种不兼容的计算机，因为每台操作计算机与网络连接的接口计算机负责将消息与网络使用的格式进行转换。其次，分组技术使许多用户能够共享昂贵的高速线路，并保持线路负载均衡。分组技术可用于语音和其他类型的流量，但现在主要用于数据和消息流量。其中最重要的数据包网络包括航空公司预订网络、银行清算和支付网络，以及 Telenet、Tymnet 和 AIS 等公共网络，这些网络为任何试图将远程位置连接到计算机的人提供服务。

205 　出版商最感兴趣的增值网络功能是那些包含大量实质性信息的功能。例如，信息检索系统允许用户在他们自己的终端上显示或打印从数据库中选择的信息。目前最广泛的数据库，洛克希德会话系统（Lockheed Dialog System），提供来自150多个书目和事实数据库的信息。另一个数据库 Lexis 允许律师查找和检索先例和法律。还有一家数据资源公司（DRI，Data Resources Inc），可以从其数据库中生成大约1000万个经济时间序列。

这些不同的数据库不一定要通过不同的网络访问。电子出版商工作的核心是将信息存储在计算机的内存中，并安排客户能够查阅这些文件。存储的信息可以是现在出现在印刷品中的任何东西。存储数据的计算机可以通过多种网络访问，例如拨号电话线路（价格昂贵）、租用线路（仅为重度用户付费）、有线系统或增值网络。

在美国，没有一家公开的数据档案库拥有自己的传输线。但在其他地方存在垂直整合的案例，同一组织既提供出版服务，又提供基本的传输设备。在英国、法国、加拿大和德国，这就是可视图文服务的结构，通过拨号电话线将信息基地连接到客户的电视机上。英国的可视图文服务 Prestel[①]由电话系统本身发起，该系统拥有存储数据库的计算机以及通信网络。然而，Prestel 的创始人对公共运营商成为垄断出版商的危险非常敏感，因此英国的规定允许任何竞争者使用英国电话系统的传输设施来建立他们的可视图文服务。另外，Prestel 不产生任何信息。它的数据库完全由其他公司生成，这些公司提供星座运势、时间表、比赛结果、戏剧评论、当日新闻、股票报价、园艺提示、名人录或其他信息。信息提供者主要是现有的报纸、杂志和出版商。他们付费将他们的信息放在Prestel 的计算机上；反过来，他们也凭借所提供的数据按次赚取使用费。在其他国家，电子出版商与信息提供者的分离

① Prestel（press telephone 的缩写）是英国邮政电信公司（UK Post Office Telecommunications）视图数据技术的品牌名称，是20世纪70年代末开发的交互式可视图文系统，于1979年投入商业运营，后成为英国电信（BT，British Telecom）的一部分。它在英国获得了最多90000个用户，最终于1994年被英国电信出售。

该技术是今天在线服务的先驱。用一台连接到专用终端的电视机代替电脑，通过电话线从远程数据库接收信息。该服务提供了成千上万的页面，从消费者信息到金融数据，但图形有限。

并不那么明显。信息的垂直流动可以通过许多不同的方式进行切割。

黄页

　　在美国，出版和传输之间的垂直整合问题已经在电子黄页方面出现了。报纸出版商面临着一个可怕的问题：分类广告有触"电"身亡的危险。如果这些广告带来的31%的收入输给了在可视图文上的广告竞争对手，那么报纸将陷入危机。[11]从印刷页面上阅读社论或富有人情味的故事比从屏幕上阅读更舒适；它可以在地铁上、床上或安乐椅上阅读。但是交互式终端对于分类参考资料来说要方便得多。读者可以准确地查询到符合自己需求的房源，例如距离市中心二十分钟内低于400美元的三居室公寓。列表可以立即更新或清除。如果工作仍然在电子招聘广告中列出，就说明它仍然是开放的。广告既可以是交易性的也可以是信息性的。左撇子火锅手套的广告可以提供代码以便键入下单。毫无疑问，一旦电子家庭终端普及，它们将取代印刷报纸成为分类广告的首选媒介。

　　这些计算机系统未来采用的形式和组织方式很难预测，尽管它们肯定会是一些可能的替代方案的组合。硬件可以是计算机商店中出售的微处理器，也可以是从电话连接到电视机的附件，即可视图文。系统可以使用打字机键盘、光笔或语音输入输出。业务则可以由电子化的印刷出版商、有线电视广播公司、计算机公司或电信运营商控制。

控制权之争正在AT&T公司和报纸出版商之间上演。参议院、众议院和1982年反垄断同意令都试图以各自的方式实现一个目标——允许AT&T公司在客户服务方面进入计算机时代，而1956年的同意令①将贝尔系统限制在通信公共运营商业务中。但是，报纸出版商担心AT&T公司开始提供电子黄页，并成为未来的分类广告出版商，因此极力游说禁止这种做法。[12]

电子电话簿很有意义。该公司不会每年砍伐树木只为给每个订阅者一大本免费书籍，而是为订阅者提供键盘，让他们输入姓名，然后这些人的电话号码将显示在屏幕上。电子黄页也很有意义。订阅者不仅可以查看餐厅列表，还可以获得他们想要的餐厅列表，以及当天的特价信息或当前等待排队的信息，

---

① 20世纪50年代，AT&T是美国主要的电信服务提供商。就资产而言，在1956年，它是世界上最大的私人公司。AT&T与贝尔系统中的所有公司一起雇用了746000人，总收入为53亿美元，占当时美国GDP的1.9%。

1949年1月14日，美国政府提起反托拉斯诉讼，目的是将AT&T公司与西部电气公司分开。1952年初，在美国国防部的支持下，AT&T公司寻求并获得了反托拉斯诉讼的冻结，理由是国防部依靠贝尔实验室的研究为朝鲜战争服务。

1953年1月，德怀特·艾森豪威尔（Dwight D. Eisenhower）上任后，AT&T开始游说，要求驳回该案，理由是贝尔系统对国防太重要了，应该保持原状。政府信从了这一论点，1954年6月，AT&T向司法部提交了一份让步清单，这些让步将是同意令的一个可接受的基础。

最终该案以1956年1月24日的同意令告终，其中包含两项补救措施。第一，贝尔系统必须将其在该法令之前发布的所有专利免费许可给任何申请人，但RCA、通用电气和西屋除外，他们已经与贝尔系统签订了交叉许可协议。所有随后公布的专利都必须以合理的使用费予以许可。第二，贝尔系统被禁止从事电信以外的任何业务。

甚至可以通过互动方式进行预订。法国电话系统目前正在进行一项试验，成千上万的客户正在试用在线电子目录服务。

但根据美国报纸出版商协会于1981年游说参议院 S898 号法案中的一项条款，电子黄页是不被允许的："AT&T 公司及其任何附属机构……不得（在 AT&T 公司提供交换电信服务的任何区域内）提供有线电视服务、报警服务、大众媒介服务或大众媒介产品。"这项法案将出版限制适用于那些经营本地交换机的公司；但第二年，司法部针对 AT&T 公司的八年反垄断案最终达成一项同意令，将本地运营公司从 AT&T 剥离，从而使后者可以自由进入电子黄页业务。美国报纸出版商协会迅速说服众议员委员会起草了一项法案，禁止任何电话运营商通过自己的线路发布信息，这项法案旨在禁止 AT&T 利用其长话线路发布任何信息。最后，美国报纸出版商协会成功向法官哈罗德·H. 格林（Harold H. Greene）提出上诉，要求修改1982年的同意令，在其中增加了一条规定，禁止 AT&T 公司在接下来的七年内进入媒介业务。

这个故事有几个令人不安的地方。一个是它对第一修正案的影响；另一个是它扮演了卡努特国王（King Canute）①的角色。那些支持对 AT&T 公司进行限制的人认为，它并没有剥夺

---

① 传说中英格兰国王卡努特在权势如日中天时，命人将王座摆在海边，然后对着渐涨的潮水说："当这片土地是我的，就不允许有人可以不受惩罚地挑战我。因此，我命令你，不得泼溅到我的土地上，也不得弄湿我的衣服与脚。"但大海仍如常涨潮，打湿了国王的脚。这一传说后常被用作对傲慢的警告，或是对妄图指挥自己无法控制的事物的愚蠢行为的警告。

出版的权利，因为 AT&T 可以发布它希望发布的任何内容，只要这些内容没有在其线路上传输。但这种说法在技术上是无知的。

这个限制意味着电子出版商像邮件寄送一样通过某些特定的传递渠道发送信息。然而，事实上，电子出版通常是以相反的方式运作。出版商将信息存储在计算机中。客户可以通过他们选择的任何线路访问这台计算机。在全国电子高速公路网络上流动的查询流量不会留下任何痕迹，因此也不会使接收查询的计算机知道使用了哪些电路。如果 AT&T 公司将信息加载到一台计算机上，并允许通过本地电话线路访问它，而根据同意令，这些电话线不可以是它自己的，那么就无法确保另一个城市的用户在未使用 AT&T 公司线路的情况下访问当地的交换机。如果能够采取办法控制这一点，那么格林法官所要剥夺的将是查询者的自由，而不仅仅是准备出版者的自由。

为使电子黄页禁令获得通过，报界提出了 AT&T 公司正在成为全国性垄断出版商的担忧。以多元化的名义，报界说服政府指定谁可以出版，谁又不可以。人们本以为报界会为了自己的利益而大声倡导 AT&T 公司的宪法权利，就如同其他任何人一样，它可以出版任何它想要出版的东西。然而，报纸没有看到第一修正案也适用于它们的竞争对手，这倒并不新鲜。当电台还很年轻时，英国和美国的报界也都试图通过审查来限制它。

如果报纸能够真正为自己保留分类广告，那么它们对原则

208

的短暂背叛可能会被原谅，因为一个重要而有价值的机构——报界，将通过保持现状而得到帮助。但是，任何拒绝向AT&T公司颁发出版商许可证的国会法案都不会阻止分类广告的电子化。尽管AT&T以外的其他人可能成为最终供应商，但电子出版带来的参考资料的便利性是如此之大，以至于没有什么能防止报纸失去这一部分。

美国报纸出版商明白这一事实。尽管如此，它们还是主张违反第一修正案，因为延迟竞争对手出现五年或十年，对投资者来说意义重大，而这一点它们或许可以实现。另外，以媒介集团形式出现的报纸出版商也可能会成为提供电子广告服务的机构。也许现在的报纸可能会有些萎缩，但对于它们的出版商来说，如果可以成为销售后续信息服务的企业家，这个前景就没那么痛苦了。

报纸的情况有一个合理的方面，即运营商可能会为了偏袒自己的出版物而歧视其他出版商。出于对自由的考量，一些国家完全可以决定创建一个系统，在系统中禁止特别限定的一类公司也即通信公共运营商从事出版。在运营商由政府垄断的国家，这一决定的理由很充分，就像世界上大多数国家一样。但在美国，电信运营商是私有的，第一修正案的宪法规范占主导地位。美国的独特传统没有在潜在出版商中作出区分。宪法禁止国会剥夺出版权是不分层级而普遍适用的。

然而，在美国，如果有人相信美国报纸出版商协会的论点，即允许AT&T公司享有第一修正案的权利就意味着事实上会出现一个无人可与之竞争的单一垄断出版商，那么一个理性的人可能会说，"违反第一修正案，正是为了保护第一修正案"。可这种说法是站不住脚的。AT&T公司是一家公共运营商。根据习惯法和成文法，它必须一视同仁地服务所有参与者，包括其竞争对手。西联公司从AT&T公司获得电话服务；AT&T公司通过邮件寄出账单；邮政部门的办公室装有电话。任何人都不得拒绝为其竞争对手提供服务。当然，也有违规行为、起诉和损害赔偿诉讼。MCI赢得了AT&T公司18亿美元的三重损害赔偿判决，理由是在服务中受到歧视。虽然这一数额在上诉中被减少，但事实证明，公共运营法是可执行的，并且有效。

因此，即使AT&T公司以电子黄页或其他方式发布信息，它也必须在公共运营系统中使其传输线路同样适用于其他有信息要发布的人。需要的是无条件互联互通的严格法律规定。印刷品的情况也不例外。新闻自由有赖于迫使邮政公共运营商接受一切要求，包括寄送反政府的出版物，哪怕政府是邮政系统的所有者。电子新闻自由依赖于同样的要求，即运营商与所有人互联，包括运营商的竞争对手。

网络服务的垄断与竞争

与黄页类似的问题也出现在许多其他情况下。电话拨号服务（Dial-It）和有线电视的图文服务就是两个例子。由AT&T公司提供的 Dial-It 是一种全国性的信息记录服务，与当地的时间和天气服务类似。只需 50 美分，就可以拨打 "900" 号码，听到例如最新的体育赛事结果。这是一项出版活动，它在同意令之下的未来还 "生死未卜"。尽管根据美国法律禁止这种活动是存疑的，但要求所有可能参与竞争的出版商都能够完全访问 Dial-It 所使用的 AT&T 公司的全部设施，这肯定是合理的。这不仅包括电话线，还包括计费系统。任何拥有录音机的竞争对手都可以提供与 Dial-It 相同的信息，然而当有人打电话进来时，在电话交换机上没有使用运营商计费计算机的竞争对手将无法收费。[13] 为了解决这个问题，联邦通信委员会要求 AT&T 公司通过一个独立的子公司提供 Dial-It 等具有竞争力的服务，该子公司与竞争对手相比没有任何优势。在地方一级，时间、天气记录和电话笑话服务也会出现同样的问题。如果一些企业家认为有更好的笑话可以出售，那么这类服务的线路和计费计算机应该完全向他们开放，同时也不应该禁止电话公司的笑话。

如果有线电视系统成为可视图文的载体，也会出现完全同样的问题。假设有线电视运营商在一个频道上提供可视图文服务，允许观众在键盘上输入一个数字来获取食谱，或者输入另一个数字来获取最新的新闻公告或其他信息服务。对食谱出版或新闻出版感兴趣的有线电视企业家将有强烈的动机拒绝将系统的可视文本计算机上的空间出租给参与竞争的食谱出版商和新闻出版商。但即使达成了这样的租赁，有线电视广播公司也将具有竞争优势，除非租赁接入的条款包括所有计费和支付设施。如果没有非歧视性的准入规定，其他出版商将被冻结在外。

在言论和新闻领域之外的类似情况下，运输业的公共运营商通常被禁止进入快递业务与其客户竞争，这使得非歧视要求更加容易执行。对商业进行此类监管的论据是强有力的，但在美国，第一修正案似乎禁止在通信领域使用这种策略。就出版业而言，将任何人排除在业务之外的法律显然是违宪的。另一种替代方案是严格执行非歧视性准入规则。

即使在印刷领域，这种替代方案也有其先例。法院曾多次面临第一修正案与反垄断法的关系问题，因为它们都被应用于出版业。反垄断法，就像税法和劳动法一样，适用于出版商，就像适用于任何其他企业一样。1945年，美联社被裁定违反了反垄断法，因为它禁止向非会员提供服务，并允许会员将竞争者排除在会员之外。[14]布莱克大法官说："然而，如果对促使第一修正案通过的新闻自由的严重关切被解读为政府没有权力保护这种自由，那确实很奇怪。第一修正案非但没有提供反对适用《谢尔曼法案》（Sherman Act）的论据，反而提供了相反的有力理由。第一修正案基于这样的假设，即尽可能广泛地传播来自不同的和对立的来源的信息，这对于公众的福祉至关重要……出版自由意味着所有人的自由，而不是某些人的自由。"三年后，俄亥俄州洛雷恩（Lorain）的一家报纸，作为当地唯一的广告渠道，拒绝了一家在新开张电台上打广告的公司，因此违反了反垄断法。[15]这类案件涉及垄断瓶颈。法院认为，控制稀缺设施的企业，当该设施对竞争对手的业务至关重要时，

211

有义务给予竞争对手合理的访问权限。[16]在存在垄断的情况下，准入是正常的法律要求。

然而，垄断不会成为电子出版的常态。如果有基础运营商的接入，进入电子信息市场是很容易的。与公共运营商相比，电子出版可能与印刷出版一样具有竞争力，甚至更具竞争力。任何拥有计算机和组织化信息的人都可以出售信息。客户离数据库的距离就像离他们的电话一样近。因此，信息发布很可能会成为一个竞争日益激烈的行业。

就硬件对结果的影响而言，如果出版商能够接触基础运营商，那么电子出版领域似乎不太可能存在自然垄断。客户可以通过增值网络访问任意数量的存有数据的计算机，并且存储计算机的效率不会随着规模的增加而提高。软件使情况变得复杂；在该领域自然垄断就出现了。一旦一个组织编制了过去二十年所有化学期刊文章的参考书目，那么其他的理性企业家就不会重复这种巨大的努力。如果房地产经纪人聚在一起共享一个统一的挂牌服务，那么外部的其他人都无法编制出如此全面的名单。如果两家公司竞争消费者信息服务，竞相列出当地商店的标准商品价格，它们的共存将变得不稳定；如果一家公司比另一家公司更可靠或更全面，它将吸引到更多的客户。由于编译数据库的成本基本上是一个常数，大公司可以将成本分摊给更多的客户，收取更低的费用，进而吸引更多的客户，最终成为垄断企业。因此，专业的信息库往往是一种自然垄断。

然而，这种垄断是狭隘的。竞争对手将提供略有不同的服务。对于生化工程师来说，化学书目的信息既存在冗余又存在缺漏，这为他们留下更专业的书目空间。房地产经纪人的业务可能不包括合租房或狩猎小屋，那么市场上就存在此类专业服务的空间。消费品服务可能在价格方面做得很好，但未能提供有关质量的产品测试信息。竞争对手可以通过差异化的出版物进入市场。

展望未来

因此，未来的电子信息市场将是一个复杂的、不断变化的竞技场，众多参与者之间存在垄断竞争——可能比今天的印刷出版业更为激烈。在印刷出版业，有限软件的自然垄断因版权而得到加强。如果公共政策不加以阻止，这种多元化至少是可能的。科技将提供多种传输工具和信息展示方式。出版商通过这些设施提供的内容不仅是文本，还有语音和视频。所传递的信息在耗费一定成本的情况下可能形成多媒体的壮观景象，但哪怕成本很低，它们也可以将音频和视频与文本混合在一起。今天，人们可以买一本书或杂志，或许还可以配上图片作为强化，也可以买一盘磁带或电影光盘，或许还可以加上字幕；但电子技术将创造出做梦也想不到的混合方式。因此，电子出版业的参与者可能来自多个方向——不仅来自书籍、杂志和报纸出版业，还来自有线广播、电视、好莱坞、计算机行业和电信行业。只要这些强大的竞争者都能够进入各大主要运营商，电子出版商的垄断就不会轻易出现。

尽管纸张不会消失，但从长远来看，电子出版可能会演变成与我们今天所知的完全不同的东西。尽管它像印刷品一样具有多元化、竞争性和经济性，但它的内容可能与现在杂志、报纸和书籍中的内容有明显的不同。汽车一开始看起来像没有马的马车，但不会永远如此。电子出版也是一样。

计算机似乎有可能引起的一个变化是：可以制作统一副本的规范文本的减少。[17]在某些方面，这种变化将预示着印刷品回归手稿，甚至是回归口头交谈。自古腾堡以来，书籍、文章、手册和法律都可以在不同的地方以相同的形式获得。从这种可得性开始，脚注也随之而来。当作品和版本得到命名后，任何地方的任何人都可以找到相同的版本。由此也产生了编目和书目汇编。通过目录或参考书目中的条目来识别某一印刷出版物是清楚明确的。人们甚至可以比较准确地说出某一特定领域的参考书目是否完整。

将这种情况与手稿世界进行对比，在手稿中，每个副本都是独一无二的，都有自己的变体。这些变体甚至成为学术研究的一个核心问题；学术性的职业生涯都在致力于推断其原始版本。抄写仪式主要侧重于防止偏差，在某些传统中，抄写神圣手稿而出现错误是一种罪过。

现代经典书籍与口语对话之间的差别更大。无论是在柏拉图学院还是在现代研讨会中，学术程序都不允许对所表达的思想进行编目或加注。思想的产生没有固定的单位。它们无定形地流动着。

电子出版回归了这些传统。由在Arpanet这样的数据网络上写作和编辑的计算机科学家所组成的小众亚文化群体预示着未来要发生的事情。一个人在终端上输入评论并允许网络上的同事访问这些评论。随着每个人复制、修改、编辑和扩展文本，文本每天都在变化。每次更改时，文本都会以不同的版本存储在某个地方。

以计算机为基础的教科书可能存在与教师一样多的变体。所有教师有时都会希望更正或修改他们所使用的教科书；如果文本存在于计算机中，他们可以并且肯定会这样做。每位老师都会创建一个首选版本，这些版本将在几年内反复更改。或者，在文学或戏剧课程中，出现一项练习，是阅读文本并尝试改进它。阅读因此变得具有积极性和互动性。空白处的铅笔涂鸦成 214
为文本的一部分，甚至可能随着其他人的意见而成为不断增长的对话的一部分。

这种流畅的对话也存在问题。科学家们作为最早使用计算机信息网络的用户群之一，他们对于计算机兴趣群体中更为轻松的文本互动可能取代参考期刊有两种看法。[18]同样，在法律和人文学科的诸多努力中，人们需要识别原始版本和正式版本。肯定会发展出限制和标记变体版本的惯例，但这些惯例并不能阻止文本的扩散。在一个人可以在计算机终端上阅读文本之前，文本必须以某种方式存储在计算机的内存中。而一旦存储在那里，就可以随意复制、修改和重新传输它。

这对学术的影响令人难以置信。一些不切实际的关于计算机时代奇迹的著作经常描述学者如何能够在他们的终端上立即调用世界文学中的任何书籍或文章。这一设想是有问题的。多种形式的文本激增，使得早期草稿和最终印刷版本之间的明确界限消失了，这将改写对"世界文献"的定义。

对于版权而言，其影响是根本性的。关于版权的既定概念已经过时，因为它们植根于印刷技术。承认版权和支付版税的做法随着印刷机的出现而出现。由于电子复制时代的到来，这些做法变得不可行。电子出版与18世纪的印刷厂相比，更像是口头传播，而在口头传播中根本没有版权适用的地方。

考虑一下版权法中阅读和写作之间的关键区别。阅读有版权的文本并不构成侵权，只有书面复制才算违法。这种区别的技术基础与计算机文本相反。要阅读存储在电子存储器中的文本，人们会将其显示在屏幕上；人们把它写下来读它。然而，为了传递给他人，人们不写它，而只给别人一个自己电脑内存的密码。人们为了读而写，而不是为了写而写。

或者考虑计算机创作文本的情况。计算机程序可以对原始数值数据进行操作，并从该数据中生成关于趋势、平均值和相关性的可读报告。另一个程序可以对文章进行操作，并且在没有人工干预的情况下生成它们的摘要。当然，执行此操作的计算机程序本身就是一个文本，根据现行法律是具有版权的。但是程序生成的文本呢？计算机撰写的报告或摘要的作者是谁？是计算机吗？机器能够进行智力劳动的想法超出了版权法的范围。计算机会不会侵犯版权？

　　简而言之，计算机通信的过程产生了大量文本版本，这些文本部分是由人创作的，部分是自动生成的。接收者可以是个人，也可以是其他机器，这些机器从不以可见形式打印文字，而是使用这些信息再次产生其他东西。因此，一些使用的文本是以电子形式存在的，但从来不是显而易见的；有些在屏幕上短暂闪烁；有些以硬拷贝的方式打印出来。从一个文本开始的内容会有所变化，并逐渐变化成新文本。因此，必须发明全新的概念来回应这种情况中的创造性工作。基于印刷的版权概念在这里根本行不通。

　　一个案例目前仍在争论中，既说明了将会越来越多地出现各种版权问题，也说明了解决这些问题的方向。纽约伊利县（Erie County）合作教育服务委员会（BOCES，Board of Cooperative Educational Services）录制了具有教育价值的视频节目，但未获得许可。委员会向县学校分发了可用的磁带目录，并应要求将磁带发送给课堂使用。《大英百科全书》的教育电影公司申请并拿到了其侵犯版权的禁令。纽约法官约翰·科廷（John T. Curtin）不会承认该委员会所做的属于合理使用（fair use）[①]，哪怕它是一个拥有五名以上员工和50万美元设备的组织，所有这

[①] 合理使用是著作权法的一个概念，允许人们于某些情况下，无须征求著作权所有人的同意，就可以使用受著作权保护的部分内容。"合理使用"这一概念在美国等许多国家的著作权法当中都存在。合理使用试图在著作权所有人的利益和公众利益之间取得平衡，在兼顾原创者利益的同时又鼓励新的创造。

些设备都用于广播录像，录像并非以营利为目的，而是仅用于该县的学校。[19]

根据经典的版权概念，这家电影公司采取了必要的行动来阻止那些未经许可复制其内容的人。但是对于录影带技术来说，这种努力是徒劳的。该教育服务委员会可能会关闭，但没有什么可以阻止伊利县的数十名教师和数百名学生使用自己的录制设备录下任何他们觉得值得学习的节目。这些副本可以在一个完全不受控制的系统中进行复制。但是，如果像BOCES这样的组织通过遵循节目时间表、告知学校节目涉及的内容，并进行录制和存档工作，令其服务对学校有价值，那么节目制作者收取补偿金将存在一个自然瓶颈。

像数据和磁带库这样的服务组织都在做一些事情，帮助最终用户从中获得价值，而且它们自己的组织和投资存在的脆弱之处，足以激励它们与制作人和出版商建立起负责任的法律关系。像过去的印刷厂一样，有限数量的瓶颈节点的存在可以使版权发挥作用。用户为之付费的有组织的服务功能是这个时代补偿体系的关键，而这个时代复制极为容易，但消费者在使用复杂的和过量的信息时仍然需要帮助。《大英百科全书》为了保护自己的切身合法利益，也许在短期内采取了正确的策略，但却在长远利益上犯下了灾难性的错误。它应该寻求促进像BOCES这样的服务组织系统，而不是摧毁它们。

除了对版权的影响外，计算机创作的文本还有其他根本性的影响。在计算机出现之前，每一种通信媒介基本上都是愚蠢的。如果它能起作用，它会在远端准确地传递人类在开始时输入的信息。可能会有噪音或衰减，或者纸张可能撕裂，但介质并没有增加任何积极的意义。一个人放进去什么，一个人就拿出来什么，仅此而已。现在，第一次出现一种情况，进入的信息不一定是出来的信息，由于使用数字逻辑的自动化操作，信息第一次可以在机器中被修改甚至创建。

举一个非常简单的例子——航空公司预订系统。一位乘客要求售票员改变路线。职员打出几个字母来确定乘客目前的航班和想要的航班。这是一条短消息，店员会得到一个由计算机编写的简短信息，确认或拒绝所需的预订。然而，在这个过程中，可能已经生成了大量人们从未见过的信息。旅客所在航空公司的计算机可能会向其他航空公司的计算机查询转机航班；它得到答复；它评估了这个答复；如果没有所需的座位，它还会进一步询问。人类撰写和看到的只是总流量中的一小部分。

今天，当人们出发旅游时，会买一本不太笨重的旅游指南，然后在里面翻来翻去，看看想去哪些地方。一个由计算机控制的导游磁盘可以让旅行者按照旅行的顺序，并根据他们对历史、社会学或烹饪的喜好，从大量信息中重新组合文本、图片和地图。今天，当人们购买艺术书籍时，他们会看别人选择的图片。或者，如果他们买了一本瓦萨雷里（Victor Vasarely）①

217

---

① 维克多·瓦萨雷里（1906—1997年）是一位匈牙利裔法国艺术家，被广泛认为是欧普艺术运动的鼻祖和领袖。

的书，会有些塑料片叠加在一起来改变效果。但是，未来的计算机发布的艺术程序可能是一种合成器，允许非专业读者探索随读者操作而改变的颜色和视角。出版商销售的产品可能会越来越多地从固定文本变为交互式工具。

电子技术正在逐步改变出版业。今天，记者在文字处理器上撰写报道，编辑和版面制作都是由计算机辅助的；但最后出来的是一份看起来一如往常的报纸。最终，电子出版可能会变得更像一个电子游戏，伴随着光、声和文字的渗透。在一个互动的对话过程中，玩家会主动发问，而机器则作出回复。它可能是为了娱乐，为了安排日常生活，或者为了工作。无论它是什么，都不会像今天的出版业一样，就像如今时代生活集团（Time-Life）的业务或产品不会像修道院抄写室的活动那样。

对新闻自由的影响

如果出版业发生如此剧烈的变化，第一修正案的实践也将发生巨大变化。这个行业是一个复杂的结构：从产生知识和艺术的文化和科学机构开始，经过编辑和包装机构，再到印刷厂和分销商。在第一修正案的印刷传统中，整个流程不受政府控制。在有关学术自由和记者权利的各种案件中，寻求知识已被法院承认为言论的一部分。记录和文件的完整性也是如此。法院保护演讲、游行、纠察、分发传单和销售出版物的行为。它们还保护所使用的实体设施；印刷机不在政府许可的范围之内。[20]对于印刷通信来说，垄断流通的一个要素是邮局，法院也已经限制了邮局的权力，以保护用户的自由。 218

在印刷出版商中，流动的结构从几乎完全的纵向一体化到几乎彻底的分解。报纸通常处于一体化的极端。故事由它们自己雇佣的员工研究和撰写，它们有自己的印刷厂，经常绕过邮政垄断，通过自己的卡车和报童运送报纸。一体化的另一端是出版商，他们只有办公室，根本没有工厂。他们与作者、印刷商、装订者和分销商签订合同，而他们自己只是履行组织职能。

电子出版必须执行所有相同的功能，并且可以用同样多的方式来执行。在电子出版中，就像在印刷出版中一样，这些不同的关联功能中只有一个——而且是同一个——通常被垄断，即物理传输。电子出版商依赖于对基础运营商的访问，就像印刷出版商依赖于对邮政系统的访问一样。

这种垄断因素在电子系统中是否会比在印刷系统中更重要，或者更不重要，可能会随时间的推移而变化。在美国建国初期，邮政投递对报纸来说比今天更重要。在微波、卫星和电缆等替代性传输技术出现之前，电话和电报的垄断要强大得多。未来，垄断似乎会进一步被削弱。

尽管有这些有利于竞争的技术力量，而且联邦通信委员会最近也制定了利好实体运营竞争的政策，但传输设备的垄断程度可能仍然很高。[21]在许多线路上仍然只有一个微波链路，而且几乎在所有地方都只有一条有线电视中继线和一组电话线。

包括强制非歧视性准入在内的公共运营商原则将继续适用于传输设备的这些部分，但通过与印刷出版类比，似乎有理由期待，电子出版的所有其他要素根据宪法要求完全不受监管。就像印刷品一样，电子出版商可以随意设置各种垂直整合模式。一些电子出版机构会像报纸一样，在内部展开大部分活动。其他出版商则会像图书出版一样，在垂直方向上解体拆分。英国的 Prestel 可视图文系统更像是前者；美国电子信息市场更像后者，数据库的准备、归档、计算机网络和物理传输现在通常由不同的公司完成。可以假定，除非存在垄断因素，否则政府对电子出版的组织和运作方式没有发言权；根据第一修正案，它们将由观念的自由市场来决定。但今天的情况肯定不是这样的。

今天如何监管网络

　　无论在美国还是在欧洲，电子出版都不存在不受监管的情况。甚至电子出版系统中那些简单利用基础物理设施的订阅用户频道，以及在特质上是完全竞争性的电子出版也受到了广泛的监管。联邦通信委员会根据1934年《通信法》所采取的立场，和几乎所有外国电信当局（包括邮政、电话和电报，通常用"PTT"来表示）的立场一样，只要增值网络属于通信运营商，就不能未经许可而运营。

　　在欧洲，通常的立场是，如果一个增值网络从事其他两方之间的信息交换业务，它就违反了邮局的垄断，这是不被允许的。例如，公共分组网络Telenet和Tymnet希望在欧洲安装交换机，这样，需要使用美国某个数据库的用户可以通过PTT线路拨号到欧洲的交换机，然后查询将通过由交换机所在国家的PTT和美国国际记录通信运营商共同租用的高速线路，到达纽约的Telenet或Tymnet节点，从那里再通过从AT&T公司租用的网络线路到达数据库；答复则将遵循一个相反的过程。然而，这是不被允许的。Telenet和Tymnet不得在欧洲放置自己的交换节点；交换必须由PTT完成。因此，安排如下：在每个欧洲国家，PTT在自己的法律控制下安装节点，尽管在某些情况下，Telenet或Tymnet实际上将其作为承包商加入；消息仅在纽约合法地进入增值网络的分组网络，并在PTT和国际记录通信运营商的支持下，于那里完成传输。就用户而言，主要区别在于他们支付的费用更高，因为PTT为使用其交换机和服务所设定的 _220 费用远高于作为批发商的分组网络所收取的费用。因此，PTT既保护了其收入也巩固了其垄断地位。

人们可能期望美国当局对垄断性的基础物理网络和一般竞争性的增值网络采取较为不同的政策。联邦通信委员会正朝着这个方向前进，但是从1934年《通信法》通过直到20世纪70年代，这两类运营商之间的区别从未得到充分认可。人们可能还期望美国当局采纳这样的观点，即垄断物理传输系统的所有者应该是公共运营商。当局并没有一贯地这样认为。根据1982年的AT&T公司同意令，类似政策将继续适用于本地电话公司。它过去曾适用于整个电话网络，估计也将继续适用于长途部分。然而，有线网络尚未作为公共运营商建立起来。

由于增值网络通常不是垄断企业，因此可以预料到它们在美国不会受到监管。但是，根据1934年《通信法》，电子通信网络必须获得联邦通信委员会的授权。1934年，增值网络的概念还不存在，有人可能会认为国会所说的是底层物理网络，如电报和电话网络。然而，联邦通信委员会将该法律解释为：它可以决定任何提供公共服务的通信运营商是否符合公共利益，法院也对此予以支持。1976年，委员会裁定增值运营商必须像基础运营商一样接受监管。[22]然后，在1980年，联邦通信委员会试图扭转局面。在继续声称它需要根据1934年的法案行使管辖权的同时，它决定依靠暂缓监管增值网络的方式来监管它。因此，原则上，联邦通信委员会关于它本身构成裁决者的说法，到目前为止还没有妥协：裁决主要是看业务中是否已经有足够多的运营商，或者是否需要一个新的运营商。对于本质上是出版商的增值网络来说，很难维持这一立场的合宪性。

只有当增值网络提供的服务是通信时，联邦通信委员会才会要求这种授权。在20世纪60和70年代，远程分时（time-sharing）成为竞争激烈且不受监管的计算行业的重要组成部分。使用电话线的计算机网络已经建立起来。它们具有附带的能力，可以与邮政和电报竞争传递信息。这种能力造成了一个监管问题。是否应该像许多国家一样，禁止分时系统提供有用的新信息服务？还是应该允许它们与公共运营商展开竞争，而不承担任何有关公共运营商的义务和规定？或者，它们是否应该被迫进入一种普遍不受欢迎的监管模式，即使没有任何垄断特征来证明对公共运营商的监管是正当的，它们也会仅仅因为与以前受监管的行业竞争而被纳入监管？在第二次计算机质询中，联邦通信委员会发现，无法将分时网络计算和在其上进行的通信区分开来。因此，它必须通过将计算作为一种新的增强通信服务类别予以豁免，来达到不对计算进行监管的目的。

这个决定回避了之前令人不安的第一修正案的一个问题。只要分时和通信在技术上是无法区分的，并且只要在没有许可证的情况下使用计算机网络进行通信是非法的，就需要实施侵入性控制，来确保使用终端的公民不会通过未获运营商许可的计算设施进行通信。例如，全世界的航空公司预订系统都被禁止携带与航空公司交通无关的消息。预订员向等候的亲属发送史密斯夫人错过航班的消息，或一名服务员向另一个人发送"生日快乐"，在大多数国家都是非法的。在资金转移系统上的银行之间发送消息也是如此。或者考虑一下我在终端上写这本书的方式。编辑，使用电脑修改文本，无疑是合法的，但是从网络上的一个点把一章发送给同事让他在另一个点阅读可能会违法。它使用了分时网络作为发布手段，将想法传输给系统上的其他人，因此它把系统看作了通信载体。在这样的使用方式下，计算机成了印刷机，但它不该如此。很难想象还有比这更公然违宪的法律概念了。

联邦通信委员会在第二次计算机质询中通过解除对增强型通信的管制来改变这些规则，其中包括所有基于计算机的应用，但它这样做不是基于宪法。它取消了对大多数通信运营商的管制，理由是它们在一个能够充分保护消费者的市场中运营。在这样做的过程中，联邦通信委员会明确声称自己有权进行监管，但选择不这样做。[23]联邦通信委员会发现，只有那些在市场中占主导地位的公司所提供的"基础"通信服务才需要费率批准、市场准入和退出管制以及类似的监管。基础通信服务是指将消息从一个点传输到另一个点而不对其进行更改，这与运营商或增值网络以某种额外方式为客户操作信息的"增强型"服务形成对比。在基础领域中，当存在一家占主导地位的公司或垄断企业时，联邦通信委员会继续进行费率和准入监管，对于其他的方面，联邦通信委员会现在不再进行此类监管，而是允许市场进行控制。

这种放松管制在短期内可能会奏效，但并不能解决宪法的问题。简化后的法规消除了对增值网络和其他非主导运营商的烦琐要求。联邦通信委员会不再要求潜在的电子出版商证明它们计划提供的网络服务是出于公共利益、必要性或便利性；市场将决定公众是否需要它。但导致联邦通信委员会克制控制的唯一原因是它的仁慈判断。事先限制、授予许可和行使控制的先例均是成立的。联邦通信委员会仍然密切关注所有运营商和电信服务，无论是基础的还是增强的。如果出现问题，它仍然声称有权介入并进行监管。它不承认，在涉及内容的情况下，网络使用是出版，并且在宪法上不能被施加控制；1934年的法案或任何其他通信法令都必须如此解释。

在计算和通信的混乱中无视第一修正案的原则并不奇怪，这在卫星地面站许可的许可故事中得到了类似的说明。1962年的《通信卫星法案》（Communications Satellite Act）要求联邦通信委员会不仅对卫星和卫星无线电频率发放许可证，而且也要对地面站发放许可证。[24]对于那些在上行链路发送信号的地球站，原因是显而易见的。它们是无线电发射机，因此必须获得使用特定频率的许可，以避免干扰。但对于那些只是用作被动接收器的地面站，则不存在这样的许可理由。

在无线电发展早期也出现了一个类似的问题。许多国家要求拥有无线电设备的人必须获得许可证。许可费通常是广播融资的方式。然而，在美国，政府从来没有觉得自己有理由向接收者发放许可证。泄露不属于个人的无线电或有线信息是被禁止的，但根据第一修正案的传统，没人试图通过要求一个人拥有接收许可证，作为一种控制窃听的方式，来施加事先限制。[25]

然而，对于仅用来接收的地面站来说，许可证却成为需要的。原因通常是基于狭隘的技术理由，而不是基于可能会催生事先限制的那种巨大危险。据说，许可制度可以保护地面站的购买者免于购买劣质设备。此外，由于许可证是地面站所有者与联邦通信委员会之间的一种合同，因此联邦通信委员会并不会许可接收站以被许可的频率干扰传输；获得许可证的地面站所有者受到保护。但这些理由很难证明使用未经许可的接收站

223

是犯罪行为。一些地面站购买者可能确实希望获得许可证的保护，但那些在没有这种保护的情况下自行承担运营风险的地面站所有者也合法地行使着他们的权利。

到1979年，联邦通信委员会开始认识到这一论点的逻辑性，在普遍的解除管制气氛中，它取消了对纯接收的地面站的许可证要求。[26]许可证变成了自愿的，提供给那些想要保护自己免受干扰的人。但是一个基本考虑又一次未得到承认，即根据宪法，对通信设施的强制许可不在政府的权力范围内，除非在特殊情况下，例如在无线电传输中，出现通信者可能对他人造成明显伤害的情况。联邦通信委员会在得出强制地面站许可非必要而不是违宪的结论时，没有放弃一丝一毫的权力。

短视的根源

此种对监管权力的违宪假设的根源，部分出自通过电话传统，以及在此之前的第一个公共运营商也即邮局的传统，来看待经由电子网络的出版。对增值网络的监管是通过不假思索地将管理垄断电信运营商的规则扩展到增值网络之上而产生的。为邮政、电报和电话垄断管理的第一修正案实践提供例外理由的特殊情况早已被遗忘。在这些情况下建立的一系列先例已被延续到竞争性言论的正常领域，在这一领域中，例外不再需要。

向增值通信运营商发放许可证的违宪做法也有所发展，因为它们从事的通信业务被视为商业领域而非言论范畴。1934年《通信法》及其前身是基于宪法的商业条款。然而，第一修正案将州际贸易的一个重要领域排除在国会的管辖范围之外，即人类的思想交流。例如，报纸的流通不受商业名义的监管，尽管它确实是商业。数据流通是一种印刷形式，比特数量与印刷产品一样多，但人们并未以这种方式看待它。正是在20世纪60年代的十年中，计算机和计算机网络首次进入民用领域，主要用于商业应用，设备主要由一家名为"国际商业机器公司"（IBM，International Business Machines）的企业制造，最高法院才开始考虑商业通信是不受第一修正案保护的言论的概念。这个概念最终在1976年被法院驳回。尽管如此，在一段充斥着不确定的时期，商业言论的概念对法院和监管机构有关计算的看法产生了影响。正如早期的电报被误解为本质上是商业机器而不是印刷机一样，计算机也很容易被误解为只是一台数字计算机器或充其量只是一台商业机器。

今天，大型信息服务越来越多地通过计算机交换网络进行流动。新闻通信社服务也是如此。出版商在同一设施上编写杂志和书籍。学者们使用计算机网络进行远程会议。从事公共事务讨论的人也是如此。一些地方的市民投诉和查询服务是以计算机网络为载体。工会、政治团体、大学、研究所和宗教组织的成员名单和档案经常保存在一些服务机构的远程计算机上。随着能够通信的文字处理打字机迅速引入这些组织的办公室，其所连接的计算机网络将成为组织与组织进行实质性通信的手段。信息检索系统正在变成主要的图书馆，而终端正在进入市民的家中。很快，大多数发布的信息将以电子方式传播。

联网计算机将成为21世纪的印刷机。如果它们不能够免于公共控制，那么，继续对非电子的机械印刷机、演讲厅和人们随身携带的纸张适用宪法豁免权，可能就会变成某种离奇而过时的东西，好似海德公园角（Hyde Park Corner）一样：几个怪人可以在那里聚会，而重大的政策辩论则在别处进行。

225

第九章

导向自由的政策

随着计算机成为21世纪的印刷机，人们将继续阅读纸上的文字，继续收听广播，但其他新兴的主流媒介将从计算机黑客眼下的玩具演变出来。[1]视频光盘、集成存储器和数据库将发挥图书和图书馆目前的作用，信息检索系统将替代杂志和报纸当下的功能，由卫星、光纤和无线电波组成的网络将取代现今的邮政系统。如果这些不自由，那么言论就不会自由。

危险并不藏匿于电子设备的噩梦之中，而是来自于人为的错误。威胁自由的不是电脑，而是政策。紧接印刷机诞生的审查制度并不属于古腾堡的发明，而是对技术的一种反应。同样，对电子通信的监管也不涉及技术本身，同样也是对技术的反应。计算机、电话、无线电和卫星都是自由的技术，就像印刷机那样。

通信技术的趋势

用于自我表达、人际交往和知识记录的技术正在发生前所未有的变化。各种电子设备使每个人手上拥有远远超出印刷机所能提供的能力。会思考的机器，可以把巨大的图书馆带进任何人书房的机器，能让相隔半个地球的人进行通信的机器，都是人类文化的拓展者。它们使人们能够完成用过去的通信工具所能做到的任何事情，但除此之外，还能让人们实现更多。

　　需要注意的第一个趋势是，为公众服务的网络正在变得数字化和宽带化。当前普通家庭唯一能接收到的宽带信号是电视图像。人们有时会思考，是否还有其他适用场景需要一个对每个家庭和工作场所都可用的端到端的宽带数字网络。这样的网络将可以一次整卷地双向传输高清图片和文本，以及语音、可视图文和其他低速服务。但为什么需要这样的服务呢？事实上，理由很充分。传输高清图片不仅仅是为了好玩。随着人工邮寄服务变得越来越不可靠和昂贵，用电子方式而非实物方式发送杂志、目录、录像带和视频光盘，将成为一个有吸引力的选择。一次发送整卷文本也不再是一种奢侈。即使每次输入一页左右文本的速度比人的阅读速度还快，并且能够满足电子邮件或检索特定页面的需求，从而令人感到满意，但它却并不适合浏览。要想像使用书架或文件柜那样使用终端，必须能够随机浏览数千页的内容。在计算机与计算机展开对话时，尽管它们来回翻动的文件的可能不大，但一秒钟对它们来说太长了，其突发流量在短时间内就需要很大的带宽。数以百万计的办公室和家庭可能都拥有电脑，并希望有足够的带宽供它们使用。因此，如果人们在家里或工作中想要高清的动态影像，如果他们想要使用双向视频来进行电话会议或远程购物，如果他们想要浏览图书馆而不仅仅是阅读预定义的页面，如果他们想要进行计算，那么对端到端宽带网络的需求就会存在。

为了服务公众，将会出现三层嵌套的网络。就像现在一样，不同的国家将拥有不同的网络，但这些网络将相互连接。在国家内部，卫星运营商、微波运营商和本地运营商可能会（在美国几乎肯定会）掌握在不同组织手中，但它们之间也将再次相互连接。因此，即使是最基本的物理网络也将是一个网络的网络。在这些物理网络之上将是一个金字塔式的服务网络。人们可以通过该服务网向公众发布或传递各种各样的东西：电影、金钱、教育、新闻、会议、科学数据、手稿、请愿书和社论。

另一个值得注意的趋势是用户自己处所内的设备越来越复杂。由于网络的输出和输入既可以打印在纸上、显示在屏幕上，也可以用声音来宣读，因此，用户所需要的设备将十分昂贵。尽管计算机逻辑、内存和远程通信的成本正在下降，但人们想要利用它们实现的用途却在以更快的速度拓展。今天，一台4000美元的微型计算机可以完成几年前一台100万美元的计算机才能完成的事情，当时很少有人会预料到数百万普通人会花4000美元购买这个家用小玩意儿。在未来，数以百万计的家庭将同样需要大尺寸的高清屏幕、用来拍摄视频的摄像头以及用于保存工作和娱乐信息库的大容量存储设备。

美国工业界推测，用于信息活动的可支配收入比例将会不断增长。各家公司都在为进入这个行业做准备。像美国运通（American Express）这样的银行和西屋电气这样的制造商正在投资有线电视；而波音（Boeing）等公司正在出售分时服务；西尔斯·罗巴克（Sears Roebuck）[①]等零售商也在尝试使用视频光盘目录。投资者认为，最大的市场增量并不会来自传输或用于传输的硬件，而在于软件和用户家庭设备。正是这一结论促使AT&T公司同意剥离其本地电话公司，以换取向终端客户出售信息服务和设备的自由。2001年科幻小说中所描述的带有哗哗声、警报器、闪烁灯和视频屏幕的信息工作站可能只是一种幻想，但强调的重点是正确的：这才是人们花钱的地方。

矛盾的是，大客户和去中心化都将从更精细的终端设备开发中获益。无论房屋业主的设备多么出色，它们都将只是工厂和办公室设备的简陋版本。拥有数以百万计的信息服务和运营账单的公司将投资于自己的网络、租赁电路、压缩设备和其他旨在帮助它们高效运营或削减成本的奇妙设备。根据供应商和运营商的资费结构，不同的选择将获得不同的回报。其中一种权衡在于，是购买通信能力以改善管理控制，还是购买本地处理能力以减少通信成本。在技术和资费的变化影响相对价格的情况下，集中化和分散化选择的趋势可能会曲折变化，但用于本地存储、压缩和处理数据的计算设备的成本可能会比传输成

[①] 通称西尔斯百货，从邮购产品目录起家，20世纪80年代之前，是美国最大的零售商。由于经营不善，其母公司西尔斯控股在2018年10月15日宣布破产，大量门店关闭。

本下降得更多、更快。

这种趋势有利于去中心化。为了节约传输成本，越来越多的工作将在网络的分布式节点上进行。大客户将最大程度地推动这种分散，因为他们拥有足够的资源和技术能力来这样做。²²⁹在大型企业中，分散节点的能力和自主权因此得到加强，它们对中心的从属关系也随即被削弱，出乎意料地实现了结果的去中心化。

另一个明显的趋势是，随着新技术的出现，世界正在缩小。在世界范围内通话或发送信息的成本比在自己地区通信的成本将高不出多少。现在从纽约打到洛杉矶的费用比从纽约打到奥尔巴尼（Albany）①的费用只略高一点。两者都涉及相同的本地环路和交换机成本，用于建立呼叫和计费。额外的微波链路的可变成本是次要项目。有了卫星，距离几乎变得完全不重要了。因此，人类互动的模式将会改变。以前仅在自己的区域内开展商业、咨询、辩论和社交，以后这一成本限制将减少。将会有更多的自由与任何地方的任何人开展上述活动，只要感觉彼此存在亲和力。

这种发展，加上多种通信技术和廉价微处理器的开发，将形成通信系统多元化和竞争化的趋势。带有上百频道的有线电视系统、录像带、视频光盘、综合业务数字网，以及与成千上万在线信息服务的网络连接，将催生出各种各样的表达，其多

---

① 美国纽约州首府。

样性远远超过今天所知的任何声音。电话垄断正在被打破。在电脑出现之前，电话管理部门禁止将任何"外国附件"连接到他们的网络；如今，在美国、日本、英国和其他地方，客户可以随意购买终端并连接它们。在微波和卫星传输之前，电话管理部门垄断了城市之间的线路，然而这些新的非有线传输媒介往往由不同的企业管理。在美国，这种竞争已经在长途电话业务中盛行，而本地交换业务也不会长期保持完全垄断。数字终端服务、蜂窝无线电以及传输语音、数据的有线系统都将与本地电话公司展开竞争。

没有理由认为未来的通信网络将是一个拥有中央大脑的单一大型组织。也许会是这样，但不一定就是这样。拥有一个由中央大脑控制的等级结构只是组织复杂系统的一种方式。人类就是这样被组织起来的；民族国家也是如此。但资本主义经济不是，科学知识的复杂系统也不是，生物圈的生态系统更不是。一个非中心化的系统要发挥作用，除了通过命令以外，必须有一些既定的方式将各个部分连接起来；这种相互联系可以通过惯例、习惯或达尔文式的过程来管理。资本主义财产权是由法律来执行的；语言由习俗实施；生物圈中的生物如果不能代谢其他物种，就无法生存。

只有当每一网络上的流量都能够通过接口移动到其他网络上时，一组非中心化的通信系统才能作为一个单一系统发挥作用。关键的要求有三个：互联的权利，使互联接口成为可能的技术标准的相符性，以及目录系统。

针对特殊群体和服务的网络的多样性和自主性可能会增长而不是下降，尽管它们中的大多数会相互连接。其中一些网络会有自己的中央大脑，而另一些则没有。不同种类的通信——视频、语音和文本；信息性的和情感性的内容；公共的和个人的内容——可能需要拥有不同设计的网络，即使它们是相互连接的。

数字技术推动了整个系统分布式处理的趋势，它反对中央大脑。将一个由0、1脉冲组成的系统转换成另一个这样的系统，要比连接过去的模拟无存储通信系统容易得多。与过去受制于更慢速度的电路交换相比，如果使用智能数字设备，以纳秒级的速度扫描关联数据结构，并以光速与所有节点通信，那么在缺乏单个通用列表的情况下进行目录搜索，更有可能取得成功。

也许最值得注意的趋势是，计算机的人工智能将越来越多地创造和读取未来网络上的许多信息。这些由计算机组合的信息在计算机之间发送，大多数情况下可能根本不会被人看到。在电子资金转账中，只需要几个比特就可以表示从一个账户中扣除27.5美元。大部分流量涉及检查和复核，以确定签名是否真实，存款是否可用，以及还有多少余额。

由于有了这样的人工智能，通信的未来将与过去截然不同。如果媒介被"去规模化"以服务于个人需求，它不是在把搜索庞大信息库的艰巨任务扔给懒惰的读者，而是通过对计算机进行启发式编程，为特定读者提供更多符合他们之前所选的内容。类似地,计算机辅助教学程序在提供学生所需的教学之前也会评估学生过去的表现。在这种系统中,出版和对话之间的界限消失了。苏格拉底曾担心写作会扭曲智力的流动,这一担心终于可以平息了——写作可以成为对话。

这就是正在出现的通信系统的一些技术特点。如果美国人不能将这一系统纳入言论自由的政治传统,那么也不能怪罪技术本身。相反,电子技术有利于自由。成熟的电子技术所允许的多样性和大量访问的程度远远超过今天人们所享有的。21世纪的计算机化信息网络所需的自由并不比印刷机少,所有人都应该不受限制或无阻碍地使用。只有政治上的错误才会阻挠这一自由。

通信政策

在大多数国家,宪法规定了通信政策的框架。[2] 美国的基本通信政策体现在宪法的三个条款当中。第一条第八款赋予国会建立邮局和邮路的权力。其后一则条款赋予国会"通过在有限时间内确保作者和发明家对其各自著作和发明的专有权,促进科学和实用艺术的进步"的权力。第一修正案则禁止国会通过任何限制言论或新闻自由的法律。这一揽子条款为出版商提供了他们所需的支持,但禁止政府干涉他们的表达自由。

在18世纪相对简单的美国社会中，媒介主要依赖于变化缓慢的印刷技术。当政府由法院、国会和一个微小的行政部门等相对宽松的机制组成时，通信政策问题甚为罕见。问题最常见于政府运用财政权支持或反对报界的能力。美国人民并不反对政府利用其财政权力来支持报界。当局通过邮政系统、官方广告和职务任命来做到这一点。政府应该与报界保持一定距离的想法是后来才发展起来的；联邦政府最早的政策是扶植媒介。而政府对报界使用强制权力的另一种可能性，被第一修正案所禁止。

232

伴随着国会、行政部门和法院对通信技术创新的处理，以及在第一修正案通过后的两个世纪里各个机构寻求制定合适政策的企图，该修正案最初的原则受到严重损害。这种变化的三个主要年代，相互间均相隔了半个世纪。在19世纪70年代，国会和法院广泛地调整了邮政政策，施加了审查性限制。同样在该十年期间，以及在那之前不久，电报的公共运营商监管系统发展起来。五十年后，在20世纪20年代，无线电广播开始了。对于这种媒介，国会要求广播公司必须由政府挑选并颁发许可证。又逾半个世纪，到20世纪70年代，计算机网络、卫星和有线电视系统得到广泛使用。对它们的一些监管措施似乎是相当违宪的。

19世纪70年代和20世纪20年代都是对于公民自由持矛盾态度的历史时期。19世纪70年代兴起的一场关于道德和经济的改革运动挑战了当时盛行的自由放任主义哲学。有关节制和守礼的运动、选民登记运动和劳工保护运动与最低限度治理的理念发生了冲突。改革者强烈要求接受将邮件监管作为一种审查工具。20世纪20年代，一方面发生了帕尔默突袭（Palmer raids）①事件，另一方面是布兰代斯大法官和霍姆斯大法官的异议和决定。[3]从20世纪20年代开始，特别是在第二次世界大战之后，最高法院对第一修正案的敏感导致它对邮政审查吹响口哨并遏制了这一趋势。

然而，正是在20世纪20年代，美国的通信政策最为严重地迷失了方向。在没有充分考虑的情况下，一种结构被引入了无线电领域，该结构既不具备公共运营商系统的自由至上特征，也不具备自由市场的特征。新系统的设想是：频谱极为有限，必须分配给选定的用户。在欧洲，选定的用户通常是政府本身；在美国，它是私人的许可证持有者。由于只有少数人拥有广播的特权，政府认为自己必须影响他们广播内容的性质。与公共运营商不同，广播机构自己选择并制作节目，但与同样可以选择内容的印刷出版商不同，在广播领域挑战者不能自由进入。因此，政府插手监管广播论坛，并塑造广播公司的选择。

233

---

① 帕尔默突袭是美国司法部在伍德罗·威尔逊总统执政期间于1919年11月和1920年1月进行的一系列突袭行动，目的是搜查和逮捕可疑的社会主义者，特别是无政府主义者和共产主义者，并将他们驱逐出美国。这些突袭行动特别针对据称与左派有联系的意大利移民和东欧犹太移民，尤其是意大利无政府主义者和左派劳工活动家。搜查和逮捕行动是在司法部长A.米切尔·帕尔默（A. Mitchell Palmer）的领导下进行的，有3000人被捕。虽然有556名外国公民被驱逐出境，其中包括一些著名的左派领导人，但帕尔默的努力在很大程度上受到了美国劳工部官员的牵制，该部拥有驱逐出境的权力并反对帕尔默的方法。

经由这一演变过程，美国出现了三种主要的通信结构：一是出版模式，总体上不受监管；二是公共运营商模式，政府确保所有人都能获得一视同仁的准入机会；三是广播模式，由政府许可的私人所有者作为出版商。在三种模式之间的选择可能是未来几十年的一个关键政策问题。多种模式的融合正在颠覆一度整齐划一的三分通信系统。这三种模式中的每一种都被用于特定的行业和不同类型的通信。只要是这种情况，一些行业的做法可能不像其他行业的做法那样符合第一修正案，但它对那些仍然属于第一修正案范围内的媒介没有太大影响。一个行业发生的事情对另一个行业发生的事情并不重要。

如果这样的局面保持稳定，就没有什么值得担心的。因为如果国家保留可以表达所有观点的自由印刷媒介，即便广播完全被政府控制，自由也不会因此失去。将印刷品作为自由之岛，可能足以保证它不会完全服从权威。然而局势并不稳定。

很快，所有的媒介都迅速地电子化了。以前，印刷媒介受到电子媒介的影响，但它们本身并没有被电子媒介改变。电子媒介发展壮大，扩大了它们的活动范围，但从根本上说，旧媒介还是原来的样子。现在情况已经不同了。随着电子出版的兴起，电子媒介的实践也变成了印刷媒介的实践。人们再也不能因为更大范围内的表达自由仍然存在于所有印刷品之中，就把电子通信视为一种受限制的特例，其垄断和管制因素并不十分重要。电信政策正在成为通信政策，因为所有通信都开始使用电子传输形式。

很快，法院将不得不决定，对于迄今为止相当自由的广大领域，它们将适用三种通信实践传统中的哪一种。法院面临的事实将是一个普遍互联的电子通信系统，该系统基于各种可连接的电子载体，使用无线电、电缆、微波、光纤和卫星，通过一个电子网络之网络，将各种各样的邮件、印刷品、声音和视频发送到每个家庭和办公室。问题是，这个系统是否会像现在受监管的电子媒介一样受到管制，或者是否有办法在那个美妙新世界中保留第一修正案下的新闻自由传统。

资源限制

从历史上看，一些媒介在第一修正案下的运作规则与适用于印刷出版物的规则不同，因为用于制作这些出版物的资源具有稀缺性。资源的丰富和匮乏是一个连续体的两端。一端是，通信完全不受资源的限制；在连续体的中间，存在限制情况，但每个人都可以拥有定量的通信手段；而在另一端，只限少数特权者才能拥有通信手段。

对话说明了一种最佳情况，即通信完全不受资源约束；唯一的限制是个人的对话愿望。大多数地方都有足够的人行道，如果一个人在某一建筑物旁设置纠察，并不会阻碍他人路过，可是当数百人想同时在同一个地方设置纠察时就不一样了。在实践中，没有任何资源限制会众聚集在一起做礼拜，这一点可以从临街教堂和在成员家中聚会的会众中得到证明。同样，任何人都可以发送请愿书或写一封抗议信。实施这些行为所需要的财产是微不足道的。

在这些领域里，通常任何人都可以随意通信，而不会明显减少他人的通信机会，但即便如此，也会出现例外情况，一个人的愿望对其他人形成了制约。对话可能非常丰富，可与一个特定的伙伴的对话是强加给那个人的。如果是在一个成员的家里，会众的聚集几乎可以不花钱，但在一个理想地段上建造一座大教堂就不是这样了。在上述每一种情况下，老生常谈的公式是：只要不干涉他人的权利，人们就有权做自己想做的事。但在这种情况下，通信涉及的资源限制很少，因此没有专门的机构来处理这些问题。

当通信的资源虽然不是无限的，但也足够多，通过合理的牺牲和努力人们就可以获得一些时，情况就更加复杂了。在这种情况下，由财产机构和市场进行分配就成为一种有用的规范。印刷杂志就是一个例子。即使是穷人，通过节约与合作，也可以制作期刊，他们中的一些人确实这样做了。有普通信众的教会简讯，有劳工出版物和抗议报纸，有青少年俱乐部会刊和校园报纸，以及成千上万的小杂志刊登不知名的业余爱好者写的故事和诗歌。要使一份出版物获得成功，需要人才、资本和精力；如果有了人才和精力，甚至可以借到资本。

然而，在这种适度匮乏的情况下，并不是所有人都能拥有他们想要的通信方式。这些方式是定量配给的。配给制度可能

235

公平公正，但也可能并不公平。[4]有无数种方法来分配稀缺资源。一种方法可能是严格的平等主义，比如在竞选期间，要求所有合法候选人在相同的条件下获得相同的广播时间。一种方法可能是贤能主义的，比如为那些在考试中取得高分的人提供免费教育。一种方法可能是承认特权的，如允许后代继承一个通信媒介或是上议院的一个席位。一种方法可能是以文化价值为重的，就像基金会向博物馆或交响乐团提供资助一样。一种方法可能是奖励技能和动机的，因为这样的话通信机构就可以赚取与效率密不可分的利润。

每一种分配标准都有其价值，实际的公共政策代表了它们的不同组合。平等可能具有修辞上的吸引力和大量的优点。然而，很少有人会选择完全平等地获得稀缺的通信手段，而完全不考虑才能、动机或使用这些手段时的社会价值。

通信方式的产权是一种主要的分配方式，但不同的产权方案会产生不同的分配方式。在一些财产计划中，如果人们有无线电频率却不使用，他们的权利就会失效，频率就会重新回到分配机构手中。这就像上面写着"本票不可转让"的小票。然而，在市场计划中，所有者可以在法律允许的范围内，将其资源作为礼物或交易的一部分转让给其他人。市场计划的前提是对管理的智慧缺乏信心；它把现有的任何分配只作为一个起点。它假定财产持有者之间的分布式智慧大于中央调控者的智慧。

创建市场的法律规定了可能进行的交易组合，并明确指出一些交易是非法的。一个搬家的人可以卖掉房子，但根据城市区划法（zoning laws），他不能把房子变成酒馆。取得无线电许可证的船舶所有者可以出售船舶，包括无线电设备，但他不得将船舶频率用于广播。有线电视广播公司可以把系统卖给其他人，但根据美国的规定，不能把系统卖给同城的电视台所有者。

简而言之，财产就是一种公认的资源分配方式，这种资源在某种程度上是稀缺的。市场是分配该财产使用的手段。它衡量人们对不同用途的重视程度；它允许用途的变化；它通过分散决策权使决策去政治化。但是，市场不是单一的手段；它是一类手段，而公共政策定义了市场的结构。

在某些资源非常稀缺或难以分割的地方，普通市场的运作就会很糟糕。鉴于目前的管理方式，频谱是非常稀缺的，以至于每个小团体都不能拥有自己的电视台。电话系统是不可分割的，因为我们需要的是一个通用的系统。在这种通信手段被垄断或部分垄断的情况下，自由社会就会遇到问题。正是基于这种情况，在19世纪和20世纪早期，公共运营商的方法被发展出来。公共运营商有义务平等地向所有公众提供资源。在美国宪法体系中，这是一个特殊的后备解决方案。第一修正案的基本传统要么是对所有人开放的言论自由，要么是与早期报界相关的竞争市场。

由于资源的稀缺性和不可分割性迫使人们背离印刷模式，因此必须预判在不断发展的电子媒介中，会出现哪些主要的稀缺性和不可分割性。尽管20世纪末的技术产生了大量的通信手段，但在通信系统中仍会存在一些真正稀缺或不可分割的要素。广播监管的老生常谈认为频率异常稀缺，但频谱并不是其中的稀缺物。如果频谱是通过在市场上出售的方式分配的，其价格不会高得令人望而却步，因为现在有许多替代办法，例如数据压缩或通过同轴电缆或光纤传输，由于相对获取上空使用237权而具有较低的成本，这些办法将变得经济。频谱只具有中等程度的稀缺性。

今天的卫星轨道就像1927年的频谱一样，乍一看似乎具有天然的、物理上的稀缺性。如果轨道使用技术仍保持在20世纪70年代的水平，那么在本书出版时，西半球的轨道位置就已经用完了，其他许多地方的轨道位置也会在此后不久用完。然而，节省轨道和频谱的技术正在成倍增加。真正的问题是频谱，而不是轨道上的不动产。卫星本身有充足的空间。困难在于找到与卫星通信的频率，而不造成无线电干扰。偏振、点状光束、时分多路复用、机载切换以及直接的卫星对卫星的微波或激光链路都是对这一问题有帮助的技术。各方都需同意使用这些技术上有效而并非最经济的方法。轨道问题被证明是我们熟悉的频谱问题的一个特例。降低价格需要对高效的标准和协议达成一致，并遵守这些标准和协议。但如果付出一定代价，就会有取之不尽用之不竭的资源。

尽管频谱和轨道位置都还没有稀缺到正常的市场机制无法处理，但系统中还有其他更严重的垄断因素。一个是基本通信网络需要普遍覆盖。如果要让任何人都能够向他人发送消息或与他人交谈，就必须有普遍的连接、目录信息、商定的标准和互联的合法权利。

通信系统的另一个要素要求实现中央控制，因为系统需要穿越或利用公共财产。如果不被授予传输线路的土地征用权，社会成本就会非常高。此外，还必须挖开街道来铺设电缆。这些要求影响到许多并非直接参与相关安排的人们。

最后，在一些自然垄断领域，企业规模越大，其运营效率就越高，因此最终会把规模较小的竞争对手挤出市场。美国报纸就是这种情况。它们严重依赖商家的广告。当一个城镇有不止一份报纸时，商人们发现在规模较大的那家报纸上投放广告更有效率，小报纸因此就会萎缩。[5]当一个城市有不止一家电话公司时，情况也类似；客户加入更大的系统是因为他们可以给更多的人打电话。如果一个社区有多个有线电视系统，客户也会选择较大的有线电视系统。更大的系统可以在更多的用户中分担固定的工厂成本，因此会收取更少的费用，因此它们就有更多的收入可以提供更多、更好的节目。

在通信领域，规模经济在电线或电缆传输中表现得尤为明显。遍布各地的管道铺设的巨额投资成为主要原因。无论是空中传输，还是通常的节目制作或增强服务，都没有如此强大的规模经济。在规模经济和因之形成的自然垄断确实存在的地方，某种形式的公共运营商接入是合适的。电话服务中就存在这种情况。有线电视也可能出现某种形式的公共运营。

虽然在报纸和电子运营商市场都存在自然垄断的因素，但公共运营商程序只适用于其中一个，而不适用于另一个。一家

238

报纸可能是其所在城镇中唯一的报纸，但它仍然享有通常是竞争激烈的印刷媒介的所有特权。根据托尼洛案中对第一修正案的解释，不能强迫报纸向任何人的近用权作出让步。[6]面对一个垄断者，其是否应该被如此强制，这并不是一个微不足道的问题。巴伦（Barron）①在托尼洛案中的论点不容轻视，但法院确实驳回了他的观点，并继续给予报纸所有者充分的编辑决定权。

事实上，报纸一直保持了这种自由，对于通常伴随着垄断而来的要求，报纸并没有像有线电视广播公司那样受到影响，后者常常被特许经营者要求提供某些接入。造成这种悖论的原因是历史的复杂性，而不是简单的逻辑。在这两种情况下，尤其是对报纸而言，垄断的范围都是不完整的。至少同样重要的是，在新闻自由的传统中成长起来的报纸，已经采取行动阻止了这个问题的出现。当报业进入垄断地位后，它们很聪明，在许多方面都表现得像一个公共运营商一样，从而化解了敌意。它们意识到弱点所在，自愿为自己建立了某种接入体系。与19世纪的先辈不同，它们认为自己是为整个社区提供一个论坛。它们不仅刊登持相反立场的专栏文章，而且心甘情愿地向社区团体开放本地新闻版面，还鼓励写信给编辑。最重要的是，它们接受任何人的付费广告。只在很少的情况下，报纸才会以意

---

① 学者杰罗姆·巴伦认为，言论自由在美国遭遇的最大威胁并非来自政府而是来自大众传媒的私人压制，"观念市场"这一隐喻并不能积极促进言论自由，因为大众传媒会自行挑选出符合其商业利益的言论。第一修正案仅保护了那些"已接近媒体"的大众，而不会保护那些因其观点不受欢迎而"未能接近媒体"的大众。在托尼洛案中，巴伦希望将强制近用权的想法施加到新闻自由的结构中。

239

见不一致为由拒绝广告。如果报纸还像过去竞争激烈时那样固执己见，那么舆论早就会对其不受监管的垄断地位采取反对行动了。

此外，报纸还远远没有被完全垄断。与有线电视广播一样，报纸出版商辩称，在一个合理界定的市场中，它们并不是垄断者。即使一个城镇只有一份报纸，发表意见的方式也有很多种。传单或意见期刊都与报纸在观念市场上竞争。新闻杂志和郊区报纸也在展开竞争。

托尼洛案的判决不太可能被重新考虑。报纸正面临着日益激烈的竞争。电子信息服务和专业化的全国性报纸将进一步削弱它们在本地的垄断地位。如果到目前为止，这种垄断还没有限制印刷品中的公开讨论，那么在将来就更不可能了。

有线电视广播公司声称他们的情况与报界没有什么不同，因此它们理应得到完全相同的待遇。它们辩称自己也要保持一个开放的论坛。也许15年后，人们会说，有线电视行业看到了不祥之兆，并且表现得像个政治家。也许它也会主动向所有人开放频道，甚至向竞争对手开放频道租赁。也许到那时，电话网上新兴的宽带综合业务数字网技术也将使谈论有线电视垄断不再明智。但我们有理由对这种期望表示怀疑。技术上的解决方案可能会姗姗来迟，政治家行事的预测也很难从当前的行为中看出端倪。报纸从业者孕育于政治斗争传统和第一修正案的原则；有线电视从业者产生于娱乐行业的传统。报业是一个不受监管的行业，以独立于国家而自豪；有线电视是受监管的特许经营业务。指望有线电视行业对第一修正案的考虑保持敏感，以防止准入问题变得激烈，这大概是不现实的。

将有线电视广播的运营与内容进行分离的激进做法在美国是行不通的，这背后有经济原因。私营有线电视业务所需要的运营业务量现在没有以这种方式扩张，在不久的将来也不会。[7]但是，考虑到有线电视垄断有可能扼杀不符合其利益的使用，并鉴于该行业采取的反对频道租赁要求的自利立场，城市政府有充分理由在授予有线电视垄断特许经营权时，要求至少在非歧视的基础上提供租赁的接入。有一些方法可以在不破坏系统的经济性的情况下做到这一点。特许经营中的租赁要求也不会剥夺有线电视广播公司的第一修正案权利。

由于穿越城市地形的物理问题，有线电视垄断在政府特许经营权的"恩惠"下存在。地方报纸是自然的经济垄断者。这是法院已经承认的一种差异。[8]这种区别可以从资源限制的角度来说明。本地报业的垄断是由消费者和供应商在市场上做出的选择造成的，而不是因为存在着严重的限制，以至于无法有效地作出这种市场选择。尽管如此，在电子媒介撼动目前的报业结构并让读者更容易接触到相互竞争的新闻来源之前，地方报业垄断仍将普遍存在。一种矛盾将继续下去，即被垄断的印刷媒介享有印刷传统的自由，而电子媒介的公共运营商性质和受管制的做法仍将延续，其中一些媒介在严重的资源限制下运作，因此应有义务提供接入，而另一些媒介则没有这种义务。

联邦通信委员会的公共运营商规则和1934年《通信法》中

所体现的公共运营商监管的精密结构被认为是一种负担，这样的质疑是非常恰当的。但是公共运营商概念的核心，即在市场上具有垄断优势的供应商必须无歧视地向客户提供接入，仍然经常适用于基本的电子运营商，就像它过去适用于邮政一样。

关于垄断的政策争论

对垄断的恐惧一直是当前大多数通信政策辩论的核心，也是大多数背离第一修正案传统的提议的核心。1927年，有人用"垄断"一词来抨击AT&T公司建立一家广播公共运营商的企图。现在，邮政和电信管理部门也用这个词来为它们在公众中传递信息的专有权辩护。这个词被用来证明对AT&T公司的特殊限制是合理的。

垄断意味着一个单一的实体，但人们通常讨论的是程度问题。如果一家公司的规模足够大，大到足以影响它所在的市场，这在流行话语中就被称为具有一定的垄断权力。电视网络经常被称为垄断企业，尽管存在三个这样的网络。"寡头垄断"这个词是存在的，但在非专业人士的讨论中并不存在。此外，它只描述了部分垄断权力可能存在的一种方式。一家服务于邻里购物的小型出版商通常是该社区的垄断者，但与城市日报在广告方面存在激烈竞争，因此市场力量可以忽略不计。

对通信施加影响的市场力量与社会或政治力量并不完全等

同，尽管它们密切相关。与自由有关的垄断情况是，通信所需的某些资源非常稀缺，以至于拥有资源的人对寻求使用的人怀有相当大的权力。经济学家的分析侧重于在市场上竞争的其他供应商的权力。相反，政治分析的重点是，谁可以使用获得许可的广播电波，或者谁能在一家运营商控制了分发信息的实际手段时发送信息。

在言辞上，美国政府支持声音的多样性，并寻求打破通信的垄断。然而，现实情况更加模糊。仅仅因为经济因素而存在的垄断寥寥无几，仅靠私人强制力而存活的就更少了。黑手党并没有那么强大。保留大多数垄断特权的力量是法律。有些垄断靠专利，有些靠版权，还有一些靠特许经营权或许可证，有些则是基于独特区域的财产权，还有不少靠保护既得利益不受侵犯的监管政策。大多数垄断都有赖于警察和法院的恩惠而存在。从社会的角度来看，有些垄断是可取的，有些则是该摒弃的；但如果没有执法，大多数垄断都会消失。

反垄断政策，以及目前大多数关于通信政策的辩论，都集中在市场产生的垄断上，因为政府通过专利、版权、特许经营权和法律建立的垄断是反垄断法的例外，因此完全合法。政府不会对它们提出挑战。当美国政府确实批准垄断时，其态度有时是矛盾的。垄断的授予往往是为了给予一种特权，同时也是为了限制这种特权。例如，版权和专利都是有期限的，同时需要公开，而且不能用来阻止产品进入市场。它们是垄断，但最终目的是促进准入而不是限制准入。

虽然监管的目的往往是为弱者提供一些适度的保护，但最终结果却常沦为给强者做了嫁衣。美国的广播监管遵循地方主义政策，即保护地方台，以免少数超级台主宰全国广播。这项政策保护了每个城市广播公司的寡头垄断。这不仅使它们在自己的社区中获得优势，而且还能对抗更大的潜在全国性垄断者。因此，监管常常被用来为小公司提供一些可以对抗大公司的垄断保护。几十年来，AT&T公司和西联公司都没有获准进入国际电报行业；国际电报行业是为四家国际记录通信运营商准备的，他们认为，如果允许国内通信巨头进入洲际业务，那么这些公司将被击垮。对于卫星来说，"开放天空"政策也起到了同样的作用，通过把AT&T公司排除在外，保证了在形成期的业务被寡头集团垄断。

保护弱小公司的法律监管以竞争的名义来开脱责任。据说，如果撤除监管，就会又有一家公司消失，然后只剩下更少、更大的竞争者控制这一领域。因此，在正常的通信环境中，有小的垄断，也有大的垄断；每个垄断者都主张其特权的重要性，而且每个垄断者最多只享有一点垄断权。

无论出于何种动机，监管往往会创造出被分隔活动的孤岛。有些公司受到保护，不受其他公司的影响。此外，当某项活动不与那些免受监管的活动混在一起时，对这一活动的控制也更容易。竞争和垄断的混合创造了交叉补贴的可能性。受保护活动的利润可以用于竞争性领域的降价。电信行业反垄断政策的主要目标是确保没有一个实体同时处于电话业务的自然垄断和竞争市场中。

与此同时，放松管制的目标是让企业从监管机制的束缚中解放出来，允许它们在市场上试验新技术和联合产品的效率。在美国，AT&T公司曾享受过这种"释放"，但只是没有本地运营公司的AT&T公司。邮政服务没有做到这一点，这样一个由税收支持的企业也不可能做到，尽管通过私营快递公司可以实现同样的结果。

243　　邮政系统在每个社区都有办事处和送货上门的服务。从历史上看，这使邮政系统看似一个处理小包裹的自然组织，现在它也确实在各地处理小包裹的业务。它似乎也是一个自然的电报传递组织。在那些仍在发送电报的国家，这是通过邮局完成的，否则就会有巨大的损失。邮局也是便捷的政府外地办事处。在许多国家，穷人的银行，加上汇票的销售，有时还有保险，都是通过邮局来处理的。在邮政服务诞生的初期，人们就意识到在分配站的许多功能中，邮政服务所具有的分担共同成本的优势，当时君主们通过允许邮政专利的拥有者有偿携带公共邮件，进而为自己争取到廉价的邮件服务。如果把牛奶、鸡蛋、报纸和邮件都放在一起处理，那么送货上门就可以减轻财政负担。对于邮政服务来说，进入其他行业，与运输业、电信公司、银行和乳品公司竞争，将是一个很好的经济政策。同样，拥有一个几乎通用的计费系统和资金流动网络的电话公司也可能成为计费服务机构，随后就是信贷组织和金融中介机构，或通常被人们称为"银行"的机构。基于相同的道理，银行也可以成为通信运营商。当然，计算机和航空公司可能会发现它们也拥有技术和设施来提供传输服务。IBM、Comsat和安泰人寿保险公司（Aetna）组成了卫星业务系统，将计算机和其他业务设施连接起来。

目前美国的放松管制政策鼓励了这种竞争。任何公司都可以进入游戏，除了那些拥有实质性垄断地位的公司，其地位可能被用于反竞争行为。现在流行的呼声是，让市场来决定哪些具有不同联合成本、组织和技能的替代供应商能够有效地提供各项服务。政府越来越多地允许AT&T公司、西联公司、国际记录通信运营商、专业公共运营商和卫星公司进入彼此的地盘，也允许银行、计算机公司、铁路公司和实际上的任何公司互相进入。

在导致放松通信管制的原因方面，技术变革与意识形态同样重要。同轴电缆和更高频率的使用消除了频谱短缺。20世纪30年代微波传输的引入消除了通行权（right of way）①的问题。微波频率虽然不是无限的，但足够丰富，可容纳相当数量的竞争运营者。卫星通信加强了这一趋势，因为没有什么能阻止几个卫星传输组织相互竞争。

然而，放松管制是一项务实的政策。反对管制的理由是，它们低效且非必要，而不是不适当。人们认为，随着技术的融

244

---

① 通行权也称路权，是指通过土地所有者授予或长期使用而确立的沿特定路线通过属于另一方的财产的合法权利。政府持有的土地上也存在类似的通行权，这些土地通常被称为公共土地、国有土地或皇家土地。

合，取消控制将产生竞争。如果情况并非如此，解除监管的机构就会准备重新介入并展开管制。但在言论和新闻领域，我们也需要考虑在最近的政策争议中被按下不表的其他准则——那些承认言论自由优先地位的准则。

自由的指引

新闻自由和经济学的难题总会出现在监管模式的交叉点上。当资源约束较小且情况完全符合出版的历史模式时，或者当资源约束较大且情况适合公共运营商的历史模式时，规范就存在了。困难出现在上述两种因素兼有的情况中。这就是20世纪20年代决定广播系统的问题；这也是当今电子网络监管中出现的问题。

监管机构发现，将活动隔离开来并让每个机构都固守在自己的地盘上，是很方便的。许多监管法规都包含了关于谁可以从事什么活动的规范。频率分配是为特定用途而设；使用民用波段者或业余爱好者不得播放娱乐节目；公共广播台不得播放广告。[9]在美国，AT&T公司和西联公司在很大程度上被分隔开来，前者被排除在电传和电报业务之外，西联公司则被排除在语音业务之外。放松管制政策放宽了这些限制，允许公司进入彼此的地盘。但一些细分仍然存在。

这种严格划分地盘的做法付出了代价，不仅体现在效率和创新方面，而且体现在言论自由方面。政府可以指定哪个通信实体被允许参与信息产业垂直流动的特定部分，这一概念很难与第一修正案达成一致。研究和写作，印刷和演讲，出版和传播，是每个人的权利。如果政府对记者、出版商或印刷厂发放许可证是一种诅咒，那么对广播公司和电信运营商发放许可证也应该是一种诅咒。

　　然而，人们一再提出这样的论点，即在通信领域的特定部分普遍存在某种程度的自然垄断，这种论点在特定情况下，可能是对的也可能是错的。不管是因为人们认为只有89个广播频率，还是因为让不止一家公司在街道上挖地三尺是不可容忍的，或者是因为能接触到大多数人的运营商是最值得加入的，似乎一个占主导地位的组织很有可能获得通信资源的控制权，而此一通信资源是其他公民也需要的。在这种情况下，最好的解决办法似乎就是：严格界定垄断范围，并要求垄断势力不加歧视地为所有访问者提供服务。

　　由于处于这种战略位置的机构通常是物理信号的基础运营商，缩小其领域的一种方法是将运营商与和内容相关的活动分离开来。但是这样做也会有问题：一方面会削弱商业的经济效益，另一方面，在美国这样做会扭曲宪法。不幸的是，随之而来的妥协往往是对垄断进行许可和监管。

　　这种有限的特许经营权有办法扩展到超出其最初的理由。特许垄断曾经被认为只是以一种有序的方式反映市场的自然现实，并且确实意在限制垄断，现在却变成了权利问题。当垄断似乎不可避免的时候，那些获得许可证的广播台和运营商，本来被视为精心挑选的组织，目的是提供良好服务，但它们开始将自己视为同时也被认为在其特许经营权中拥有既得权利。政府用来对付垄断的监管权力也获得了自己的生命力。

这使通信领域陷入了两难境地。并不是所有的通信系统都适合作为首选的印刷模式。在资源严重受限的地方确实存在瓶颈。在这些情况下需要的法规似乎有一个阴险的倾向。它们获得了合法性；它们在不再需要的时候仍然流连不去；它们还要不断地扩散。骆驼的鼻子已经伸进了帐篷。[①]

然而，当存在严重的稀缺性时，就不可避免地需要对接入进行监管。囿于自由的传统和某些控制的需要之间的紧张关系，通信系统倾向于成为不受控制的和具有公共运营商要素的混合体——它同时是一种无秩序的混合体、财产的混合体和特许权服务的混合体。如果电子时代的通信要尽可能完全遵守第一修正案的条款，就必须理解一系列的原则。技术并没有使之变得困难，而对原则的混淆则可能造成难局。

第一条原则是，第一修正案完全适用于所有媒介。它适用于任何通信功能，而不仅仅是适用于18世纪存在的媒介。它既适用于印刷媒介，也适用于电子媒介。

第二，任何人都可以按意愿出版。第一修正案的核心是政

---

① 此处借用的还是前边曾引过的那个寓言，以形容监管的得寸进尺。故事说，骆驼一点一点钻进帐篷取暖，先把鼻子伸进来，然后是头和脖颈，最终必然全身钻入，结果弄得帐篷倒塌，帐篷的主人反而在外边挨冻。

府不得禁止任何人出版。对于任何人以任何形式制作或出售出版物或信息，政府都不得实施许可证制度，不得进行审查。

第三，法律的执行必须是事后的，而不能是事先的限制。在有关通信的法律的历史上，这一原则是基本的原则。诽谤、淫秽和窃听都要受到惩罚，但事先审查是不可取的。在电子媒介领域，现状并非如此，但它理应如此。在某些情况下，比如街头集会或使用无线电频率时，只有一个传播者能在特定时间和特定地点发挥作用，这可能需要进行流量管制，但这种在时间和地点上的有限权力与选择或拒绝颁发许可证的权力不同。

第四，监管是最后的手段。在一个自由的社会里，举证责任在于对通信进行尽可能少的监管。① 如果可能的话，将通信视为所有人的自由，而不是受制于财产要求和市场。如果资源限制使之成为不可能，那就把这种情况当作自由市场，而不是公共运营商。但如果通信资源真的是垄断的，那么就使用公共运营商监管的方式，而不是采纳直接监管或公共所有权的方式。当所有人都必须分享资源才能发言或出版时，公共运营商是默认的解决方案。

根据19世纪的习惯法，供应商不能违背自己的意愿成为公共运营商。[10]如果它们向公众提供服务，就必须没有歧视，但如果它们选择服务于有限的客户，这也是它们的权利。这种理念可以很好地适用于出版业。人们不会要求罗马天主教的《领

---

① 意思是如果要想更多地监管通信，监管者必须给出足够的理由。

航报》(*Pilot*) ①刊登节育广告，也不会要求工会杂志刊登反对
工会会员雇佣制商店的广告。但这些案例都假定存在多种多样
的杂志。当存在一种垄断媒介时，就会出现两难的局面，比如
一个城镇的一份垄断性报纸拒绝为一方刊登广告，而却为另一
方刊登广告。

　　在电子通信的世界里，一些（但不是所有）基础物理运营
商——而且只有这些运营商——似乎有可能继续拥有巨大的垄
断力量。很难想象一个增值网络能像今天的地方报纸那样在社
区中占据主导地位。即使是现在，在缺乏国家特权执法的情况
下存在的通信垄断也很少见。甚至基础物理管道之所以变成垄
断，也是因为没有公众的好意它们就无法生存。它们需要许可，
而这个许可只有政府才能授予。无论是在城市街道上开掘的特
许权，还是通过空气传输的频谱的特许权，这些好处都可以适
当地给予那些选择作为公共运营商的人。这并不是一个新想法。
1866年，电报公司被赋予在邮路和公共土地上随意铺设线路的
权利，但前提是它们必须成为公共运营商。在基于公众的好意
而存在垄断的情况下，公共近用权是一个合理的条件。

　　第五，可能需要公共运营商之间的互联。公共运营的基本
原则，即必须一视同仁地为所有人服务，意味着运营商需接受
彼此之间的互联关系。这一原则在电报时代就已确立，并被纳

①《领航报》是波士顿大主教管区的官方报纸，自1829年9月5日创刊以来，一
　直持续出版，被誉为"美国最古老的天主教报纸"。

入1982年AT&T公司的同意令中。所有长途运营商都有权与所有地方电话公司连接。这是1968年卡特电话公司（Carterphone）判决的产物，该判决要求AT&T公司与独立的无线电电话服务互联。20世纪80年代承继了这一判决。[11]通用互联意味着既要遵守技术标准（没有技术标准就很难实现互联），又要明确承认互联的权利。

运营商有时可能会对互联提出合理的反对意见。有些人会希望使用新技术，而新技术与普遍接受的标准是不兼容的，这些人声称他们正在推进技术的发展。此外，当运营商处理高度敏感的流量（如资金转移或公司内部数据）时，它们可能不希望成为公共运营商，并承担其系统上的外来者风险。这种论点往往是有效的，尽管它们也会被用来锁定一组客户，使其无法使用该运营商。

支持通用互联的一个论点是，它有利于新运营商或小型运营商进入市场。它也使普遍服务更容易。它甚至可能对国家安全有利，因为一个高度冗余的系统不太可能被摧毁。简而言之，有些相互冲突的考虑必须得到平衡。作为一项政策，互联的要求是公共运营系统的合理组成部分。

第六，特权的接受者可能会被公开。非歧视的实施在很大程度上取决于信息。如果没有对会计方法的控制，监管委员会就会迷失在沼泽中。我曾经问过联邦通信委员会公共运营局（Common Carrier Bureau）的负责人，如果他能擦亮阿拉丁神灯，他会要求什么。他的回答是"披露书"（revelatory book）。

248

然而，尽管美国立法者强加了诸多压迫性更强、更可疑的监管，如准入、准出和费率控制，他们却从来没有推动过哪怕是对信息可见度的温和要求。除了要求提供账目外，立法者还对专有信息给予了高度关注。一家享有垄断特权的公司，如果化作公共运营商，也许应该像政府一样，放弃一些隐私的特权。例如，有线电视租赁的非捆绑费率有助于揭示谁被收取了什么费用。披露信息并不是一个新想法。专利和版权是只有通过公开其对象才能获得的特权。同样的原则可能也适用于特许经营下的行为。

第七，特权可能有时间限制。专利和版权都是有期限的，之后权利就会失效。广播电视许可证和有线电视特许经营权虽然也有固定期限，但通常可以续期。广播公司和有线电视公司在其许可证中拥有的一些垄断特权可以在一段固定期限后失效。这是一种有利于新兴产业的举措，但当新兴产业长出巨头后，也要限制它们的特权。

第八，政府和公共运营商对线路的使用应该是盲目的。设施被用来干什么不是它们关注的问题。可能有一些广泛的使用类别。紧急通信通常具有优先权。虽然电报的特殊新闻费率在美国的合法性受到质疑，但还是被允许的。[12]但一般来说，对管道的控制可能不会成为控制内容的手段。顾客在运营商管道上传递的信息与运营商无关。

第九，不应该利用瓶颈来扩大控制。关于无法投递的邮件的规定已经被用来控制淫秽内容。有线电视广播不存在频谱短缺的问题，它被联邦通信委员会作为广播的附属而加以监管。电报公司曾试图控制新闻服务，而有线电视特许经营商则试图控制有线电视上的节目。根据第一修正案，如果政府对运营商的强制要求是出于公共运营之外的考虑，那么任何这类要求都不应通过检查，就像运营商也不允许利用其服务来控制客户一样。

249

第十，对于电子出版来说，版权的执行必须适应技术的发展。这种对通信的特殊控制是宪法特别允许的，它是一种帮助而不是限制信息传递的手段。版权是暂时的且面向出版的。它针对印刷机的特定技术而设计，目前的形式不太适应新技术。版权的目的无可争议，智力劳动需要补偿。没有版权，智力劳动就会枯萎。但是，将针对印刷的补偿方案应用于互动性电子出版的流动对话，是不会成功的。鉴于现代技术的发展，我们想象不到一种方法可以有效地保护单个副本不被复制，因为它们都已经存在于一张纸上或一台计算机的内存中。我们的任务是设计新的市场组织形式，既能提供补偿，也能反映新技术的特点。

这个问题归根到底是电脑终端用户将为什么付费。首先，他们会为持续的关系付费，因为他们将继续需要维护关系。从一个曾经进行过购买的朋友的朋友的朋友那里盗用一个单独的程序或从一个数据库中盗用一些内容可能是很容易的。但是要想在改编方面得到帮助，或者获得附加版本和最新数据，人们可能会支付一些费用，作为对未来关系的投资。杂志订阅模式更接近于适用于电子出版的收费系统，而不是一次性购书并附带着为版税埋单。

一个可行的版权制度从来都不是单靠法律来制定的。相反，它是作为一种社会制度发展起来的，可以得到法律的支持。目前存在的图书版税制度和音乐版税制度差别很大，反映了产业结构的差异。法律所做的是，将制裁置于各方已经认为正确的事情之后。计算机网络上的电子出版也是如此，一个规范的系统必须从实际的工作模式中发展出来，之后法律可能才会支持这些规范。

如果语言和它所代表的事实一样多变，人们就会在电子时代讨论服务权而非版权。但是，随着语言的使用，旧的词汇无论其来源如何都被保留下来，不过词语的意思已经发生了变化。在17世纪，通过印刷复制文本是一项可以监控的复杂操作。然而，一旦文本被印在纸上，它就不需要进一步的服务，也没有人能够在文本从一个读者传递到另一个读者的过程当中跟踪它。在电子时代，在人们使用的工作站上复制文本，可能会成为微不足道的轻易之举。然而文本所包含的硬件和软件都需要更新和维护。有效监测和收费的瓶颈正在从复制转移到持续服务功能，尽管目前还无法精准地确定这一点。

不仅在版权方面，而且在有关通信政策的所有其他问题上，法院和立法机构都不得不对令人困惑的新技术作出回应。过去一百年来，美国法院如何处理新型非印刷媒介的经验值得警惕。四十年前，撒迦利亚·查菲（Zechariah Chafee）注意到法院对待印刷媒介与新兴媒介的不同之处："报纸、书籍、小册子和大型会议在许多世纪以来都是公众讨论的唯一手段，因此人们很早就意识到保护它们的必要性。另一方面，当现代发明引入和大大改进了传播事实与思想的其他方法时，作家和法官还没有养成念兹在兹地捍卫自己自由的习惯。因此，我们容忍了对邮件、进口外国书籍、舞台、电影和广播的审查。"[13]随着更新的电子媒介的出现，问题更加复杂了。一长串的先例，每一个都基于上一个，加上将新技术早期的笨拙形式视为专门的商业机器，导致了一套不再符合现实的学究式的区分。新技术虽然获得了报业的功能，但并没有获得报业的权利。在印刷品领域，不得征收特别消费税；然而，人们每个月都要为电话费支付一种特别税，从原则上讲，它似乎与英国的旧报纸税没有什么不同。在印刷物上，法院继续对第一修正案的优先地位保持特别的警惕；但在公共运营商和电子领域，却为监管便利和政策的其他考量赋予优先地位。

由于出版、广播和电话网络之间的界线正在被打破，那么问题就来了：这三种模式中，哪一种将主导有关新媒介的公共政策？答案必然会有争论，冲突的利益之间会产生尖锐的分歧。当印刷媒介越来越多地使用受监管的电子传播手段时，公共利益监管（比如联邦通信委员会的实践）会开始延伸到印刷领域吗？或者，对新闻自由的传统概念的关注，是否会推动寻找方法，使广播媒介和运营商从它们目前所依据的法规以及与内容有关的要求中解放出来？

251

电子媒介，在使用上是分散的，在供应上是丰富的，这是它们未来会呈现出来的样子。它们能让人们获得比以往任何时候都更多的知识、更容易的访问和更自由的言论。它们符合印刷的自由实践。媒介特性决定了人们如何对待它们，因此我们可以预期，这些自由的技术将压倒所有试图控制它们的企图。然而，技术塑造了这场战争的结构，但却不能决定战争的每一个结果。尽管印刷媒介无疑是现代民主的基础，但对它带来的出版洪流的反应，既包括新闻自由，也常常导致审查制度。在某些时候和某些地方，更广阔的新媒介会打开更大的话语闸门，但在另一些时候和另一些地方，出于对洪水泛滥的恐惧，人们会试图关闭这扇闸门。

现代通信手段的便捷访问、低成本和分布式智能是人们怀抱希望的主要原因。而令人担忧的一个原因，则是规范邪恶的民主冲动，正如托克维尔所警告的那样，这颇具讽刺意味。但最主要的忧虑则在于，政策制定者缺乏对技术的把握，倾向于用一贯的官僚程序来解决冲突、隐私、知识产权和垄断等问题。然而，只要第一修正案继续存在，法院对第一修正案的支持就会继续存在，自由的丧失就不是注定的。美国文化对多元主义和个人权利的承诺，以及电信技术的柔韧度和丰富性，给了我们保持以上乐观态度的理由。

注释

第一章 阴影笼罩

[1] Charles D. Ferris, 引自: *The Report*, Nov. 14, 1980, p. 11。

[2] Nina McCain, *Boston Globe*, Field News Service, Aug. 31, 1980.

[3] "Press Freedom—A Continuing Struggle," speech to Associated Press Broadcasters Convention, June 6, 1980; *New York Times*, July 7, 1980, sec. B, p. 3. 另见: Judge David Bazelon, "The First Amendment and the New Media," *Federal Communications Law Journal* 31.2 (Spring 1979); Bazelon, "The First Amendment's Second Chance," *Channels*, Feb.–Mar. 1982, pp.16–17; Charles Jackson, Harry M. Shooshan, and Jane L. Wilson, *Newspapers and Videotex: How Free a Press?* (St. Petersburg, Fla.: Modern Media Institute, 1982); John Wicklein, *Electronic Nightmare—The New Communications and Freedom* (New York: Viking, 1981); 以及本书作者的更早论述, 参见: Ithiel de Sola Pool, "From Gutenberg to Electronics: Implications for the First Amendment," *The Key Reporter* 43.3 (Spring 1978)。

[4] Alexis de Tocqueville, *Democracy in America* (1840, 重印于 New York: Knopf, 1945), II, 316–318.

[5] Daniel Bell, *The Cultural Contradictions of Capitalism* (New York:

Basic Books, 1975), p. 10.

[6] Mark U. Porat and Michael R. Rubin, *The Information Economy*, 9 vols. (Washington, D.C.: Government Printing Office, 1977); Organization for Economic Cooperation and Development, *Information Activities, Electronics and Telecommunications Technologies: Impact on Employment, Growth and Trade* (Paris: 1981).

第二章　印刷与出版自由的演进

[1] Harold A. Innis, *The Bias of Communication* (Toronto: University of Toronto Press, 1951), pp. 18–19; Lynn T. White, Jr., "Technology Assessment from the Stance of a Medieval Historian," *Technological Forecasting and Social Change* 6 (1974): 366.

[2] 见德国美因茨州古腾堡博物馆的一则标签。

[3] Felix and Marie Keesing, *Elite Communications in Samoa: A Study of Leadership* (Stanford: Stanford University Press, 1956).

[4] 有关越南村委会制度中共识和冲突的相互作用，见：Samuel Popkin, *The Rational Peasant* (Berkeley: University of California Press, 1979), pp.106–107。有影响力的公民的否决权是有效的，可以抑制讨论。单个反对者的否决权可能会阻止挑衅性言论。

[5] 对自由概念的人类学讨论，见：Bronislaw Malinowski, *Freedom and Civilization* (New York: Ray Publishers, 1944); Vilhjalmur Stefansson in Ruth Nanda Anshen, *Freedom, Its Meaning* (New York: Harcourt, Brace, 1940); Margaret Mead, *Cooperation and Competition among Primitive Peoples* (New York: McGraw–Hill, 1937)。马林诺夫斯基将自由作为人类福利的整体概念，因此很难用以解释公民自由。斯蒂芬森认为，因纽特社会比现代社会更自由，没有酋长、监狱和鞭笞就证明了这一点。他认为因纽

特人精心设计的禁忌系统就像我们从医生那里接受建议并为此付费一样。在米德研究的13种文化中，似乎最自由的三个社会（阿拉佩什人、因纽特人和昂布万人）——是个人主义的，因为个人在不参考他人的情况下努力实现自己的目标。然而，四个最自由的社会处于最低发展水平，六个最不自由的社会中则包括了四个最富有的社会。

[6] Denys Hay, Introduction to John Carter and Percy Muir, *Printing and the Mind of Man* (New York: Holt, Rinehart and Winston, 1967), p. 742; Elizabeth Eisenstein, "Some Conjectures about the Impact of Printing on Western Society and Thought: A Preliminary Report," *Journal of Modern History* 40.1 (1968): 3，是对她的经典之作《作为变革媒介的印刷机》的精辟总结。后者参见: *The Printing Press as an Agent of Change*, 2 vols. (Cambridge, Eng.: Cambridge University Press, 1979)。

[7] "An Episode in the History of Social Research: A Memoir," in Donald Fleming and Bernard Bailyn, eds., *The Intellectual Migration: Europe and America, 1830—1960* (Cambridge: Harvard University Press, 1969), p. 320.

[8] Eisenstein, "Some Conjectures," p. 22.

[9] 印刷机每天印一卷的数字是根据上面的威尼斯统计数据估算的。目前尚不清楚该数字是否包括助理工人。如果不包括，这个数字可能只有每周区区两卷而不是每天一卷，但结论并不受影响。

[10] Eisenstein, "Some Conjectures," p. 4.

[11] Eisenstein, "Some Conjectures," p. 20.

[12] Eisenstein, "Some Conjectures," p. 36.

[13] Edward C. Caldwell, "Censorship of Radio Programs," *Journal of Radio Law* 1.3 (Oct. 1931): 444.

[14] Decree of 1586, 引自：John Shelton Lawrence and Bernard Timberg, *Fair Use and Free Inquiry* (Norwood, N.J.: Ablex, 1980), pp. 4–5; *Encyclopaedia Britannica* (1958), "Printing"。

[15] Eisenstein, "Some Conjectures," p. 52.

[16] *Britannica*, "Periodicals."

[17] Commonwealth v. Blanding, 3 Pick 304, 15 Am. Dec. 214.

[18] Grossjean v. American Press Co., 297 US 233, 80 L.ed. 660, 56 S.Ct. 444.

[19] New York Times v. Sullivan, 376 US 254, 11 L.ed. 2nd 686, 84 S.Ct.710.

[20] 全文如下："国会不得制定法律来干涉宗教成立或禁止宗教自由；剥夺言论或出版自由；剥夺人民和平集会和向政府请愿申冤的权利。"

[21] "版权"一词最早出现在1697年布莱克斯通的《英国法释义》一书中。"然而，版权的概念可以追溯到比此书更久远的时候。当印刷术的发明使复制作品的速度和成本比僧侣抄写员更快、更便宜，同时也更准确时，版权才开始变得重要。" Ian Parsons, "Copyright and Society," in Asa Briggs, ed., *Essays in the History of Publishing* (London: Longman, 1974), pp. 31, 33–34.

[22] White Smith v. Apollo 209 US I, 52 L.ed. 655, 28 S.Ct. 319 (1908). 另见：Goldstein v. California, 412 US 546, 37 L.ed. 163, 93 S.Ct. 2303 (1973), 论有声纪录。

[23] Art. 1, sec. 8, para. 7.

[24] Wesley E. Rich, *The History of the United States Post Office to the Year 1829* (Cambridge: Harvard University Press, 1924).

[25] 在今天所研究的13个欧洲国家中，有12个国家（除了爱尔

兰）有邮件费率优惠，而有11个国家（除了英国或爱尔兰）有电话和电报费率优惠。Anthony Smith, *Subsidies and the Press in Europe* (London: PEP, 1977).

[26] Max Horkheimer and Theodor W. Adorno, *Dialectic of Enlightenment* (1947, reprint New York: Seabury Press, 1972).

[27] 在1836年税收减至1便士后，报纸印刷数量从3900万增加到1854年的1.22亿，随着1855年印刷出版物税收的取消，这个数量进一步飙升。见《大英百科全书》"报纸"词条。

[28] Pauline Wingate, "Newsprint: From Rags to Riches–and Back Again," in Anthony Smith, ed., *Newspapers and Democracy* (Cambridge: MIT Press, 1980), p. 67.

[29] Wingate, "Newsprint," p. 65.

[30] David C. Smith, "Wood Pulp and Newspapers, 1867—1900," *Business History Review* 3 (Autumn 1964): 328–345.

[31] Daniel J. Boorstin, *The Americans: The Democratic Experience* (New York: Random House, 1958).

[32] Ithiel de Sola Pool et al., *Communication Flows: A Census of Japan and the US* (1984), 即将出版。

[33] 只有日本拥有可与美国相媲美的流通统计数据。对于其他国家，只有发行数据和出版数据可用。许多发达国家每千人的报纸发行量高于美国。但是，美国的报纸要厚得多，所以美国往往在印刷字数上领先。例如，1975年日本的报纸每千人发行量为229份，美国只有134份，但由于美国报纸的规模，1977年美国的新闻纸消费量为1020万吨，日本仅为229万吨。（Wingate, "Newsprint," p. 68）随着其他地方的收入上升到与美国齐平，预计印刷量将显示出与美国相同的饱和特征。

第三章　电子君临天下

[1] Innis, *The Bias of Communication*.

[2] Alvin F. Harlow, *Old Wires and New Waves* (New York: D. Appleton–Century, 1936), pp. 40–43.

[3] Punch, XI, 253. 另见：XXXV (1858), 254。"房屋里的电报"（house telegraph）中的"house"指的是一个家，而不是发明者 Royal E. House，但也许此处的双关语是有意的。

[4] 为了保护其黄金和股票业务，在1876—1879年间，西联电报公司在电话开发方面与贝尔系统展开竞争，其尝试部分基于爱迪生和伊利莎·格雷（Elisha Grey）的电话专利，但贝尔专利在法庭上获胜。

[5] 人们普遍认为，西联电报公司的总裁奥顿（William Orton）对这项发明不屑一顾且声称"这家公司能拿电动玩具做什么用"这一说法是杜撰的。他完全意识到了这项发明的重要性，但错误地判断了自己在没有贝尔专利的情况下继续开发电话技术的能力。在使用格雷和爱迪生的专利进行竞争失败后，西联公司在1879年与贝尔方达成一项协议，规定了专利交换和特许权使用费支付的问题，并承诺西联公司将不参与电话业务，电话公司也将不参与电报业务。

[6] "宏大系统"（grand system）和"普遍服务"（universal service）一样，都是维尔总裁为电话公司打出的关键口号。

[7] 这绝不是一件微不足道的事情，因为对于电话行业来说，电线杆子所用的树木是仅次于铜的最稀缺的资源。随着时间的推移和电话系统的发展，对树木的需求显然会耗尽供应，这促使人们寻找替代方案，如地下电缆或水泥杆。参见：*Telephony* 10.1 (July 1905): 51; Burton J. Hendrick, "Telephones for the Millions,"

McClure's Magazine 44 (Nov. 1914): 55。电话和电报共用电线杆显然是经济的，无论电线是否共用。

[8] 西联公司使用的许多线路都是从 AT&T 公司那里租用的。西联公司是花钱安装自己的实体电缆或微波，还是租用一条线路，这来自西联公司的成本判断。这是两个不同系统融合的另一个例子。

[9] 早期的有声电影设备名为"维他风"（Vitaphone），是由贝尔公司的一家子公司生产的，在 20 世纪 30 年代的经济大萧条中，电影公司破产之时，贝尔系统试图通过成为电影的主要资助者来保护其在有声电影制作方面的投资。因此，积极的研究促成了电话和电影行业的融合。然而，在反垄断政策的压力下，这种关系并没有维持下去。

[10] Pool, *The Social Impact of the Telephone*, pp. 40–65. 另见：Aronson, "Bell's Electrical Toy"。

[11] 安全因素无疑也是纳入考虑范围的，尽管当时还没有通过短波广播的"自由电台"（Radio Liberty）。〔译者注："自由电台"是一个由美国政府资助的组织，向东欧和中东等地区的国家广播和报道新闻、信息和分析，声称在这些国家"信息的自由流动不是被政府当局禁止就是没有充分发展"。〕

[12] *The Independent* 73 (Oct. 17, 1912): 886–891.

[13] John Ward, "Present and Probable CATV/Broadband Communication Technology," in Ithiel de Sola Pool, ed., *Talking Back* (Cambridge: MIT Press, 1973), pp. 139–186.

[14] Otto Riegle, *Mobilizing for Chaos* (New Haven: Yale University Press, 1934).

[15] W. P. Banning, *Commercial Broadcast Pioneer: The WEAF Experiment, 1922–1926* (Cambridge: Harvard University Press,

1946); Erik Barnouw, *A History of Broadcasting in the United States* (New York: Oxford University Press, 1966), Vol. I, *A Tower in Babel*, pp. 105–114.

[16] 高频（HF，high-frequency）或短波，实际上是中波和甚高频（VHF，very high frequency）之间的中间波，也是以直线的方式传播，但被电离层反射回地球，因此它们也可以在比中波更远的距离被接收。所以，它们可用于国际广播。

[17] 未来，甚至更短的波也将被用于类似的用途。对于更短的波，如光，问题在于它们会被雷电和雾所阻挡。而优势在于，有大量这样的频率，可以找到一些绕过困难的技术方法。

[18] 1982年的AT&T同意令使这一选择在经济上比过去更加具有吸引力，因为不使用当地运营公司的呼叫服务，可以避免此类公司所收的接入费。

[19] 广播信号多路复用的一个常见例子是，向普通FM电台传输的一个旁瓣（sidelobe）上的订户发送背景音乐类型的服务。

[20] Paul F. Lazarsfeld, *Radio and the Printed Page* (New York: Duell, Sloan and Pearce, 1940).

[21] Hilda Himmelweit, *TV and the Child* (London: Oxford University Press, 1958).

[22] 广播新闻的发展，特别是短波接收的增长，迫使苏联共产党在1963年重新定义了《真理报》（*Pravda*）和广播电台的作用。在此之前，包括电台新闻广播员在内的所有媒体都必须等待《真理报》的"示范"，才会知道如何把握一条新闻。这一延迟让外国广播公司在最新的新闻中占据了优势。因此，苏共的指令发生了变化，赋予了电台新闻播音员第一时间播报新闻的使命，而《真理报》则被赋予了进一步全面解读的使命。参见：Ithiel de Sola Pool and Wilbur Schramm, eds., *Handbook of*

Communication (Chicago: Rand McNally, 1973), p. 482。

[23] Benjamin M. Compaine, *Who Owns the Media*, 2nd ed. (White Plains, N.Y.: Knowledge Industries Publications, 1982), pp. 30, 38, 39. 另见: Benjamin M. Compaine, *The Newspaper Industry in the 1980s* (White Plains, N.Y.: Knowledge Industry Publications, 1980), pp. 86, 88; James Rosse, Bruce M. Owen, and James Dertouzos, "Trends in the Daily Newspaper Industry, 1923–1973," *Studies in Industry Economics* no. 57 (Stanford University: Department of Economics, 1975), p. 30; Bruce M. Owen, *Economics and Freedom of Expression* (Cambridge: Ballinger, 1975), p. 81。

[24] 参见: Compaine, *The Newspaper Industry*, p. 39。杂志和图书出版依然保持着高竞争态势。1950—1981年，杂志数量增加了56%，1947—1977年，排名前四的公司所占业务的比例从34%下降到22%，排名前八的公司所占的比例从43%下降到35%。1946—1980年，每年出版的图书总数以5.2%的复合年增长率增长，1925—1977年，排名前四的公司发货量占比从20%下降到17%，而排名前八的公司保持在30%。参见: Compaine, *Who Owns the Media*, pp. 100, 102, 194, 158。

[25] Compaine, *The Newspaper Industry*, p. 88. 前10%的报纸出版公司占据61.3%的发行量。

[26] Anthony Smith, *Goodbye Gutenberg* (New York: Oxford University Press, 1980); Smith, *Newspapers and Democracy*, ch. 1.

[27] Compaine, *Who Owns the Media*, pp. 48, 318.

[28] Compaine, *Who Owns the Media*, pp. 53, 189, 326, 328, 338, 389, 396, 421.

[29] 示意图来自 David Allen, 修改自 *Annual Report*, Research Program on Communications Policy (Cambridge: MIT, 1982), p. 12。

[30] FCC, Second Report and Order on Docket 18110, Jan. 31, 1975, sustained by Supreme Court in FCC v. National Citizens' Committee for Broadcasting, 98 S. Ct. 2096, 56 L.ed 2nd 697, 436 US 775 (1978).

[31] Compaine, *The Newspaper Industry*, p. 104.

[32] 在加拿大，类似的政策正在演变，在过去的两三年里，有几家报纸停办，导致了本地的报纸垄断。一个专门成立的报业委员会肯特委员会（the Kent Commission）对地方垄断的前景表示担忧，不仅是在报纸领域，而且体现在所有媒介上。1982年，内阁指示加拿大广播电视委员会（the Canadian Radio and Television Commission，相当于美国的联邦通信委员会）限制交叉持股。该委员会在审查出版商拥有的广播电台的续签申请时，将制定相关政策。

[33] Compaine, *Who Owns the Media*, p. 386. 根据联邦通信委员会的规定，这些有线电视系统必须设在广播和电话公司普通业务之外的其他地方。

第四章 第一修正案与印刷媒介

[1] 1906年，哈伦大法官在帕特森诉科罗拉多州（Patterson v. Colorado）一案中提出异议，"如果言论自由和新闻自由的权利本质上是国家公民的属性，就像我认为的那样，那么，自第十四修正案通过以来，国会和任何一个州都不能通过立法或司法行动来损害或限制它们。"参见：Patterson v. Colorado, 205 US 454, 51 L.ed. 879, 27 S.Ct. 556. 霍姆斯大法官在多数派裁决中承认了哈伦提出的问题，但坚称法院的先例尚未将第一修正案的适用范围扩大到各州。1924年，最高法院在吉特洛诉纽约（Gitlow v. New York）案中这样做了。参见：Gitlow v. New York, 268 US 652, 69 L.ed. 1138。到了1930年，休

斯大法官可以宣称："新闻和言论自由属于第十四条修正案的正当程序条款所保障的免受国家行为侵犯的自由，这一点已不容置疑。"参见：Near v. Minnesota, 283 US 697, 75 L.ed. 1357, 51 S.Ct. 625 (1930)。1952年，杰克逊大法官（Justice Jackson）试图重新讨论这个问题。参见：Beauharnais v. Illinois, 343 US 250, 96 L.ed. 919, 72 S.Ct. 752。但最高法院继续定期声称，第十四修正案包含了第一修正案。参见：Burstyn v. Wilson, 343 US 495, 96 L.ed. 1098, 72 S.Ct. 777。

[2] New York Times Co. v. Sullivan, 376 US 254, 11 L.ed. 2d 686, 84 S.Ct. 710.

[3] Smith v. California, 361 US 147, 4 L.ed. 2d 205, 80 S.Ct. 215 一案中的赞同意见。

[4] Thomas Jefferson, *Works*, ed. Paul L. Ford (New York: G.P. Putnam, 1904—1905), pp. 464–465.

[5] James Madison, *Writings*, ed. Gaillard Hunt (New York: G.P. Putnam, 1906), p. 391, 在史密斯诉加利福尼亚州（Smith v. California）一案中被引用。

[6] Samuel Stouffer, *Communism, Conformity and Civil Liberties* (New York: Doubleday, 1955). 另见：Clyde Z. Nunn, Harry J. Crockett, Jr., and J. Allen Williams, *Jr., Tolerance of Nonconformity* (San Francisco: Jossey–Bass, 1978); James A. Davis, "Communism, Conformity, Cohorts, and Categories: American Tolerance," *American Journal of Sociology* 8 (1975): 491–513; Edward N. Muller, Pertti Personen, and Thomas Jukam, "Support for Freedom of Assembly in Western Democracies," *European Journal of Political Research 8* (1980): 265–288; John L. Sullivan, James Pierson, and George E. Marcus, "A Reconceptualization of Political Tolerance: Illusory Increases, 1950s–1970s," *American Political Science Review*

73 (1979): 781–794; James L. Gibson and Richard D. Bingham, "On the Conceptualization and Measurement of Political Tolerance," *American Political Science Review 76* (1982): 603–620。

[7] Joseph Story, *Commentaries on the Constitution*，由巴特勒大法官在尼尔诉明尼苏达（Near v. Minnesota）一案的反对意见中引用，参见：Near v. Minnesota, 283 US 697, 75 L.ed. 1357, 51 S.Ct. 625 (1930)。

[8] Commonwealth v. Blanding, 3 Pick 304, 15 Am. Dec. 214.

[9] Robertson v. Baldwin, 165 US 275, 281, 41 L.ed. 715, 717, 17 S.Ct. 326.

[10] Dennis v. US, 341 US 494, 95 L.ed. 1137, 71 S.Ct. 857.

[11] 283 US 697, 75 L.ed. 1357, 51 S.Ct. 625.

[12] 见尼尔诉明尼苏达一案中对布莱克斯通《英国法释义》的引用。

[13] 对于该案真实故事的历史处理，参见：Fred Friendly, *Minnesota Rag: The Dramatic Story of the Landmark Supreme Court Case That Gave New Meaning to Freedom of the Press* (New York: Random House, 1981)。

[14] Lovell v. Griffin, 303 US 444, 82 L.ed. 949, 58 S.Ct. 666.

[15] Thomas v. Collins, 323 US 516, 89 L.ed. 430, 65 S.Ct. 315.

[16] Staub v. Baxley, 355 US 313, 2 L.ed. 2d 302, 78 S.Ct. 277.

[17] Bantam Books v. Sullivan, 372 US 58, 9 L.ed. 2d 584, 83 S.Ct. 631.

[18] New York Times v. US, 403 US 713, 29 L.ed. 2d 822, 91 S.Ct. 2140.

[19] 因此，最高法院对事先审查的拒绝，虽然在历史上很强烈，但并不是绝对的。1918年，霍姆斯大法官提出了"明显而即刻的危险"测试，认为战时的反征兵宣传应该被压制。参见：Schenck v. US, 249 US 47, 63 L.ed. 470, 39 S.Ct. 247。休斯在尼

尔诉明尼苏达州一案中指出，战时的抗拒征兵是极端滥用自由的一个例子，可能会受到限制。法院在允许事先审查方面走得最远的，是在淫秽这一混乱领域，在该领域，法院随着内容和时代习俗的变化而摇摆不定。1952年，最高法院禁止对电影进行事先审查，裁定宪法对言论自由的保护适用于电影，但不一定遵循与其他表达形式相同的规则。参见：Burstyn v. Wilson, 343 US 495, 96 L.ed. 1098, 72 S.Ct 777。九年后，最高法院以5票赞成、4票反对的裁决支持了芝加哥的一项法令，要求电影在放映前向审查机构提交拷贝，莫名延伸了最后那个限定。电影发行商拒绝提交拷贝进行事先审查。最高法院将芝加哥当局可能如何依照宪法处理电影排除在其审议范围之外，将判决只限于当局是否可以坚持预先提交电影拷贝的问题。最高法院认为，当局可能合法地得出结论，就淫秽带来的邪恶而言，电影的力量要比印刷文字大得多，因此需要进行事先审查，尽管审查是在与第一修正案一致的标准下进行的。参见：Times Film Corp. v. Chicago, 365 US 43, 5 L.ed. 2d 403, 81 S.Ct. 391。1965年，当最高法院终于处理了一个电影审查法的实质问题的时候，它对迅速采取行动和进行司法审查提出了严格的程序要求，使得电影审查的正常官僚运作几乎不可能。参见：Freedman v. Maryland, 380 US 51, 13 L.ed. 2d 649, 85 S.Ct. 734。

[20] US v. Progressive, Inc., 467 F. Supp. 990 (W.O. Wis. 1979).

[21] 249 US 47, 63 L.ed. 470, 39 S.Ct. 247.

[22] American Communications Association v. Douds, 339 US 382, 94 L.ed. 925. 另见：Dennis v. US, 341 US 494, 95 L.ed. 1137, 71 S.Ct. 857; Barenblatt v. US, 360 US 109, 3 L.ed. 2d 1115, 79 S.Ct. 1081; Uphaus v. Wyman, 360 US 72, 3 L.ed. 2d 1090, 79 S.Ct. 1040; Wilkinson v. US, 365 US 399, 5 L.ed. 2d 633, 81 S.Ct. 567; Braden

v. US, 365 US 431, 5 L.ed. 2nd 653, 81 S.Ct. 584; Communist Party
of the USA v. Subversive Activities Control Board, 367 US 1, 6
L.ed. 2nd 625, 81 S.Ct. 1357; Scales v. US, 367 US 203, 6 L.ed. 2nd
782, 81 S.Ct. 1469。反共案件说明了"最高法院遵循选举结果"
（Court follows the election returns）这一古老警句中的真理性。
随着公众对共产主义威胁的认知下降，部分原因是美国共产主
义运动的衰落，部分原因是20世纪50年代后世界共产主义扩
张浪潮的放缓，最高法院从1962年开始，确认了第一修正案
赋予共产主义者和那些被调查为可能的共产主义者的权利。参
见以下案件：Russell v. US, 369 US 749, 8 L.ed. 2d 240, 82 S.Ct.
1038 (1962); Bagett v. Bullitt, 377 US 360, 12 L.ed. 2d 377, 84 S.Ct.
1316 (1964); Aptheker v. Secretary of State, 378 US 500, 12 L.ed.
992 84 S.Ct. 1659 (1964); Dombrowski v. Pfister, 380 US 479, 14
L.ed. 2d 22, 85 S.Ct. 1116 (1965); Lamont v. Postmaster General,
381 US 301, 14 L.ed. 2d 398, 85 S.Ct. 1493 (1965); Brandenburg
v. Ohio, 395 US 444, 23 L.ed. 2d 430, 89 S.Ct. 1827 (1969);
Communist Party of Indiana v. Whitcomb, 414 US 441, 38 L.ed. 2d
635, 94 S.Ct. 656 (1974)。

[23] Schenck v. US, 249 US 47, 63 L.ed. 470, 39 S.Ct. 247. 另见：Frohwerk
v. US, 249 US 204, 63 L.ed. 561, 39 S.Ct. 249; Debs v. US, 249 US
211, 63 L.ed. 566, 39 S.Ct. 252; Abrams v. US, 250 US 616, 63 L.ed.
1173, 40 S.Ct. 17; Schaeffer v. US, 251 US 466, 64 L.ed. 360, 40 S.Ct.
259; Pierce v. US, 252 US 239, 64 L.ed. 542, 40 S.Ct. 205。

[24] Feiner v. New York, 340 US 315, 95 L.ed. 295, 71 S.Ct. 303. 另
见：Kunz v. New York, 340 US 290, 95 L.ed. 280, 71 S.Ct. 312;
Chaplinsky v. New Hampshire, 315 US 568, 86 L.ed. 1031, 62
S.Ct. 766。但对于法院认为警方的判断不合理的案件，参见：

Terminiello v. Chicago, 337 US 1, 93 L.ed. 1131, 69 S.Ct. 894; Edwards v. South Carolina, 372 US 229, 9 L.ed. 2d 697, 83 S.Ct. 680。

[25] Bridges v. California, 314 US 252, 86 L.ed. 192, 62 S.Ct. 190. 另见：Thomas v. Collins, 323 US 516, 89 L.ed. 430, 65 S.Ct. 315; 霍姆斯和布兰代斯在 Abrams v. US, 250 US 616, 630, 631, 63 L.ed. 1173, 1180, 40 S.Ct. 17一案中的异议；霍姆斯和布兰代斯在 Whitney v. California, 274 US 357, 376, 71 L.ed. 1095, 1106, 47 S.Ct. 641一案中的赞同意见。

[26] 参见 Pennekamp y. Florida, 328 US 331, 353, 90 L.ed. 1295, 1307, 66 S.Ct. 1029一案中的赞同意见。

[27] 参见 Brandenburg v. Ohio, 395 US 444, 23 L.ed. 2nd 430, 89 S.Ct. 1827一案中的赞同意见。

[28] "明显而即刻的危险"测试最近出现在内布拉斯加州新闻协会诉斯图尔特（Nebraska Press Association v. Stuart）一案〔427 US 539 (1976)〕，以及威廉·H.伦奎斯特大法官（Justice William H. Rehnquist）在中央哈德逊天然气和电力公司诉公共服务委员会（Central Hudson Gas and Electric Corp. v. Public Service Commission）一案中的异议〔447 US 557 (1980)〕。

[29] 参见 Dennis v. US, 341 US 494, 95 L.ed. 1137, 71 S.Ct.857一案中的赞同意见。

[30] 参见 Barenblatt v. US, 360 US 109, 3 L.ed 2d 1115, 79 S.Ct. 1081一案中的异议。正如斯图尔特大法官（Justice Stewart）所主张的那样，"只要本法院的法官认为第一修正案不过是一套需要与其他价值相平衡的价值，那么该修正案就会一直处于严重的危险之中。"参见 Pittsburgh Press Co. v. Pittsburgh Commission on Human Relations, 413 US 376, 37 L.ed. 2d 669, 93 S.Ct. 2553一

案中的异议。另见：Alexander Meiklejohn, "The First Amendment Is an Absolute," *Supreme Court Review*, 1961, pp. 245–266; Laurent Franz, "The First Amendment in the Balance," *Yale Law Journal* 71 (1962): 1424; Franz, "Is the First Amendment Law: A Reply to Mr. Mendelson," *California Law Review* 51 (1963): 729。还请比较华莱士·门德尔松为平衡理论的辩护：Mendelson, "On the Meaning of the First Amendment: Absolutes in the Balance," *California Law Review* 50 (1962): 821; Mendelson, "The First Amendment and the Judicial Process: A Reply to Mr. Franz," *Vanderbilt Law Review* 17 (1964): 479。

[31] Bridges v. California, 314 US 252, 86 L.ed. 192, 62 S.Ct. 190. 另见：道格拉斯大法官在 Kingsley Corp. v. Regents of University of New York, 360 US 684, 3 L.ed. 2d 1512, 79 S.Ct. 1362 一案中的异议；Roth v. US, 354 US 476, 1 L.ed. 2d 1498, 77 S.Ct. 1304; Superior Films v. Dept. of Education of State of Ohio, 346 US 587, 98 L.ed. 329, 74 S.Ct. 286 一案中的支持意见；布莱克大法官在 Carlson v. Landon, 342 US 524, 96 L.ed. 547, 72 S.Ct. 525 一案中的异议。

[32] Barenblatt v. US, 360 US 109, 3 L.ed. 2d 1115, 79 S.Ct. 1081. 道格拉斯大法官指出，宪法第一修正案的制定者为第一修正案和其他条款所选择的措辞不同，这是支持绝对解释的证据："第一修正案采用的是绝对的措辞——言论自由不应受到限制。对一些人来说同样神圣的隐私，则只受到第四修正案的保护，不受不合理的搜查和扣押。"因此，对言论的干涉是被禁止的，无论这种限制是合理的还是不合理的。参见 Beauharnais v. Illinois, 343 US 250, 96 L.ed. 919, 72 S.Ct. 752 一案中的异议。

[33] 关于法院多数派使用平衡隐喻的一些例子，参见：Gertz v. Welch, 418 US 323, 41 L.ed. 789, 94 S.Ct. 2997 (1974); Lloyd Corp. v. Tenner,

407 US 551, 33 L.ed. 2d 131, 92 S.Ct. 2219; Barenblatt v. US, 360 US 109, 3 L.ed. 2d 1115, 79 S.Ct. 1081。

[34] 弗兰克福特一再抗议这一立场。在科瓦奇诉库珀案〔Kovacs v. Cooper, 336 US 77, 93 L.ed. 513, 69 S.Ct. 448 (1949)〕中，他痛苦地对这一原则提出异议，总结了这一原则的历史，首先将其追溯到赫恩登诉洛里案〔Herndon v. Lowry, 301 US 242, 81 L.ed. 1066, 57 S.Ct. 732 (1937)〕："国家限制言论和集会自由的权力是例外，而不是规则"；"立法机关的判断并不是不受约束的"。第二年，他在美国诉卡罗琳公司案〔US v. Carolene Products Co., 304 US 144, 82 L.ed. 1234,58 S.Ct. 778 (1938)〕中的一个脚注辩称，当立法似乎"在宪法的具体禁止范围内，如前十条修正案的禁止范围内"时，必须缩小通常对立法合宪性的推定，这个脚注在桑恩希尔诉阿拉巴马州、美国工会诉Swing美容店、托马斯诉柯林斯案中被引用，参见: Thornhill v. Alabama, 310 US 88, 84 L.ed. 1093, 60 S.Ct. 736 (1940); American Federation of Labor v. Swing, 312 US 321, 85 L.ed. 855, 61 S.Ct. 568 (1941), Thomas v. Collins, 323 US 516, 89 L.ed. 430, 65 S.Ct. 315 (1945)。该原则在施耐德诉欧文顿案〔Schneider v. Irvington, 308 US 147, 84 L.ed. 155, 60 S.Ct. 146 (1939)〕中重述后，法院对第一修正案的特别关怀在1942年的布里奇斯诉加利福尼亚州案（Bridges v. California, 314 US 252, 86 L.ed. 192, 62 S.Ct. 190）中获得了布莱克大法官的经典表述。此后的许多裁决中都出现了"优先地位"（preferred position）一词，例如 Marsh v. Alabama, 326 US 501, 90 L.ed. 265, 66 S.Ct. 276 (1946)。1951年，弗兰克福特大法官在丹尼斯诉合众国案（Dennis v. US, 341 US 494, 95 L.ed. 1137）的同意意见中再次发起了攻击："最高法院的一些成员，有时是多数成员……提出，我们审查限制言论自由的法规方面的职能，与

我们就立法进行裁决的正常职责大不相同……人们极力重申，言论自由在宪法保障中具有‘优先地位’……我们已经……在受到反复抗议的情况下，对不加批判的自由主义普遍性给予了宪法支持。”法院继续确认这一立场，但没有反复使用招致同行们攻击的措辞。

[35] 这是九条不同但并不相互脱节的规则。它们有相当大的重叠。所举的许多例子可以引用不止一条规则。这些规则的不同之处在于所适用的原则，而并不总是体现在它们所涉及的事实领域。

[36] 参见：Erznoznik v. Jacksonville, 422 US 205, 45 L.ed. 2d 125, 95 S.Ct. 2268。在一起与《查泰莱夫人的情人》有关的案件中，最高法院推翻了一项禁止对不道德行为进行正面描写的法规；最高法院拒绝将该法规解释为仅涉及淫秽的有利描述，这将使其符合宪法。参见：Kingsley International Pictures Corp. v. Regents of University of State of New York, 360 US 684, 3 L.ed. 2d 1512, 79 S.Ct. 1362。最高法院还推翻了禁止公众使用辱骂等“战斗性用语”的地方法令，表示除非相关法规明确规定，那么只有在威胁公共秩序的情况下，才禁止使用这些词语。参见：Cohen v. California, 403 US 15, 29 L.ed. 2d 284, 91 S.Ct. 1780 (1971); Gooding v. Wilson, 405 US 518, 31 L.ed. 2d 408, 92 S.Ct. 1103 (1972); Plummer v. Columbus, 414 US 2, 38 L.ed. 2d 3, 94 S.Ct. 17 (1974); Lewis v. New Orleans, 415 US 130, 39 L.ed. 2d 214, 94 S.Ct. 970 (1974)。相反，在一些耶和华见证会案件中，法院裁定某些市政条例在适用于宗教游说时无效，但没有推翻适用于其他场合的条例。参见：Murdock v. Pennsylvania, 319 US 105, 87 L.ed. 1292, 63 S.Ct. 870; Martin v. Struthers, 319 US 141, 87 L.ed. 1313, 63 S. Ct. 862; Follett v. McCormick, 321 US 573, 88 L.ed. 938, 64 S.Ct. 717。但在海因斯诉奥拉德尔（Hynes v.

Mayor of Oradell, 425 US 610, 48 L.ed. 2d 243, 96 S.Ct. 1755）一案中，法院以含糊不清为由，确实推翻了一项要求潜在的游说者通知警方的法令。最高法院表示，一项起草得当的法令将会符合宪法。最高法院有不止一个选项可供选择。

从历史上看，对于一项起草得很糟糕的法律，推翻它而不是重新解释它，对最高法院来说是一种全新姿态。更为传统和常规的做法是在福克斯诉华盛顿一案〔Fox v. Washington, 236 US 273, 59 L.ed. 573, 35 S.Ct. 383 (1915)〕中采取的，当时裸体主义者福克斯发表了一篇谴责一群"假正经"的人的文章，这些人要求警察关闭裸体主义者聚居区。某项现存法律对鼓励或煽动实施任何犯罪，以及"不尊重法律"的出版物予以禁止，根据该法律，他的言论被定罪。禁止直接煽动犯罪是符合宪法的；禁止表达对法律制度的蔑视则不符合宪法。正如霍姆斯大法官所写的那样："只要法规可以被公平地解释，以避免引发疑问的宪法问题，那就应该这样解释……它……不太可能仅仅因为出版物倾向于产生对法律不利的意见，而被解释为阻止出版物。"但这一决定早已被推翻。参见：Thornhill v. Alabama, 310 US 88, 84 L.ed. 1093, 60 S.Ct. 736 (1940); Winters v. New York, 333 US 507, 92 L.ed. 840, 68 S.Ct. 665 (1948)。当第一修正案的权利受到威胁时，最高法院不再觉得有必要一个案件一个案件地纠正一个写得很糟糕的法令。

[37] 一项将共产党人定义为因缺乏道德品质而不得获取律师资格的法律被推翻。参见：Konigsberg v. State Bar of California, 353 US 252, 1 L.ed. 2d 810, 77 S.Ct. 722。每个人的不道德行为都必须得到证明。同样，一项要求只有提供非共产主义的宣誓书才能获得免税资格的法律被推翻，因为它不符合适当推定；国家有责任证明某人不符合资格。参见：Speiser v. Randall, 357 US 513, 2

L.ed. 2d 1460, 78 S.Ct. 1332。

[38] Smith v. California, 361 US 147, 4 L.ed. 2d 205, 80 S.Ct. 215.

[39] Island Trees Union Free School District v. Pico, *US Law Week* 50 (1982): 4831.

[40] 参见: Harrison v. NAACP, 360 US 167, 176 (1959)。在1971年的一起案件中，一个组织一直在分发传单，指责某位基夫先生"兜售恐慌"，或诱骗房产主低价抛售房产，基夫寻求禁令。伊利诺伊州一家法院在考虑这一请求时批准了临时禁令。最高法院在那一阶段受理了这起案件，而没有等待州法院的行动，因为它裁定，发布禁令是违宪的事先限制。参见: Organization for a Better Austin v. Keefe, 402 US 415, 29 L.ed. 2d 1, 91 S.Ct. 1575。同年晚些时候，在五角大楼文件案中，也出现了解除禁令的紧迫性问题，法院采取了异常迅速的行动。参见: New York Times Co. v. US, 40 3 US 713, 29 L.ed. 2d 822, 91 S.Ct. 2140。传统的立场是，只要有可能就应该避免宪法问题。由此可以得出，最高法院"在州法院获得合理的机会对其进行解释之前，不应该对州政府颁布的法律是否符合宪法进行裁决"。参见: Douglas v. City of Jeannette, 319 US 157 (1943)。但最近，最高法院没有推迟对第一修正案案件的司法审查，而是有时加快了推翻言论干扰的进程。

[41] 参见: Smith v. California, 361 US 147, 151, 4 L.ed. 2d 205, 210, 80 S.Ct. 215。"本法院已经暗示，关于一项对言论有潜在抑制作用的法规，可以适用更严格的可允许法定模糊性标准；在这里，因为思想的自由传播可能失败，一个人就越发不可能被要求去冒险行事。"参见: Winters v. New York, 333 US 507, 509, 510, 517, 518, 92 L.ed. 840, 846, 847, 850, 851, 68 S.Ct. 665。亦见: Bagett v. Bullitt, 377 US 360, 12 L.ed. 2d 377, 84 S.Ct. 1316;

Dombrowski v. Pfister, 380 US 479, 14 L.ed. 2d 22, 85 S.Ct. 1116; Brennan, Stewart, and Marshall in Miller v. California, 413 US 15, 37 L.ed. 2d 419, 93 S.Ct. 2607; Kingsley Corp. v. Regents of University of State of New York, 360 US 684, 3 L.ed. 2d 1512, 79 S.Ct. 1362一案中克拉克大法官的支持意见; "The Void for Vagueness Doctrine in the Supreme Court," *University of Pennsylvania Law Review* 109 (1960—1961): 67。

[42] 在20世纪的前几十年里，法院经常使用第十四修正案来捍卫财产权，以防止因立法的模糊性而导致实质性正当程序被剥夺。自从富兰克林·罗斯福总统对最高法院进行改革以来，这种对财产权的捍卫已经很少。今天的优先权表现为使用含糊的语言作为对侵犯个人自由的法律的指控。

[43] 参见: Coates v. City of Cincinnati, 402 US 611, 29 L.ed. 2d 214, 91 S.Ct. 1686; Smith v. California, 361 US 147, 4 L.ed. 2d 205, 80 S.Ct. 215; Staub v. Baxley, 355 US 313, 2 L.ed. 2d 302, 78 S.Ct. 277。

[44] 参见 "The First Amendment Overbreadth Doctrine," *Harvard Law Review* 83 (Feb. 1970): 844, 919: "最近对过宽限制原则的最积极使用是针对那些负载了颠覆性主张或从属关系的法律。最高法院已宣布凡是将主张某种政治观点或隶属于秉持此类主张的社团的人单列出来的刑法、效忠誓言和公权褫夺都是无效的。"关于刑法，参见: Dombrowski v. Pfister, 380 US 479, 14 L.ed. 2nd 22, 85 S.Ct. 1116。虽然这一裁决并没有推翻丹尼斯案和支持立法对共产党单独采取限制性行动的类似案件，但它确实否决了路易斯安那州一项关于颠覆性组织和共产主义阵线的法规，认为该法规过于宽泛。关于忠诚宣誓，参见: Keyishian v. Board of Regents, 385 US 589, 17 L.ed. 2d 629,87 S.Ct. 675。关

于公权褫夺，参见：US v. Robel, 389 US 258, 19 L.ed. 2d 508, 88 S.Ct. 419。即使被告的行为具有国家可以按照宪法上的规定对其进行惩罚的特点，但是如果法律同时也对受保护的行为进行惩罚的话，那么该法律也会因过于宽泛而被否决。参见：Kunz v. N.Y. 340 US 290, 95 L.ed. 280, 71 S.Ct. 312。例如，一项扣押或禁止淫秽物品的规定，必须按照在此过程中不会扣押任何非淫秽出版物来起草，比方同一杂志的其他刊期。参见：Marcus v. Search Warrant, 367 US 717, 6 L.ed. 2d 1127, 81 S.Ct. 1708; Lewis v. New Orleans, 415 US 130, 39 L.ed. 2d 214, 94 S.Ct. 970; Brennan, Stewart, Marshall 在 Miller v. California, 413 US IS, 37 L.ed. 2d 419, 93 S.Ct. 2607 一案中的异议；Paris Adult Theater 1 v. Slaton, 413 US 49, 37 L.ed. 2d 446, 93 S.Ct. 2628; Coates v. City of Cincinnati, 402 US 611, 29 L.ed. 2d 214, 91 S.Ct. 1686; Gooding v. Wilson, 405 US 518, 31 L.ed. 2nd 408, 92 S.Ct. 1103; Aptheker v. Secretary of State, 378 US 500, 12 L.ed. 2d 992, 84 S.Ct. 1659。然而，当一项法律的过宽限制相对较小时，法院可能会选择让该法律继续存在，只是要依靠适当的解释。Broderick v. Oklahoma, 413 US 610; New York v. Ferber, *US Law Week* 50.50 (1982): 5077.

[45] 参见：Freedman v. Maryland, 380 US 51, 13 L.ed. 2d 649, 85 S.Ct. 734。另一组程序问题涉及一个人在法庭上的地位。要抗议一项法令、法律或行政行动的合宪性，一个人自己必须是受害方。法院不是对公共问题进行抽象讨论的场所。这也适用于第一修正案的案件，但在这方面，最高法院倾向于给予言论自由捍卫者更广泛的地位承认。

[46] Shelton v. Tucker, 364 US 479, 5 L.ed. 2d 231, 81 S.Ct. 247 (1960).

[47] Schneider v. Irvington, 308 US 147, 84 L.ed. 155, 60 S.Ct. 146. 另

见：Smith v. California, 361 US 147, 151, 4 L.ed. 2d 205, 210, 80 S.Ct. 215 (1959)。

[48] 1877年，菲尔德大法官（Justice Field）在杰克逊案单方面裁决（Ex parte Jackson, 96 US 727, 24 L.ed. 877）中通过将国会授予的邮政垄断权解释为不适用于邮局拒绝运输的物品，维持了国会将某些类型的物品排除在邮件之外的权力。在1949年的一宗有关运送淫秽留声机唱片的案件中，有人辩称，在"淫秽"的狭义定义下，不包括留声机唱片之类的物体，因为没有可见或可读的淫秽内容出现。最高法院不同意这一论点，但弗兰克福特和杰克逊大法官提出异议："我不能同意对狭隘解释法规的合理做法的任何偏离，这样等于通过审查制度限制通信自由。"

[49] Bridges v. California, 314 US 252, 86 L.ed. 192, 62 S.Ct. 190.

[50] 拉特利奇大法官（Justice Rutledge）在托马斯诉柯林斯（Thomas v. Collins, 323 US 516, 89 L.ed. 430, 65 S.Ct.315）一案中的裁定。

[51] 墨菲大法官（Justice Murphy）在查普林斯基诉新罕布什尔〔Chaplinsky v. New Hampshire, 315 US 568, 86 L.ed. 1031, 62 S.Ct. 766 (1942)〕一案中的裁定。

[52] Beauharnais v. Illinois, 343 US 250, 96 L.ed. 919, 72 S.Ct. 752.

[53] Roth v. US, 354 US 476, 1 L.ed. 2d 1498, 77 S.Ct. 1304.

[54] Kingsley International Pictures Corp. v. Regents of the University of the State of New York, 360 US 684, 3 L.ed. 2d 1512, 79 S.Ct. 1362.

[55] 这一领域的法律处于混乱状态。紧随罗斯案，在《回忆录》诉马萨诸塞州一案（Memoirs v. Massachusetts）中，最高法院以三票胜出，将第一修正案的保护延伸到哪怕是具有最轻微社会重要性的内容中。同样可参考：Jacobellis v. Ohio, 378 US 184, 191, 12 L.ed. 2d 793, 800, 84 S.Ct. 1676 (1964)。但面对在其他硬核色情作品中有一两段带有社会信息的漏洞，最高法院在1973

年放弃了罗斯标准。参见：Miller v. California, 413 US 15, 37 L.ed. 2d 419, 93 S.Ct. 2607。最高法院在此案中宣告可以一劳永逸地解决这个问题，而且听起来更像是一个立法机构而不是法院。多数派在一项5比4的裁决中宣布，它将制定一套新的标准来定义淫秽内容。这一混杂的标准包括地方社区标准的概念，旨在摆脱让最高法院确定一个全国性标准这一不可能完成的工作。由于该标准适用于整个作品，它可能会剥夺第一修正案对具有实质性但又属次要的社会信息的作品保护。道格拉斯大法官拒绝了下述的整个观点，即"淫秽定义了一类言论，在某种程度上可以被排除在第一修正案的权益之外"。

[56] 参见：FCC v. Pacifica Foundation, 438 US 726, 57 L.ed. 2d 1073, 98 S.Ct. 3026; Young v. American Mini-Theaters, 427 US 50; 以及 New York v. Ferber, US Law Week, 50.50, (1982): 5077。

[57] 1915年，最高法院裁定电影只是一门生意，而不享有第一修正案赋予的权利。参见：Mutual Film Corp. v. Industrial Commission, 236 US 230, 59 L.ed. 552, 35 S.Ct. 387。这一观点在1952年被推翻。参见：Burstyn v. Wilson, 343 US 495, 96 L.ed. 1098, 72 S.Ct. 777。沙德诉法莲山小镇一案（Schad v. Borough of Mount Ephraim）鼓励第一修正案在娱乐领域的应用。尽管如此，一些涉及压制政治异见者的案件还是得到了特别的优先考虑，例如拉蒙特诉邮政署长案（Lamont v. Postmaster General, 381 US 301, 14 L.ed. 2d 398, 85 S.Ct. 1493）。弗兰克福特尽管经常投票支持反自由主义，但每当教学和学术自由受到威胁时，他都会坚决捍卫公民自由。在他看来，学术研究、学问和高雅文化构成了言论的核心，而保护这类言论是至关重要的。参见：Sweezy v. New Hampshire, 354 US 234, 1 L.ed. 2d 1311, 77 S.Ct. 1203。

对于亚历山大·米克尔约翰的观点，参见：*Free Speech and*

Its Relation to Self-Government (New York: Harper, 1948)，重印于 *Political Freedom* (New York: Harper, 1960)。其观点尤其体现在纽约时报诉沙利文一案〔New York Times v. Sullivan, 376 US 254, 11 L.ed. 2d 686, 84 S.Ct. 710 (1964)〕中，该案涉及一名公职人员的诽谤诉讼，他的实际行为显然在《纽约时报》的一则广告中被错误地描述了。道格拉斯表达了一贯的绝对立场，即根据第一修正案，公职人员不得因政治指控而提起诽谤诉讼，无论这些指控多么不准确或无耻。最高法院没有走到这一步，但它认为，为了确定诽谤，与私人诽谤诉讼中的普通公民不同，公众人物必须证明其有恶意。参见：Harry Kalvan, "The New York Times Case: A Note on the Central Meaning of the First Amendment," *Supreme Court Review*, 1964, p. 191; Thomas Emerson, *Toward a General Theory of the First Amendment* (New York: Vintage, 1967)。最近的案例缩小了对新闻界的保护，以及谁是公众人物的标准。Herbert v. Lando, 441 US 153 (1979); Wolston v. Readers Digest Association, Inc., 443 US 157 (1979); Hutchinson v. Proxmire, 443 US 111 (1979)。但是，基本的法律依然保留了沙利文案定下的基调。

[58] Valentine v. Chrestensen, 316 US 51, 86 L.ed. 1262, 62 S.Ct. 920.

[59] Cantwell v. Connecticut, 310 US 296, 84 L.ed. 213, 60 S.Ct. 900. 另见：Murdock v. Pennsylvania, 319 US 105, 87 L.ed. 1292, 63 S.Ct. 870。

[60] Grossjean v. American Press Co., 297 US 233, 80 L.ed. 660, 56 S.Ct. 444.

[61] 参见：Smith v. California, 361 US 147, 4 L.ed. 2d 205, 80 S.Ct. 215。在维护对于工会组织者的第一修正案权利时，大法官威利·拉特利奇驳斥了"第一修正案的保护措施完全不适用于商业和经济活动"的观点。参见：Thomas v. Collins, 323 US 516, 89 L.ed.

430, 63 S.Ct. 315；克拉克大法官在伯斯廷诉威尔逊案〔Burstyn v. Wilson, 343 US 495, 96 L.ed. 1098, 72 S.Ct. 777 (1952)〕中的裁决。"有人呼吁电影不受第一修正案的保护，因为它们的制作、发行和放映是一项为私人利益而进行的大规模业务。我们不能同意这一观点。书籍、报纸和杂志的出版和销售是为了盈利，但这并不妨碍它们成为一种表达形式，其自由受到第一修正案的保护。我们看不出为什么以营利为目的的经营对电影有任何不同的影响。"

[62] Breard v. Alexandria, 341 US 622, 95 L.ed. 1233, 71 S.Ct. 920.

[63] 参见：Cammerano v. US, 358 US 498, 3 L.ed. 2d 462, 79 S.Ct. 524。到了1974年，雷曼诉夏克高地市案（Lehman v. City of Shaker Heights）中的四名法官和匹兹堡出版公司诉匹兹堡人权关系委员会案（Pittsburgh Press Co. v. Pittsburgh Commission on Human Relations）中的三名法官都拒绝将商业言论排除在第一修正案之外的原则。参见：Lehman v. City of Shaker Heights, 418 US 298, 314 n. 6, 41 L.ed. 2nd 770, 94 S.Ct. 2714；Pittsburgh Press Co. v. Pittsburgh Commission on Human Relations, 413 US 376, 393, 398, 401, 37 L.ed. 2nd 669, 93 S.Ct. 255。

[64] Bigelow v. Virginia, 421 US 820 n. 6, 44 L.ed. 2d 600, 95 S.Ct. 2222.

[65] Virginia State Board of Pharmacy v. Virginia Citizens' Consumer Council, 425 US 748, 48 L.ed. 2d 346, 96 S.Ct. 1817.

[66] 波士顿第一国民银行诉贝洛蒂案〔First National Bank of Boston v. Bellotti，435 US 765, 55 L.ed. 2nd 707, 98 S.Ct. 1407 (1978)〕，鲍威尔大法官（Justice Powell）裁决，首席大法官伯格赞同。

[67] *New York Times*, May 7, 1978.

[68] 最高法院拒绝承认这一区别，参见：Zurcher v. Stanford Daily, 436

US 547, 56 L.ed. 2d 525, 98 S.Ct. 1970 (1978)。

[69] FCC v. Pacifica Foundation, 438 US 726, 57 L.ed. 2d 1073, 98 S.Ct. 3026 (1978); First National Bank of Boston v. Bellotti, 435 US 765, 55 L.ed. 2d 707, 98 S. Ct. 1407 (1978).

[70] Giboney v. Empire Storage and Ice Co., 336 US 490, 93 L.ed. 834, 69 S.Ct. 684. 另见: Harry Kalvan, "Upon Rereading Mr. Justice Black," *UCLA Law Review* 14 (1967): 428。

[71] 拉特利奇大法官在托马斯诉柯林斯一案中的裁定。

第五章　电信运营商与第一修正案

[1]《波士顿公报》在前后五任邮局局长的领导下一直持续到1741年。

[2] Daniel C. Roper, *The United States Post Office* (New York: Funk and Wagnalls, 1917), p. 4.

[3] Roper, *The United States Post Office*, p. 6.

[4] 根据1603年的一项规定，每个邮局局长必须随时准备两匹马来接收政府邮件，并在收到邮件后15分钟内将其转送，"速度在夏季不低于每小时7英里，冬季不低于每小时5英里"。参见: Roper, *The United States Post Office*, p. 9。

[5] Richard K. Craille, ed., *Speeches of John C. Calhoun* (New York, 1864), p. 190. 演说发表于1817年。

[6] Frank Luther Mott, *American Journalism* (New York: Macmillan, 1941), p. 178.

[7] Wayne T. Fuller, *The American Mail: Enlarger of the Common Life* (Chicago: University of Chicago Press, 1972), p. 132; Anthony Smith, *Subsidies and the Press in Europe* (London: PEP, 1977).

[8] 欧洲最早的做法是向收件人收费。出于确保付款的原因，这种做法发生了变化，但直到1845年邮票问世，美国邮政系统才几

乎完全转向了预付。

[9] Fuller, *The American Mail*, p. 114. 1850年，一位北卡罗来纳州的国会议员说："城市的有毒情绪，集中在它们的报纸上，再加上这样一个道德和政治污水坑的所有劣变，将入侵乡下简单、纯粹、保守的气氛，在农村报纸无法提供解药的情况下，会污染并最终摧毁那种纯粹的情感和目的，而它是唯一真正的保守主义。"在1832年的一份参议院报告中，除了担心城市的不道德行为会通过城市报纸渗透到农村之外，还有一种信念，即城市控制的报业垄断，其政治气氛"并不总是与独立精神相符合"，也许会破坏民主。"政治权力集中在少数人手中是一个共和国里最可怕的事情。它本身形成了一种贵族制度，比任何其他制度都更强大、更危险；没有什么比维持全国各地不同城镇和村庄的报纸机构更能有效地阻止它。"另一方面，城市立法者要求降低州际报纸超过100英里的邮费，并试图通过各种其他方式消除对乡村报纸的优待。他们认为政府的政策滋生了地区性新闻，培育了地方观点，阻止了一个州的公民了解另一个州的公民，并限制了情报的传播。但是，在这个问题上，没有什么能改变国会的想法。

[10] 出自国会邮路委员会，引自 Mott, *American Journalism*, p. 194。

[11] 到1970年，当美国的邮政赤字飙升至10亿美元时，国会终于开始在《邮政重组法》（Postal Reorganization Act）中修改这一理念，该法案将邮政服务的非政治化和引入商业管理方法作为目标。邮局不再是一个政府部门，而成为美国邮政总局（United States Postal Service）。邮政费率委员会被授权将费率定在足够高的水平，以便到1985年每一类服务都能收回成本。这些改革在一定程度上仍存在疑问，国会最终是维持还是退缩，仍有待观察。

[12] 自 19 世纪中叶以来的改革立法越来越多地剥夺了总统"将胡萝卜作为大棒"的能力。建立限制裙带关系的公务员制度就是其中一项措施。独立的两党监管委员会的建立也是如此,如联邦通信委员会就超出了总统的控制。现在,没有一位总统可以用公款乘坐飞机来发表竞选演讲,任命政治代理人担任虚假工作,向政治盟友发放许可证,更不能像杰斐逊那样,支持一份有利于他的报纸。

[13] 1 *Statutes at Large* 32, Ch. 7; 5 *Statutes at Large* 736.

[14] Roper, *The United States Post Office*, p. 10.

[15] 参见: Lindsey Rogers, *The Postal Power of Congress: A Study in Constitutional Expansion* (Baltimore: Johns Hopkins Press, 1916), pp. 103–114; Dorothy Ganfield Fowler, *Unmailable*: *Congress and the Post Office* (Athens: University of Georgia Press, 1977), pp. 26–33.

[16] 12 How (US) 88, 13 L.ed. 905.

[17] Art. 1, sec. 8, clause 1.

[18] 自由构建联邦财政权力是联邦主义立场的基本原则之一,这一立场历史上对司法部门产生了深远的影响。最高法院将邮政服务主要视为一种财政活动,这是在英国传统的基础上建立的,在英国设立公共邮件是为了助力官方通信。几个世纪以来,英国的政策一直是为了获取收入而经营邮件。在美国,关于邮政服务的主要目标应该是为了政府的收入还是扩大全国通信的问题,从一开始就有争议。大约在 1820 年以后,邮局才从财政部的控制下走出来,扩张主义才被人们所接受。参见: Roper, *The United States Post Office*, pp. 8–9; Wesley E. Rich, *The History of the United States Post Office to the Year 1829* (Cambridge: Harvard University Press, 1924), pp. 162–166。

[19] Ex parte Jackson, 96 US 727, 24 L.ed. 877.请愿人辩称:"国会无

权禁止通过邮件传递消息，无论是公开的还是私下的；任何仅
仅根据被传输的消息的性质来区分可邮寄和不可邮寄的法律都
是违宪的……国会拥有运送邮件的权利和专有权；但在其行使
中……它不能逃避一项……与……接收、运输和递送所有信件
的权利密不可分的义务。"

[20] 这一观点得到了国会的认同，国会于1825年禁止"在定期运
送邮件的两地之间"运输信件、包裹或其他可邮寄的物品。国
会并没有试图限制在常规邮件服务尚未开始运营的地方进行私
人分发，但它确实寻求在政府服务范围内设立允许或禁止邮
寄的物品类别，无论服务是在哪里提供的。参见：5 *Statutes at
Large* 736。

[21] 卡尔霍恩的论点并没有排除根据尺寸、形状或重量等标准来定
义什么是可邮寄物品。

[22] Williams v. Wells Fargo and Co. Express, 177 F 352. 该决定将国会
在邮件递送方面建立垄断的权利视为已确定的权利（尽管"一
度受到质疑"），但它对"邮件"的定义很狭隘。

[23] 可以说，对邮件自由的侵蚀始于南北战争的一项措施，当时邮
政总长拒绝给予几份发表叛国言论的报纸以邮寄特权。参见：
Rogers, *The Postal Powers of Congress*, p. 51; Fowler, Unmailable,
pp. 42–52; Alfred M. Lee, *The Daily Newspaper in America* (New
York: Macmillan, 1937), p. 305; Eberhard P. Deutsch, "Freedom of
the Press and of the Mails," *Michigan Law Review* 36: 724–725。

[24] Fowler, *Unmailable*, pp. 55–85。

[25] 按照类似的逻辑，卡尔霍恩在1836年提出了一项法案，禁止在
一个州内邮寄任何被该州禁止的邮件。该法案被参议院否决。

[26] Public Clearing House v. Coyne, 194 US 497, 48 L.ed. 1092, 24
S.Ct. 789 (1904). 有关欺诈的禁令的历史可以追溯到1860年，当

时司法部长布莱克（Jeremiah Sullivan Black）建议邮政总长，即使在国会不采取行动的情况下，他也可以发布某些禁令。参见：Deutsch, "Freedom of the Press," p. 726。

[27] Boyd v. US, 116 US 616, 635, 29 L.ed. 746, 6 S.Ct. 524.

[28] Public Clearing House v. Coyne, 194 US 497, 48 L. ed. 1092, 24 S.Ct.789 (1904).

[29] Lewis Publishing Co. v. Morgan, 220 US 288, 57 L.ed. 1190, 33 S.Ct. 867.

[30] Milwaukee Social Democratic Publishing Co. v. Burleson, 255 US 407, 65 L.ed. 704, 41 S.Ct. 352 (1921).

[31] Leach v. Carlile, 258 US 138, 66 L.ed. 511, 42 S.Ct. 227.

[32] Pike v. Walker, 73 App. DC 289, 121 F. 2d 37 (1941).

[33] Hannegan v. *Esquire*, 327 US 146, 90 L.ed. 586, 66 S.Ct. 456 (1945).

[34] Blount v. Rizzi, 400 US 410, 27 L.ed. 2d 498, 91 S.Ct. 423.引语来自布朗特（Blount）所依赖的弗里德曼诉马里兰州案，参见：Freedman v. Maryland, 380 US 51, 13 L.ed. 2d 649, 85 S.Ct. 734 (1965)。

[35] Lamont v. Postmaster General, 381 US 301, 14 L.ed. 2d 398, 85 S.Ct. 1493.

[36] 邮局辩称，拉蒙特提起诉讼就是对其询问的肯定答复，鉴于它转发了材料，此案没有实际意义。但最高法院根据法律赋予了第一修正案优先地位，因为一个事关第一修正案的议题处于危险之中，所以偏离了正常程序，对此案进行审理。

[37] 然而，不宽容永远不会消失。1981年，来自古巴的期刊被邮政部门扣留，就像20世纪60年代来自中国的期刊一样。尽管政府在一年后作出让步，恢复了投递，但在拉蒙特案之后还会出

现这样的问题，揭示了运营商不仅拥有垄断权，而且对所运载的物品具有自由裁量权，这种情形有多么危险。

[38] Blount v. Rizzi, 400 US 410, 416, 27 L.ed. 2d 498, 503. 此处的内部引文来自马库斯诉搜查令案（Marcus v. Search Warrant），367 US 717, 731, 6 L.ed. 2d 1127, 1135, 81 S.Ct. 1708 (1961)。

[39] 但在以色列、英国和其他一些国家，一家名为"联合通信有限公司"（Consortium Communications, Ltd.）的冒险企业，恰恰进入了这一业务，并在几起诉讼中幸存下来。国际电传的费率如此之高，以至于公司可以接收信息，通过语音级别的线路批量发送，然后以低于电传的价格在另一端发送。这种转售服务在美国越来越普遍，但在欧洲仍存在争议。

[40] 据估计，从1890年开始，"商业电报的比例高达95%，而投机类占总数的近一半"。David Seipp, *The Right to Privacy in American History*, Harvard Program on Information Resources, Publication No. P–78–30, July 1978, p. 105。

[41] Art. 1, sec. 18, clause 3. Pensacola Telegraph Co. v. Western Union Telegraph Co., 96 US 1, 24 L.ed. 708 (1878). 对于广播，参见：Pulitzer Publishing Co. v. FCC, 94 F 2d 249, 68 App. D.C. 124 (1938); NBC v. US, 319 US 190, 87 L.ed. 1344, 63 S.Ct. 997 (1943)。

[42] 在电报领域，唯一被广泛讨论的公民自由问题是政府扣押和读取电报的权利。第四修正案的"搜查和扣押"问题始于内战时期，当时战争部在几个城市搜查叛国者时扣押了前一年的电报。国会委员会后来为一些调查调阅了若干电报，包括针对安德鲁·杰克逊总统的弹劾和有争议的海斯－蒂尔登选举（Hayes-Tilden election）等事件的调查。关于电报是否应享有与密封的信件同样的豁免权，存在着许多争论。Seipp, *The Right to Privacy*, pp. 30–41.

[43] Robert L. Thompson, *Wiring a Continent* (Princeton: Princeton University Press, 1947), pp. 217, 221.

[44] Alvin F. Harlow, *Old Wires and New Waves* (New York: D. Appleton-Century, 1936), p. 177.

[45] Thompson, *Wiring a Continent*, p. 223.

[46] Harlow, *Old Wires*, p. 178.

[47] Thompson, *Wiring a Continent*, pp. 235-239.

[48] Thompson, *Wiring a Continent*, p. 236.

[49] Francis Williams, *Transmitting World News* (UNESCO: Paris, 1953), pp.18-19.

[50] Williams, *Transmitting World News*, p. 19.

[51] Williams, *Transmitting World News*, p. 20

[52] Jeffrey Kieve, *The Electric Telegraph in the UK* (Newton Abbot: David and Charles, 1973), p. 71.

[53] Williams, *Transmitting World News*, p. 20.

[54] Kieve, *The Electric Telegraph*, p. 119.

[55] Kieve, *The Electric Telegraph*, p. 218.此外，还以第二复制率发送了1.8亿个重复单词。

[56] Kieve, *The Electric Telegraph*, p. 218.

[57] Kieve, *The Electric Telegraph*, p. 224.

[58] James M. Herring and Gerald C. Gross, *Telecommunications: Economics and Regulation* (New York: McGraw-Hill, 1936), p. 1.

[59] Herring and Gross, *Telecommunications*.按一英镑5美元计算，美国的报纸费率是同期英国的三倍。

[60] Lee, *The Daily Newspaper*, p. 509.

[61] Primrose v. Western Union Telegraph Co., 154 US 1, 38 L.ed. 883, 14 S.Ct. 1098.

[62] Hannibal and Saint Joseph Railroad Co. v Swift, 12 Wall 262, (1870); Philadelphia and Reading R.R. Co. v. Derby, 14 How. 468 (1852).

[63] 尽管有第十四修正案，但在1877年的农会案中确立了对受公共利益影响的企业进行费率管制的合法性。参见：Munn v. Illinois, 94 US 113, 24 L.ed. 77 (1877)。

[64] Daniel J. Czitrom, *Media and the American Mind from Morse to McLuhan* (Chapel Hill: University of North Carolina Press, 1982), pp. 26–28.

[65] US Post Office Department, Annual Report of the Postmaster General of the United States (Washington, D.C.: Government Printing Office, 1872), p. 29.

[66] People ex rel Western Union Telegraph Co. v. Public Service Commission, 230 NY 95, 129 NE 220, 12 ALR 960 (1920).

[67] Attorney General v. Edison Telephone Co., 6 O.B. Div. 244.

[68] Anon., *Central Law Journal* 10 (1880): 178; William G. Whipple, *Central Law Journal* 22 (1886): 33; W. W. Thornton, *American Law Register* 33 (1886): 327; Herbert H. Kellog, *Yale Law Journal* 4 (1894): 223; Chesapeake and Potomac Telephone Co. v. Baltimore and Ohio Telegraph Co., 66 Md. 339.

[69] Richmond v. Southern Bell Telephone and Telegraph Co., 174 US 761, 43 L.ed. 1162, 19 S.Ct. 778.

[70] Sullivan v. Kuykendall, S.Ct. of Kentucky, 1885, *American Law Review* 33: 448.

[71] Globe Printing Co. v. Stahl, 23 Mo. App. 451 (1886). Bank of Yolo v. Sperry Flour Co., 141 Cal. 314 (1903); Young v. Seattle Transfer Co., 33 Wash. 225 (1903).

[72] Primrose v. Western Union Telegraph Co., 154 US 1, 38 L.ed. 883, 14 S.Ct.l098.

[73] 布鲁图斯·克莱（Brutus Clay）在《弗吉尼亚法律评论》上对有关责任的案件进行了回顾。参见：Brutus Clay, *Virginia Law Review* 337 (1914)。他提出了与上述电报案类似的论点——法院一般拒绝让电话公司为服务失败的所有后果负责。

[74] Richard Gabel, "The Early Competitive Era in Telephone Communication, 1893—1920," *Law and Contemporary Problems* 34 (Spring 1969): 340–359.

[75] Paul Latzke, *A Fight with an Octopus* (Chicago: Telephony Publishing, 1906).这是一本反对贝尔的小册子，印了数百万册。

[76] Sec. 614–52, Ohio General Code.

[77] Celina and Mercer County Telephone Co. v. Union–Center Mutual Telephone Association, 102 Oh. St. 487, 133 NE 540, ALR 1145.

[78] Munn v. Illinois, 94 US 113, 130, 24 L.ed. 77.亦见：Farmers' and Merchants' Co–operative Telephone Co. v. Boswell Telephone Co., 187 Ind. 371, 119 NE 513 (1918)。

[79] FCC v. RCA Communications, Inc., 346 US 86, 97 L.ed. 1470, 73 S.Ct. 998.

[80] Hawaiian Telephone Co. v. FCC, 162 US App. DC 229, 498 F 2d 771.

[81] 参见：Grossjean v. American Press Co., 297 US 233, 80 L.ed. 660, 56 S.Ct. 444 (1936)。

[82] Pugh v. City and Suburban Telephone Co., 9 Bull 104："如果允许使用不雅、粗鲁或不恰当的语言，邪恶和心怀不轨的人就会有能力使用这些语言作为侮辱他人的媒介，而且可能出于某种意外（例如电线串音）或通过某种感应，同样的通信可能会在非

常令人羞愧的情况下被发射到某些家庭圈子里。"同样可参见：
William H. Rockel, American Law Register 37 (1889): 73; Huffman
v. March Mutual Telephone Co., 143 Iowa 590 (1909)。1934年《通
信法》禁止通过电话传递任何猥亵、淫荡、挑逗、肮脏或不雅
的评论、请求、建议或提议。

第六章　广播和第一修正案

[1] Asa Briggs, *The History of Broadcasting in the United Kingdom*,
vol. 1, *The Birth of Broadcasting* (London: Oxford University Press,
1961), pp. 47–48.

[2] Briggs, *Birth of Broadcasting*, pp. 49, 53, 55. 另见：W. M. Daltan,
The Story of Radio (London: Adam–Hilger, 1975), Ⅱ, 50。

[3] R. N. Vyvyan, *Wireless over Thirty Years* (London: George Routledge,
1933), pp. 204–205.

[4] H.R. 13159, 65th Cong., 2nd Sess.; W. L. Rodgers, "The Effects of
Cable and Radio Control on News and Commerce," *The Annals of
the American Academy of Political and Social Science* 112 (Mar.
1924): 255.

[5] Bruce Bliven, "How Radio Is Remaking Our World," *The Century
Magazine* 108.2 (June 1924): 149.

[6] Seymour N. Siegel, "Censorship in Radio," *Air Law Review* 7.1 (Jan.
1936): 21. 另见 Stanley High, "Radio Policy Disarms Its Critics," *Literary
Digest* 118.6 (Aug. Ⅱ, 1934): 23: "美国公众永远不会屈服于英国广播
强加的审查制度。英国广播言论受制于审查和反复审查。"

[7] M. D. Fagen, ed., *A History of Science and Engineering in the Bell
System* (Bell Telephone Laboratories, 1976), Ⅰ, 384.

[8] 商务部长赫伯特·胡佛在第四届全国无线电会议上的开幕词，

收入 *Radio Control*: Hearings Before the Committee on Interstate Commerce, United States Senate, 69th Cong., 1st Sess., Jan.–Mar. 1926, p. 57。

[9] *New York Times*, Nov. 9, 1925, p. 25.

[10] Morris Ernst, "Radio Censorship and the 'Listening Millions,'" *The Nation*, Apr. 28, 1926, p. 473.有的权威来源声称，在1927年的广播台数量已经比最佳容量多出300个。

[11] 37 Stat. 302, 1912; Hoover v. Intercity Radio, 286 Fed. 1003, Ct. of App. D.C. 1923.

[12] Note, "Indirect Censorship of Radio Programs," *Yale Law Journal* 40 (1931): 971; Senate Hearings, 1926, pp. 217–220.

[13] US v. Zenith Radio Corp., 12 F 2d 614 N.D. III. (1926).

[14] Senate Hearings, 1926, p. 55.

[15] Fagen, *Science and Engineering in the Bell System*, p. 406.

[16] 68 Cong. Rec., 69th Cong., 2nd Sess., pp. 2572–2573a.

[17] Senate Hearings, 1926, pp. 26–27.

[18] Senate Hearings, 1926, pp. 55–57.

[19] Hugo L. Black, "No Broadcasting by Utilities," *Public Utilities Fortnightly* 3.12 (June 13, 1929): 686–692.

[20] 引自: Bliven, "How Radio Is Remaking Our World," p. 154; *New York Times*, Apr. 13, 1924, p. 17。

[21] *New York Times*, Dec. 28, 1924, sec. 8, p. 13.

[22] *New York Times*, Sept. 17, 1925, p. 15; Nov. 9, 1925, p. 25.关于审查的决议写道，由于"无线电广播的成功建立在维护公共利益的基础上"以及"公众对广播节目的赞成或反对可以即刻表达……除舆论之外的任何节目审查机构都显得没有必要"。参见: Proceedings of the Fourth National Radio Conference, 引自 Senate

Hearings, 1926, pp. 59–60。

[23] Senate Hearings, 1926, pp. 50, 56–58.这种地方特许经营的概念，如今应用于有线电视领域，而并没有在广播领域大行其道，大概是因为无线电波不会在政治边界上逗留。

[24] Senate Hearings, 1926, pp. 25–26.立法委员会主席是小斯蒂芬·B.戴维斯法官，他也是美国商务部律师，同时负责颁发电台许可证。

[25] 参见：商船和渔业委员会就一项无线电通信管理法案展开的听证会，69th Cong., 1st Sess., p. 39; 67 Cong Rec. 5480, 69th Cong., 1st Sess。

[26] Stephen B. Davis, Jr., Senate Hearings, 1926, p. 121.

[27] Representative Davis, 67 Cong. Rec. 5484, 69th Cong., 1st Sess.诺曼·贝克（Norman Baker），艾奥瓦州马斯卡廷一家电台的所有人，问道："谁来决定什么是公共利益？是那些提供类似于家庭节目的电台，还是那些依托于学校和大学、在不同的时间开办知识分子讲座的电台？" Senate Hearings, 1926, p. 166.

[28] *New York Times*, Apr. 29, 1926, p. 9.

[29] 参议员海勒姆·约翰逊（Hiram Johnson）和罗伯特·拉·福莱特（Robert La Follette）争取广播的努力"在特别情况下受到了挫折"，这一特别情况就是通过精心设计的连接，只有很少地方能听到演讲者的声音。*New York Times*, May 7, 1926, p. 21.

[30] 35 Ope Att. Gen. 132.

[31] *New York Times*, July 21, 1926, p. 18.

[32] 68 Cong. Rec. 3257, 69th Cong., 2nd Sess.

[33] Public Law No. 632, 69th Cong., secs. 18, 29, 11, 13.这是对AT&T的一击。

[34] Barnouw, *A History of Broadcasting*, I, 66–87.

[35] 引自：Carl Dreher, "Why Censorship of Programs is Unfortunate," *Radio Broadcast* 10 (1927): 278。

[36] 1924年9月8日的《纽约时报》发表社论称，要求报纸对广告予以明显标注的法律也应适用于无线电广播，因为"广播当然就是出版"。见第14版。

[37] Proceedings of Third National Radio Conference, pp. 2–3; *New York Times*, Oct. 9, 1924, p. 25.

[38] "Radio Inspectors Ought Not To Be Censors," *Radio Broadcasting* 5 (Aug. 1924): 299.

[39] Bliven, "How Radio Is Remaking Our World," pp. 147–154. 1924年4月9日《纽约时报》发表社论说："然而，人类在新的电力巨头面前如此无能为力，因此必须把对电力的控制（只要是可以控制的）作为政府的职能。私人垄断是不可想象的。"见第20版。1924年，电台中的"私人垄断"是对AT&T的暗指。

[40] *The New York Times*, May 9, 1924, p. 22.

[41] David Sarnoff, Grover Whalen, and Hudson Maxim, "The Freedom of the Air," *The Nation* 119 (July 23, 1924): 90. 哈德逊·马克西姆（Hudson Maxim）感到困惑："我不相信让任何私人垄断机构控制无线电广播是明智的，但我也不相信联邦政府控制无线电广播的明智、能力和公正。"见第91页。

[42] Proceedings of Third National Radio Conference, pp. 13, 19; "Radio Censorship," *Literary Digest* 83 (Oct. 4, 1924): 28. 这篇文章认为，公众会对证人在"低俗审判"中的言论通过广播传播的想法提出抗议。

[43] Barnouw, *A History of Broadcasting*, I, 140.

[44] H. V. Kaltenborn, "On Being 'On the Air,'" *The Independent* 114 (May 23, 1925): 583, 584.

[45] Quoted in Barnouw, *A History of Broadcasting*, I, 141.

[46] 众议员埃马纽埃尔·塞勒（Emmanuel Celler）认为，电台对内容的合理编辑应该取代普遍存在的切断发言人讲话的做法。美国全国广播公司（NBC）总裁默林·艾尔斯沃斯（Merlin Aylesworth）认为，广播自由并不包括"惹恼、侮辱或激怒"听众的权利。*New York Times*, Apr. 29, 1927, p. 14.

[47] *New York Times*, May 18, 1926, p. 42; May 25, 1926, p. 23.

[48] Senate Hearings, 1926, p. 133. 听证会是关于迪尔和豪厄尔参议员（Sens. Dill and Howell）提交的无线电监管法案。怀特众议员在众议院提出了一项类似的法案，其中也包含了第四次会议的一些建议。1925年12月23日第18版的《纽约时报》发表社论对这种拟议的监管权力集中在华盛顿的做法表示担忧。但根据迪尔的法案，"本法案中的任何内容都不应被理解或解释为授予商务部长对无线电通信和信号进行审查的权力……除非在此特别说明和宣布，而且不得颁布任何条例或条件……干涉通过无线电通信手段进行自由言论和自由娱乐的权利，除非特别说明"。

[49] Ernst, "Radio Censorship," 475; Morris Ernst, "Who Shall Control the Air?" *The Nation* 122 (Apr. 21, 1926): 443. 美国工会（Federation of Labor）的代表斯特朗（W. J. H. Strong）指责商务部不顾1912年《无线电法》的明确规定，拒绝向劳工团体发放波长，是"为这里的某些特权人士保留了整个商业许可的精华"，而对抗垄断趋势的唯一办法就是建立"多个电台"。为此，他提议，任何公司或个人不得获得一个以上的许可证；让公众有机会向商务部提出申诉，并在许可证发放、更新或撤销程序中发表意见；收紧法案中的反垄断条款，使关联公司不能支配电波；总统无权在战时接管电台；不按先到先得分配许可证，而是优先考虑非营

利组织；在许可证到期时，不应仅仅因为这个原因给予持有者任何优先权，理论上，许可证持有人必须现身商业部并在公共利益的基础上证明许可证的持续更新是正当的。Senate Hearings, 1926, pp. 206, 217. Morris Ernst, "Radio Censorship and the 'Listening Millions,' " pp. 473–474, 475.

[50] Federal Radio Commission, Annual Report for Fiscal Year 1927, p. 6.

[51] Note, "The Radio Act of 1927," *Columbia Law Review*, 1927, p. 732. 另见: New York Times, Sept. 18, 1927, sec. 10, p. 19。1927年4月29日《纽约时报》第20版刊文坚称，广播应该像报界一样对自由表达开放，但需要"高尚的指导"。

[52] Federal Radio Commission, Second Annual Report, pp. 153, 155, 159.

[53] Federal Radio Commission, Second Annual Report, pp. 160–161.

[54] Henry A. Bellows, "The Right to Use Radio," *Public Utilities Fortnightly* 3.13 (June 27, 1929): 773.联邦无线电委员会第三次年度报告进一步阐明了"公共利益"标准，将其与内容政策联系起来。

[55] Edward C. Caldwell, "Censorship of Radio Programs," *Journal of Radio Law* 1.3 (Oct. 1931): 441, 470–472.

[56] Commission on Communications: Hearings on S. 6, Senate Interstate Commerce Committee, 71st Cong., 1st Sess. (1929), pp. 1071–1073.

[57] *New York Times*, Dec. 14, 1930, sec. 10, p. 17.

[58] Paul Hutchinson, "Freedom of the Air," *The Christian Century* 48 (Mar. 25, 1931): 409.

[59] Barnouw, *A History of Broadcasting*, I, 260.

[60] Hutchinson, "Is the Air Already Monopolized?" *The Christian Century* 48 (Apr. 1, 1931): 442–443; Lauter and Friend, "Station Censorship," 引用于Harrison B. Summers, *Radio Censorship* (New

York: H.W. Wilson, 1939), p. 158; "Indirect Censorship of Radio Programs," p. 970。

[61] Ansley V. Federal Radio Commission, 46 F 2d 600 D.C. Cir. (1930).法院指出，该电台"播放了许多令人反感的内容"。在芝加哥工会诉联邦无线电委员会〔Chicago Federation of Labor v. Federal Radio Commission, 41 F 2d 422, 423 D.C. Cir. (1930)〕一案中，当工会组织在联邦通信委员会削减广播功率和时长后寻求提高它们时，法院说"WCFL 电台过去的记录并非无可挑剔"。

[62] KFKB Broadcasting Association v. Federal Radio Commission, 47 F 2d 670, 672 D.C. Cir. (1931).

[63] "Indirect Censorship of Radio Programs," p. 968.有关赞成管制或谨慎中立的立场，见：Manuel Maxwell, Note, *Air Law Review* 2 (1931): 269; Howard W. Vesey, Note, *Journal of Radio Law* 131 (1931)。一些人喜欢有关 KFKB 的决定，因为它认可消除广播中的攻击性广告。

[64] 考德威尔（Caldwell）在"Censorship of Radio Programs"第 470、473 页区分了技术上不属于"言论"的广播节目，如娱乐和广告，无线电委员会对此应拥有广泛的自由裁量权；另外如严肃的意见，有关社会、政治或经济的评论，以及揭露苦难的节目，面对它们，任何审查的做法都将违反第一修正案。他认为，法律提供了大量的手段，如诽谤诉讼，以处理非法内容的广播。

[65] 62 F 2d 850 D.C. Cir. (1932); cert. den. 284 US 685 (1932); 288 US 599 (1933).

[66] 62 F 2d 850 at 853 D.C. Cir. (1932).这里所提及的妨碍司法，是指舒勒此前曾因藐视法庭罪被判入狱，原因是他在广播中对一个未决案件进行了评论。

[67] "Freedom for the Radio Pulpit," *The Christian Century* 49 (Jan. 27,

1932): 112, 113.

[68] Note, University of Pennsylvania Law Review 81 (1933): 471, 471–472. 另见: Note, *Virginia Law Review* 19 (1933): 870; Note, "Refusal to Renew Broadcasting License as Restricting Freedom of Speech," *Duke Bar Association Journal* 1 (1933): 49; Note, *Air Law Review* 4 (1933): 96。

[69] Note, "The Power of the Federal Radio Commission to Regulate or Censor Radio Broadcasts," *George Washington Law Review* 1 (1933): 384. 三一卫理公会案件中对言论的限制被类比为对《间谍法》和犯罪帮会法（criminal syndicalism statute）的支持。Note, *Harvard Law Review* 46 (1933): 987.

[70] Editorial, *Lexington Herald*, Nov. 22, 1933, quoted in Byron Pumphrey, "Censorship of Radio Programs and Freedom of Speech," *Kentucky Law Journal* 22 (1934): 640.

[71] Note, "Radio Censorship and the Federal Communications Commission," *Columbia Law Review* 39 (1939): 455; Mitchell Dawson, "Censorship on the Air," *American Mercury*, Mar. 1934, pp. 257–268, 重印于 Summers, *Radio Censorship*。另见: Minna Kassner, *Radio Is Censored* (New York: American Civil Liberties Union, 1936), p. 16。

[72] Kassner, *Radio Is Censored*, pp. 13, 18.

[73] 78 Cong. Rec. 2646–2648; Cong. Rec. 862–864, 73rd Cong., 2d Sess.; speech of Rep. McGugin, 78 Cong. Rec. 10327, 73rd Cong., 2d Sess.

[74] 78 Cong. Rec. 10504, 73rd Cong., 2d Sess.

[75] *New York Times*, Mar. 1, 1934; Apr. 21, 1934, p. 13.

[76] FCC V. Pottsville Broadcasting Co., 309 US 134, 84 L.ed. 656, 60 S.Ct. 437. 的确,《通信法》规定, 其目的是 "控制美国对州际

和外国无线电传输的所有渠道"。

[77] 319 US 190, 87 L.ed. 1344. 墨菲大法官持反对意见，主要是基于《第一修正案》的理由。由于1934年《通信法》没有赋予国会直接监管网络的权力，联邦通信委员会通过对其许可的电台的规定，将自身的意愿强加给了网络。然而，最近在有关财务利益和辛迪加的规定中，联邦通信委员会扩大了其直接监管网络的权力。

[78] Red Lion Broadcasting Co. v. FCC, 395 US 367, 23 L.ed. 2d 371, 89 S.Ct. 1794 (1969). 另见：Fred W. Friendly, *The Good Guys, the Bad Guys and the First Amendment* (New York: Random House, 1975); Benno C. Schmidt, Jr., *Freedom of the Press vs. Public Access* (New York: Praeger, 1976); Henry Geller, *The Fairness Doctrine in Broadcasting*, RAND Report R–1412–77 (Santa Monica: The RAND Corp., 1973)。

[79] 决定中的这些话引自第86届国会第一次会议参议院第562号报告，8–9（1959）。

[80] Jerome Barron, *Freedom of the Press for Whom?* (Bloomington: Indiana University Press, 1973); D. M. Gilmor and J. A. Barron, *Mass Communications Law* (Saint Paul: West Publishing, 1969); J. A. Barron, "An Emerging First Amendment Right of Access to the Media?" *George Washington Law Review* 37 (1969): 487. 关于公民团体的角色，参见：Marcus Cohn, "Who Really Controls Television?" *University of Miami Law Review* 29.3 (1975): 482–486。

[81] Banzhaf v. FCC, 405 F 2d 1082 D.C. Cir. (1968).

[82] 弗雷德·弗兰德利（Fred Friendly）断言，法律一通过，香烟广告和针对香烟的警告均停播，香烟的销量就增加了，这说明一些法规可能产生不良的结果。参见：Friendly, *The Good Guys*,

p. 110。

[83] CBS, Inc., v. Democratic National Committee, 412 US 94, 36 L.ed. 2d 772, 93 S.Ct. 2080.

[84] 请注意这个引人注目的声明，即是国会而不是宪法赋予了广播编辑们权利。

[85] Miami Herald Publishing Co. v. Tornillo, 418 US 241, 41 L.ed. 2d 730, 94 S.Ct. 2831.

[86] Henri Blin et al, *Droit de la presse* (Paris: Librairies techniques, 1979); Jean Marie Auby and Robert Ducos–Ader, *Droit de l'information* (Paris: Dalloz,1976).

[87] 尤其是在民主党全国委员会和"家庭观看时间"的案件中。

[88] Borrow v. FCC, 285 F 2d 666, 109 US App DC 224.

[89] Lafayette Radio Electronics Corp. v. US, 345 F 2d 278 (1965).

[90] New Jersey State Lottery Commission v. US, 420 US 371, 43 L.ed. 2d 260, 95 S.Ct. 941.

[91] FCC v. Pacifica Foundation, 438 US 726, 57 L.ed. 2d 1073, 98 S.Ct. 3026 (1978).

[92] Writers Guild of America, West, Inc., v. FCC, 423 F. Supp. 1064 (1976).第九巡回法院在上诉中推翻了这一决定，事关主要管辖权的问题，并将此案发回联邦通信委员会审议。另见：Writers Guild of America, West, Inc., v. ABC, 609 F 2d 355, 9th Cir. (1974)。

[93] *Proceedings of the Third National Radio Conference* (Washington, D.C.: Government Printing Office, 1924), pp. 2–4.关于胡佛对AT&T电台垄断的其他攻击，请参阅：Paul Hutchinson, "Can the Air Be Kept Free?" *Christian Century* 48 (1931): 549–550。保罗·哈钦森（Paul Hutchinson）指出，到1931年已经成为大型组织的广播网，从来没有特别喜欢胡佛的这句话，因为这句话可能被加诸它们身上。

柯立芝总统还向与会代表承诺，政府将防止电台垄断。*New York Times*, Oct. 9, 1924, p.25.

[94] 67 Cong. Rec. 5484 (1926).

[95] Radio Act of 1927, Pub. L. No. 632, sec. 17 (1927).在当时的辩论中，经常有人说广播是公共事业，而不是公共运营。只要广播频道是稀缺的，因而只要被许可人在公共传播流通中享有特权地位，就很难否认广播在某些方面是一种公共事业，受公共利益的影响。但是，称其为公共运营商就是支持AT&T对传输设施的垄断控制，从而反对新起的小型广播企业。1929年，参议员伯顿·惠勒（Burton Wheeler）等人在参议院听证会上对商务部的W.D.特雷尔（W. D. Terrell）进行了交叉质询，显示为了区分广播是一种公共事业还是一种公共载体，人们进行了混乱的努力：

> "惠勒先生，这是我的看法。这些广播电台是公共事业……"
>
> "特雷尔先生。电话、电报和收音机有很大的不同。当你通过广播讲话时，你是在对着全国每个人的耳朵讲话……它在某种程度上是一种公共运营，而在另一种程度上则不是。"
>
> "格林先生，你不是说它是公共事业而不是公共运营吗？"

Commission on Communications: Hearings on S.6 before the Senate Committee on Interstate Commerce, 71st Cong., 1st and 2d Sess. (1929), 1072–1073. 另见：Report of Committee No.8 on legislation of the Fourth National Radio Conference, Senate Hearings, 1926, p. 25。

[96] 国家无线电协调委员会1926年12月2日致全体参议员的信，引自：Calvin Coolidge Papers, reel 80, case 136。另见：Gavan Duffy,

"Interests, Public and Private: The Development of Commercial Control of the Means of Transmission," paper, International Communications Association, Boston, Mass., May 3, 1982。

[97] Leo Herzel, "'Public Interest' and the Market in Color Television Regulation," *The University of Chicago Law Review* 18 (1951): 802–809. 通过市场经济分配频谱的经典处理方法，见：科斯（R. H. Coase），"The Federal Communications Commission," *Journal of Law and Economics* 2 (1959): 1–40。赫泽尔（Herzel）的论文引发了达拉斯·斯迈思（Dallas Smythe）的强烈回应："Facing Facts about the Broadcast Business," *University of Chicago Law Review* 20 (1952): 96；另见赫泽尔的反驳，*University of Chicago Law Review* 20 (1952): 106。斯迈思对市场的左翼批评在右翼也有其镜像。无线电工程师普遍反对频谱市场的想法，他们相信技术人员比盲目的市场过程更能管理分配。

[98] Coase, "The Federal Communications Commission," p. 17.

[99] Harvey J. Levin, *Fact and Fantasy in Television Regulation* (New York: Russell Sage Foundation, 1980), pp. 112, 118–119.

[100] Red Lion Broadcasting Co. v. FCC, 395 US 367, 398, 23 L.ed. 2d 371, 89 S.Ct. 1794 (1969).

[101] 47 U.S.C. 312 (a) (7); 47 C.F.R. Sec. 73. 1940 (1980). 最高法院于1981年在CBS, Inc. 诉FCC, 101 S.Ct. 2813 (1981) 一案中支持这一规定。

[102] Jora R. Minasian, "Property Rights in Radiation: An Alternative Approach to Radio Frequency Allocation," *Journal of Law and Economics* 18 (1975): 221; A. De Vany et al., "Electromagnetic Spectrum Management: Alternatives and Experiments," Appendix G to Staff Paper 7, President's Task Force on Communications

Policy, 1967; Harvey Levin, *The Invisible Resource* (Baltimore: Johns Hopkins Press, 1971); Charles L. Jackson, "Technology for Spectrum Markets," Ph.D. thesis, MIT, 1976; Glen O. Robinson, dissenting opinion, Cowles Broadcasting, FCC 76–642; Carson E. Agnew, Richard G. Gould, Donald A. Dunn, and Robert D. Stibolt, "Economic Techniques for Spectrum Management," Report to NTIA by Mathtech, Inc., 1979; Douglas Rohall, "The Market Alternative in Radio Spectrum Allocation: Serving the Public Interest, Convenience and Necessity," Bachelor's thesis, MIT, 1982.

[103] 有先例要求公共补助金的受益人作为公共运营商展开经营。根据1866年的《邮路法》，联邦政府仅将公共土地上的道路使用权授予作为公共运营商运营的电报公司。

[104] Jackson, "Technology for Spectrum Markets".

[105] William P. McLauchlan and Richard M. Westerberg, "Allocating Broadcast Spectrum," Telecommunications Policy 6.2 (June 1982): 111–122.

[106] FCC, Federal Register 46 (Feb. 24, 1981): 13888. 另见：McLauchlan and Westerberg, "Allocating Broadcast Spectrum," p. 118。

第七章　有线电视和"匮乏"的终结

[1] 联邦通信委员会还考虑对调频电台进行定向分配，以允许更多调频电台获得许可。

[2] 众议员 Lionel Van Deerlin 提出此项提议。Jackson, *Technology for Spectrum Markets*, pp. 17, 24. 杰克逊最近提议将工业频段从902兆赫重新分配到928兆赫，以提供1000个无线电广播频道。参见参议院贸易、科学与技术委员会1982年9月28日的证词。

[3] 像素是电视屏幕上的彩色点或黑白点。按照美国电视的标准，一共有525行。在交替扫描方案下，每一个像素每秒被扫描30次，因此图像每秒被扫描60次。

[4] *Intermedia* 9.4 (July 1981).

[5] Steven Rivkin, *A New Guide to Federal Cable Television Regulations* (Cambridge: MIT Press, 1978).

[6] Conley Electric Corp. v. FCC, 394 F 2d 620.法院驳回了来自堪萨斯州利伯勒尔（Liberal）CATV系统针对该规则提出的宪法抗议，首先是因为抗议来得太晚了，没有在联邦通信委员会的听证会上提出，尽管在这个问题上无视正常规则，是标志第一修正案优先地位的特殊程序的特征之一，然而，法院却继续以没有法律依据为由驳回了这一抗辩。同样可参照：Black Hills Video Corp. v. FCC, 399 F 2d 65; Titusville Cable TV, Inc., v. US, 404 F 2d 1187; Great Falls Community TV Cable Co. v. FCC, 416 F 2d 238。关于排他性的相关问题，见：Home Box Office, Inc., v. FCC, 587 F 2d 1248 (1978)。

[7] Rivkin, *A New Guide*, pp. 60–68.

[8] 根据后来的规定，少于5分钟的公共节目不收费。Rivkin, *A New Guide*, p. 82.

[9] Rivkin, *A New Guide*, p. 83; 49 FCC 2d 1030 (1974).

[10] 有线电视广播公司认为国会没有权力对他们进行监管，因为他们既不是1934年《通信法》一章中定义的公共运营商，也不是另一章中定义的广播公司，这一论点被法院驳回。US v. Southwestern Cable Co., 329 US 157, 20 L.ed. 2d 1001, 88 S.Ct. 1994.

[11] Memorandum Opinion and Order in Docket 18397, 23 FCC 2d 825, *Federal Register* 35 (1970) 1091, 引用于 Jackson, Shooshan, and

Wilson, *Newspapers and Videotex*, pp. 28–29。同样可参照：First Report and Order in Docket 18397, 20 FCC 2d 201, 34 Fed. Reg. 17651 (1969)。

[12] Docket 19988.

[13] Docket 19995, 79 FCC 2d 663.

[14] Docket 20487.

[15] Docket 20508.

[16] NBC v. US, 319 US 190, 87 L.ed. 1344.

[17] FCC v. Pottsville Broadcasting Co., 309 US 134, 84 L.ed. 656, 60 S.Ct. 437 (1940).众议院委员会的报告中有一个轻率的措辞，大意是说，该法案的目的是创建一个"拥有足够的法定权力来监管所有通信形式"的委员会，参见HR Rep. No. 1850, 73rd Cong., 2d Sess., p. 3, 引述于US v. Southwestern Cable Co., 392 US 157, 20 L.ed. 2d 1001, 88 S.Ct. 1994。参议院的报告更为谨慎，称该法案的目的是"创建一个对所有形式的电子通信具有监管权的通信委员会"。S. Rept. 781, 73rd Cong., 2d Sess., p. 1, 引述于Allen B. Dumont Laboratories v. Carroll, 184 F 2d 153, C.A. 3rd Circ (1950)，其中加入了缺失的"电子"一词，并软化了赋予权力的措辞。众议院的版本显然不在国会的宪法权力范围内，也没有任何证据表明这是有意为之，那份声明只不过是笔误而已。

[18] 哈伦大法官在1906年Patterson v. Colorado, 205 US 454, 51 L.ed. 879, 27 S.Ct. 556一案中提出异议。

[19] US v. Southwestern Cable Co., 392 US 157, 20 L.ed. 2d 1001, 88 S.Ct. 1994 (1968).

[20] 保罗·伯曼（Paul J. Berman）认为，1974年在Teleprompter诉哥伦比亚广播公司（415 US 394, 94 S.Ct. 1129）一案中，不可分割的观点被含蓄地拒绝了。在这个案例中，问题在于有

线电视的重复播放是在流的执行端，因此受版权保护，还是在接收端，因此不受版权保护。法院认为，虽然有线电视系统可以作为节目的发起者，但同一系统在其他角色中可以作为被动接受者。Berman, *CATV Leased-Access Channels and the Federal Communications Commission: The Intractable Jurisdictional Question*, Working Paper 75–76, Harvard University, Program on Information Technologies and Public Policy (1975).

[21] White Smith v. Apollo, 209 US 1 (1908); Teleprompter Corp. v. CBS, Inc., 415 US 394, 94 S.Ct. 1129 (1974).

[22] Rivkin, *A New Guide*, p. 72.

[23] Black Hills Video Corp. v. FCC, 399 F 2d 65.

[24] 众议院通信小组委员会的一份工作报告得出结论，CATV 不应该仅仅在广播需要保护的情况下才受到监管，而应该在缺乏监管会损害公众整体利益的情况下进行监管。在相关的听证会上，安东尼·厄廷格（Anthony Oettinger）教授恳求国会重新考虑1934 年《通信法》的有限授权，以便"在经济筹码可能下降的任何地方恢复第一修正案的宪法原则的首要地位"。Rivkin, *A New Guide*, pp. 11, 14, 53. 哥伦比亚特区上诉法院以 CATV 涉嫌损害电影的形式处理了同样的问题："即使这些规定确实减少了电影的制作数量，其影响也不会上升到违反第一修正案的程度。"Home Box Office, Inc., v. FCC, 567 F 2d 9 (1977).

[25] US v. Southwestern Cable Co., 392 US 157, 20 L.ed. 2d 1001, 88 S.Ct. 1994 (1968). 在 1959 年一份关于 CATV 和中继器服务的报告和命令（Docket 12443）中，联邦通信委员会驳回了对 CATV 行使管辖权的四个论点，而得出了一个非常不同的、更有说服力的结论。第一个论点是这些系统参与了广播，联邦通信委员会在 1934 年的《通信法》中没有发现这一结论的依据。第二

是系统涉及公共运营，这是联邦通信委员会早些时候在边疆广播公司诉科利尔案〔Frontier Broadcasting Co. v. Collier, 24 FCC 451 (1958)〕中拒绝的。第三，联邦通信委员会拥有监管州际通信的全权，但否认其有权监管"任何和所有碰巧与通信的许多方面之一有关的企业"的权力。第四是CATV对微波中继的使用。这个理由如果被接受，就会限制公共运营商的流量内容，并将委员会的管辖权间接扩大到它无权直接监管的领域。Berman, *CATV Leased Access Channels*, pp.9–10.

[26] US v. Midwest Video Corp., 406 US 649.问题在于联邦通信委员会是否有权要求转播广播的有线系统也制作自己的节目。如果没有首席大法官沃伦·伯格的协同意见（该意见维持了联邦通信委员会的权威但同时包含了警告），最高法院的投票将是4比4平。伯格呼吁国会对《通信法》进行"全面的重新审查"。道格拉斯持不同意见，他完全拒绝了有线电视运营商可以被联邦通信委员会命令成为节目制作人的想法。关于委员会在有线电视上的权限的另一个探索是全国监管专员协会诉联邦通信委员会（National Association of Regulatory Commissioners v. FCC），其中的问题是，在缺少明确法定权限的情况下，委员会是否可以阻止州政府制定出更广泛但与联邦规则兼容的CATV系统接入规则。上诉法院驳回了联邦通信委员会在缺乏相关法定语言的情况下，要求对接入规则拥有专属管辖权的尝试。

[27] Home Box Office v. FCC, 567 F 2d 9, 185 U.S. App. D.C. 142 (1977). 另见：Miami Herald Publishing Co. v. Tornillo, 418 US 241, 94 S.Ct. 2831, 41 L.ed. 2d 730 (1974)。

[28] Midwest Video Corp. v. FCC, 571 F 2d 1025, 1052 (1978).

[29] 中西部视频公司诉联邦通信委员会一案〔Midwest Video Corp. v. FCC (1978), 1054–1056〕争论道：有线电视与广播的关系"显

得过于脆弱和不确定，无法保证随意推翻有线电视中存在的第一修正案权利"。

[30] Midwest Video Corp. v. FCC (1978) 1054.

[31] 在接下来的讨论中，"电缆"一词被用作任何一种宽带载体的简称，它通过一个封闭的管道发送信号，以避免信号泄漏到开放的地方而与其他信号相互干扰。无论使用同轴电缆、光纤还是新技术，也无论这些技术是由电话公司还是其竞争对手运营，技术的进步都会改变很多东西。这个讨论适用于所有这些技术。

　　光纤似乎是宽带网络的候选介质，除了尚未解决的不可接入性问题。光纤与同轴电缆不同的是，同轴电缆不需要切断电缆就可以连接到客户，而光纤现在只能通过物理切断并中断主干线上其他人的服务来进入。

[32] Richard M. Neustadt, Gregg P. Skall, and Michael Hammer, "The Regulation of Electronic Publishing," *Federal Communications Law Journal* 33.3 (Summer 1981): 392. 在美国的49个城市里，相互竞争的电力公司在街上铺设了平行的电线。Walter J. Primeaux, Jr., "A Re-examination of the Monopoly Market Structure for Electric Utilities," in Almarin Phillips, ed., *Promoting Competition in Regulated Markets* (Washington, D.C.: Brookings, 1975), pp. 175–200. 有线电视行业也存在一些类似的案例。

[33] *On the Cable* (New York: McGraw–Hill, 1971).

[34] Cabinet Committee on Cable Communications, *Cable-Report to the President* (Washington, D.C.: Government Printing Office, 1974). 克莱·怀特海（Clay T. Whitehead）是美国总统办事机构通信政策办公室主任和有线通信内阁委员会主席。对于公共运营商系统案例的其他陈述，参见：J. H. Barton, D. A. Dunn, E. B. Parker, and

J. N. Rosse, *Nondiscriminatory Access to Cable Television Channels*, Program in Information Technology and Telecommunications, Report No.2, Stanford University, 1973; Mark Nadel, "A Unified Theory of the First Amendment: Divorcing the Medium from the Message," *Fordham Urban Law Journal*, February 1983; Owen, *Economics and Freedom*, p. 136。另见：Robert A. Kreiss, "Deregulation of Cable Television and the Problem of Access under the First Amendment," *Southern California Law Review* 54 (1981): 1001。

[35] 众议院委员会的一份工作人员报告提出了类似的做法，建议10年后禁止有线电视运营商制作节目，只允许提供频道设施。Subcommittee on Communications of the House Committee on Interstate and Foreign Commerce, 94th Cong., 2d Sess., *Cable Television Promise Versus Regulatory Performance* (Washington, D.C.: Government Printing Office, 1976).

[36] "我们重申我们的观点，在《通信法》的意义上，有线电视系统既不是广播公司，也不是公共运营商。相反，它是一种混合体，需要被当作通信领域的独立力量进行识别和监管。"36 FCC 2d 143, para. 191, 引用于 Rivkin, *A New Guide*, p. 11。

[37] First Report and Order on Program Origination, 20 FCC 2nd 202–203 (1969).

[38] 今天，一个在某一业务领域拥有垄断地位的通信公司如何能够在不偏袒自己的情况下参与行业竞争，这一普遍问题主要与电话而不是有线电视有关。人们正在考虑以某种方式将或多或少垄断基本电话传输服务的厂家与提供具体内容的实质性服务的竞争公司或子公司分开。这个问题在电话领域已经是一个热点问题，在有线电视领域可能会变得更热。

[39] 这些条款是参议院版本的《通信法》予以重写的条款，即 S.898，

参议员巴里·戈德华特（Barry Goldwater）在修正案中删除了它们。目前，各城市代表和美国国家有线电视协会（National Cable Television Association）正在就一项双方都支持的法案进行谈判。

[40] Kreiss, "Deregulation of Cable Television." 私人报纸所有者拒绝那些他不想要的广告的权利在芝加哥联合董事会和服装行业工人联合会诉芝加哥论坛报〔Chicago Joint Board, Amalgamated Clothing Workers v. Chicago Tribune Co., 435 F 2d 470, 7 Cir. (1970)〕和 PMP 协会诉波士顿环球报（PMP Associates v. Boston Globe Newspaper, 321 NE 2d 915）两案中得到了支持，但即使是这种权利也只有在不用于垄断的情况下才有效。国家建立这种专属权利则是另一回事。

[41] Rivkin, *A New Guide*, p. 15，引用了怀特海报告。一项关于报纸出版商和有线电视系统之间安排的研究描述了 54 个案例。见：Kathleen Criner and Raymond B. Gallagher, *Newspaper-Cable TV Services* (ANPA, March 1982)。

[42] Deborah Estrin, *Data Communications via Cable Television Networks: Technical and Policy Considerations*, Laboratory for Computer Science, MIT, Technical Report 273, May 1982; Marvin sirbu and Deborah Estrin, *Alternative Technologies for Regional Communications: Technical, Economic, and Regulatory Issues: Data Communication over Cable*, working paper, Center For Policy Alternatives, MIT, May 1982. 对于像付费观看和警报监控这样的最低限度双向服务，只需要极少的上行带宽来询问用户。但是对于数据通信，需要分组或其他复杂的多路复用，并且系统必须配置更多的上行带宽、更复杂的前端计算机以及用户计算机的其他接入点。

[43] 事实上，有三个（而非两个）主要变化影响了电话网络的未来

能力：通过光纤等载体的宽带传输，数字传输和交换，以及通用控制交换。通用控制系统是一个单独的网络，很可能是一个分组网络，连接着作为常规电话网络数字交换机的相同计算机。通用控制网络用于在常规客户网络上建立呼叫。这个网络的一个重要意义是，它可以通过编程来高效进行交换操作，如果这些操作必须使用为语音设计的信道进行来完成，就会给电话系统带来负担。这就是为什么复杂操作可以被设置为呼叫转发，无论旅行者身处国内的任何地方。

[44] 有线电视是本地媒介，所以它的成本花在本地服务上。如果全国有 5000 套有线电视系统，以每个节目 20 美元的价格在所有这些系统上播放，将需要花费 10 万美元，外加卫星转发器的费用。这相当于一个全国性电视网的时间成本。在一次性向所有人发送大量信息方面，有线电视确实比无线广播更昂贵。有线电视的好处是能够以合理的成本为小群体提供服务。

[45] Stanley M. Besen and Leland L. Johnson, *An Economic Analysis of Leased Channel Access for Cable Television* (Santa Monica: RAND Corp., 即将出版). 这项研究表明，人们对租赁问题的兴趣正在上升。它指出，如果不控制费率，强制性的租赁接入不会带来多样性，但由于它没有注意到处理费率问题的其他方法，它对租赁得出了失败的结论。

根据 1934 年《通信法》，目前由两家下级法院的判决决定了谁有权为有线电视用户设定费率，因此也就有了控制频道租赁费率的权力。布鲁克海文有线电视诉凯利一案〔Brookhaven Cable TV, Inc., v. Kelly, 573 F 2d 763, 2nd Cir. (1978)〕的判决支持联邦通信委员会优先监管付费节目的费率，例如电影和体育——这是广播的附属。然而，全国公用事业监管委员协会诉联邦通信委员会一案〔National Association of Regulatory

Utility Commissioners v. FCC (NARUC II), 533 F 2d 601, D.C. Circ. (1976)〕则否认了联邦通信委员会对非视频信号的州内速率的控制，因为这些由1934年《通信法》的运营商部分所覆盖，而不是广播部分。这些立法上的违宪解释可能会因国会行动而改变。

[46] J. H. Barton et al., *Nondiscriminatory Access to Cable TV Channels*, p. 6.

[47] Cf. Bruce Owen, Jack Beebe, and Willard Manning, *Television Economics* (Lexington, Mass.: Lexington Books, 1974).

[48] 允许付费有线电视一直是一个有争议的问题。早期对它的反对主要来自广播公司，他们认为其巨大的创收能力会使自己的娱乐业务黯然失色。1964年，加利福尼亚州的电影和电视行业发起了一项公投，禁止该州出现任何类型的付费电视。这项提案最终获胜，但加州最高法院以第一修正案为由将其推翻。法院说："传播是在商业赞助下进行的，这并不重要。"把商业化作为禁止付费电视的依据，"就好比断言，如果通过一项法规，要求报纸或电影免费发行或放映，就不存在对其上表达的禁止"。Weaver V. Jordan, 64 Cal 2d 235, 49 Cal. Rptr. 537, 411 P 2d 289 (1966).美国全国剧院业主协会（National Association of Theatre Owners）还对联邦通信委员会允许付费电视存在的决定提出了质疑，指控它违反了第一修正案，因为这一决定剥夺了穷人的通信机会，并围绕许可设置了"反虹吸规则"。上诉法院驳回了这一质疑，并援引反虹吸限制为依据，认定穷人权利没有被剥夺，并认为限制性规定是合理的。National Association of Theatre Owners V. FCC, 420 F 2d 194, 136 US App DC 352 (1969).

第八章　电子出版

[1] Charles M. Goldstein, "Optical Disk Technology and Information,"

Science 215.4534 (Feb. 12, 1982): 863–866.

[2] John D. Chisholm and Terry Eastham, "Worldwide Network Reaps Enormous Savings," *Telecommunications*, Dec. 1978, pp. 53–56.

[3] Carl F. J. Overhage and R. Joyce Harmon, eds., *Project Intrex: Report of a Planning Conference* (Cambridge: MIT Press, 1965).

[4] 迄今为止最成功的设备是Kurzweil机器，它可以学习阅读大多数字体，目前的输入成本大约是每页1美元。

[5] Donald W. King, "Electronic Alternatives to Paper-based Publishing in Science and Technology," in Philip Hills, ed., *The Future of the Printed Word* (Westport, Conn.: Greenwood Press, 1980), p. 99.

[6] *IBM Journal of Research and Development* 24.2 (1980).

[7] Lewis M. Branscomb, "Electronics and Computers: An Overview," *Science* 215.4534 (Feb. 12, 1982): 759.

[8] "King Research Publishes *Libraries, Publishers, and Photocopying*," *Newsletter*, King Research, Inc. 3.2 (Oct. 1982):1.本段中的信息引用说明了电子出版的特点，这一特点来自这些兴趣团体的通信本身。我还可以引用来自Office-3的齐利希（Zellich）的Arpanet网络清单来说明这一点。

[9] 60 FCC 2d 261 (1976), Report and Order on "Resale and Shared Use of Common Carrier Services." 在大多数国家，这种经纪甚至共享使用都是不被允许的。大多数全国性的电话垄断企业只允许它们作为例外而存在。在美国，它已经成为放松监管的总体运动的一部分。

[10] 用"波特"（baud）表示的频道数据速率可以用它的带宽来描述，或者反过来，用频道每秒可以传输的最大比特数来描述。熟悉的数字示例如下：慢速终端每秒300比特，语音电话线每秒48000比特，电视频道每秒600万比特。

[11] Compaine, *The Newspaper Industry*, p. 74.

[12] Neustadt, Skall, and Hammer, "The Regulation of Electronic Publishing," pp. 375–378.在评论可视图文时，联邦通信委员会前主席理查德·威利和理查德·诺伊施塔特（Richard M. Neustadt）谈道："这项技术提出了棘手的政策问题。它结合了出版和广播，没有人知道联邦通信委员会的内容法规和其他广播规则是否会适用。" Wiley and Neustadt, "U.S. Communications Policy in the New Decade," *Journal of Communication* 32.2 (1982): 30.

[13] Jackson, Shooshan, and Wilson, *Newspapers and Videotex*, pp. 47–48.

[14] Associated Press v. US,. 326 US 1, 20, 89 L.ed. 2013, 65 S.Ct. 1416 (1945).

[15] Lorain Journal Co. v. US, 342 US 143, 96 L.ed. 162, 72 S.Ct. 181 (1948).

[16] Byars v. Bluff City News Co., Inc., 609 F 2d 843, 6th Cir. (1979), 引用于 Neustadt, "The Regulation of Electronic Publishing," p. 379。

[17] Joshua Lederberg, "Digital Communications and the Conduct of Science," *Proceedings of the IEEE* 66.11 (Nov. 1978): 1315–1317.

[18] "Letters," *Science* 217 (Aug. 6, 1982): 217–218.

[19] Encyclopedia Britannica Educational Corp. v. C. N. Crooks, 77–560, W.O. N.Y. (Feb. 27, 1978). 另见：Harriet L. Oler, "Copyright Law and the Fair Use of Visual Images," in John Shelton Lawrence and Bernard Timberg, *Fair Use and Free Inquiry*, (Norwood, N.J.: Ablex, 1980), pp. 268–286。

[20] 一些评论家试图将第一修正案的权利限制在内容范围，并将这些权利与工厂的财产权区分开来。参见：Nadel, "A Unified Theory"; Owen, "Economics and Freedom," p. 185。这不符合第一修正案的历史传统。记录和文件受到第四修正案的保护，印

刷厂也受到保护，不受许可制度的限制。

[21] 有关联邦通信委员会的政策，参见：MCI（微波通信公司）的申请事务，18 FCC 2d 953 (1969), 21 FCC 2d 19 (1970), 23 FCC 2d 202 (1970); MCI Telecommunications v. FCC, US, 41 RR 2d 191 D.C. Cir. (1971); 审议提供专门公共通信服务申请的政策与程序的制定，24 FCC 2d 318 (1970), 29 FCC 2d 870 (1971), Docket 18920。

[22] AT&T v. US, 572 F 2d 17, 2d Cir. (1978).

[23] Docket 20828, Rules Adopted April 4, 1980.

[24] 1962 年《通信卫星法案》, USC Title 47, ch. 6。

[25] USC Title 47, ch. 5, subch. 4, sec. 605.

[26] 70 FCC 2d 1460, Docket 78–374, Oct. 18, 1979.

第九章　导向自由的政策

[1] 对于不断变化的通信技术，请参见：Hiroshi Inose and John R. Pierce, *Information Technology and Civilization* (San Francisco: W.H. Freeman, 即将出版), chs. 1–2。

[2] 在意大利最高法院裁定一例地方无线电和电视广播垄断行为违宪后，数百家地方电台相继成立。由于没有成文宪法，英国的做法很像美国最高法院大法官弗兰克福特，两者都把自由与秩序、正义和其他价值观视为同等重要。但在英国，由于缺乏对宪法的司法审查，就只能由立法者来平衡这些价值观。由于担心英国工会对报纸和邮件内容的干预权力越来越大，加上《官方保密法》（Official Secrets Act）的影响，一场把权利编入法典的运动应运而生。1977 年，工会拒绝投递一家罢工工厂的邮件，并多次拒绝印刷刊有他们不赞成的广告或新闻的报纸。在加拿大，一部具有控制力的联邦权利法案成为魁北克省激烈抵抗 1982 年宪法的核心所在。

[3] 同样，在20世纪20年代的欧洲，工党政府第一次掌权，并通过了监管性社会立法，但极权主义运动兴起，为自由主义改革提供了民粹主义的反击。大型私营企业开始主宰新闻界，批评者试图控制"不负责任"的媒介，尤其是在新的广播技术方面。

[4] 马克思主义的乌托邦是把一切活动从资源约束中解放出来。

[5] 美国报纸是自然垄断，因为它们得到了广告商的大力支持。如果读者支付了大部分成本，情况就不会是这样。之所以有三个广播网络而不是一个，是因为每个广播公司可以携带的广告量是有限的。如果最成功的电视网能够无限期地增加广告时间，它将赶走其他电视网。但事实是，广告太多了，一个甚至两个网络都无法容纳。

[6] Miami Herald Publishing Co. v. Tornillo, 418 US 241, 41 L. ed. 2nd 730, 94 S.Ct. 2831. Lee Bollinger, "Freedom of the Press and Public Access: Toward a Theory of Partial Regulation of the Mass Media," *University of Michigan Law Review* 75 (1976): 1. 李·博林格（Lee Bollinger）认为，监管一些媒介而放任一些媒介可能是一个好主意，尽管最高法院将广播管制建立在特殊稀缺性的前提上是错误的。这是一份弗兰克福特式的简报，承认国会实验的危险。

[7] 在有线电视由政府PTT运营而不是由私营企业家运营的国家，将运营与内容分离可能在经济和政治上都是合理的。

[8] Home Box Office, Inc., v. FCC, 567 F 2d 9, 185 US App. D.C. 142 (1977).

[9] 公共广播公司最近获准进行一项有限的试验来播放一些广告。这一障碍可能正在消失。

[10] Frost v. Railroad Commission of California, 271 US 583, 70 L.ed. 1101, 46 S.Ct. 605; Washington ex rel Stimson Lumber Co. v. Kuykendall, 275 US 207, 72 L.ed. 241, 48 S.Ct. 41. Cf. Stephenson

v. Binford, 287 US 251, 77 L.ed. 288, 53 S.Ct. 181.

[11] 在1968年的卡特电话公司案的16942和17073案卷中，联邦通信委员会要求电话公司允许无线电话服务与它们互联。

[12] 联邦通信委员会通过推迟行动来避免面对这个问题，直到报界转向使用私人线路后，费率无论如何都会被放弃。

[13] Zechariah Chafee, *Free Speech in the United States* (Cambridge: Harvard University Press, 1941), p. 381.

索引

索引页码为英文原版页码，即本书边码。